U0165080

宋杰 著

三 国
战争与地要天时

中华书局

图书在版编目(CIP)数据

三国战争与地要天时/宋杰著. —北京:中华书局,2024.1
(2024.6 重印)
ISBN 978-7-101-16474-9

Ⅰ.三… Ⅱ.宋… Ⅲ.战争史-研究-中国-三国时代
Ⅳ.E293.6

中国国家版本馆 CIP 数据核字(2023)第 237728 号

书　　名	三国战争与地要天时	
著　　者	宋　杰	
责任编辑	齐浣心	
责任印制	陈丽娜	
出版发行	中华书局	
	（北京市丰台区太平桥西里 38 号　100073）	
	http://www.zhbc.com.cn	
	E-mail:zhbc@zhbc.com.cn	
印　　刷	三河市中晟雅豪印务有限公司	
版　　次	2024 年 1 月第 1 版	
	2024 年 6 月第 2 次印刷	
规　　格	开本/920×1250 毫米　1/32	
	印张 11⅞　插页 2　字数 280 千字	
印　　数	6001 - 10000 册	
国际书号	ISBN 978-7-101-16474-9	
定　　价	68.00 元	

目　录

插图目录

三国第一战——董卓与关东诸侯的战争

三国乱世发生的首场战争，就是关东诸侯对董卓集团的讨伐。这场战争声势浩荡，"名豪大侠，富室强族，飘扬云会，万里相赴。"[①]双方拥有的军队合计有数十万，但是交战时间不长，也未出现大规模的会战，后来以董卓放弃洛阳、撤往关中告一段落。关东诸侯与董卓的兵力部署和攻防策略如何？战局的发展态势怎样？造成了何种历史影响？关于上述问题，下文将进行详细的探讨。

一、董卓进京前后的军事实力

董卓是凉州陇西郡临洮县（今甘肃岷县）人，年轻时"以健侠知名。为州兵马掾，常徼守塞下"[②]。他身体健壮，武艺高强；"膂力过人，双带两鞬，左右驰射，为羌胡所畏。"[③]在汉桓帝末年，董卓"以六郡良家子

---

① 《三国志》卷2《魏书·文帝纪》注引《典论》帝《自叙》，中华书局，1959年，第89页。
② 《后汉书》卷72《董卓传》，中华书局，1965年，第2319页。
③ 《后汉书》卷72《董卓传》，第2319页。

为羽林郎"①。两汉西北的天水、陇西、安定、北地、西河、上郡等地靠近边陲,民俗尚武,"皆迫近戎狄,修习战备,高上气力,以射猎为先。"②所谓"良家子",是指出身从事农牧业的家庭,"医、商贾、百工不得豫也。"③其中武艺出众者有机会被选拔到朝廷去做羽林军、期门军的郎官,以后作战立功就能够提拔为将领。"汉兴,六郡良家子选给羽林、期门,以材力为官,名将多出焉。"④

董卓此后走的就是这样一条仕途,《英雄记》曰:"卓数讨羌胡,前后百余战。"⑤他屡立功勋,历任军司马、郎中、广武令、蜀郡北部都尉、西域戊己校尉,后来"征拜并州刺史、河东太守"⑥,成为镇守一方的大员。中平元年(184)黄巾起义爆发后,董卓被委任为东中郎将,但因作战失败而被撤职。当年冬天,凉州羌胡拥戴边章、韩遂等反叛,"共杀金城太守陈懿,攻烧州郡。明年春,将数万骑入寇三辅,侵逼园陵,托诛宦官为名。"⑦《后汉书·董卓传》载朝廷再次起用他为中郎将,辅助左车骑将军皇甫嵩平叛,但战事不利,"嵩以无功免归,而边章、韩遂等大盛。"东汉政府又任命司空张温为车骑将军,率领十余万大军出征,董卓升任破虏将军,在张温部下作战。"乃与右扶风鲍鸿等并兵俱攻,大破之,斩首数千级。(边)章、(韩)遂败走榆中。"张温随即又"使(董)卓将兵三万讨先零羌,卓于望垣北为羌胡所围,粮食乏绝,进退逼

①《三国志》卷6《魏书·董卓传》,第171页。
②《汉书》卷28下《地理志下》,中华书局,1962年,第1644页。
③《汉书》卷28下《地理志下》注引如淳曰,第1644页。
④《汉书》卷28下《地理志下》,第1644页。
⑤《三国志》卷6《魏书·董卓传》注引《英雄记》,第172页。
⑥《三国志》卷6《魏书·董卓传》,第171页。
⑦《后汉书》卷72《董卓传》,第2320页。

急"①。董卓临危不惧,伪装在返回道路的河流中立堰捕鱼,"使水渟满数十里,默从堰下过其军而决堰。比羌、胡闻知追逐,水已深,不得渡。时六军上陇西,五军败绩,(董)卓独全众而还,屯住扶风。"②董卓由于战功显著拜前将军,封鳌乡侯。前将军是很高的官职,蔡质《汉仪》曰:"车骑、卫将军、左、右、前、后(将军),皆金(印)紫(绶),位次上卿。典京师兵卫,四夷屯警。"③此外,董卓性情粗豪,很会收买人心,他在击破汉阳叛羌的战斗中立功,朝廷赐缣九千匹。董卓曰:"为者则己,有者则士。"④即立功者虽然是自己,但战斗是全体将士打的,奖赏应该和士兵共有。"乃悉分与吏兵,无所留。"⑤因此在身边拉拢了一批亲信死党,如部将牛辅、李傕、郭汜、樊稠、张济、李蒙、王方、胡轸、杨定、段煨、徐荣等,能够忠心为董卓效力。"以上所列董卓11个主要将领中可以肯定籍贯是凉州者共有9人,也就是说董卓军队的将领绝大多数都是凉州人,而且大多数又是董卓的旧部曲。"⑥

中平五年(188),凉州反叛势力王国围攻陈仓(治今陕西宝鸡市东),朝廷"复拜(皇甫)嵩为左将军,督前将军董卓,各率二万人拒之"⑦。结果大获全胜,"斩首万余级,(王)国走而死。"⑧皇甫嵩的部队

①《后汉书》卷72《董卓传》,第2320页。
②《三国志》卷6《魏书·董卓传》,第171页。
③《后汉书·百官志一》注引蔡质《汉仪》,第3563页。
④《后汉书》卷72《董卓传》,第2319页。
⑤《后汉书》卷72《董卓传》,第2319页。
⑥单鹏、李文才:《从地域角度看董卓兴起与失败的原因》,《陕西师范大学继续教育学报》,2005年第3期。
⑦《后汉书》卷71《皇甫嵩传》,第2305页。
⑧《后汉书》卷71《皇甫嵩传》,第2305页。

因为胜利而得到扩充，后来有"精兵三万"①，若是加上非精锐部队，全部武装至少得有四五万。董卓的军队收容了大量投降的"羌胡"，数量可能会增加得更多，其具体数目不详。后来皇甫嵩的侄子皇甫郦看出董卓有谋反的迹象，建议出兵剿灭他，却遭到皇甫嵩的拒绝。今人方诗铭认为："老谋深算的皇甫嵩却终于不敢动手，说明其时董卓的武装力量不但已经和皇甫嵩相等，而且很可能超过了皇甫嵩。"②如果按照方氏的估计，董卓的兵力会有五六万人，而且经验丰富，具有较强的战斗力。皇甫郦曾对皇甫嵩讲："本朝失政，天下倒悬，能安危定倾者，唯大人与董卓耳。"③说明皇甫嵩与董卓各自拥有一支对东汉政局影响举足轻重的队伍。《资治通鉴》则记载皇甫郦的话说："天下兵柄，在大人与董卓耳。今怨隙已结，势不俱存。"④对此讲述得更为明确。今人夏曾佑也指出："因东汉经羌胡之乱，天下精兵猛士，恒聚于凉州。其后羌胡之祸，虽赖以熄灭，而重兵所在，遂成乱阶。"⑤

　　董卓兵力的扩充以及他的专横跋扈，已经引起了朝廷的警惕，因此企图把他调入京师架空起来，以解除他的兵权。"中平五年，征卓为少府，敕以营吏士属左将军皇甫嵩，诣行在所。"⑥但是董卓深知乱世之秋军队是自己安身立命的基础，所以拒不从命，推托理由是朝廷欠发部队的军饷，所以属下兵丁不让自己离任。《后汉书·董卓传》载其

①《后汉书》卷 71《皇甫嵩传》，第 2306 页。
②方诗铭：《曹操·袁绍·黄巾（增订本）》第一章《董卓的兴起与覆灭》，上海辞书出版社，2021年，第 26 页。
③《后汉书》卷 71《皇甫嵩传》，第 2306 页。
④《资治通鉴》卷 59 汉灵帝中平六年七月，中华书局，1956 年，第 1897 页。
⑤夏曾佑：《中国古代史》，河北教育出版社，2000 年，第 388 页。
⑥《三国志》卷 6《魏书·董卓传》注引《灵帝纪》，第 172 页。

上书曰："所将湟中义从及秦胡兵皆诣臣曰：'牢直不毕，禀赐断绝，妻子饥冻。'牵挽臣车，使不得行。羌胡敝肠狗态，臣不能禁止，辄将顺安慰。增异复上。"俗话说"将在外，君命有所不受"。朝廷对他也没有什么办法，只是"颇以为虑"。等到中平六年（189）四月，灵帝病重不起，再次下诏，"玺书拜（董）卓为并州牧，令以兵属皇甫嵩。"董卓重施故技，答应赴并州上任，却不肯交出兵权。上书曰："臣既无老谋，又无壮事，天恩误加，掌戎十年。士卒大小相狎弥久，恋臣畜养之恩，为臣奋一旦之命。乞将之北州，效力边垂。"① 请求将属下兵马带到并州，灵帝又下诏斥责他，董卓却不作理会，仍然带领本部兵马去上任。"帝以让（董）卓。卓亦不奉诏，驻兵河东以观时变。"② 这样他的军队距离京城洛阳又靠近了一些，企图等待时机以攫取政治利益。

　　汉灵帝驾崩之后，朝内的宫廷斗争愈发激烈。外戚大将军何进与司隶校尉袁绍商议，准备诛杀以张让为首的宦官集团，但是临朝听政的何太后却不同意。何进暗地调集董卓等地方军队进京，想借此来逼迫何太后就范。董卓终于等到了领兵进驻京城的绝好机会，他刻不容缓，马上起身。"卓得召，即时就道。"③ 何进同时征调了多支地方武装到京师附近，以壮大声势。"又使府掾太山王匡东发其郡强弩，并召东郡太守桥瑁屯城皋，使武猛都尉丁原烧孟津，火照城中，皆以诛宦官为言。"④

　　何进的这些举措，尤其是调董卓领兵进京，遭到了一些臣属的反对。如主簿陈琳入谏曰："今将军总皇威，握兵要，龙骧虎步，高下在

①《后汉书》卷72《董卓传》，第2322页。
②《资治通鉴》卷59汉灵帝中平六年七月，第1898页。
③《后汉书》卷72《董卓传》，第2322页。
④《后汉书》卷69《何进传》，第2250页。

心,此犹鼓洪炉燎毛发耳。夫违经合道,天人所顺,而反委释利器,更征外助。大兵聚会,强者为雄,所谓倒持干戈,授人以柄,功必不成,只为乱阶。"① 侍御史郑太(或作郑泰)对何进说:"董卓强忍寡义,志欲无厌。若借之朝政,授以大事,将恣凶欲,必危朝廷。明公以亲德之重,据阿衡之权,秉意独断,诛除有罪,诚不宜假卓以为资援也。且事留变生,殷鉴不远。"② 何进虽然没有听从他们的意见,但是听说董卓领兵到达洛阳西边的渑池(今河南三门峡市渑池县)后,却有些犹豫了。何进派遣谏议大夫种劭带上诏书前去阻止,没想到董卓根本不听,反而让部队继续前进。"大将军何进将诛宦官,召并州牧董卓,至渑池,而进意更狐疑,遣(种)劭宣诏止之。卓不受,遂前至河南。"③ 胡三省注释道:"河南,周之王城,去雒阳不远。"④ 种劭以慰劳为名,坚持让董卓退兵。"卓疑有变,使其军士以兵胁(种)劭。劭怒,称诏大呼叱之,军士皆披,遂前质责卓。卓辞屈,乃还军夕阳亭。"李贤注:"夕阳亭在河南城西。"⑤ 董卓仍然逗留在洛阳附近。

　　随后京城形势骤变,八月戊辰,宦官张让、段珪等诱杀了大将军何进,何进的部将袁术、吴匡等率兵攻烧洛阳南宫青琐门,打进南宫和北宫。八月辛未,张让等宦官挟持少帝与陈留王逃出京城,被尚书卢植领兵追击,将宦官全部消灭,奉迎少帝与陈留王回到洛阳。董卓乘动乱之际带兵进京,他的先头部队人数较少,"步骑不过三千,自嫌兵少,不

①《后汉书》卷69《何进传》,第2249—2250页。
②《后汉书》卷70《郑太传》,第2257页。
③《后汉书》卷56《种暠附孙劭传》,第1830页。
④《资治通鉴》卷59汉灵帝中平六年八月胡三省注,第1899页。
⑤《后汉书》卷56《种暠附孙劭传》,第1830页。

为远近所服。"① 于是过四五日后在夜间暗地将部队调出迎敌，次日清晨再大张旗鼓地开进来，致使洛阳人众都以为是又来了援兵。"寻而何进及弟苗先所领部曲皆归于卓，卓又使吕布杀执金吾丁原而并其众，卓兵士大盛。"② 后来他在河东的主力军队也开到了洛阳，凭借强大的武装，董卓逼迫朝廷任命他接替刘弘做了三公中的司空，从此把持朝政，废掉少帝刘辩，另立献帝刘协，并将何太后迁入冷宫，又暗地毒死了她，成为在朝内专权暴虐、颐指气使的头号权臣。

　　董卓此时手下共有多少兵马，这里可以做一番统计。他原先在河东的凉州军队估计为五六万人，应有少量兵马留驻当地，带到洛阳的军队可能有四五万人。董卓吞并了执金吾（原为武猛都尉）丁原的数千人③，还有大将军何进与车骑将军何苗的部曲大约八千人④，京师洛阳的南北军共约七千人⑤，灵帝中平五年设立的"西园八校尉"共约

---

① 《三国志》卷 6《魏书·董卓传》注引《九州春秋》，第 174 页。
② 《后汉书》卷 72《董卓传》，第 2323—2324 页。
③ 参见《后汉书》卷 73《公孙瓒传》注引《续汉书》曰："（何）进乃诈令武猛都尉丁原放兵数千人，为贼于河内，称'黑山伯'，上事以诛忠等为辞，烧平阴、河津莫府人舍，以怖动太后。"第 2361 页。又《后汉书·百官志四》注引《汉官》曰："执金吾缇骑二百人，执戟五百二十人，舆服导从，光满道路，群僚之中，斯最壮矣。"第 3606 页。可见丁原部下原有数千人，迁执金吾后又增加了步骑七百二十人。
④ 《后汉书·百官志一》曰："其领军皆有部曲。大将军营五部，部校尉一人，比二千石；军司马一人，比千石。部下有曲，曲有军候一人，比六百石。"第 3564 页。按《后汉书·百官志四》"北军中候"条注引《汉官》记载，校尉有员吏数十人至百余人，士兵七百人。则大将军营有五校尉，吏士四千余人。车骑将军部曲比大将军部曲要少一些，合计约为八千人。
⑤ 据李学铭《东汉外戚存亡与洛阳北宫建置形势的关系》一文考证："（洛阳）南军兵员的数目，按照编制：卫尉以下，共有官长公车司马令、卫士令、都候、宫掖门司马和丞、尉等十九人，员吏二百九十九人，卫士二千五百零七人。北军五校，则有官长校尉五人，司马六人，员吏六百一十四人，士兵三千五百三十六人。"氏著《东汉史事述论丛稿》，台北：万卷楼图书股份有限公司，2013 年，第 2 页。

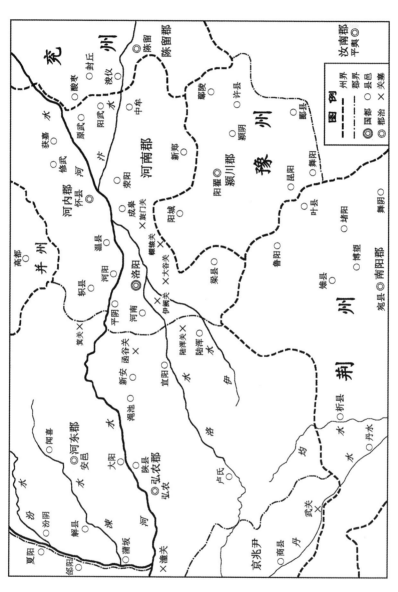

图一　东汉末年洛阳周边形势图

六千余人^①；光禄勋及属下率领的郎官总数不详，仅有虎贲中郎将所率
一千五百人、羽林中郎将所率百二十八人，羽林左监率羽林左骑九百
人的记载^②，推测总数也不过数千人。此外，汉灵帝在去世的前一年、
即中平五年（188）曾经调集天下各郡国的部队到洛阳检阅，"于是乃
诏（何）进大发四方兵，讲武于平乐观下……列步兵、骑士数万人，结营
为陈。"^③ 检阅结束后，"诏使（何）进悉领兵屯于（平乐）观下。"^④ 这数
万人具体情况不详，如果都能安置在平乐观下，人数也不会很多，可能
只有两三万人，他们原来也是归属何进指挥的，现在则成了董卓的部
下。这样估算起来，原来洛阳当地的驻军大约有五六万人，加上董卓的
四五万人，总数约为九万至十一万人左右，这只是个很粗略的数字，其
中董卓自己的部队战斗力最强，约占二分之一。

有学者认为董卓执掌朝政后，他在洛阳附近的凉州兵马仍然仅
有起初带进京师的三千人^⑤。笔者认为这恐怕不是事实，从史籍记载
来看，董卓在京师附近拥有很强的凉州兵及羌胡军队，他的亲信诸将
如李傕、胡轸、徐荣、董越、牛辅等也都在他的身边听从调遣。大臣郑
太劝阻他从天下州郡调兵进京时列举了许多理由，其中有两条：一是

---

① 按《后汉书·百官志四》"北军中候"条注引《汉官》记载，校尉有员吏数十人至百余人，士兵
七百人，则西园八校尉共约六千余人。
② 参见《后汉书·百官志二》"光禄勋"条下"虎贲中郎将"注引蔡质《汉仪》，第 3575 页；"羽
林中郎将"注引蔡质《汉仪》，第 3576 页；"羽林左监"注引《汉官》，第 3576 页。
③ 《后汉书》卷 69《何进传》，第 2246 页。
④ 《后汉书》卷 69《何进传》，第 2247 页。
⑤ 参见陈勇：《董卓进京述论》："此时董卓的军队大致由四部分人组成：一是跟随他进京的凉
州兵；二是丁原旧部的并州兵；三是何进、何苗兄弟二府（大将军、车骑将军府）之兵，四是进
京后陆续招纳、补充之兵。其中，董卓真正信赖的凉州兵仅三千人。"《中国史研究》1995 年
第 4 期，第 116 页。

"且天下强勇,百姓所畏者,有并、凉之人,及匈奴、屠各、湟中义从、西羌八种,而明公拥之,以为爪牙,譬驱虎兕以赴犬羊"①。二是"又明公将帅,皆中表腹心,周旋日久,恩信淳著,忠诚可任,智谋可恃。以胶固之众,当解合之势,犹以烈风扫彼枯叶"②。说明董卓的主力凉州军队和心腹部将都在身边,即洛阳附近,绝对不止三千人。

二、关东诸侯起兵前董卓人事安排的失策

董卓废立汉帝之后,又一再提升自己的官职,先后担任了太尉和相国。"封郿侯,赞拜不名,剑履上殿。"③与两汉的权臣霍光、梁冀的地位相等。汉献帝不过是个傀儡,朝政完全听从董卓摆布。如他自己所称:"天下之事,岂不在我?我欲为之,谁敢不从!"④董卓还控制了洛阳武库储备的大量兵器装备和朝廷府藏的巨额财富,权威不可一世。其本传曰:"卓既率精兵来,适值帝室大乱,得专废立,据有武库甲兵,国家珍宝,威震天下。"⑤但是董卓性情粗鲁,不学无术,缺乏文化素养,还不具备赵高、王莽、曹操等巨奸大猾的心机和诡诈。朝内大臣们虽然畏惧他的武力与权势,但是认为董卓没有学识和智谋,私下里对他相当轻视。如荀攸与郑太、何颙等人议论道:"董卓无道,甚于桀纣,天下

---

①《后汉书》卷70《郑太传》,第2258页。
②《后汉书》卷70《郑太传》,第2258—2259页。
③《三国志》卷6《魏书·董卓传》,第174页。
④《后汉书》卷74上《袁绍传》,第2374页。
⑤《三国志》卷6《魏书·董卓传》,第174页。

皆怨之，虽资强兵，实一匹夫耳。"[1]就是说他只是倚仗兵权而得势，其实素质低劣，不过是个胸无点墨的粗汉。由于上述原因，董卓比较容易受人欺骗，他在朝内相当信任的两位官员，即侍中周珌、城门校尉伍琼，就成功地蒙蔽了董卓，在官吏任免方面做了许多手脚，为后来关东诸侯起兵反对董卓作了突出的贡献。计有以下内容：

其一，说服董卓停止缉拿袁绍等流亡豪杰。袁绍、袁术兄弟出身名门，又在消灭宦官集团的斗争中立下大功，在国内很有声望。袁绍出于对董卓的不满与愤恨，逃离京师而奔往冀州。"卓购求袁绍急"[2]，周珌和伍琼等人前来为袁绍讲情，并请求给他一个地方官职，以进行安抚。"侍中周珌、城门校尉伍琼、议郎何颙等，皆名士也，（董）卓信之，而阴为（袁）绍，乃说卓曰：'夫废立大事，非常人所及。绍不达大体，恐惧故出奔，非有他志也。今购之急，势必为变。袁氏树恩四世，门生故吏遍于天下，若收豪杰以聚徒众，英雄因之而起，则山东非公之有也。不如赦之，拜一郡守，则绍喜于免罪，必无患矣。'"[3]董卓居然被他们的花言巧语所欺骗，"乃拜（袁）绍勃海太守，封邟乡侯。"[4]不再通缉捉拿他。勃海是个大郡，据《后汉书·郡国志二》记载，其人口有一百一十万，比京师洛阳所在的河南郡（人口一百零一万八百二十七）还要多。这样袁绍就有了安身立命之地，此后他起兵反卓，能够征用勃海郡的众多兵员和粮饷。董卓还拜袁术为后将军、曹操为骁骑校尉，但是这两个人都不愿与董卓共事，相继逃出了洛阳，后来都成为讨伐董

---

①《三国志》卷10《魏书·荀攸传》，第321页。
②《资治通鉴》卷59汉灵帝中平六年，第1907页。
③《三国志》卷6《魏书·袁绍传》，第190页。
④《三国志》卷6《魏书·袁绍传》，第190页。

卓的干将。

其二，提拔各地名士到朝内任职。"初，尚书武威周毖，城门校尉汝南伍琼，说董卓矫桓、灵之政，擢用天下名士以收众望，卓从之。"① 董卓还把这项工作交给了周毖等人去完成，"命毖、琼与尚书郑泰、长史何颙等沙汰秽恶，显拔幽滞。"② 结果，通过周毖、伍琼的引荐，"以处士荀爽为司空。其染党锢者陈纪、韩融之徒，皆为列卿。幽滞之士，多所显拔。"③ 于是朝内的公卿百官多由名士担任，而董卓的亲信党羽却未能够得到任用，仍然只是在军队里任职。"卓所亲爱，并不处显职，但将校而已。"④

其三，外放仇视董卓的朝内官员到州郡赴任。中平六年（189）十一月，"卓信任尚书周毖、城门校尉伍琼等，用其所举韩馥、刘岱、孔伷、张咨、张邈等出宰州郡。"⑤ 其中韩馥任冀州牧，刘岱任兖州刺史，孔伷任豫州刺史，张咨任南阳太守，张邈任陈留太守，他们到任后纷纷举起讨伐董卓的义旗，董卓这才明白上了周毖、伍琼等人的大当，将他们逮捕处死。"而馥等至官，皆合兵将以讨卓。卓闻之，以为毖、琼等通情卖己，皆斩之。"⑥ 但是关东诸侯讨伐董卓的战火已然遍地燃烧，朝廷再也无力扑灭了。

---

① 《资治通鉴》卷 59 汉灵帝中平六年，第 1906 页。
② 《资治通鉴》卷 59 汉灵帝中平六年，第 1906 页。
③ 《后汉书》卷 72 《董卓传》，第 2326 页。
④ 《后汉书》卷 72 《董卓传》，第 2326 页。
⑤ 《三国志》卷 6 《魏书·董卓传》，第 175 页。
⑥ 《三国志》卷 6 《魏书·董卓传》，第 175 页。

三、关东诸侯起兵后的部署态势

汉献帝初平元年(190)正月,关东诸侯举行会盟讨伐董卓。"后将军袁术、冀州牧韩馥、豫州刺史孔伷、兖州刺史刘岱、河内太守王匡、勃海太守袁绍、陈留太守张邈、东郡太守桥瑁、山阳太守袁遗、济北相鲍信同时俱起兵,众各数万,推绍为盟主。"[1]这些诸侯主要分作三个集团,各据一方,来与董卓对抗。如陈寿所言:"是时(袁)绍屯河内,(张)邈、(刘)岱、(桥)瑁、(袁)遗屯酸枣,(袁)术屯南阳。"[2]下面分别予以叙述:

(一)河内袁绍、王匡集团

如前所述,袁绍和袁术起兵时"众各数万",下面进行一些分析。河内位于豫北平原,治所在怀县(今河南武陟县西南),有"十八城,户十五万九千七百七十,口八十万一千五百五十八"[3]。其郡境在洛阳北边,隔黄河相望,有著名的渡口河阳(孟津)与平阴津、小平津等联络往来。河内郡与京城所在的河南郡同属于司隶校尉辖区。参加讨伐董卓行动的河内太守王匡是泰山郡(治奉高,今山东泰安市范镇)人,手下除了河内本地兵马,还有他从家乡带来的亲信部队"泰山兵",王匡

---

①《三国志》卷1《魏书·武帝纪》,第6页。
②《三国志》卷1《魏书·武帝纪》,第7页。
③《后汉书·郡国志一》,第3395页。

让他们镇守重要的河阳渡口,对董卓盘踞的洛阳造成威胁①。王匡的河内郡兵与"泰山兵"合计会有三四万人②。盟主袁绍自称车骑将军,手下有他带来的勃海郡兵马,与王匡驻扎在河内郡治怀县。勃海为大郡,有"八城,户十三万二千三百八十九,口百一十万六千五百"③。可以动员的军队很多,应该超过王匡。但是袁绍的军队要离开勃海本郡到河内屯驻,囿于粮饷运输补给的困难,估计人数有限,若按保守的判断恐怕也就是一两万人。参加这一集团并扮演重要角色的是冀州牧韩馥,"于时冀州民人殷盛,兵粮优足。"④韩馥以粮草供应袁绍的部队,这是袁军惟一的物资来源。所以韩馥的部下耿武、闵纯对他说:"冀州虽鄙,带甲百万,谷支十年。袁绍孤客穷军,仰我鼻息,譬如婴儿在股掌之上,绝其哺乳,立可饿杀。"⑤谋士逢纪也劝袁绍伺机占领冀州,改变这种被动的局面,说:"将军举大事而仰人资给,不据一州,无以自全。"⑥另外,王匡的"泰山兵"后来被董卓消灭,韩馥派遣了一支万余人的精兵到河阳来协助袁绍和王匡作战。《九州春秋》曰:"(韩)馥遣都督从事赵浮、程奂将强弩万张屯河阳。"后来听说袁绍要夺取冀州,赵浮等"自孟津驰东下。时(袁)绍尚在朝歌清水口,浮等从后来,船数百艘,

①《三国志》卷6《魏书·董卓传》:"河内太守王匡,遣泰山兵屯河阳津,将以图卓。"第176页。

②《后汉书·郡国志三》载广陵郡,"户八万三千九百七,口四十一万百九十。"第3461页。臧霸对广陵太守张超云:"今郡境尚全,吏民殷富,若动桴鼓,可得二万人。"《三国志》卷7《魏书·臧洪传》,第231页。河内郡户口相当于广陵的2倍,按此比例推算,该郡征兵可得四万人,至少也会有三万人,"泰山兵"是客军,数目估计为数千人。

③《后汉书·郡国志二》,第3437页。

④《三国志》卷1《魏书·武帝纪》注引《英雄记》,第6页。

⑤《三国志》卷6《魏书·袁绍传》,第191页。

⑥《三国志》卷6《魏书·袁绍传》注引《英雄记》,第191页。

众万余人,整兵鼓夜过绍营,绍甚恶之"①。总的估算,袁绍、王匡在河内的部队大约有五六万人,由于和京师洛阳只有黄河一水之隔,是距离董卓集团最近的敌对势力。不过,袁绍畏惧董卓的凉州兵马作战强劲,始终未敢主动发起进攻。"卓兵强,绍等莫敢先进。"②

(二)酸枣诸侯联军

酸枣故城在今河南延津县西,这是关东诸侯人数最多的一支军队。其召集者为陈留太守张邈,他是最先举起反卓义旗的。中平六年(189)岁末,曹操与张邈联络。"冬十二月,始起兵于己吾。"③己吾县治今河南宁陵县西南。张邈本传亦载:"董卓之乱,太祖(曹操)与邈首举义兵。"④张邈治下的陈留是兖州第一大郡,有"十七城,户十七万七千五百二十九,口八十六万九千四百三十三"⑤。陈留郡位于豫东平原,交通便利,人口繁盛,因而实力强劲。所以陈宫曾对张邈说:"今天下分崩,雄桀并起。君拥十万之众,当四战之地,抚剑顾眄,亦足以为人豪。"⑥另外,张邈之弟张超时任广陵太守,也是富庶之地。臧洪曾对张超说:"明府历世受恩,兄弟并据大郡。今王室将危,贼臣虎视,此诚义士效命之秋也。今郡境尚全,吏人殷富,若动桴鼓,可得二万人。以此诛除国贼,为天下唱义,不亦宜乎!"李贤注曰:"谓超为广陵,兄

①《三国志》卷6《魏书·袁绍传》注引《九州春秋》,第191页。
②《三国志》卷1《魏书·武帝纪》,第7页。
③《三国志》卷1《魏书·武帝纪》,第5页。
④《三国志》卷7《魏书·张邈传》,第221页。
⑤《后汉书·郡国志三》,第3447页。
⑥《后汉书》卷75《吕布传》,第2446页。

邈为陈留也。"①张超听从了臧洪的建议,和他同到陈留与张邈商议,决定起兵反卓,并派臧洪去联络附近各路诸侯,请他们到陈留郡的酸枣县聚会立盟,讨伐董卓。"乃使诣兖州刺史刘岱、豫州刺史孔伷,遂皆相善。邈既先有谋约,会超至,定议,乃与诸牧守大会酸枣。设坛场,将盟。"②盟会结束后,"豫州刺史孔伷屯颍川,兖州刺史刘岱、陈留太守张邈、邈弟广陵太守(张)超、东郡太守桥瑁、山阳太守袁遗、济北相鲍信与曹操俱屯酸枣。"③随即掀起了关东地区反对董卓暴政的举义高潮。

酸枣诸侯联军以兖州、豫州各郡的部队为主,因此又被称作"兖豫之师",在关东诸侯中势力最为繁盛,有十余万人,但是战斗力很差。其原因有以下几点:

其一,联军的几位领导者虽是当时名士,但只是擅长坐而论道,并不懂得军事。郑太即对董卓说:"张孟卓东平长者,坐不窥堂。孔公绪清谈高论,嘘枯吹生。并无军旅之才,执锐之干,临锋决敌,非公之俦。"④

其二,这些诸侯普遍缺乏舍生忘死的胆魄与斗志。由于董卓挟持献帝,代表朝廷,又握有重兵,举义反卓之事成败尚未可知,所以参加酸枣盟会的诸侯心怀忐忑,谁也不愿意领先主盟。张邈"乃与诸牧守大会酸枣。设坛场,将盟,既而更相辞让,莫敢先登,咸共推(臧)洪"⑤。众多州牧郡守都不肯出头,一致推举广陵郡功曹臧洪这个属吏出来带领大家盟誓,简直成了笑话,这充分表露了他们的畏惧心理。最后,与

---

①《后汉书》卷 58《臧洪传》,第 1885—1886 页。
②《后汉书》卷 58《臧洪传》,第 1885 页。
③《资治通鉴》卷 59 汉献帝初平元年正月,第 1908 页。
④《后汉书》卷 70《郑太传》,第 2258 页。
⑤《后汉书》卷 58《臧洪传》,第 1885 页。

会的诸侯共同推举不在现场的袁绍为盟主,其原因除了袁绍出身高贵、"四世三公"之外,还有自己说不出口的理由,就是谁也不愿挑头来担任"祸首",因为如果举义失败,盟主是要承担重大罪责的。

其三,为了保存各自的军事实力,酸枣会盟的各路诸侯对进兵洛阳讨伐董卓之事都不积极。"太祖(曹操)到酸枣,诸军兵十余万,日置酒高会,不图进取。"① 如郑太所言,关东诸侯"恃众怙力,将各棊峙,以观成败,不肯同心共胆,与齐进退"②。只有人微言轻、实力弱小的曹操态度坚决,在劝说不成的情况下,独自率领部下数千人西征,结果寡不敌众,"到荥阳汴水,遇卓将徐荣,与战不利,士卒死伤甚多。"③ 被迫狼狈而还。

(三)南阳袁术、孙坚集团

南阳郡治宛城(今河南南阳市),属于荆州,在京师洛阳之南,其地域广阔,经济发达,户口繁多。南阳太守张咨于中平六年(189)十一月赴任,并未积极参加反卓斗争。初平元年(190)正月,关东诸侯纷纷举义,消息传到南方后,当时荆州的长沙太守孙坚响应号召,率领部下军队北征。"荆州刺史王叡素遇坚无礼。坚过杀之。比至南阳,众数万人。"④ 孙坚所部至少有两三万人,这样一支大军进入南阳郡境,太守张咨仍然态度暧昧,对孙坚的进军并不表示支持。"初(孙)坚至南阳,咨既不给军粮,又不肯见坚。坚欲进兵,恐有后患。"⑤ 于是诱骗张咨来到军营,

---

① 《三国志》卷1《魏书·武帝纪》,第7页。
② 《后汉书》卷70《郑太传》,第2258页。
③ 《三国志》卷1《魏书·武帝纪》,第7页。
④ 《三国志》卷46《吴书·孙坚传》,第1096页。
⑤ 《三国志》卷46《吴书·孙坚传》注引《吴历》,第1098页。

双方饮酒之际，突然长沙郡主簿前来奏事，"白（孙）坚：'前移南阳，而道路不治，军资不具，请收（南阳）主簿推问意故。'（张）咨大惧欲去，兵陈四周不得出。"① 在逮捕张咨主簿审问之后，"（长沙）主簿复入白（孙）坚：'南阳太守稽停义兵，使贼不时讨，请收出按军法从事。'便牵（张）咨于军门斩之。郡中震栗，无求不获。"② 使孙坚的军队得到了物资供应。

袁术从洛阳逃亡后藏匿在南阳，他原先官拜后将军，金印紫绶，在起兵的关东诸侯中地位最高，这次正好乘机占据了南阳。"会长沙太守孙坚杀南阳太守张咨，（袁）术得据其郡。"③ 当时袁术屯兵鲁阳（今河南鲁山县），与孙坚相见，结成同盟。孙坚"引兵从术"④，奉袁术为主。由于孙坚没有军职，袁术又以后将军的名义"表坚假中郎将"⑤。关于孙坚依附袁术，王夫之认为就像刘备投靠公孙瓒那样，原因主要是想借助袁氏门阀世族的声望。"袁氏四世五公之名，烜赫宇内，孙坚崛起，不能不藉焉。彼公孙瓒之区区，徒拥众枭张耳，昭烈且为之下，而况（袁）术乎？"又说孙坚"贼未讨，功未成，以长沙疏远之守，为客将于中原，始豀（袁）术以立大勋"⑥。这只是一种权宜之计。

这时朝廷刚委任的荆州刺史刘表也来到鲁阳，被袁术阻拦而无法赴任。于是他们达成了一项交换协议，先由刘表向朝廷举荐袁术为南阳郡行政长官，袁术再上表保举孙坚任职。"刘表上（袁）术为

①《三国志》卷46《吴书·孙坚传》，第1096页。
②《三国志》卷46《吴书·孙坚传》，第1096页。
③《三国志》卷6《魏书·袁术传》，第207页。
④《后汉书》卷75《袁术传》，第2438页。
⑤《三国志》卷6《吴书·孙坚传》注引《献帝春秋》，第1097页。
⑥（清）王夫之：《读通鉴论》卷9《（汉）献帝》，中华书局，1975年，第237页。

南阳太守,术又表(孙)坚领豫州刺史,使率荆、豫之卒。"① 然后袁术准许刘表过境赴荆州上任,"乃单马入宜城。"② 孙坚继续领兵北进到河南郡梁县之阳人(今河南汝州市西,北汝河以北),他的军队后勤供应由袁术补给,但后来有人离间他们的关系,对袁术说:"(孙)坚若得洛(阳),不可复制,此为除狼而得虎也。"③ 袁术因此产生怀疑,不再调发军粮。孙坚连夜赶回鲁阳,面见袁术说:"所以出身不顾,上为国家讨贼,下慰将军家门之私仇。(孙)坚与(董)卓非有骨肉之怨也,而将军受谮润之言,还相嫌疑!"④ 这番话打动了袁术,"即调发军粮,(孙)坚还屯。"⑤ 袁术占据了广阔富庶的南阳郡,有"三十七城,户五十二万八千五百五十一,口二百四十三万九千六百一十八"⑥。兵员、粮草供应充足,军队至少有五六万人。孙坚又是一位得力的战将,手下亦有数万将士(两三万人),因而是董卓的劲敌。

总的来说,关东诸侯起兵后合计义军至少有二十余万人(其中袁绍、王匡集团约五六万人,酸枣诸侯联军十余万人,袁术、孙坚部队约七八万人),超出董卓在京师的兵力一倍有余,对洛阳构成了北、东、南三面半包围的部署态势(参阅图二)。但是由于大部分州郡长官的胆怯,只有曹操的数千人和孙坚的数万兵马对董卓实行了进攻,而多数军队并没有投入作战,只是在犹豫观望。王夫之说:"起兵诛(董)卓之

---

①《后汉书》卷 75《袁术传》,第 2438 页。

②《后汉书》卷 74 下《刘表传》,第 2419 页。

③《三国志》卷 46《吴书·孙坚传》注引《江表传》,第 1098 页。

④《三国志》卷 46《吴书·孙坚传》,第 1097 页。

⑤《三国志》卷 46《吴书·孙坚传》,第 1097 页。

⑥《后汉书·郡国志四》,第 3476 页。

图二　关东诸侯讨伐董卓进军示意图

时,(曹)操与孙坚戮力以与卓争生死,而(袁)绍晏坐于河内。"① 所以实际上并未对董卓构成非常严重的威胁。

四、董卓对关东诸侯起兵的应对举措

关东诸侯起兵反卓后,董卓陆续采取了以下几项应对措施:

(一)杀害弘农王、内应官员与袁氏家族

董卓获悉袁绍等人起兵之后,先是大赦天下以收买人心,然后杀死了他废掉的原少帝、现弘农王刘辩,以免他被敌对势力拥立为皇帝,与自己扶持的汉献帝刘协分庭抗礼。初平元年(190),"春正月,山东州郡起兵以讨董卓。辛亥,大赦天下。癸酉,董卓杀弘农王。"② 这项任务是由董卓的亲信李儒执行完成的,"卓乃置弘农王于阁上,使郎中令李儒进酖,曰:'服此药,可以辟恶。'王曰:'我无疾,是欲杀我耳!'不肯饮,强饮之。"③

当年二月"庚辰,董卓杀城门校尉伍琼、督军校尉周珌(毖)"④。如前所述,周、伍二人在中平六年(189)十一月说服董卓,外放韩馥、张邈等人到州郡去做行政长官,准备让他们在各地起兵反董卓,而周毖、伍琼等人则在朝内响应,形成里应外合之势。"馥等到官,与袁绍之徒十

---

① (清)王夫之:《读通鉴论》卷9《(汉)献帝》,第236页。
② 《后汉书》卷9《献帝纪》,第369页。
③ 《后汉书》卷10下《皇后纪下》,第450—451页。
④ 《后汉书》卷9《献帝纪》,第369页。

余人，各兴义兵，同盟讨卓，而伍琼、周珌阴为内主。"①结果被董卓发现中计，怒斥周珌等人曰："诸君言当拔用善士，卓从君计，不欲违天下人心。而诸君所用人，至官之日，还来相图。卓何用相负！"②于是将周、伍二人逮捕处死。

随后，董卓又杀害了关东诸侯领袖袁绍及袁术在京的亲属。"董卓闻绍起山东，乃诛绍叔父隗，及宗族在京师者，尽灭之。"注引《献帝春秋》曰："太傅袁隗，太仆袁基，术之母兄，卓使司隶宣璠尽口收之，母及姊妹婴孩以上五十余人下狱死。"③下葬后，董卓又担心这些人的尸骨被掘走，将其藏匿到关中郿县（今陕西眉县）。"悉埋青城门外东都门内，而加书焉。又恐有盗取者，复以尸送郿藏之。"④

（二）迁徙皇帝、百官于长安

关东诸侯在初平元年（190）正月举行会盟，讨伐董卓。"二月乙亥，太尉黄琬、司徒杨彪免。"⑤罢免他们官职的原因，是在当天的朝会上这两个人反对董卓提出的迁都主张。"卓欲迁都长安，召公卿以下大议。"⑥他假借谶书的说法，声称"昔高祖都关中，十一世后中兴，更都洛阳。从光武至今复十一世，案《石苞室谶》，宜复还都长安"⑦。在座的百官都感到惊愕，没有人敢发言。司徒杨彪表示反对，说迁都改制是

①《后汉书》卷72《董卓传》，第2326页。
②《三国志》卷38《蜀书·许靖传》，第963页。
③《后汉书》卷74上《袁绍传》，第2376页。
④《后汉书》卷74上《袁绍传》注引《（董）卓别传》，第2376页。
⑤《后汉书》卷9《献帝纪》，第369页。
⑥《三国志》卷6《魏书·董卓传》注引华峤《汉书》，第177页。
⑦《三国志》卷6《魏书·董卓传》注引《续汉书》，第177页。

天下大事,应当符合民心,顺应时宜。过去盘庚五次迁都,民怨沸腾,所以作了三篇告示,来向臣民详细地说明。"往者王莽篡逆,变乱五常,更始赤眉之时,焚烧长安,残害百姓,民人流亡,百无一在。光武受命,更都洛邑,此其宜也。"① 现在刚刚拥立了圣明的皇帝,使汉朝的统治光耀兴隆,却无故抛弃了宗庙园陵,恐怕会使百姓惊恐,不了解其中缘故,将要发生大规模的动乱。《石苞室谶》是妖邪之书,怎么可以信用?另外,长安的宫室已经毁败多年,不会很快将它们修复。董卓听后反驳说:"关中肥饶,故秦得并吞六国。今徙西京,设令关东豪强敢有动者,以我强兵踧之,可使诣沧海。"② 又说修复长安的宫室相当容易,"武帝时居杜陵南山下,有成瓦窑数千处,引凉州材木东下以作宫室,为功不难。"③ 所谓"民心"在董卓看来,更是不值一提。《续汉书》载其曰:"百姓小民,何足与议。若有前却,我以大兵驱之,岂得自在。"百官听后都惊惧失色,太尉黄琬又劝董卓再考虑一下杨彪的意见。"此大事。杨公之语,得无重思!"董卓听后马上起身,停止了这次朝议,并决定迁都长安,自己领兵留在洛阳。"即日令司隶(校尉)奏(杨)彪及(黄)琬,皆免官。大驾即西。"④ 这次朝会是在二月乙亥召开,十二天后献帝和百官就开始动身西迁,董卓和军队则驻扎在洛阳东郊的苑囿。"(二月)丁亥,迁都长安。董卓驱徙京师百姓悉西入关,自留屯毕圭苑。"⑤ 毕圭苑是汉灵帝于光和三年(180)在洛阳郊外修建的苑囿,李贤曰:"毕

---

① 《三国志》卷6《魏书·董卓传》注引《续汉书》,第177页。
② 《三国志》卷6《魏书·董卓传》注引华峤《汉书》,第177页。
③ 《三国志》卷6《魏书·董卓传》注引华峤《汉书》,第177页。
④ 《三国志》卷6《魏书·董卓传》注引《续汉书》,第177页。
⑤ 《后汉书》卷9《献帝纪》,第369页。

圭苑有二,东毕圭苑周一千五百步,中有鱼梁台,西毕圭苑周三千三百步,并在洛阳宣平门外也。"①宣平门是洛阳东面靠南的城门。

关东诸侯起兵后,董卓还没有和他们交战,为什么就要把帝室、百官和京城迁徙到关中的长安去呢?笔者看来,主要有以下原因:

其一,关东诸侯的军队人多势众,如前所述,酸枣诸侯联军有十余万人,袁绍、王匡与袁术、孙坚各有五六万人与七八万人,加起来至少应有二十多万人。而董卓部下,洛阳附近的军队虽然总共在九万至十一万人左右,但不少是关东人,政治上很不可靠。真正为董卓死党的是他带领进京的凉州军队以及羌胡人马,而这些武装也就是四五万人,与敌人的兵力相比实力悬殊,这是他心生畏惧的原因之一,所以他想撤退到关中以避战,躲开关东诸侯的众多兵马。而且那里距离凉州老家要近得多,容易补充兵力,比较安全。正如史书所言:"及关东兵盛,(董)卓惧,数请公卿会议,徙都长安。"②

其二,就进行防御的地理形势而言,迁都长安也比洛阳更为有利。洛阳位于天下之中,周围虽然也有山川之险环绕,但是地域狭隘,缺乏作战的回旋余地。西汉初年朝廷大臣们讨论定都时,很多人说:"雒阳东有成皋,西有殽黾,倍(背)河,向伊雒,其固亦足恃。"张良则主张在关中建都,反驳道:"雒阳虽有此固,其中小,不过数百里,田地薄,四面受敌,此非用武之国也。夫关中左殽函,右陇蜀,沃野千里,南有巴蜀之饶,北有胡苑之利,阻三面而守,独以一面东制诸侯。诸侯安定,河渭漕挽天下,西给京师;诸侯有变,顺流而下,足以委输。此所谓金城千里,

---

① 《后汉书》卷8《灵帝纪》光和三年李贤注,第345页。
② 《后汉书》卷71《朱儁传》,第2311页。

天府之国也！"①就东汉末年的情况而言，洛阳的防御体系是凭借周围环绕的八关，如黄巾起义爆发后，朝廷随即"以河南尹何进为大将军，将兵屯都亭。置八关都尉官"。李贤注："都亭在洛阳。八关谓函谷、广城、伊阙、大谷、辗辕、旋门、小平津、孟津也。"②但是这八座关城距离洛阳都不算远，万一某个方向被敌人突破，京师就会面临义军直抵城下的危险。长安防御在地理方面的安全系数要比洛阳高得多，其东边从潼关到陕县长达四百余里的崤函山区，地形险要，可以步步为营来进行防守，敌军要想突破有很大的困难。因此董卓对公卿们讲述他迁都的理由，很重要的一条就是"关东方乱，所在贼起。崤、函险固，国之重防"③。先将帝室和百官西迁到长安，然后再将自己的军队撤退到陕县以西进行防御，可以改变目前遭受关东诸侯三面半包围的不利态势。

其三，迁都关中能够缓和京师粮饷严重短缺的问题。洛阳所在的河南郡是东汉人口最为密集的地区。据《后汉书·郡国志一》记载："河南尹，二十一城，永和五年户二十万八千四百八十六，口百一万八百二十七。"东汉末年的人口要更加繁盛，这还不算帝室、百官及其数量庞大的服务人员，以及驻守洛阳的大量军队，当地的物产远远不够维持他们的生活需要，主要靠的是全国各地对京师的漕运，但是此时北、东、南三面漕运的水陆通道已被起兵的关东诸侯封锁，那么京师帝室、百官、军队与庶民的给养就无法解决。关中平原是当时比较富庶的粮食产区，如果把帝室与百官迁徙过去，可以就地获得奉养。

---

①《史记》卷55《留侯世家》，中华书局，1959年，第2043—2044页。
②《后汉书》卷8《灵帝记》，第348页。
③《三国志》卷6《魏书·董卓传》注引《续汉书》，第177页。

其四,迁徙关中距离凉州较近,可以利用补充当地的兵力资源。陈勇指出,在董卓拥有的部队当中,真正使他依赖的只有凉州兵。可是凉州人不愿脱离本土和关西,"董卓越往东走,跟随他的凉州兵就越少。"因此董卓选择迁都长安的方案,"期待重新以关陇为依托,实现与其凉州旧部的会合,从关中乃至凉州本土直接获得兵源。"[①]

至于洛阳及附近的百姓,则是董卓准备抛弃的沉重包袱,他也不想把这些繁众的人口留给关东诸侯。董卓在当地纵兵杀掠,又逼迫百姓随着献帝西迁,沿途更是肆意虐待屠戮迁徙的民众,致使京师百姓大量死亡。史书记载:

> 卓部兵烧洛阳城外面百里。又自将兵烧南北宫及宗庙、府库、民家,城内扫地殄尽。又收诸富室,以罪恶没入其财物;无辜而死者,不可胜计。[②]

> 于是尽徙洛阳人数百万口于长安,步骑驱蹙,更相蹈藉,饥饿寇掠,积尸盈路。卓自屯留毕圭苑中,悉烧宫朝官府居家,二百里内无复孑遗。又使吕布发诸帝陵,及公卿已下冢墓,收其珍宝。[③]

洛阳京师粮仓的存粟和财物,留下来为董卓驻守的军队消费。一个月后,献帝到了关中。"三月乙巳,车驾入长安,幸未央宫。己酉,董卓焚洛阳宫庙及人家。"[④] 他在洛阳实行焦土政策,使旧京的繁华之地变成

①陈勇:《董卓进京述论》,《中国史研究》1995 年第 4 期。
②《三国志》卷 6《魏书·董卓传》注引《续汉书》,第 177—178 页。
③《后汉书》卷 72《董卓传》,第 2327—2328 页。
④《后汉书》卷 9《献帝纪》,第 369—370 页。

了废墟荒野。董卓这样做，为的是不让关东诸侯能够占据和利用河洛平原的人力、物力资源。他后来撤到陕县以西，在关东和关西两地之间制造出洛阳及周边区域渺无人迹的隔离地带，以增加关东军队将来向西征伐后勤补给的困难。为了实现董卓这项计划，东汉傀儡政权在人口和财富方面付出了非常沉重的代价(参阅图三)。

　　董卓采取的放弃洛阳、迁都长安之避战措施，大臣朱儁觉得是个失策，这样不仅彻底毁坏了河南郡的民生，还会使天下臣民离心离德，放任关东诸侯势力的扩张。他说："国家西迁，必孤天下之望，以成山东之衅，臣不见其可也。"[①] 这里需要指出，东汉的关中由于长期遭受羌人侵扰和水利设施的废弛，经济实力已经大不如前。桓帝时崔寔在《政论》中说："今青、徐、兖、冀，人稠土狭，不足相供，而三辅左右，及凉、幽州内附近郡，皆土旷人稀，厥田宜稼，悉不肯垦发。"[②] 据有关统计，西汉三辅地区(京兆尹、左冯翊、右扶风)有 64 万户，243 万人；东汉中叶仅有 10 万户，43 万人。"户、口均减少了约五分之四。"[③] 当时全国的经济重心是在关东，董卓从洛阳迁都到长安，就是把全国最辽阔、富庶的经济区域让给了对手关东诸侯，自己退居到偏僻贫穷的关西，实际上是放弃了对全国大部分地区的统治权力。

　　曹操也认为迁都关中是董卓的严重失误。在与酸枣诸侯联军领袖的对话中，曹操指出：如果董卓继续挟持献帝居住在洛阳，以朝廷的名号动员各州郡发兵，来与关东举义的诸侯们作战，这是很难应付的。

---

① 《后汉书》卷 71《朱儁传》，第 2311 页。
② (汉)崔寔著：《政论注释》，上海人民出版社，1976 年，第 49 页。
③ 曾延伟：《两汉经济发展史初探》，中国社会科学出版社，1989 年，第 310 页。

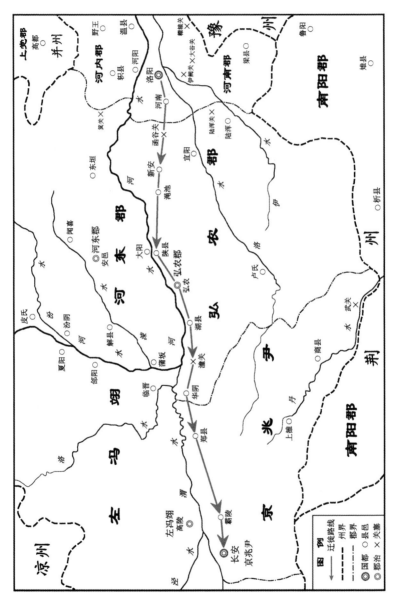

图三　汉献帝、董卓西迁长安路线图

"向使董卓闻山东兵起,倚王室之重,据二周之险,东向以临天下;虽以无道行之,犹足为患。"[1] 但是董卓没有那样做,反而毁灭了洛阳,逼迫献帝迁徙到关中,因而丧失了各地中立势力的支持,成为天下的公敌,给予关东举义诸侯进军消灭他的可乘之机。"今焚烧宫室,劫迁天子,海内震动,不知所归,此天亡之时也。一战而天下定矣,不可失也。"[2] 但是酸枣会盟诸侯不愿接受曹操的建议,继续驻军不前,采取观望态度。曹操孤军深入荥阳,被董卓部将徐荣击败后回到酸枣,他知道诸侯们不想与董卓交锋,便又提出了三路义军同时进兵占据要地,不与交战,逼迫与等待董卓集团发生内乱的主张。"诸君听吾计,使勃海引河内之众临孟津,酸枣诸将守成皋,据敖仓,塞轘辕、太谷,全制其险;使袁将军率南阳之军军丹、析,入武关,以震三辅:皆高垒深壁,勿与战,益为疑兵,示天下形势,以顺诛逆,可立定也。今兵以义动,持疑而不进,失天下之望,窃为诸君耻!"[3] 胡三省曰:"观操之计,但欲形格势禁,待其变起于下耳,非主于战也。"[4] 但是这个计策仍然没有得到张邈等人的采用。曹操于是愤然离开了他们,南下到扬州招募军队。

(三)派遣朝内大臣安抚关东,说服袁绍、袁术罢兵

不久,董卓迎来了一个利好消息,酸枣诸侯联军由于粮饷耗尽,发生了分裂,各路诸侯分别领兵回到自己的州郡治所。《三国志》臧洪本

---

①《三国志》卷1《魏书·武帝纪》,第7页。
②《三国志》卷1《魏书·武帝纪》,第7页。
③《三国志》卷1《魏书·武帝纪》,第7—8页。
④《资治通鉴》卷59汉献帝初平元年三月胡三省注,第1915页。

传称酸枣诸侯联军在会盟后,"顷之,诸军莫适先进,而食尽众散。"[1] 司马光经过考订,认为此事发生在初平元年(190)三月,"酸枣诸军食尽,众散。"[2] 而且还发生了内讧,兖州刺史"刘岱与桥瑁相恶,岱杀瑁,以王肱领东郡太守"[3]。这样一来,起兵直接威胁洛阳地区的关东诸侯,就只剩下河内袁绍、王匡与南阳袁术、孙坚这两个集团了。看到对手的力量明显削弱,董卓企图不战而屈人之兵,就以朝廷的名义,派遣担任九卿的几位大臣分别到袁绍、袁术的军中劝降,希望说服他们罢兵休战,服从朝廷的统治。"(董)卓乃遣大鸿胪韩融、少府阴循、执金吾胡母班、将作大匠吴循、越骑校尉王瑰譬解(袁)绍等诸军。"[4] 没有想到董卓错打了主意,袁绍、袁术兄弟因为在京的亲属被董卓灭门抄斩,满腔仇恨正无处发泄,于是下令将这些劝降的大臣斩首。因为韩融曾是"党人",名望较高,所以饶过了他。"(袁)绍使王匡杀(胡母)班、(王)瑰、吴循等,袁术亦执杀阴循,惟韩融以名德免。"[5]

袁绍、袁术此举,虽然表达了他们与董卓集团誓不两立的决心,但是两军交兵、不斩来使是约定俗成的惯例,他们将董卓派来的几位大臣(也是名士)杀害,做得也是相当过分了。其中执金吾胡母班很有声望,"字季友,泰山人,名在八厨。"[6] 他还是王匡的妹夫,而王匡受袁绍逼迫,不得已将胡母班逮捕入狱,准备杀死他。胡母班觉得自己既不

---

① 《三国志》卷 7《魏书·臧洪传》,第 232 页。

② 《资治通鉴》卷 59 汉献帝初平元年,第 1915 页。

③ 《三国志》卷 1《魏书·武帝纪》,第 8 页。

④ 《后汉书》卷 74 上《袁绍传》,第 2376 页。

⑤ 《后汉书》卷 74 上《袁绍传》,第 2376 页。

⑥ 《后汉书》卷 74 上《袁绍传》注引《汉末名士录》,第 2376 页。

是董卓的亲信，又是奉朝廷命令前来，这样被杀实在是太冤屈了，于是给王匡写了封信，说："足下拘仆于狱，欲以衅鼓，此何悖暴无道之甚者也？仆与董卓何亲戚？义岂同恶？足下张虎狼之口，吐长蛇之毒，恚卓迁怒，何其酷哉！死者人之所难，然耻为狂夫所害，若亡者有灵，当诉足下于皇天。"①但是仍然没有改变被杀的命运。董卓妄想的这项安抚计划，也终以完全的失败而告终。

（四）与关东诸侯交战

自初平元年（190）正月关东诸侯起兵反卓后，战事相当沉寂。双方都对自己的敌手有些畏惧。董卓先是觉得自己的兵力不占优势，因此"乃会公卿议，大发卒讨之"②。企图征调全国其他州郡的军队来进行讨伐，但是并未得到大臣们的支持。后来，"董卓以山东兵盛，欲迁都以避之。"③总的来说是处于被动防御的局面，不敢主动出击。关东诸侯方面作战的态度也很不积极，"董卓在雒阳，袁绍等诸军皆畏其强，莫敢先进。"④只是到了三月，才由曹操率领属下数千兵马进攻荥阳，被董卓部将徐荣战败。曹操的军队虽然失利，却抵抗得非常坚决，徐荣因此认为酸枣的诸侯联军人数众多，要是都像曹军那样奋战，不是能够轻易打败他们的，于是便领兵撤退，没有乘胜追击。"（徐）荣见太祖所将兵少，力战尽日，谓酸枣未易攻也，亦引兵还。"⑤

①《后汉书》卷 74 上《袁绍传》注引谢承《后汉书》，第 2376 页。
②《后汉书》卷 70《郑太传》，第 2258 页。
③《资治通鉴》卷 59 汉献帝初平元年正月，第 1909 页。
④《资治通鉴》卷 59 汉献帝初平元年三月，第 1914 页。
⑤《三国志》卷 1《魏书·武帝纪》，第 7 页。

　　后来双方相持日久，董卓看出了关东诸侯的怯战心理，才开始出兵反攻，这时已经到了当年冬季，董卓起初连连获胜，先打败了孙坚。"时长沙太守孙坚亦率豫州诸郡兵讨（董）卓。卓先遣将徐荣、李蒙四出虏掠。荣遇坚于梁，与战，破坚，生禽颍川太守李旻，亨之。"①《三国志》孙坚本传也记载他治兵于鲁阳城，"（董）卓遣步骑数万人逆坚……卓兵见坚士众甚整，不敢攻城，乃引还。坚移屯梁东，大为卓军所攻，坚与数十骑溃围而出。坚常著赤罽帻，乃脱帻令亲近将祖茂著之。卓骑争逐茂，故坚从间道得免。"②至于河内的袁绍、王匡的军队，要数据守河阳的"泰山兵"距离洛阳最近，威胁也较大。董卓对其采取了声东击西的战术，得以取胜。"卓遣疑兵若将于平阴渡者，潜遣锐众从小平北渡，绕击其后，大破之津北，死者略尽。"③王匡由于亲信的"泰山兵"伤亡惨重，又回到故乡募兵，然后准备离开袁绍，去投奔陈留太守张邈，在途中受到曹操与胡母班亲属武装的截击，兵败身死④。

　　初平二年（191）初，孙坚聚拢散兵，卷土重来，再次北进，董卓派遣胡轸、吕布前来迎战。《英雄记》曰："（孙）坚讨董卓，到梁县之阳人。卓亦遣兵步骑五千迎之，陈郡太守胡轸为大督护，吕布为骑督，其余步骑将校都督者甚众。"胡轸在战斗前声称要杀一员部将来立威，引起属下的不满与愤怒。"轸，字文才。性急，预宣言曰：'今此行也，要当斩

①《后汉书》卷72《董卓传》，第2328页。
②《三国志》卷46《吴书·孙坚传》，第1096页。
③《三国志》卷6《魏书·董卓传》，第176页。
④《三国志》卷1《魏书·武帝纪》，注引谢承《后汉书》："（王）匡少与蔡邕善，其年为（董）卓军所败，走还泰山，收集劲勇得数千人，欲与张邈合。匡先杀执金吾胡母班。班亲属不胜愤怒，与太祖（曹操）并势，共杀匡。"第6—7页。

一青绶,乃整齐耳.'诸将闻而恶之。"吕布等人因此想要破坏他的军事行动。胡轸的部队在夜间赶到阳人城下,"于是吏士饥渴,人马甚疲。且夜至,又无堑垒。"刚刚卸掉盔甲准备休息,吕布等便传播谣言,说孙坚部队前来夜袭,致使"军众扰乱奔走,皆弃甲,失鞍马,行十余里"①。天明后孙坚军队前来进攻,"合战于阳人,大破(董)卓军,枭其都督华雄等。"② 胡轸、吕布败走后,董卓畏惧孙坚的勇猛,派遣将军李傕前来恳求和亲,"令(孙)坚列疏子弟任刺史、郡守者,许表用之。"③ 但是遭到孙坚的痛斥与拒绝,孙坚随即"进军大谷,距洛九十里"。李贤注:"大谷口在故嵩阳西北三十五里,北出对洛阳故城。张衡《东京赋》云'盟津达其后,大谷通其前'是也。"④ 董卓亲自领兵前来迎击,"卓自出与坚战于诸陵墓间,卓败走,却屯黾(渑)池,聚兵于陕。"孙坚获胜后进兵洛阳城下,打败了守城的吕布。"坚进洛阳宣阳城门,更击吕布,布复破走。"⑤ 孙坚得以光复了旧京洛阳。

(五)董卓与其军队主力撤往关西

孙坚占领洛阳后做了两件事,其一,扫除汉室宗庙,平塞被董卓发掘的各座皇陵。其二,准备派遣一支部队开赴董卓背后,想要截断他退往关中的道路。"坚乃扫除宗庙,平塞诸陵,分兵出函谷关,至新安、黾

---

①《三国志》卷46《吴书·孙坚传》注引《英雄记》,第1098页。
②《三国志》卷46《吴书·孙坚传》,第1096页。
③《三国志》卷46《吴书·孙坚传》,第1097页。
④《后汉书》卷72《董卓传》,第2328—2329页。
⑤《后汉书》卷72《董卓传》,第2328页。

（渑）池间，以截卓后。"① 董卓得知后，对孙坚非常忌惮，他与长史刘艾说："关东军败数矣，皆畏孤，无能为也。惟孙坚小戆，颇能用人，当语诸将，使知忌之。"② 董卓不想继续在洛阳附近和孙坚战斗，于是派人到关中胁迫汉献帝，"讽朝廷使光禄勋宣璠持节拜卓为太师，位在诸侯王上。乃引还长安。"③ 其时间在当年四月④。孙坚在洛阳也因为后方遭受袁绍部将袭击，"引军还，住鲁阳。"⑤

　　董卓此时对其兵力做出了以下部署：首先，让宿将朱儁留守洛阳空城。当地几经战火屠戮，已经荒无人烟，后方的粮饷也难以支持。董卓不愿意让自己的嫡系将领和军队来接受这个难以完成的任务，就把它交给了属于异己势力的老将朱儁，任命他为河南尹。《后汉书·朱儁传》载其到任后即与关东诸侯联络，准备参加反卓阵营，后来害怕消息泄露就弃官逃往荆州。"（董）卓后入关，留（朱）儁守洛阳，而儁与山东诸将通谋为内应。既而惧为卓所袭，乃弃官奔荆州。"董卓随后"以弘农杨懿为河南尹，守洛阳。"朱儁闻讯又进兵返回洛阳，驱逐了杨懿。"（朱）儁以河南残破无所资，乃东屯中牟，移书州郡，请师讨卓。"朱儁的这番举动获得了关东诸侯的兵员和物资支持，"徐州刺史陶谦遣精兵三千，余州郡稍有所给，谦乃上（朱）儁行车骑将军。"董卓得知后，"使其将李傕、郭汜等数万人屯河南拒（朱）儁。儁逆击，为傕、汜所破。

①《后汉书》卷72《董卓传》，第2328页。
②《三国志》卷46《吴书·孙坚传》注引《山阳公载记》，第1098页。
③《后汉书》卷72《董卓传》，第2329页。
④《后汉书》卷9《献帝纪》初平二年，"夏四月，董卓入长安。"第371页。
⑤《三国志》卷46《吴书·孙坚传》，第1097页。

儁自知不敌，留关下不敢复前。”[①]此后朱儁仍然驻守在中牟，双方隔着洛阳地区对峙。

其次，董卓退入关中后，将自己的亲信将领与部队分别部署在豫西、河东与关中东部。“乃使东中郎将董越屯黾（渑）池，中郎将段煨屯华阴，中郎将牛辅屯安邑，其余中郎将、校尉布在诸县，以御山东。”[②]后来董卓知道朱儁与关东诸侯联合后，就命令其女婿牛辅领兵从河东开赴陕县（今河南三门峡市陕州镇），再遣其部将李傕、郭汜东征，打败朱儁。“初，卓以牛辅子婿，素所亲信，使以兵屯陕。辅分遣其校尉李傕、郭汜、张济将步骑数万，击破河南尹朱儁于中牟。因掠陈留、颍川诸县，杀略男女，所过无复遗类。”[③]这场战斗发生在初平三年（192）正月，是董卓集团与关东诸侯之间的最后一场战斗，三个月后董卓就在王允、吕布等人发动的政变中一命呜呼了。

再次，董卓以吕布率领的并州兵和亲信胡轸、徐荣等统率的部分凉州军队留守长安，保护自己与都城的安全，“乃结垒于长安城东以自居”[④]，并监控帝室和百官。除此之外，董卓还在长安以西二百六十里外的郿县[⑤]修筑了坞城，作为他最后的根据地。“高厚七丈，号曰：‘万岁坞。’积谷为三十年储。自云：‘事成，雄据天下；不成，守此足以毕老。’”[⑥]这座坞城的高度与长安城相等，董卓还把他在洛阳搜刮国库与

①《后汉书》卷71《朱儁传》，第2312页。
②《后汉书》卷72《董卓传》，第2328页。
③《后汉书》卷72《董卓传》，第2332页。
④《后汉书》卷72《董卓传》，第2329页。
⑤《三国志》卷6《魏书·董卓传》注引《英雄记》曰：“郿去长安二百六十里。”第179页。
⑥《后汉书》卷72《董卓传》，第2329页。

民间的财富都聚集在坞内,"卓坞中金有二三万斤,银八九万斤,珠玉锦绮奇玩杂物皆山崇阜积,不可知数。"① 这时的董卓不仅变成了一个守财奴,而且开始为自己将来的失败准备后事了,由此可以看出他的目光和志向有多么短浅,已然失去了进取天下的雄心壮志。

五、董卓回到关中后的倒行逆施与灭亡

董卓回到长安后,对内加强了统治压迫,凡有大臣对董卓不满,就随意找个借口将其杀害。"故太尉张温时为卫尉,素不善(董)卓,卓心怨之,因天有变,欲以塞咎,使人言温与袁术交关,遂笞杀之。"② 对待民众更是"法令苛酷,爱憎淫刑,更相被诬,冤死者千数。百姓嗷嗷,道路以目"③。他巧立名目,搜刮民财,派遣司隶校尉刘嚣,"籍吏民有为子不孝,为臣不忠,为吏不清、为弟不顺,有应此者皆身诛,财物没官。于是爱憎互起,民多冤死。"④ 董卓对于自己的亲信部将,也是稍有不满就下令处死。"诸将有言语蹉跌,便戮于前。又稍诛关中旧族,陷以叛逆。"⑤ 吕布是他的心腹爱将,又武艺高强,"(董)卓自以遇人无礼,恐人谋己,行止常以(吕)布自卫。"⑥ 但即便如此,也会因为一些琐事而与之翻脸。"然(董)卓性刚而褊,忿不思难,尝小失意,拔手戟掷(吕)

---

①《三国志》卷6《魏书·董卓传》注引《英雄记》,第180页。
②《三国志》卷6《魏书·董卓传》,第176页。
③《三国志》卷6《魏书·董卓传》,第176—177页。
④《三国志》卷6《魏书·董卓传》注引《魏书》,第179页。
⑤《后汉书》卷72《董卓传》,第2330页。
⑥《三国志》卷7《魏书·吕布传》,第219页。

布。布拳捷避之，为卓顾谢，卓意亦解。由是阴怨卓。"①吕布率领的并州势力开始与董卓集团离心离德，最终被王允等大臣说服利用，共同策划实行了反卓计划。由此可见，董卓几乎是得罪了朝野内外所有的人（除了那些不在他身边的亲信，如牛辅、李傕、郭汜等），导致内部矛盾迅速激化，所以他的灭亡就是必然的了。董卓回到长安后，接连出现了三起刺杀他的阴谋，分述如下：

其一，伍孚的刺杀行动。越骑校尉伍孚是汝南郡人，"质性刚毅，勇壮好义，力能兼人。"②因为憎恨董卓的凶恶狠毒，准备独自拜见他时实施暗杀。"乃朝服怀佩刀以见卓。孚语毕辞去，卓起送至阁，以手抚其背，孚因出刀刺之，不中。卓自奋得免，急呼左右执杀之。"③伍孚因此丢掉了性命。

其二，荀攸等人的谋划。荀攸当时为黄门侍郎，他与议郎郑泰、何颙、侍中种辑等策划暗杀董卓，谋议道："董卓无道，甚于桀纣，天下皆怨之……今直刺杀之以谢百姓，然后据殽、函，辅王命，以号令天下，此桓文之举也。"④就是说董卓残暴凶狠，激起了所有阶层的怨恨，现在可以采用刺杀的办法来消灭他以解除民愤，然后据守崤函山区，辅佐朝廷来统治天下，完成齐桓公、晋文公那样的壮举。后来他们因计划泄露而遭受失败，何颙、荀攸被逮捕入狱，何颙在狱中自杀，荀攸镇定自若，等到董卓死后被释放。

其三，王允、吕布等人刺杀董卓。吕布由于同董卓的矛盾产生怨

①《三国志》卷7《魏书·吕布传》，第219页。
②《后汉书》卷72《董卓传》注引谢承《后汉书》，第2331页。
③《后汉书》卷72《董卓传》，第2331页。
④《三国志》卷10《魏书·荀攸传》，第321页。

恨,担心会受到诛戮,所以和司徒王允诉说。王允当时正与尚书仆射士孙瑞密谋刺杀董卓,便说服吕布参加。吕布起初还因为董卓是其义父而踌躇未决,王允对他说:"君自姓吕,本非骨肉。今忧死不暇,何谓父子? 掷戟之时,岂有父子情也?"[1] 这才打消了吕布的顾虑,加入了王允的密谋集团。初平三年(192)四月辛巳,献帝患病痊愈,因此在未央宫举行朝会庆祝。王允和士孙瑞乘机表奏董卓罪恶,"使瑞自书诏以授(吕)布,令骑都尉李肃与布同心勇士十余人,伪著卫士服于北掖门内以待卓。"[2] 在董卓进入宫门时对他实行了刺杀,除掉了这个十恶不赦的国贼,董卓在长安与郿坞的亲属和党羽也被悉数杀戮。"司徒王允录尚书事,总朝政,遣使者张种抚慰山东。"[3]

六、董卓与关东诸侯战争的特点和影响

随着董卓被刺身亡,他和关东诸侯的军事对抗也宣告结束。作为三国历史上的首次战争,这场历时两年多、牵涉广泛地域和庞大武装力量的交锋具有哪些特点和影响? 笔者归纳有以下几点:

(一)没有发生大规模的会战

在这场军事对抗中,双方的兵力总共约有三四十万。如前所述,关东诸侯举义联盟的兵力至少有二十多万,董卓在洛阳的兵力约有九万

---

① 《后汉书》卷 75《吕布传》,第 2445 页。
② 《后汉书》卷 72《董卓传》,第 2331 页。
③ 《后汉书》卷 9《献帝纪》,第 372 页。

至十一万人,他撤回关中后,由于靠近凉州根据地,方便兵员的补充,手下的军队又有所增加。后来董卓被刺杀,驻扎在陕县的李傕、郭汜等聚集凉州人马为他报仇,"遂将其众而西,所在收兵,比至长安,众十余万。"[①]这仅仅是凉州兵,如果加上董卓生前在长安附近的并州兵,还有关中当地部队和随着献帝西迁的洛阳禁军,大概也接近二十万人了。

尽管交战双方拥有众多的军队,又对峙了两年多,但是发生的战斗却寥寥无几,规模也相当有限。洛阳东线的战斗只有两次,先是徐荣击败曹操的进攻,据曹操自己回忆,当时他的人马很少,"是时合兵能多得耳,然常自损,不欲多之;所以然者,多兵意盛,与强敌争,倘更为祸始。故汴水之战数千,后还到扬州更募,亦复不过三千人。"[②]后是初平三年(192)正月,牛辅派遣李傕、郭汜、张济等"将步骑数万,击破河南尹朱儁于中牟。因掠陈留、颍川诸县,杀略男女"[③]。当时朱儁手下没有多少兵马,"徐州刺史陶谦遣精兵三千,余州郡稍有所给。"[④]合计不过万余人。李傕等获胜后劫略陈留、颍川等郡边缘各县,也是迅速离去,并未和当地州郡部队进行战斗。

洛阳北线的战事,也仅有初平元年(190)冬董卓遣兵偷渡小平津,打败河内太守王匡派驻河阳的"泰山兵"的那一次,战事规模也不大,并没有与袁绍、王匡的军队主力交战。

洛阳南线的战斗最为频繁,但是亦不过四次,关东诸侯方面只有袁术派遣的孙坚所部,史籍记载有数万人,具体人数不详。考虑到这

---

①《三国志》卷6《魏书·董卓传》,第181页。

②《三国志》卷1《魏书·武帝纪》注引《魏武故事》,第32—33页。

③《后汉书》卷72《董卓传》,第2332页。

④《后汉书》卷71《朱儁传》,第2312页。

支军队的主力由袁术掌握,屯驻在后方准备接应,孙坚的部队属于前锋,兵马不会太多,估计也就是两三万人。董卓派遣与其交战的军队与之规模相当,"卓遣步骑数万人逆(孙)坚。"[①]另有记载说董卓只出动五千人来迎战,"初(孙)坚讨董卓,到梁县之阳人。卓亦遣兵步骑五千迎之。"[②]孙坚先败后胜,随即进军洛阳,又与董卓、吕布各打了一仗,董卓、吕布并不恋战,稍有失利便退出洛阳了。也就是说,董卓与关东诸侯军队的主力都有所保留,并不像后来袁绍、曹操的官渡之战、曹操与孙权、刘备的赤壁之战那样,尽遣精锐出动。激烈厮杀,势必要决出胜负。

　　董卓与关东诸侯没有出动主力对阵厮杀的原因之一,就是交战双方的统帅都有些胆怯,缺乏全力歼敌的勇气,又都想保存自己的实力,不愿投入精锐被这场战争消耗。关东诸侯起兵后声势雄壮,董卓心生畏惧,他先是借朝廷的名号向天下州郡征兵来与之对抗。"及义兵起,卓乃会公卿议,大发卒讨之。"[③]可是由于朝廷的公卿大臣都不赞同,郑太(泰)还向董卓讲述了不用征兵的十条理由[④],说服他撤销了这项提议。董卓虽然手中也握有重兵,但是他既不敢主动进攻关东诸侯,又担心守不住京师洛阳,以致在敌人还没有打过来的时候,就安排皇帝和百官西迁长安,放火烧毁洛阳的宫殿和民居,准备放弃这块繁华的中土。他自己领兵断后,暂守洛阳,只和孙坚率领的先锋部队打了几仗,小有挫折,就抛弃洛阳,撤到渑池、陕县了。后来又听说孙坚要分兵截

①《三国志》卷46《吴书·孙坚传》,第1096页。
②《三国志》卷46《吴书·孙坚传》注引《英雄记》,第1098页。
③《后汉书》卷70《郑太传》,第2258页。
④参见《后汉书》卷70《郑太传》,第2258—2259页。

断其退路,吓得他留下诸将驻守,自己迅速跑回了长安。仅仅是孙坚的一支偏师,就把董卓逼迫得连连撤退,还告诫诸将对他要格外小心,由此可见董卓的怯战心理。他根本不敢率领主力主动找诸侯的领袖袁绍、袁术进行决战,其目的显然是保留自己凉州军队的实力,以免出现过多的伤亡。从他回到关中后修筑郿坞、聚敛金银粮饷的情况来看,董卓其实已然放弃消灭关东诸侯、进而雄踞天下的企图,此时他的最高理想,是取代汉献帝,在关西做个割据一方的土皇帝。最坏的打算则是连关中、长安也守不住,龟缩在郿坞来养老终年。这时的董卓已经是暮气沉沉,就连两年前进京夺权的勇悍也都丧失殆尽了。

关东诸侯那边,几位著名的领袖如袁绍、袁术、张邈等人,也是害怕董卓手下并州、凉州军队的强劲,从而拒绝投入主力来和敌人决战。王夫之评论说,当时关东诸侯当中决心消灭董卓集团的将领,只有孙坚和曹操两人,像袁绍、袁术的兵力都远远超过孙、曹二人,但是他们希望董卓与其他诸侯鹬蚌相争、两败俱伤,自己再出来坐收渔翁之利。"故天下皆举兵向(董)卓,而能以躯命与卓争生死者,(孙)坚而已矣。其次则(曹)操而已矣。岂袁绍等之力不逮操与坚哉?操与坚知有讨贼而不知有他,非绍、术挟奸心以养寇,而冀收刺虎持蚌之情者所可匹也。"[1]其实身为盟主的袁绍和董卓是一路货色,都想乘汉室懦弱而掌控朝政或割据一方,并没有救国安民的抱负。"孙坚收复雒阳,乘胜以攻卓,在旦晚之间也,而绍若罔闻。"[2]此时袁绍如果与各路诸侯齐心合力进攻,董卓很难抵挡。但是袁绍在河内踌躇不前,内心的畏惧就不用

---

①(清)王夫之:《读通鉴论》卷9《(汉)献帝》,第233页。
②(清)王夫之:《读通鉴论》卷9《(汉)献帝》,第236页。

说了,实际上也怀着篡权称霸的阴谋,他不仅提防董卓,还忌惮各路诸侯,甚至希望汉室被董卓推翻而趁机自成基业。袁绍"早怀觊觎之志,内顾(董)卓而外疑群公,且幸汉之亡于卓而己得以逞也"①。鲍信看出袁绍心怀鬼胎,将来也会成为董卓那样的奸党。他对曹操说:"今(袁)绍为盟主,因权专利,将自生乱,是复有一卓也。"②鉴于上述原因,双方没有展开大规模的会战,各自的主力部队都得以保存下来。

这里有个疑问,就是袁绍怯战还情有可原,他手下兵马不多,只有数万,本人又是纨绔出身,没有作战经验,不大懂得军事。如郑泰对董卓所言:"袁本初公卿子弟,生处京师,体长妇人……无军帅之才,负霜露之勤;临锋履刃,决敌雌雄,皆非明公敌。"③而董卓打了多半生仗,可谓身经百战,军事阅历非常丰富,史书上说他"粗猛有谋"④,手下又有十万左右的部队,为什么也会胆怯?笔者分析,这与董卓本人的能力、性格及凉州军事集团的特点有密切联系。

董卓志大才疏,色厉内荏。他先是做威震当朝的权臣,后又想篡位称帝,"所愿无极。"⑤但是其军事、政治才能有限,和他的野心很不相称。在军事方面,他虽然久历兵阵,屡建战功,但多是在边疆地区与装备较差、组织纪律性不强的羌胡武装作战中获得的;羌人叛乱,往往"无复器甲,或持竹竿木枝以代戈矛,或负板案以为盾,或执铜镜以象兵"⑥。首领头脑简单,其战斗也都是中小规模的野战。若是到了内

①(清)王夫之:《读通鉴论》卷9《(汉)献帝》,第232页。
②《三国志》卷12《魏书·鲍勋传》注引《魏书》,第384页。
③《三国志》卷16《魏书·郑浑传》注引张璠《汉纪》,第509—510页。
④《后汉书》卷72《董卓传》,第2319页。
⑤《三国志》卷6《魏书·董卓传》注引《魏书》,第175页。
⑥《后汉书》卷87《西羌传》,第2886页。

地进行大规模战争,董卓的指挥调度就会出现问题。例如中平元年
(184)他被调往中原镇压黄巾起义,就因为失利而免职。"拜东中郎
将,持节,代卢植击张角于曲阳,军败抵罪。"[1] 中平五年(188),凉州起
义军王国领兵包围陈仓,朝廷派左将军皇甫嵩领兵前往解围,董卓担
任其副手,他先是建议速赴陈仓救援守军,后来王国撤退,他又主张穷
寇勿追,机械地引用兵法。但是皇甫嵩都没有听从他的意见,"遂独进
击之,使卓为后拒。连战大破之。斩首万余级,(王)国走而死。(董)
卓大惭恨,由是忌(皇甫)嵩。"[2] 说明董卓的用兵方略很普通,算不上
高明。在政治方面,董卓不学无术,缺乏文化素养和权术韬略。他来
到洛阳后与公卿百官、士大夫阶层明争暗斗,吃亏上当,屡屡受骗(见
前文),只会依仗兵权以强势压服对方,动辄施以威吓:"天下事岂不
决我? 我今为之,谁敢不从!"[3] "设令关东豪强敢有动者,以我强兵蹴
之,可使诣沧海。"[4] 但是真的遇到关东诸侯纷纷举义,他就乱了方寸和
手脚,以致于一仗未打,就策划实施放弃首都洛阳而西迁长安。董卓到
了关中后仍有半壁山河,可与对手长期相持,他却营造郿坞,囤积金银
粮谷,准备兵败后据守养老,这些都是内心怯懦、很不自信的表现。

　　另一方面,学界认为董卓所凭借的凉州军事集团具有鲜明的地域
性特点。他的主力部队在凉州形成并发展起来,官兵大多为当地人,其
民族成分可划作两类,一类是"习于夷风"[5] 的汉族将士,即所谓"羌胡

----

①《后汉书》卷72《董卓传》,第2320页。
②《后汉书》卷71《皇甫嵩传》,第2305页。
③《三国志》卷6《魏书·袁绍传》注引《献帝春秋》,第190页。
④《三国志》卷6《魏书·董卓传》注引华峤《汉书》,第177页。
⑤《三国志》卷6《魏书·董卓传》注引《献帝起居注》,第184页。

化"的汉人；另一类则是郑泰所称"匈奴、屠各、湟中义从、西羌八种"①
等少数民族将士，概称为"羌胡"。凉州羌胡有较强的战斗力，上阵视
死如归，"以战死为吉利，病终为不祥。"②但是他们和羌胡化的汉族军
队在作战方面也有明显的弱点，"其兵长在山谷，短于平地，不能持久，
而果于触突。"③若在关东随处可见的广阔平原上列阵厮杀，董卓集团
军事上的弱点就会充分地暴露出来，作战效果经常不够理想。他与黄
巾军及孙坚部队的屡次战斗失利，就说明了这一点。此外，受羌胡劫掠
风俗的影响，这一武装集团在汉末三国最为野蛮凶残，"凉州军阀有着
超乎寻常的杀掠性和破坏性"④，因此激起了关东士民的强烈反感。这
支军队到了洛阳远离故土，难以补充凉州和关西士兵。他们面对关东
气候、风俗的陌生环境以及普遍的敌意，都会很不适应。这些因素也对
董卓产生了消极的影响。鉴于上述各种原因，面对关东声势浩大的举
义行动，董卓表现出胆怯畏缩，匆忙抛弃了京师洛阳而西迁关中。如今
人陈勇所言，董卓在迁都长安之后，"他在洛阳那种'恐惧不宁'的心态
一扫而光，其收关陇之兵为己所用的目的，似乎已经达到。这又从一个
侧面，显示出董卓政权的地域性特征。"⑤

（二）关西与关东政治、军事的对立与缓和

董卓挟持汉献帝和百官迁徙到长安以后，中国政治斗争的地理表

---

①《后汉书》卷 70《郑太传》，第 2258 页。
②《后汉书》卷 87《西羌传》，第 2869 页。
③《后汉书》卷 87《西羌传》，第 2869 页。
④王希恩：《汉末凉州军阀集团简论》，《甘肃社会科学》1991 年第 2 期。
⑤陈勇：《董卓进京述论》，《中国史研究》1995 年第 4 期。

现形式就变成了（函谷）关西与关东两大集团的对立抗争。双方的军事分界线西至陕县，东到中牟，洛阳周边数百里变成了荒无人迹的弃地。董卓那边接连委任了朱儁和杨懿两位河南尹，企图保住对这块地域的控制，但是都没有成功。后来牛辅派李傕、郭汜进攻中牟，劫掠陈留、颍川，也是战斗结束后立即退回陕县，无法在这片无人居住的隔离地段立足。这样就在客观上将两股政治势力隔开，无论哪一方要想进攻对手，都要穿过这块废墟荒野，在数百里内得不到当地的人力支援和粮饷供应，只能从遥远的后方长途转运过来，这是很难负担的。所以关东诸侯不愿耗费巨大的代价来组织西伐，而董卓集团同样也不想大举东征。这两股政治力量隔着洛阳地区各自为政，基本上也不再发生军事冲突。

西迁关中之后，董卓集团和汉献帝实际上堕落为偏据关西一隅的割据政权，它在名义上虽然还是天下共主，但是其号令指示在关东没有人听从，各地诸侯已经不向朝廷进贡，根本不把那位受董卓操纵的小皇帝放在眼里，像袁绍和袁术敢于杀掉傀儡皇帝派来的使者胡母班、王瓌、吴循、阴循等大臣，就充分说明了这一点。此后他们想要什么官职，也只是给朝廷上表奏报一下，走个过场罢了，根本不需要皇帝的批准。例如袁绍保举曹操，"表行东郡太守、兖州刺史。"① 前述袁术表奏孙坚任假中郎将、豫州刺史。关东各路诸侯忙于扩张自己的地盘，吞并邻近的势力，无心再对董卓作战，反卓联盟名存实亡。董卓也只是想守住自己的关西，对出兵消灭关东诸侯势力不感兴趣。他除了热

---

① 《三国志》卷6《魏书·袁绍传》注引《魏氏春秋》，第197页。

心于建造郿坞、准备自己的后事,还有登上天子宝座的打算。董卓先是僭用皇帝的车服,"乘金华青盖,爪画两辖,时人号'竿摩车',言其服饰近天子也。"① 后又企图进一步废掉献帝,直接登基,这一苗头暴露出来,引起了朝内大臣们对他的警惧开始密谋暗杀。"(王)允见(董)卓祸毒方深,篡逆已兆,密与司隶校尉黄琬、尚书郑公业等谋共诛之。"② 总而言之,献帝与董卓西迁之后,由于他们与关东诸侯之间被洛阳附近的数百里弃地所隔离,双方虽然在政治上仍然尖锐对立,但是军事对抗的形势却逐渐缓和下来。对于董卓来说,不管经受了多么沉重的损失,他已然达到自己分陕而治、免受对方威胁的目的。

(三)促进了关东诸侯之间的激烈兼并

曹丕《典论》自序曾称,汉末全国政治、军事斗争的焦点前后发生过变化,起初是关东诸侯纷纷起兵讨伐董卓。"是时四海既困中平之政,兼恶卓之凶逆,家家思乱,人人自危。山东牧守,咸以《春秋》之义,'卫人讨州吁于濮',言人人皆得讨贼。于是大兴义兵,名豪大侠,富室强族,飘扬云会,万里相赴;兖、豫之师战于荥阳,河内之甲军于孟津。"③ 这一阶段,关东诸侯与董卓集团的对立斗争显然是中国社会政治领域的主要矛盾。

自献帝西迁到长安以后,东汉小朝廷就丧失了对关东广袤地区的实际统治,各地豪杰纷纷自立,但绝大多数人不再兴兵讨卓,而是互相

①《后汉书》卷72《董卓传》,第2329页。
②《后汉书》卷66《王允传》,第2175页。
③《三国志》卷2《魏书·文帝纪》注引《典论》帝《自叙》,第89页。

攻伐兼并。"(董)卓遂迁大驾,西都长安。而山东大者连郡国,中者婴城邑,小者聚阡陌,以还相吞灭。"[1]后来董卓及其主力军队焚毁洛阳,撤退到关西,放弃与关东诸侯作战,他只是想据守关中这块"天府之国",并没有大举出兵关东、消灭"反叛"的诸侯以重新统治天下的打算。关西董卓集团与关东举义诸侯的对立抗衡,由于双方基本上脱离接触,相互之间未进行频繁的交战与来往,这两股势力天各一方,他们之间的冲突逐渐淡化,彼此的矛盾已经下降为次要地位,而各自的内部斗争却愈演愈烈。由于关东的地域、人口和财力远远超过关西,是国内首屈一指的重要经济区域,其内部政治、军事斗争的社会影响明显要更为重大。就全国而言,政治、军事领域的主要矛盾已经转移到关东诸侯内部的相互攻杀吞并,即所谓"中原逐鹿"。袁绍、袁术等有实力的军阀热衷于打击、削弱对方,而进兵关西、消灭董卓集团已经不再是他们的计划和目标。

　　董卓西迁之后,袁绍从韩馥手中夺走了冀州,又与幽州的公孙瓒交战;袁术在南阳横征暴敛,伺机向东、南方向的豫州、荆州扩张。袁绍和袁术甚至不顾同宗兄弟的名分而相互攻击,"是时关东州、郡务相兼并以自强大,袁绍、袁术亦自离贰。术遣孙坚击董卓未返,绍以会稽周昂为豫州刺史,袭夺坚阳城。"[2]孙坚被迫从反卓前线撤兵,他慨然叹道:"同举义兵,将救社稷。逆贼垂破而各若此,吾当谁与戮力乎?"[3]另外,袁术派遣公孙瓒之弟公孙越与孙坚攻击周昂,"(公孙)越为流

---

①《三国志》卷2《魏书·文帝纪》注引《典论》帝《自叙》,第89页。
②《资治通鉴》卷60汉献帝初平二年,第1926页。
③《三国志》卷46《吴书·孙坚传》注引《吴录》,第1100页。

矢所中死。(公孙)瓒怒曰：'余弟死，祸起于(袁)绍。'遂出军屯磐河，将以报绍。"①

袁绍提出拥立幽州牧刘虞为皇帝，遭到袁术等诸侯的反对。"(袁)术好放纵，惮立长君，托以公义不肯同，积此衅隙遂成。乃各外交党援，以相图谋。"②双方远交近攻，势同水火。袁术勾结公孙瓒以攻击袁绍，袁绍则联合刘表以牵制袁术。初平三年(192)，袁术派孙坚领兵进攻荆州刘表，结果在襄阳岘山中了埋伏而死，使反卓联盟失去了一员最得力的干将。"公孙瓒使刘备与(袁)术合谋共逼(袁)绍，绍与曹操会击，皆破之。"③

通过兼并战斗，关东地区形成了几个力量较强的军阀集团，袁绍、袁术、曹操、孙策、刘表等得以脱颖而出，割据一方。他们之间的交战结果，对后来三国鼎立局面的形成起到了重要的推动作用。

七、董卓余党的崛起与衰亡

董卓被刺杀后，由于王允等执政者的连连失误，既不肯赦除李傕、郭汜等董卓部将的罪过，又拒绝派遣老将皇甫嵩赴陕县接管统率凉州将士的兵权④，致使董卓余党死灰复燃，迅速组织起来进犯长安，打

---

① 《三国志》卷 8《魏书·公孙瓒传》，第 242 页。
② 《后汉书》卷 75《袁术传》，第 2439 页。
③ 《后汉书》卷 75《袁术传》，第 2439 页。
④ 《后汉书》卷 66《王允传》："董卓将校及在位者多凉州人，(王)允议罢其军。或说允曰：'凉州人素惮袁氏而畏关东。今若一旦解兵，则必人人自危。可以皇甫义真为将军，就领其众，因使留陕以安抚之，而徐与关东通谋，以观其变。'曰：'不然。关东举义兵者，皆吾徒耳。今若距险屯陕，虽安凉州，而疑关东之心，甚不可也。'"第 2176 页。

败了朝廷的军队,杀死王允、黄琬等反卓大臣,又一次挟持献帝,"(李)催、(郭)汜、(樊)稠共秉朝政。"① 再度形成了凉州军事集团扶持傀儡政权与关东诸侯对立的局面。但是,关东诸侯的相互攻杀兼并仍然是当时政治、军事斗争的主流,如张纮写给袁术的书信所言:"河北(袁绍)通谋黑山,曹操放毒东徐,刘表称乱南荆,公孙瓒枭夷北幽,刘繇决力江浒,刘备争盟淮隅,是以未获承命橐弓戢戈也。"② 董卓余党控制的小朝廷对国内政局的影响甚为微弱,关东诸侯根本不以为意。王夫之说:"董卓死,李、郭乱,袁绍擅河北而忘帝室,袁术窃,刘表僭,献帝莫能驭,而后曹操之篡志生。"③ 李催、郭汜等人胸无大志,又勾心斗角,互相攻杀而导致力量分散势力减弱,并没有东征中原的能力与企图。而袁绍、袁术、公孙瓒、刘表、曹操、吕布等人相互攻打,争雄中原而自顾不暇,也都未曾认真考虑过领兵西征勤王,他们也暂时无心去消灭李催、郭汜。从初平三年(192)六月李催、郭汜执掌朝政,到建安元年(196)七月,献帝东迁到洛阳,这段时间内李催、郭汜的军队没有离开关西到中原与关东诸侯作战,关东诸侯当中也没有人领兵西入关中去攻打董卓余党;只不过双方各有一次胎死腹中的作战计划,其详请见下述:

其一,陶谦等诸侯推举朱儁挂帅西征。

初平三年(192)末,徐州刺史陶谦与一些州郡豪杰商议,推举驻守在中牟的朱儁为太师,再组织一支联军,由他率领西征关中,讨伐李催、郭汜,迎接献帝与百官回到洛阳。"及董卓被诛,催、汜作乱,(朱)

---

① 《后汉书》卷72《董卓传》,第2334页。
② 《三国志》卷46《吴书·孙策传》注引《吴录》,第1105页。
③ (清)王夫之:《读通鉴论》卷9《(汉)献帝》,第233页。

儁时犹在中牟。陶谦以儁名臣，数有战功，可委以大事，乃与诸豪桀共推儁为太师，因移檄牧伯，同讨李傕等，奉迎天子。"[1] 他们写了一份奏记给朱儁，希望他接受这份重任。其文曰：

> 徐州刺史陶谦、前杨州刺史周乾、琅邪相阴德、东海相刘馗、彭城相汲廉、北海相孔融、沛相袁忠、太山太守应劭、汝南太守徐璆、前九江太守服虔、博士郑玄等，敢言之行车骑将军河南尹莫府：国家既遭董卓，重以李傕、郭汜之祸，幼主劫执，忠良残敝，长安隔绝，不知吉凶。是以临官尹人，搢绅有识，莫不忧惧，以为自非明哲雄霸之士，曷能克济祸乱！自起兵已来，于兹三年，州郡转相顾望，未有奋击之功，而互争私变，更相疑惑。谦等并共咨诹，议消国难。佥曰："将军君侯，既文且武，应运而出，凡百君子，靡不颙颙。"故相率厉，简选精悍，堪能深入，直指咸阳，多持资粮，足支半岁，谨同心腹，委之元帅。[2]

这时李傕、郭汜等已经得到了相关信息，他们"用太尉周忠、尚书贾诩策，征(朱)儁入朝"[3]。即听从周忠、贾诩的计策，以朝廷的名义征调朱儁返回长安任职，这一步棋相当高明，不费吹灰之力就瓦解了陶谦、朱儁的西征计划。朱儁手下的军吏都害怕回到关中，落入李傕、郭汜的圈套；但朱儁为人迂腐，认为既然是皇帝的旨意，就应该听从调遣，马上

①《后汉书》卷71《朱儁传》，第2312页。
②《后汉书》卷71《朱儁传》，第2312—2313页。
③《后汉书》卷71《朱儁传》，第2313页。

返回长安。他还觉得李傕、郭汜都是出身低贱的庸才，缺乏远见卓识，彼此又有矛盾，肯定会发生内讧，自己正好可以乘机操纵朝政，完成拥戴天子的事业，于是就推辞掉陶谦等人的建议，回到长安做了九卿中的太仆，陶谦等人的西征谋划因此未能实现。《后汉书·朱儁传》载"儁曰：'以君召臣，义不俟驾，况天子诏乎！且傕、汜小竖，樊稠庸儿，无他远略，又势力相敌，变难必作。吾乘其间，大事可济。'遂辞谦议而就傕征，复为太仆，谦等遂罢。"后来的事实表明，朱儁太小看李傕、郭汜等人了，他回到长安又担任过太尉、大司农等职务，但是手下没有军队，因此并无实际权力，根本斗不过这帮董卓余党。后来李傕与郭汜分裂攻杀时，献帝派遣杨彪、朱儁等公卿到郭汜营中，想说服郭汜罢兵休战，没料到郭汜非但不听，还把这些公卿扣押起来做人质。"（朱）儁素刚，即日发病卒。"① 就这样死在了郭汜的兵营里。

其二，樊稠欲领兵开赴关东。

兴平元年（194），关中遭遇大旱。"是时谷一斛五十万，豆麦一斛二十万，人相食啖，白骨委积。"② 社会矛盾非常尖锐，"时长安中盗贼不禁，白日房掠，傕、汜、稠乃参分城内，各备其界，犹不能制，而其子弟纵横，侵暴百姓。"③ 到次年正月，乏粮的问题愈发严重。"（樊）稠欲将兵东出关，从（李）傕索益兵。"④ 此举引起了李傕的怀疑，"二月，（李）傕请（樊）稠会议，便于坐杀稠。由是诸将转相疑贰。"⑤ 樊稠已死，他开

①《后汉书》卷71《朱儁传》，第2313页。
②《后汉书》卷9《献帝纪》，第376页。
③《后汉书》卷72《董卓传》，第2336页。
④《三国志》卷6《魏书·董卓传》注引《九州春秋》，第183页。
⑤《资治通鉴》卷61汉献帝兴平二年，第1959—1960页。

赴关东的想法也因此化为泡影。

李傕、郭汜执掌朝政后，曾以朝廷的名义派遣太傅马日磾、太仆赵岐抚慰天下，企图与关东诸侯和好，可是众诸侯根本不把两位傀儡代表放在眼里。袁绍、公孙瓒等和使者虚与委蛇，李傕等"欲结（袁）术为援，以术为左将军，封阳翟侯，假节，遣太傅马日磾因循行拜授"①。但是马日磾到了淮南，"（袁）术轻侮之，遂夺取其节，求去又不听，因欲逼为军帅。日磾深自恨，遂呕血而毙。"②

由于董卓余党的分裂与内战，他们的力量受到了严重的削弱。李傕、郭汜互相猜疑，在长安交战，"相攻击连月，死者万数。"③兴平二年（195）七月，汉献帝与百官利用李傕、郭汜与凉州诸将的矛盾冲突，得以离开长安东迁，经过辗转停顿，至十二月到达弘农，又渡河来到安邑，至此董卓余党对朝廷完全失去了控制。李傕、郭汜等人经过长期的相互厮杀，力量大为减弱，以致变成了国内诸多军阀中微不足道的两股割据势力。建安元年（196）七月，献帝回到洛阳，后又迁徙到许县，为曹操所驾驭。建安二年（197），"郭汜为其将伍习所杀。"④曹操掌控的朝廷"遣谒者仆射裴茂率关西诸将诛（李）傕，夷三族。"⑤至此，董卓余党李傕、郭汜势力被完全消灭，凉州诸将则分裂成许多个小集团，"关中将帅以十数，莫能相一。"⑥他们对国内的政局并不具

---

① 《三国志》卷 6《魏书·袁术传》，第 208 页。
② 《后汉书》卷 70《孔融传》，第 2264—2265 页。
③ 《三国志》卷 6《魏书·董卓传》，第 183 页。
④ 《后汉书》卷 72《董卓传》，第 2342 页。
⑤ 《三国志》卷 6《魏书·董卓传》，第 187 页。
⑥ 《三国志》卷 10《魏书·荀彧传》，第 313 页。

备重要的影响。其中张济领兵占领南阳,攻城战死后由侄子张绣带领部众,先是与刘表联合,后又归降曹操。建安十六年(211)曹操西征关中,打败了马超、韩遂等凉州诸将。后来马超依附汉中的张鲁,又投奔益州的刘备;韩遂则被部下杀死,余众投降了夏侯渊,凉州军事集团至此烟消云散。

曹魏的战略重地关中

历史悠久的关中地区,曾对中国古代经济、政治和文化的发展起到重要影响。汉末三国时期,关中先是被董卓集团作为根据地,挟持汉献帝西迁到长安。后来董卓被刺身亡,他的部将李傕、郭汜及马腾、韩遂等凉州诸将又占据了关中,混战割据的局面延续了近二十年,直到曹操进军关西,关中地区的社会秩序才开始恢复和稳定,并成为曹操进取陇西以及与蜀汉作战的强大后方基地,对其统一西部、巩固中原的统治发挥了不可忽视的作用。曹魏对关中非常重视,顾祖禹曾云:"终魏之世,关、陇有事必举国以争之,故以武侯、姜维之才智,而不获一逞也。"① 下文分述其详:

一、关中历史地理综论

(一)富饶广袤的经济资源

关中平原位于今陕西中部,包括泾水、渭水的中下游流域,它西起

---

① (清)顾祖禹撰,贺次君、施和金点校:《读史方舆纪要·陕西方舆纪要序》,中华书局,2005年,第2451页。

陇山,东抵潼关,北至子午岭、黄龙岭脚下,南倚秦岭,是一片黄土平原地带。这一地区幅员辽阔,土地肥美。司马迁曰:"关中自汧、雍以东至河、华,膏壤沃野千里,自虞夏之贡以为上田。"[①] 是说此地从秦襄公故都汧县(治今陕西陇县东南)、秦献公故都雍县(治今陕西凤翔县西南)往东直到黄河与华山,肥沃的土壤绵延近千里,在传说中的虞舜时期和夏朝就被认为是全国土质最好的区域。与东方,即黄河下游地区相比,关中平原海拔稍高,少受洪涝之患;土壤基本上皆为较厚的黄土,质地疏松,容易掘穴构屋,冬暖夏凉,给先民的定居生活提供了便利。对于农作物来说,"这种土质由于结构疏松,具有垂直的纹理,有利于毛细现象的形成,可以把下层的肥力和水份带到地表,形成黄土特有的土壤自肥现象。另外土质的疏松也便于原始方式的开垦及作物的浅种直播。"[②]《尚书·禹贡》称其为"黄壤",认为它的农业利用价值最高,"厥田惟上上",比东方华北平原、山东丘陵的"白壤""黑壤"(即含有盐碱或腐殖质的冲积土)更为沃软易耕。不过在三代之初,当地多有游牧民族活动,其农业的全面开发是自商朝后期以来,随着周族势力的强盛而繁荣起来的。夏朝到商初,关中平原大部分还处在游牧民族的控制下,虽有个别农耕民族在那里活动,也不免"窜于戎、狄之间"[③]。商朝后期,随着周族的兴起,关中的农业获得了迅速发展。《诗·大雅·绵》曰:"周原膴膴,其荼如饴。"那里富饶的自然资源得到开发,丰镐所在的渭水流域成为周族的根据地,为其灭商战争提供了雄厚的物质基础。

---

①《史记》卷 129《货殖列传》,第 3261 页。

②黄其煦:《黄河流域新石器时代农耕文化中的作物——关于农业起源问题的探讨(三)》,《农业考古》1983 年第 2 期。

③(春秋)左丘明著,(三国)韦昭注:《国语》卷 1《周语上》,上海古籍出版社,1978 年,第 3 页。

西周末年,国势衰落,镐京被犬戎攻陷,平王被迫东迁洛邑,关中平川一度沦为游牧民族纵横驰骋的荒原。随着秦国的强盛,西逐诸戎,又恢复了当地的农业生产。特别是商鞅变法以来,秦及西汉政府在当地推广铁器、牛耕、兴修水利,开凿了郑国渠、白渠、龙首渠、六辅渠等等,灌溉农田,显著提高了粮食产量。那里的居民保持着务农为本的传统,"犹有先王之遗风,好稼穑,殖五谷,地重,重为邪。"①关中的物产非常丰饶,东汉杜笃的《论都赋》曾说这个地区"沃野千里,原隰弥望。保殖五谷,桑麻条畅"。由于渠道密布,"畎渎润淤,水泉灌溉,渐泽成川,粳稻陶遂。厥土之膏,亩价一金。"②班固也说当地"有鄠、杜竹林,南山檀柘,号称陆海,为九州膏腴"③。东方朔还特别强调,秦国正是依靠关中丰饶的经济资源,才得以征服了西方的戎狄与关东六国。"此所谓天下陆海之地,秦之所以虏西戎兼山东者也。"④秦朝和西汉统一天下之后,为了削弱地方割据力量,加强京师地区的经济实力,曾经多次将关东六国的旧贵族、豪强、富人迁徙到咸阳和长安附近居住。那里是国内的商业中心和交通枢纽,富商大贾云集之处,贸易活动非常繁荣,如司马迁所称:"四方辐凑并至而会,地小人众,故其民益玩巧而事末也。"⑤而当地又是皇室、权贵与百官、巨商聚集之所,因此成为首富之区。司马迁说以关中(此处指关西)对比天下,"而人众不过什三;然量其富,什居其六。"⑥

---

①《史记》卷129《货殖列传》,第3261页。

②《后汉书》卷80下《文苑传下·杜笃》,第2603页。

③《汉书》卷28下《地理志下》,第1642页。

④《汉书》卷65《东方朔传》,第2849页。

⑤《史记》卷129《货殖列传》,第3261页。

⑥《史记》卷129《货殖列传》,第3262页。

（二）易守难攻的地理形势

关中不仅在全国具有很高的经济地位，而且还有重要的政治、军事价值。它的得名是由于周围有群山大河，并设置了许多关隘，可以据险防守。《史记》载说客对项羽道："关中阻山河四塞，地肥饶，可都以霸。"《集解》引徐广曰："东函谷，南武关，西散关，北萧关。"[①] 战国秦汉时期，人们经常说秦地"四塞"，就是讲它的四周都有关塞，这些关隘大多设在山峦险要的地点，易守难攻，在军事上处于有利地位。例如范雎对秦王道：

> 大王之国，四塞以为固，北有甘泉、谷口，南带泾、渭，右陇、蜀，左关、阪，奋击百万，战车千乘，利则出攻，不利则入守，此王者之地也。[②]

东汉杜笃《论都赋》亦称关中"厄塞四临"，四方都有关塞："西被陇、蜀，南通汉中，北据谷口，东阻嶔岩。"李贤注："谷口在今云阳县。《谷梁传》秦袭郑，蹇叔送其子而戒之曰：'汝必死于崤之岩唫之下。'嶔岩谓崤也。"[③] 汉代云阳县即今陕西淳化县，当地的谷口位于通往北方之"直道"的南端；东边的嶔岩即今河南三门峡市陕州区东南的崤山。杜笃又云："关函守峣，山东道穷；置列汧、陇，雠偃西戎；拒守褒斜，岭南

---

① 《史记》卷 7《项羽本纪》，第 315 页。
② 《史记》卷 79《范雎列传》，第 2408 页。
③ 《后汉书》卷 80 上《文苑传上·杜笃》，第 2603—2604 页。

不通;杜口绝津,朔方无从。"[1]是说阻碍山东西来道路的有函谷关(今河南灵宝市函谷关镇,汉武帝以后移到今河南新安县境)和峣关(今陕西西安市蓝田县城南,因临峣山而得名);抵抗西戎入侵的是汧山(今陕西陇县西南)和陇关(在今甘肃清水县东北小陇山);阻隔秦岭南下通道的是褒斜,即在褒谷口(今陕西汉中市汉台区河东店镇)和斜谷(今陕西眉县西南)设置的关塞。堵塞谷口(今陕西淳化县北)、断绝黄河的津渡,朔方(辖境当今宁夏银川市至晋陕边境壶口)的来敌就无法入侵关中。

(三)四通八达的水旱道路

关中平原为群山拱卫,其间多有道路通行四方,因而成为中国西部地区的交通枢纽。其水路可经渭水进入黄河,顺流过三门砥柱即可到达中原;逆流可溯汾水进入山西高原腹地,早在春秋时期,秦国就曾通过这条水道向受灾的晋国输送粮食,"自雍及绛相继,命之曰泛舟之役。"[2]

关中前往东方的道路陆路有三条:其一,临晋、轵关道。由陕晋边界的临晋(今陕西大荔县朝邑镇)东渡黄河,在蒲坂(今山西永济市)登陆后东北行,穿越运城盆地,再由涑水上游的含口(今山西绛县冷水镇)向东南翻越太行山脉南端的王屋山,出轵关(今河南济源市西北)进入豫北平原,即古代的河内。这条道路亦可称为晋南豫北通道。

其二,崤函道。自长安东行,过潼关进入豫西丘陵山地,沿黄河南

①《后汉书》卷80上《文苑传上·杜笃》,第2603—2604页。
②杨伯峻:《春秋左传注·僖公十三年》,中华书局,1981年,第345页。

岸东行经函谷、陕县(今河南三门峡市陕州区)抵达崤山,再经渑池、新安到达号称"天下之中"的古都洛阳,东过巩县、成皋、荥阳的低山丘陵,即可进入豫东平原。这条道路亦称豫西通道,是秦汉时代东西方联系的主要干线。

其三,武关道。由长安沿灞水、丹水东南行,穿过秦岭的商洛山区,经蓝田、商州、丹凤镇,在今豫、陕、鄂三省交界处出武关,进入南阳盆地。东行至宛(今河南南阳市)后,南下襄阳,可达江汉平原。东出方城,又能进入华北平原的南端。这条道路也可以称作商洛、南阳通道。

秦、西汉政府为了防备关东势力入侵关中,在上述三条通道设置关塞。如贾谊所言:"所为建武关、函谷、临晋关者,大抵为备山东诸侯也。"[①]

由长安南赴汉中盆地、转入巴蜀的道路共有四条,穿越秦岭间峡谷的路线从东往西依次为子午道、傥骆道和褒斜道,分别经过子午谷、骆谷和傥谷以及斜谷与褒谷,在汉中盆地汇合;另外还有秦岭西侧的陈仓道,又称故道,南出大散关后,沿着嘉陵江水南下进入蜀地。

关中西赴陇西黄土高原与河西走廊的道路称作天水河西道,自长安渡过渭水沿其北岸西行,经雍(今陕西凤翔县)、汧(今陕西陇县东南),向西翻越陇山,先后进入天水、陇西郡界;再经金城(今甘肃兰州市)西北行,进入河西走廊,是古代中西交通"丝绸之路"的重要路段。

关中北行到边塞主要有两条道路,一条是秦代开辟的"直道",南

---

① (汉)贾谊撰,阎振益、钟夏校注:《新书校注》卷3《壹通》,中华书局,2000年,113页。

端起点为云阳(今陕西淳化县北)的林光宫,汉代称甘泉宫,向北穿越陕北高原到达九原郡(治今内蒙古包头市),由于路线大体上南北相直,故称为"直道"。司马迁说秦将蒙恬"因河为塞,筑四十四县城临河,徙適戍以充之。而通直道,自九原至云阳"[①]。另一条道路是由咸阳西经雍、汧,北过萧关(今宁夏固原市南),再北上至黄河后沿其东岸继续北进,亦可到达九原郡。

(四)"关中"的四种地域概念

在秦汉人众的心目中,所谓的"关中"在地域范围上往往有狭义和广义之分。朱绍华等指出,司马迁在《史记》中使用过三种"关中"的地理概念[②]:

1. 关中平原。这是"关中"一词狭义的概念,即前引《史记·货殖列传》所云"关中自汧、雍以东至河、华,膏壤沃野千里"。仅指今陕西中部的关中平原,或称关中盆地,现在称作"八百里秦川"。

2. 关中平原和陇东、陕北高原。《史记》卷7《项羽本纪》中提到项羽灭秦后违背盟约,封刘邦为汉王,统治巴蜀和汉中地区。又将"关中"分为三份,即所谓"三秦",分封给了秦朝的降将章邯等人。"故立沛公为汉王,王巴、蜀、汉中,都南郑。而三分关中,王秦降将以距塞汉王。"具体情况如下:"项王乃立章邯为雍王,王咸阳以西,都废丘。"关中的西部由章邯统治,都城在废丘,即汉朝之槐里县(治今陕西兴平市东南)。东部由司马欣统治,"故立司马欣为塞王,王咸阳以东至河,都

---

①《史记》卷110《匈奴列传》,第2886页。
②朱绍华、东湖:《司马迁的三种"关中"概念》,《中国历史地理论丛》1999年第4期。

栎阳。"栎阳治今陕西西安市临潼区东北。北部即陕北地区由董翳统
治,"立董翳为翟王,王上郡,都高奴。"高奴即今陕西延安市。此种概
念的"关中"范围包括关中平原和陕北(以及陇东)黄土高原,即南抵
秦岭,北至内蒙古高原南缘,东到晋陕边境的黄河,西部边境抵达陇山
(六盘山)山脉。

　　3. 关西、山西。这是"关中"最广义的概念,相当于秦、西汉的"关
西""山西",即当时的中国西部。司马迁曰:"故关中之地,于天下三
分之一,而人众不过什三;然量其富,什居其六。"[①]"关西""山西",即
最广义的"关中"概念,原来专指秦国的故土,它以关中平原为核心,加
上陕北、陇东和陇西黄土高原及汉中、四川盆地和豫西丘陵西部的崤
函山区。如苏秦对秦惠王说:"大王之国,西有巴、蜀、汉中之利,北有
胡貉、代马之用,南有巫山、黔中之限,东有肴(崤)、函之固。"[②]汉朝广
义的"关中"又称作"秦地",《汉书·地理志下》曰:"故秦地天下三分
之一",与前述司马迁所说"故关中之地,于天下三分之一"的含义是基
本一致的。由于汉武帝开西南夷、进占河西走廊,其地域较秦朝更加辽
阔。《汉书·地理志下》载秦地,"其界自弘农故关以西,京兆、扶风、冯
翊、北地、上郡、西河、安定、天水、陇西,南有巴、蜀、广汉、犍为、武都,
西有金城、武威、张掖、酒泉、敦煌,又西南有牂柯、越嶲、益州,皆宜属
焉。"[③]正因为最广义的"关中"具有与"山西""关西"相同的含义,当
时人们也经常把"关中"和"山东"对称,如鄂千秋曰:"陛下虽数亡山

①《史记》卷129《货殖列传》,第3262页。
②(汉)刘向集录:《战国策》卷3《秦策一》,上海古籍出版社,1978年,第78页。
③《汉书》卷28下《地理志下》,第1641页。

东,萧何常全关中以待陛下。"① 邹阳曰:"今天子新据先帝之遗业,左规山东,右制关中,变权易势,大臣难知。"②

4. 在诸关之中。第四种说法出现较晚,如史念海所言:"大抵都是就关而论的"③,即认为"关中"是在诸关之间,历来有多种解释。前引《史记集解》引徐广说关中是在函谷关、武关、散关和萧关之中。潘岳《关中记》曰:"东自函谷,西至陇关,二关之间,谓之关中。"④《三辅旧事》曰关中:"西以散关为限,东以函谷为界。"⑤ 胡三省又云:"秦地西有陇关,东有函谷关,南有武关,北有临晋关,西南有散关:秦地居其中,故谓之关中。"⑥

（五）东西对立的地理格局与秦、西汉的"以关中制山东"

关中地区虽然面积比山东要小得多,自然条件却很优越。秦国在当地兴修水利,发展农业,关中经济出现了空前的高涨,使得秦国可以与山东分庭抗礼。凭借这一雄厚的物质基础,秦开始向东方进攻,兼并诸侯。山东六国迫于危亡也屡次合纵联盟,来反击秦国的兼并。这样,中国的政治格局和军事斗争形势在地域上就呈现出东西对立的基本特点,由春秋时期的南北对立、战国初期群雄的割据混战演变为关东(山东)、关西(山西)两大集团相互争雄的局面。它们的对峙通常以

---

① 《史记》卷 53《萧相国世家》,第 2016 页。
② 《汉书》卷 51《邹阳传》,第 2341 页。
③ 史念海:《关中的历史军事地理》,氏著《河山集·四集》,陕西师范大学出版社,1991 年,第 145 页。
④ (清)顾祖禹撰:《读史方舆纪要》卷 52《陕西一》引潘岳《关中记》,第 2452 页。
⑤ (清)顾祖禹撰:《读史方舆纪要》卷 52《陕西一》引《三辅旧事》,第 2452 页。
⑥ 《资治通鉴》卷 8 秦二世皇帝二年胡三省注,第 282 页。

函谷关或崤山为界。

秦国以关中为根本,南向吞并汉中、巴蜀,西兼诸戎,向东先后灭亡山东六国。西汉王朝的建立亦是如此,汉高祖虽起兵山东,但是后来他打败项羽和其他诸侯,统一天下,也是依靠了关中人力、财力的支持。鄂千秋曾说:"夫上与楚相距五岁,常失军亡众,逃身遁者数矣。然萧何常从关中遣军补其处,非上所诏令召,而数万众会上之乏绝者数矣。夫汉与楚相守荥阳数年,军无见粮,萧何转漕关中,给食不乏……此万世之功也。"①

统一后的秦、西汉政权,都把山东地区的敌对势力(如六国旧贵族、汉朝异姓同姓诸侯王)当作国内主要的政治威胁。因此,这两个王朝所制定的基本政策之一,就是"以关中制山东"。国家定都于咸阳、长安,凭借关中优越的自然环境和有利地形,作为中央政权统治的地理基础。山东无事,则征发那里的赋税、劳力输入关中,补充中央政权的消费。一旦山东发生动乱,中央政权退可以闭关自守,进可以依靠关中雄厚的经济、军事力量东出镇压。这一政策的指导思想,在汉初一些谋士劝说刘邦建都关中的议论里表现得十分明显。如谋士娄(刘)敬曰:"且夫秦地被山带河,四塞以为固,卒然有急,百万之众可具也。因秦之故,资甚美膏腴之地,此所谓天府者也。陛下入关而都之,山东虽乱,秦之故地可全而有也。夫与人斗,不搤其亢,拊其背,未能全其胜也。今陛下入关而都,案秦之故地,此亦搤天下之亢而拊其背也。"②留侯张良也支持娄敬的建议,说:"夫关中左殽函,右陇蜀,沃野千里,南

---

①《史记》卷 53《萧相国世家》,第 2016 页。
②《史记》卷 99《刘敬叔孙通列传》,第 2716 页。

有巴蜀之饶,北有胡苑之利,阻三面而守,独以一面东制诸侯。诸侯安定,河渭漕挽天下,西给京师;诸侯有变,顺流而下,足以委输。此所谓金城千里、天府之国也,刘敬说是也。"[1] 他们的进言终于打消了刘邦的疑虑,决定在长安建都,致使上述东西对立的政治地理格局又延续了二百多年,直到新莽政权灭亡,东汉王朝建立,才得以改观。

秦、西汉在广义"关中"之外的领土泛称"山东",另曰"关外"。像秦始皇大修宫室,"关中计宫三百,关外四百余。"[2] 张家山汉简《二年律令·津关令》中亦多处见到以"关外"与"关中"对称,反映这里的"关中"具有"关内"的含义。亦见黄歇说秦王联楚:"王襟以山东之险,带以河曲之利,韩必为关中之候。"又云:"如此,而魏亦关内候矣。"[3] 说明上述"关中"与"关内"同义,之所以在称呼上内外有别,是由于秦与西汉王朝分别建都咸阳和长安,都把关中视为帝国的根据地,而山东的六国旧贵族、豪强大姓与汉朝的诸侯王则被看作是潜在的敌对势力,因此实行"以关中制山东"的政策,在两地漫长的分界线上设置关塞,防范山东势力入侵,盘查并阻止两地人员的非法流动。

据汉简《二年律令·津关令》记载,西汉初年"关西"和"关东"的分界线是沿今晋陕边界的黄河南下,然后从临晋关(今陕西大荔市朝邑镇)向南至函谷关、武关(今陕西商州市丹凤县东南)、郧关(今湖北郧县东北)至扜关(今重庆市奉节县)等地,绵延千余里。"除临晋关稍偏西以外,其余四关由北向南,恰好构成一条大致端正的南北轴线。

①《史记》卷55《留侯世家》,第2044页。
②《史记》卷6《秦始皇本纪》,第256页。
③(汉)刘向集录:《战国策》卷6《秦策四》,第256页。

这五座关的位置,竟然都在东经 110° 与 111° 之间。"[1] 可以概称为"五关"防线。秦汉函谷、武关、江关(扞关)等地的军事长官为领兵的关都尉,政府多遣酷吏(如宁成、尹齐、张敞)或重臣子弟(如丞相田千秋弟、黄霸与翟方进之子)担任,对过关的人畜车马器物严格稽查,征收关税,并禁止黄金、铜料及器皿与铁、马匹、大型弩弓等重要物资从"关中"流出到"关外"[2],以此保持"关中"对山东地区在经济和军事上的优势。政府对"关中"地区实行各种优待政策和财政倾斜性投入,在当地大兴水利,开凿灌渠,推广"代田法"等先进耕作技术,迁徙山东豪富到关中定居,京师的军队主力北军与宫廷禁军主要用关西人。这些政策措施使关中士民获得抬举及优惠,而山东人士遭到歧视和打击,其利益受到明显的损害,以致出现了"耻为关外民"[3]的流行意识,造成山东士民的不满与憎恨。直到东汉初年,光武帝刘秀定都洛阳,取消了"以关中制山东"的各种地域歧视性政策,实行自由通商贸易,关中与山东居民身份地位上的差别与隔阂才被取消,社会得以和谐进步发展。

(六)东汉关中经济的衰落

如前所述,秦朝和西汉时期,关中是京师所在,人口繁盛,农工商业发达,富冠海内。但是经过了新莽末年到东汉初年的战乱,关中地区一度变成了荒野废墟。绿林军占领长安后,关中的社会秩序还算稳

---

① 王子今、刘华祝:《说张家山汉简〈二年律令·津关令〉所见五关》,《中国历史文物》2003 年第 1 期。

② 参见杨建:《西汉初期津关制度研究》附录《〈津关令〉简释》,上海古籍出版社,2010 年,第 183—187 页。

③ 《汉书》卷 6《武帝纪》元鼎三年注引应劭曰,第 183 页。

定。"三辅悉平,更始都长安,居长乐宫。府藏完具,独未央宫烧攻莽三日,死则案堵复故。"① 次年赤眉攻入关中,迫降更始帝,对三辅地区大肆焚掠。"赤眉遂烧长安宫室市里,害更始。民饥饿相食,死者数十万,长安为虚,城中无人行。"② 至建武二年(26)正月,赤眉因为乏粮离开长安西行,当年九月重返长安,"时三辅大饥,人相食,城郭皆空,白骨蔽野。"③ 关中的人口大量死亡,生产停滞,西汉二百余年的建设成就扫地无余。鉴于以上原因,东汉王朝建立后,光武帝被迫放弃故都长安,选择洛阳作为京师,距离经济形势略好的山东地区较近,容易解决物资的供应问题。

当时,社会的残破萧条虽然在国内是普遍现象,可是东汉政权巩固统治之后,山东、江南等地的经济与民生迅速得到恢复,关中地区却始终未能复原到西汉时期的繁荣景象。据《汉书·地理志下》所载西汉平帝元始二年(公元2年)三辅(京兆尹、左冯翊、右扶风)的户口数字,关中合计有647180户,2436360口。而《后汉书·郡国志一》记载东汉顺帝永和五年(140)三辅共有107741户,523800口。户口大约减少了五分之四。即使上述数字有些许误差,也能看出东汉关中社会经济与人口的衰落非常明显。

从历史背景来看,东汉关中经济衰弱不振的原因主要有下述两条:

1. 西北羌族的战乱破坏。由于当地官吏、豪强的欺凌奴役,居住在陇西、安定、北地、上郡和金城的羌族民众爆发了多次起义斗争,他

① 《汉书》卷99下《王莽传下》,第4193页。
② 《汉书》卷99下《王莽传下》,第4193页。
③ 《后汉书》卷11《刘盆子传》,第484页。

们"东犯赵、魏,南入益州,杀汉中太守董炳,遂寇钞三辅,断陇道"①。
从东汉中叶的安、顺二帝,到汉末的桓、灵两君,羌人叛乱接连不断,屡
次入侵关中,造成百姓的大量死伤流亡。汉安帝曾在永初四年(110)
和元初二年(115)两次下诏,免除三辅民众的赋税并给予救济。大臣
庞参建议向关中空虚之地迁徙边郡贫民,"三辅山原旷远,民庶稀疏,
故县丘城,可居者多。今宜徙边郡不能自存者,入居诸陵,田成故县。"②
灵帝时刘陶也提到,因为羌人入侵,"今三郡(京兆尹、左冯翊、右扶风)
之民皆以奔亡,南出武关,北徙壶谷,冰解风散,唯恐在后。今其存者尚
十三四,军吏士民悲愁相守,民有百走退死之心,而无一前斗生之计。"③

　　2. 水利事业的废弛。西汉时期,关中是京师所在地,属于国家的
基本经济区,长期受到政策上的照顾,政府先后投入大量财力和劳役
在那里兴修水利,发掘了许多引水灌溉的渠道。据《史记·河渠书》与
《汉书·沟洫志》记载,西汉自武帝时起,先后修筑了与渭水并行的漕
渠,引洛水灌溉今陕西蒲城、大荔县的龙首渠,在郑国渠上游分流灌溉
的六辅渠,引泾水从谷口到栎阳的白渠,以及灵轵渠、成国渠和湋渠,
对促进关中农业的发展起到非常重要的作用。东汉王朝建都洛阳,
关中地区不再享受政府的优惠待遇与倾斜性的政策支持,旧有的水
利设施大多荒废。在东汉160多年的历史上,仅有汉安帝在元初二年
(115)二月下诏,要求三辅与河内、河东、上党等地"各修理旧渠,通利
水道,以溉公私田畴"④,但是结果如何不得而知。在水利废弛与羌乱

①《后汉书》卷86《西羌传》,第2886页。
②《后汉书》卷51《庞参传》,第1688页。
③《后汉书》卷57《刘陶传》,第1850页。
④《后汉书》卷5《安帝纪》,第222页。

等因素的影响下,关中有许多土地处于荒芜状态,人口稀少,与关东内地的繁盛景象大相径庭。如桓帝时崔寔提到:"今青、徐、兖、冀,人稠土狭,不足相供,而三辅左右,及凉、幽州内附近郡,皆土旷人稀,厥田宜稼,悉不肯垦发。"①

需要指出的是,黄巾起义失败后,关中地区出现了短暂的安定局面,因此当地的人口与经济有了明显的恢复增长。初平元年(190)关东诸侯起兵讨伐董卓,声势浩大,董卓被迫将献帝、百官与京师百姓迁离洛阳,西赴长安,显著地增加了当地的户口数额。"是时三辅民庶炽盛,兵谷富实。"②"时三辅民尚数十万户……"③相当于东汉中叶关中户口的数倍。但是好景不长,初平三年(192)四月,大臣王允等与吕布发动政变,刺杀董卓;李傕、郭汜等董卓余党聚集凉州兵马十余万攻陷长安,挟持献帝与公卿百官,然后肆意破坏杀掠。"(李)傕等放兵劫略,攻剽城邑,人民饥困,二年间相啖食略尽。"④致使关中再度成为荒野丘墟。

(七)汉末之新地理格局与关中的重要作用

东汉关中经济的衰落,使它和整个西部地区在国内政治地理格局中的地位显著下降,全国的经济、政治重心转移到关东地区,洛阳成了新的首都。山西、关西和山东、关东在经济实力上的悬殊对比,促使东汉统治集团放弃了"以关中制山东"的国家防御战略,秦、西汉时期

①（汉）崔寔著:《政论注释》,第49页。
②《后汉书》卷66《王允传》,第2177页。
③《三国志》卷6《魏书·董卓传》,第182页。
④《三国志》卷6《魏书·董卓传》,第182页。

那种政治、军事上东西对峙的局面,在东汉和三国时期再也未能长期
存在。

　　从东汉一代的历史发展来看,在新的地理格局下有几种情况值得
注意。

　　1. "大关中"概念的消失。由于经济、政治重心的东移,光武帝在
建武九年(33)"省关都尉"[1],废除了"五关"防线,取消了东西部居
民在身份地位与通商贸易政策上的差别,西汉时期司马迁所说的那种
最广义的"关中"概念,即相当于中国西部的地理概念,已经不再使用
了。东汉、三国人们心目中的"关中"仍然具有司马迁所说的第一、第
二种概念,前者仅指关中平原,后者则以秦岭和陇山为界,包括关中平
原、陇东和陕北高原。例如魏曹丕称帝后设置雍凉都督一人,统率雍
州(包括今关中平原、陕北高原、陇东和陇西高原)、凉州(今甘肃兰州地
区、河西走廊,青海省东部)的军队。后来又以陇山为界,分为关中和
陇右两个战区,各置都督一人。清儒洪饴孙《三国职官表》曰:"甘露
二年分雍州为二都督,别置都督陇右一人,后遂分置关中、陇右都督各
一人。"[2]可见曹魏关中都督管辖的地域是以陇山(六盘山)山脉为界,
辖区为陇山以东、秦岭以北、晋陕边境的黄河以西、内蒙古高原以南的
范围,此处的"关中"就相当于司马迁所言的第二种"关中"概念。但
是益州,即巴蜀与汉中已经不包括在东汉三国的"关中"概念里。

　　2. "关西""山西"概念的变化。光武帝刘秀在建武十八年(42)西

---

[1]《后汉书》卷 1 下《光武帝纪下》,第 55 页。
[2](宋)熊方等撰:《后汉书三国志补表三十种》,中华书局,1984 年,第 1607 页。

巡关中,"明年,有诏复函谷关。"① 这时的函谷关在今河南新安县境,因此在地理概念上仍有"关西""关东"之分,但是此时的"关西"仅指关中地区,或者是关中平原与陕北高原,还有陇东、陇西黄土高原与河西走廊,也不再泛指中国西部,即不包括蜀汉。《后汉书》中的"山西"一词,李贤注曰:"山西谓陕山已西也。"② 即在陕县(今河南三门峡市陕州区)附近的崤山以西,但是基本上不包括巴蜀和汉中。如凉州名将皇甫规、张奂和段颎被称为"三明",分别出生在安定、敦煌和武威。《后汉书》其列传论曰:"山西多猛,'三明'俪踪。"③ 此处的"山西"包含着陇东(安定)与河西走廊(敦煌、武威)。而《三国志》中甚至看不到人们使用"山西"的地理概念,它完全被代表关中和陇右的"关西"一词所取代了。

3. 南北抗衡格局的出现。在新莽末年到东汉初年的战乱中,南方遭受的破坏较轻,加上北方士民的流入,使牛耕等先进的农业技术得到推广,东汉南方经济的发展相当明显,尤其是表现在人口数量的上升方面。据今人曾延伟统计,西汉扬州江南三郡(会稽、丹阳、豫章)的人口总数为178万,东汉中叶扬州江南四郡(从西汉会稽郡中分出吴郡)的人口总数为247万,增长了40%以上;西汉荆州江南四郡(长沙、武陵、零陵、桂阳)总人口为69万,东汉中叶则为280万,增长了3倍以上。西汉益州六郡(汉中、广汉、蜀郡、犍为、越巂、益州郡)共366万人,东汉中叶益州七郡(从西汉益州郡中分出永昌郡)为590万,增长了约60%④。"总之,西汉时江南、岭南、西南人口合746万,约占当时

①《后汉书》卷80上《文苑传下·杜笃》,第2597页。
②《后汉书》卷36《郑兴传》李贤注,第1218页。
③《后汉书》卷65《皇甫规张奂段颎传》论曰,第2154页。
④曾延伟:《两汉社会经济发展史初探》,第306—308页。

全国人口的 13%，东汉时合计 1246 万,已约占当时全国人口的 20% 以上了。"[1] 这一情况带来的后果是：号称"沃野万里"的江东与"天府之国"的巴蜀,都有经济能力供养维持一个独立的割据政权,使它们与北方的中原王朝长期对抗。这样,中国政治、军事斗争的地域表现就由秦、西汉时期的东西对峙,演变为汉末三国的南北抗衡。北方的曹魏虽然地域广阔,资源雄厚,但是经过多年战乱而显著衰落,"或百里无烟,城邑空虚,道殣相望"[2],以致在经济和军事力量上与南方的吴、蜀联盟形成了某种程度上的均势。吴、蜀两国尽管在领土、财富和人力方面较为贫弱,却能凭借崇山峻岭与滚滚长江的自然障碍来弥补自己的劣势,抵挡魏国大军的征伐。如刘晔所言："今天下三分,中国(曹魏)十有其八。吴、蜀各保一州,阻山依水,有急相救,此小国之利也。"[3] 蜀汉使臣邓芝亦对孙权说："吴、蜀二国四州之地,大王命世之英,诸葛亮亦一时之杰也。蜀有重险之固,吴有三江之阻,合此二长,共为唇齿,进可并兼天下,退可鼎足而立,此理之自然也。"[4]

4. 关中在汉末三国地理形势中的重要地位。司马迁《史记·货殖列传》把西汉全国分为山西、山东、江南和龙门、碣石北四个地理区域[5],到汉末三国时期则有所变化,笔者认为仍然划作四个大的地理区域,即关东、关西、江南和蜀汉。关东地域辽阔,包括华北大平原、山东

---

① 曾延伟：《两汉社会经济发展史初探》,第 308 页。
② 《三国志》卷 56《吴书·朱治传》注引《江表传》,第 1304 页。
③ 《三国志》卷 14《魏书·刘晔传》注引《傅子》,第 447 页。
④ 《三国志》卷 45《蜀书·邓芝传》,第 1071—1072 页。
⑤ 《史记》卷 129《货殖列传》："夫山西饶材、竹、穀、纑、旄、玉石；山东多鱼、盐、漆、丝、声色；江南出楠、梓、姜、桂、金、锡、连、丹沙、犀、玳瑁、珠玑、齿革；龙门、碣石北多马、牛、羊、旃裘、筋角；铜、铁则千里往往山出棊置：此其大较也。"第 3253—3254 页。

半岛、山西高原、豫西丘陵山地、南阳盆地和江淮平原、江汉平原的北部,其人口繁盛,经济实力最强,辽东则是它的附属区域。关西包括关中平原、陕北高原、陇东和陇西黄土高原、河湟流域与河西走廊,可以用陇山(六盘山)为界,分为关中(关中平原、陇东和陕北高原)与陇右(陇西黄土高原、河湟流域与河西走廊)两个小的区域。关东与关西后来都是曹魏的领土。江南包括孙吴占据的荆、扬两州,在当时又被称为"吴楚"①,实际上除了江南的领土,还包括长江北岸的沿江地带;岭南的交州是其附属区域。蜀汉即刘备、刘禅父子统治的益州,包括四川盆地与汉中盆地。南中地区,即云贵高原与四川盆地南部山区一带是蜀汉的附属区域。东汉王朝的旧有领土,据蒋济所言,曹魏占据了十二州②。杜恕给明帝上书中列举其州名为荆、扬、青、徐、幽、并、雍、凉、兖、豫、司(隶)、冀③,其中荆州和扬州只是占有了江北的一部分。蜀汉占领了益州,孙吴则占有荆、扬两州的大半,以及岭南的交州。

　　关中在上述地理格局当中占有怎样的地位呢? 首先它具有雄厚的经济潜力。前文已述,关中平原的自然条件非常优越,土地肥沃,物产丰饶,能够供养繁众的人口与军队。只不过是由于东汉后期的持续战乱与水利设施的废弛,限制和破坏了它的正常发展,使它在汉末军阀的混战中显得不那么重要。但如果获得了和平环境,关中所蕴藏的

---

①《三国志》卷4《魏书·三少帝纪·齐王芳》注引《汉晋春秋》载袁淮言于曹爽曰:"吴楚之民脆弱寡能,英才大贤不出其土,比技量力,不足与中国相抗,然自上世以来常为中国患者,盖以江汉为池,舟楫为用,利则陆钞,不利则入水,攻之道远,中国之长技无所用之也。"这说的是吴国占据的荆扬两州。第122页。
②《三国志》卷14《魏书·蒋济传》:"今虽有十二州,至于民数,不过汉时一大郡。"第453页。
③《三国志》卷16《魏书·杜恕传》:"今荆、扬、青、徐、幽、并、雍、凉缘边诸州皆有兵矣,其所恃内充府库外制四夷者,惟兖、豫、司、冀而已。"第499页。

经济潜力就能得到充分的发挥,会为北方政权的建设与防务贡献出巨大的力量(参阅图四)。

其次,关中在关西地区占据着主导与核心地位。相比陕北、陇东和陇西黄土高原,河湟流域与河西走廊,关中平原的自然资源、地理形势、人口与经济发展以及交通状况都具有明显的优势,能够对前者施加重要的影响。与关中平原相邻的陇西、陇东与陕北高原沟壑纵横,土壤贫瘠,气候干旱少雨,不利于大面积的农作物垦殖。但是广袤的山坡草地适宜于牲畜放牧,当地又多有森林地带,便于狩猎的开展;另外因为邻近边境,常有战事,屡屡涌现勇士和名将,是汉代选募禁卫军的主要地区。《汉书·地理志下》曰:“天水、陇西,山多林木,民以板为室屋。及安定、北地、上郡、西河,皆迫近戎狄,修习战备,高上气力,以射猎为先。”又云:“汉兴,六郡良家子选给羽林、期门,以材力为官,名将多出焉。”颜师古注:“六郡谓陇西、天水、安定、北地、上郡、西河。”[1]东汉仍是如此,如郑泰所言:“关西诸郡,北接上党、太原、冯翊、扶风、安定,自顷以来,数与胡战,妇女载戟挟矛,弦弓负矢,况其悍夫;以此当山东忘战之民,譬驱群羊向虎狼。”[2]这一地区的风俗民情与关中相似,在“山西”与“山东”对抗的政治地理格局中,陇西、陇东、陕北六郡发达的畜牧业和勇武的骑士能够对关中的农业经济与军事力量提供很好的补充。另外就是陇西、陇东、陕北与中原地区的往来联系需要通过关中平原,关中控制着上述地区的交通命脉,如司马迁所云:“天水、陇西、北地、上郡与关中同俗,然西有羌中之利,北有戎翟之畜,畜牧为天

---

①《汉书》卷28下《地理志下》,第1644页。
②《三国志》卷16《魏书·郑浑传》注引《续汉书》,第510页。

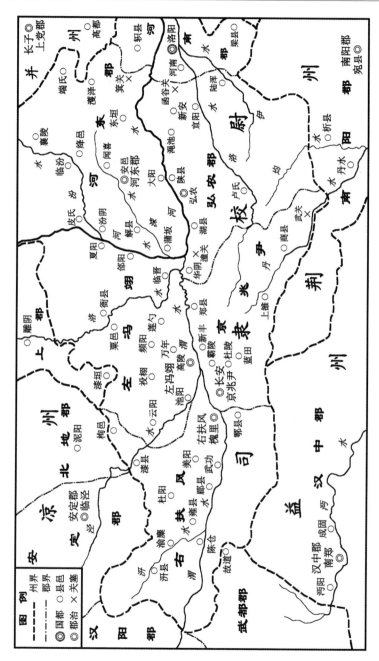

图四　东汉末年关中政区示意图

下饶。然地亦穷险,唯京师要其道。"①

在内战当中,陇西、陇东与陕北可以看作是关中的后方,割据关中者需要把它们纳入统治范围,这样既增强了自己的经济、军事力量,又在进军关东时不用担心背后的袭击。像秦国在它的统一战争中"虏西戎兼山东"②,先打败陇西和陕北的戎狄,在剿除后患之后再向东进攻,吞并六国。到了后代仍是如此,顾祖禹曾云:"李唐一入长安,即并(薛)仁杲,平李轨,而后东向以争河、洛,亦惧秦、凉之掣其后也。"③遇到动乱年代,关中经常陷于战火而势力衰落,陇西、陇东、陕北六郡与河西四郡往往会割据自立,像新莽末年到东汉初年的隗嚣和窦融那样,甚至企图东扩占领关中。如王元对隗嚣说:"今天水完富,士马最强,北收西河、上郡,东收三辅之地,案秦旧迹,表里河山。"④王遵亦曰:"于时周洛以西无所统壹,故为王策,欲东收关中,北取上郡,进以奉天人之用,退以惩外夷之乱。"⑤但是关中一旦安定下来,由于资源丰饶,社会经济就会迅速恢复,那么它对陇西、陕北与河西走廊等地的各种优势就能发挥作用,成为中原王朝收复西北边郡的基地与跳板。像东汉初年刘秀占据关中,河西窦融即来归附,而陇西的隗嚣势单力孤,抵挡不住东汉军队的进攻,从而崩溃瓦解。

再次,关中是遏制蜀汉势力北侵的有力屏障。"蜀汉"是秦汉时代的一个地域名称,是指四川盆地和汉中盆地,并非后来的国名。从关中

---

①《史记》卷129《货殖列传》,第3262页。
②《汉书》卷65《东方朔传》,第2849页。
③(清)顾祖禹撰:《读史方舆纪要·陕西方舆纪要序》,第2450页。
④《后汉书》卷13《隗嚣传》,第525页。
⑤《后汉书》卷13《隗嚣传》,第529页。

平原南越秦岭，即进入汉中盆地，那里气候湿润，土壤肥沃，物产丰富。由于汉中盆地四面环山，多经栈道来往，交通不便，所以为地方割据势力提供了物质基础，如阎圃所言："汉川之民，户出十万，财富土沃，四面险固；上匡天子，则为桓、文，次及窦融，不失富贵。"①

从汉中南越米仓山，或西行沿嘉陵江南下，即可进入巴蜀——四川盆地。四川盆地以嘉陵江为界，分为巴、蜀或川东、川西两个区域。川东为巴，即大巴山所在的区域，地形崎岖，难以垦殖，交通不便。川西为蜀，即成都平原，当时也号称"天府"，有着繁荣的农、林、采矿业和工商业。《汉书·地理志下》称："巴、蜀、广汉本南夷，秦并以为郡，土地肥美，有江水沃野，山林竹木疏食果实之饶。南贾滇、僰僮，西近邛、筰马旄牛。民食稻鱼，亡凶年忧，俗不愁苦。"② 李熊亦说："蜀地沃野千里，土壤膏腴，果实所生，无谷而饱。女工之业，覆衣天下。名材竹干，器械之饶，不可胜用。又有鱼盐铜银之利，浮水转漕之便。"③

蜀汉与关中地区的关系自战国中叶以来逐渐密切，司马错向秦惠王建议伐蜀，用其财富来增强本国的经济实力，以便兼并山东六国。"蜀有桀、纣之乱，其国富饶，得其布帛金银，足给军用。水通于楚，有巴之劲卒，浮大舶船以东向楚，楚地可得。得蜀则得楚，楚亡则天下并矣。"④ 结果得以实施成功。汉高祖占据关中后东征伐楚，也利用了蜀汉的粮饷和人力来补给部队。"萧何发蜀、汉米万船而给助军粮，收其

---

①《三国志》卷 8《魏书·张鲁传》，第 264 页。
②《汉书》卷 28 下《地理志下》，第 1645 页。
③《后汉书》卷 13《公孙述传》，第 535 页。
④（晋）常璩撰，刘琳校注：《华阳国志校注》卷 3《蜀志》，巴蜀书社，1984 年，第 191 页。

精锐以补伤疾。"① 关中遇到战乱灾荒时,部分民众会迁徙蜀地以求活命。例如汉高帝二年(前201),"关中大饥,米斛万钱,人相食。令民就食蜀汉。"② 汉末天下大乱,"南阳、三辅人流入益州数万家。"③

因为自然条件优越,物产丰富,而且四周多山,蜀道艰难而易守难攻,当地的军阀容易起兵造反,形成割据势力。如李熊说公孙述据蜀以称帝曰:"北据汉中,杜褒、斜之险;东守巴郡,拒扞关之口;地方数千里,战士不下百万。见利则出兵而略地,无利则坚守而力农。东下汉水以窥秦地,南顺江流以震荆、杨。所谓用天因地,成功之资。"④ 诸葛亮《隆中对》亦称:"益州险塞,沃野千里,天府之土,高祖因之以成帝业。"⑤ 新莽及东汉末年,割据巴蜀、汉中的军阀先后有公孙述、张鲁、刘焉、刘璋父子,及刘备、刘禅父子。但是,益州即蜀汉偏在一隅,其人口、财力与关东、关中相比毕竟有限,通往中原的主要道路也被关中控制,如司马迁所云:"(巴蜀)然四塞,栈道千里,无所不通,唯褒斜绾毂其口。"⑥ 割据四川者若想称雄天下,统一中国,必须像刘邦那样"王巴蜀,都南郑,出陈仓,定三秦"⑦,夺取邻近的关中以打开通往关东的途径,凭借它雄厚的资源来壮大自己的实力,才能够成就帝业。

在汉末的战乱中,曹操扫灭群雄,平定中原,势力非常强大,孙、刘两家难以与其在关东争锋,不宜作正面较量,于是便纷纷打起了占据

---

① (晋)常璩撰,刘琳校注:《华阳国志校注》卷3《蜀志》,第214页。
② 《汉书》卷1上《高帝纪上》,第38页。
③ 《三国志》卷31《蜀书·刘璋传》注引《英雄记》,第869页。
④ 《后汉书》卷13《公孙述传》,第535页。
⑤ 《三国志》卷35《蜀书·诸葛亮传》,第912—913页。
⑥ 《史记》卷129《货殖列传》,第3261—3262页。
⑦ (清)顾祖禹撰:《读史方舆纪要·四川方舆纪要叙》,第3094页。

蜀汉,再北取关中的主意。如诸葛亮《隆中对》建议刘备先取四川,跨有荆、益两州,"天下有变,则命一上将将荆州之军以向宛、洛,将军身率益州之众出于秦川。"① 周瑜在占领南郡后也制定了攻取蜀汉、然后与关中的马超等将领结盟进攻曹操的作战计划。"乞与奋威(将军孙瑜)俱进取蜀,得蜀而并张鲁,因留奋威固守其地,好与马超结援。"② 赵云也劝说刘备不要与孙权交战,尽早从成都北上占领关中。"(曹)操身虽毙,子丕篡盗,当因众心,早图关中,居河、渭上流以讨凶逆。"③

今人韦苇曾经指出:在汉代中国的西部,关中地区得天独厚,资源和交通都很优越。巴蜀地区自然资源条件好,物产丰富,"然四塞",要靠和关中相通的褒斜道与其联系。陇西地区畜牧业居天下首位,但也地势险要,非取道关中不可。"所以关中政治经济大都会长安就成为控制调节三区经济交流的中枢了。"④ 对于关中西通陇右,南联蜀汉的重要性,曹操早就认识到了。在官渡之战以前,他占领兖、豫两州,与袁绍、袁术以及吕布在中原鏖战,却时时不忘关中这块战略要地,担心袁绍抢先占领了它,从而控制整个中国西部,这样形势对曹操而言就非常被动了。曹操对荀彧说:"吾所惑者,又恐(袁)绍侵扰关中,(西)乱羌、胡,南诱蜀汉,是我独以兖、豫抗天下六分之五也。"⑤ 赤壁之战以后,曹操稳定了扬州前线的防御体系之后,随即进兵关中,打败马超、韩遂,夺取了这块重地。守住关中,就能够收取陇右,巩固整个关西,并阻止蜀

---

① 《三国志》卷35《蜀书·诸葛亮传》,第913页。
② 《三国志》卷54《吴书·周瑜传》,第1264页。
③ 《三国志》卷36《蜀书·赵云传》注引《云别传》,第950页。
④ 韦苇:《司马迁经济思想研究》,陕西人民教育出版社,1995年,第28页。
⑤ 《三国志》卷10《魏书·荀彧传》,第313页。

汉势力的北上,迫使它困守在益州的偏远之地。割据蜀汉的政权如果得不到关中,那么它的国力就会受到盆地区域的局限,而不能强大起来,早晚会被中原王朝出兵剿灭。正如顾祖禹所言:"以四川而争衡天下,上之足以王,次之足以霸;恃其险而坐守之,则必至于亡。"[1]诸葛亮深知这个道理,所以说:"王业不偏安。"又云:"然不伐贼,王业亦亡,惟坐待亡,孰与伐之?"[2]所以屡次出兵祁山和关中。荆邯曾劝说公孙述进取关中:"令延岑出汉中,定三辅,天水、陇西拱手自服。如此,海内震摇,冀有大利。"[3]但是公孙述未能接受这个建议,致使后来坐以待毙。顾祖禹感叹道:"假令(公孙)述能出此,则汉高之业可复见矣,而述不为。呜呼!如(荆)邯者可谓明于用蜀者也。子阳井底蛙耳,安知天下大计? 荆邯之言不用,而岑彭、吴汉之师直指成都矣。此非坐守之前鉴哉?"[4]

二、赤壁战前曹操对关中势力的笼络与控制

(一)董卓西迁后国内的政治局势

初平元年(190),董卓焚毁洛阳、逼迫献帝与百官西迁长安之后,国内的政治、军事斗争有了新的形势,出现了关东的各路诸侯与关西的董卓集团拥兵对立并相对隔绝的局面。关中成为中国西部的政治重心,以董卓为首的凉州军阀势力操纵傀儡小皇帝和朝廷,在长安建立

---

①(清)顾祖禹撰:《读史方舆纪要·四川方舆纪要叙》,第3094页。
②《三国志》卷35《蜀书·诸葛亮传》注引《汉晋春秋》,第923页。
③《后汉书》卷13《公孙述传》,第539页。
④(清)顾祖禹撰:《读史方舆纪要·四川方舆纪要叙》,第3094页。

国都,但是其影响仅限于关西地区(关中与陇右),还不包括刘焉、刘璋父子统治的益州。由于董卓劫掠破坏洛阳附近地区,"悉烧宫庙官府居家,二百里内无复孑遗"[①],致使山东与关中之间形成了一段荒无人迹的隔离地带。关东诸侯若要西征,在这个无人区域里得不到粮饷和人力的补充,后勤补给将非常困难。关西的董卓集团要想出兵关东,也会遇到同样的困境。这样一来,双方的直接军事冲突和政治交往就大大减少,处于一种相对隔绝的状态。

　　在此后的数年内,关西势力和关东诸侯之间很少发生交战,它们的内部斗争迅速上升为各自的主要矛盾。例如董卓先是被王允、吕布暗杀,其部将李傕、郭汜领兵西犯长安,杀死王允等反卓大臣,再度挟持了献帝与公卿百官,仍然由凉州军事集团掌控朝政。不久后李傕、郭汜又产生分歧,"(李)傕质天子于营,烧宫殿城门,略官寺,尽收乘舆服御物置其家。傕使公卿诣(郭)汜请和,汜皆执之。相攻击连月,死者万数。"[②]关东诸侯在董卓西迁之后,也无意再与其交战,反卓联盟迅速瓦解,诸侯之间攻杀吞并,力图扩张自己的势力。"是时关东州、郡务相兼并以自强大,袁绍、袁术亦自离贰。"[③]董卓死后,关西势力愈发衰弱,朝廷对关东诸侯的影响甚微,绝大部分关东诸侯也不再向皇帝进贡与聘问,他们想要什么官职,只是上表向朝廷通报一下,也不需要朝廷的批准。由于关东的地域远比关西广大[④],拥有的人口、财富也远远超过

---

①《后汉书》卷72《董卓传》,第2327页。

②《三国志》卷6《魏书·董卓传》,第183页。

③《资治通鉴》卷60汉献帝初平二年,第1926页。

④《汉书》卷28下《地理志下》:"故秦地天下三分之一,而人众不过什三……"第1646页。这
　里的"秦地"指的就是包括巴蜀的关西,说明关东地域占天下三分之二,人口为十分之七。

后者,所以关东军阀之间混战的结果,对当时中国政局的发展起到了决定性的支配作用,像曹操、孙策的称雄,就为后来三国鼎立局面的出现奠定了基础。

(二)曹操与关中军阀和朝廷建立联络

初平年间(190—193)山东豪杰混战中最引人注目的当属曹操的崛起。关东诸侯起兵讨伐董卓时,曹操并非州牧郡守,甚至连个县令都不是,手下仅有数千人,只是依附张邈的一支客军,都算不上一路诸侯。后来反卓联盟瓦解,曹操到扬州募兵后投靠袁绍,为他夺取并守卫黄河以南的东郡,这才被袁绍上表领东郡太守。初平三年(192)夏,"青州黄巾众百万入兖州,杀任城相郑遂,转入东平。"[①]并在野战中斩杀了兖州刺史刘岱。随后曹操获得了兖州官员与豪强们的拥戴,济北相鲍信"乃与州吏万潜等至东郡迎太祖领兖州牧"[②],他随即领兵连续打败黄巾。"追黄巾至济北。乞降。冬,受降卒三十余万,男女百余万口,收其精锐者,号为青州兵。"[③]经过这番战斗,曹操壮大了自己的武装力量,统治了兖州这块"北阻泰岱,东带琅邪,地大物繁,民殷土沃"[④]的根据地,从此脱颖而出,成为争雄中原的一支劲旅,袁绍也向朝廷上表举荐曹操为兖州刺史。

对于远在关中的傀儡小皇帝,曹操本来是含有敌意的。他自领兖州牧后,朝廷并未予以批准,反而另派来一位行政长官赴任接收。"诏

---

①《三国志》卷1《魏书·武帝纪》,第9页。
②《三国志》卷1《魏书·武帝纪》,第9页。
③《三国志》卷1《魏书·武帝纪》,第9—10页。
④(清)顾祖禹撰:《读史方舆纪要》卷32《山东三·兖州府》,第1509页。

以京兆金尚为兖州刺史,将之部。"①结果被曹操出兵赶走,"操逆击之,(金)尚奔袁术。"②等到曹操在兖州站稳脚跟,情况已然发生了变化。李傕、郭汜占据关中后,想要和关东诸侯缓和关系,结束矛盾冲突,因此在初平三年(192)八月胁迫献帝,"诏太傅马日磾、太仆赵岐杖节镇抚关东。"③这个使团经过洛阳后分道扬镳,马日磾赴淮南去慰劳袁术。"李傕入长安,欲结(袁)术为援,以术为左将军,封阳翟侯,假节,遣太傅马日磾因循行拜授。"④副使赵岐到洛阳后东行,去见袁绍和曹操,这意味着朝廷承认他们二人对冀州、兖州的统治。袁绍、曹操闻讯后改变态度,相继领兵前去迎接,并向朝廷表示臣服,欢迎献帝和百官返回洛阳,还与赵岐约定了下次会见的时间。"绍及操闻岐至,皆自将兵数百里奉迎,岐深陈天子恩德,宜罢兵安人之道……绍等各引兵去,皆与岐期会洛阳,奉迎车驾。"⑤但是后来双方都未能履行约定,"(赵)岐南到陈留,得笃疾,经涉二年,期者遂不至。"⑥

　　曹操对朝廷态度的变化,与部下毛玠的建议密切相关。毛玠本传记载曹操统治兖州后,任命他为治中从事,毛玠和曹操有一次深谈,他认为当今战乱造成了社会两大弊病,即"国主迁移,生民废业",献帝西迁长安,受到董卓余党李傕、郭汜的挟制,不能行使正常的统治职能;民众流离失所,无法安心务农、为社会创造财富。"饥馑流亡,公家无

①《资治通鉴》卷60汉献帝初平三年,第1936页。
②《资治通鉴》卷60汉献帝初平三年,第1936页。
③《资治通鉴》卷60汉献帝初平三年,第1940页。
④《三国志》卷6《魏书·董卓传》,第208页。
⑤《后汉书》卷64《赵岐传》,第2123—2124页。
⑥《后汉书》卷64《赵岐传》,第2124页。

经岁之储,百姓无安固之志,难以持久。"重振朝纲、恢复生产这两件大事,势力最强的军阀袁绍、刘表都没有考虑施行。"今袁绍、刘表,虽士民众强,皆无经远之虑,未有树基建本者也。"[1]毛玠因此强调,用兵作战要合乎道义才能取胜,要想巩固统治地位就得掌握足够的财富,应当设法控制住皇帝,以它的名义去命令征服那些不肯服从的人,大力务农,储备粮饷,这样就能成就宏图伟业。"夫兵义者胜,守位以财,宜奉天子以令不臣,修耕植,畜军资,如此则霸王之业可成也。"[2]曹操听了非常佩服,决心按照毛玠的建议去做,这才有了后来的迎接献帝迁徙许都和大兴屯田。胡三省指出,这是曹操能够打败对手、统一北方的两项关键措施,得益于毛玠的谋划。"操之所以芟群雄者,在迎天子都许、屯田积谷而已;二事乃玠发其谋也。"[3]

曹操在占据兖州的数年中,其主要精力用在对外征伐和镇压内部叛乱的军事活动上,处境相当窘迫,但是他具有睿智的战略眼光,对于远隔千里的关中一直十分关注。李傕、郭汜等凉州军阀是他的敌人,现在虽然没有力量出兵去打败他们,可是应当设法削弱他们的势力。李傕、郭汜本来不足为惧,如朱儁所言:"且傕、汜小竖,樊稠庸儿,无他远略,又势力相敌,变难必作。"[4]关键是他们挟持了献帝与公卿百官,代表天子发号施令,因而具有一定的政治影响。如果能够拉拢李傕、郭汜,诱使献帝东迁,从而被自己所控制,那么凉州军阀不再拥有此前借助的朝廷势力,影响会大为衰落,自己又可以挟天子而令诸侯,实在是

①《三国志》卷12《魏书·毛玠传》,第374页。
②《三国志》卷12《魏书·毛玠传》,第374—375页。
③《资治通鉴》卷60汉献帝初平三年胡三省注,第1941页。
④《后汉书》卷71《朱儁传》,第2313页。

条一举两得的妙计。意识到这一点后,曹操积极开展外交活动,试图与关西集团建立联系。

当时李傕、郭汜的统治范围东到陕县,而洛阳地区荒无人迹,受盘踞河内的军阀张杨控制。曹操派遣使者前往关中要经过洛阳,必须获得张杨的同意才能穿行。为此曹操与张杨通信,请求他假道放行,不料却遭到了拒绝。"时太祖领兖州,遣使诣(张)杨,欲令假涂西至长安,杨不听。"[1] 这是因为张杨此前是从袁绍手下叛逃到河内割据自立的,和袁绍有敌意,而曹操又是依附袁绍的将领,所以他不同意放行。谋士董昭劝说张杨结交曹操,日后肯定会得到好处,这才使张杨应允。据董昭本传记载,"昭说杨曰:'袁、曹虽为一家,势不久群。曹今虽弱,然实天下之英雄也,当故结之。况今有缘,宜通其上事,并表荐之;若事有成,永为深分。'杨于是通太祖上事,表荐太祖。"为此曹操不惜血本,先是赠送张杨一份厚礼,"太祖遗杨犬马金帛,遂与西方往来。"随后又让董昭给李傕、郭汜等凉州诸将分别写信,并根据他们的不同地位而分别馈赠相应的礼物。"(董)昭为太祖作书与长安诸将李傕、郭汜等,各随轻重致殷勤。"[2] 曹操这才得以派使者到关中与朝廷联络。

自诸侯起兵讨伐董卓以来,关东军阀数年内未派使者聘问朝廷,曹操这次是第一回。"是时,汉帝在西京,李傕、郭汜等乱长安中,与关东断绝。太祖领兖州牧,始遣使上书。"[3] 据《世语》记载,曹操这次派遣的使者是亲信王必[4],此人担任过他的主簿,曾经极力劝说曹操杀掉被

---

①《三国志》卷 14《魏书·董昭传》,第 437 页。

②《三国志》卷 14《魏书·董昭传》,第 437 页。

③《三国志》卷 13《魏书·钟繇传》,第 391 页。

④《三国志》卷 13《魏书·钟繇传》注引《世语》曰:"太祖遣使从事王必致命天子。"第 392 页。

俘的吕布①。王必到达长安后，引起了李傕、郭汜的怀疑，他们觉得曹操和袁绍是一伙的，而袁绍曾经想在关东另立刘虞为皇帝，不承认关西的献帝，所以曹操通使可能带有欺骗的目的，为此准备把王必扣留，拒绝曹操的聘问。他们认为："关东欲自立天子，今曹操虽有使命，非其至实。"②据钟繇本传记载，当时任黄门侍郎的钟繇得知后，为曹操说了一番好话："方今英雄并起，各矫命专制，唯曹兖州乃心王室，而逆其忠款，非所以副将来之望也。"李傕、郭汜听从后，才"厚加答报，由是太祖使命遂得通"。曹操这次外交活动得以成功，献帝和百官也认为将来东迁会得到他的支持与照顾。特别是曹操此次与钟繇建立了联系，后者成为他在朝中的代理人，积极鼓动策划，促使汉献帝在后来离开长安，返回中原。"后(李)傕胁天子，(钟)繇与尚书郎韩斌同策谋。天子得出长安，繇有力焉。"③

（三）曹操迎接献帝东归许都

曹操在初平三年（192）聘问朝廷，直到兴平二年（195）十月，汉献帝才利用李傕、郭汜等人的矛盾冲突离开关中东归。他在十二月渡河来到安邑（今山西夏县），又在河东居住了半年。建安元年（196）正月，曹操在占领陈地（今河南淮阳市）后，曾派遣兵将接应献帝东归，但是

①《三国志》卷7《魏书·吕布传》注引《献帝春秋》："（吕）布缚急，谓刘备曰：'玄德，卿为坐客，我为执虏，不能一言以相宽乎？'太祖笑曰：'何不相语，而诉明使君乎？'意欲活之，命使宽缚。主簿王必趋进言：'布，勍虏也。其众近在外，不可宽也。'太祖曰：'本欲相缓，主簿复不听，如之何？'"第228页。

②《三国志》卷13《魏书·钟繇传》，第391页。

③《三国志》卷13《魏书·钟繇传》，第391页。

受到国戚董承与袁术部将的阻击而未能成功。"太祖将迎天子,诸将或疑,荀彧、程昱劝之,乃遣曹洪将兵西迎。卫将军董承与袁术将苌奴拒险,洪不得进。"① 当年六月,河东遭遇重灾,帝室给养殆尽,被迫东归中原。"是时蝗虫起,岁旱无谷,从官食枣菜。诸将不能相率,上下乱,粮食尽。(杨)奉、(韩)暹、(董)承乃以天子还洛阳。出箕关,下轵道。"② 但是到达洛阳后依然没有摆脱乏粮的困境。"天子入洛阳,宫室烧尽,街陌荒芜,百官披荆棘,依丘墙间。州郡各拥兵自为,莫有至者。饥穷稍甚,尚书郎以下,自出樵采,或饥死墙壁间。"③ 护送献帝还京的韩暹、杨奉等将领骄横跋扈,献帝与百官非常不满,迫于无奈,只好暗地邀请驻在许县的曹操前来救驾。"(韩)暹矜功恣睢,干乱政事,董承患之,潜召兖州牧曹操。"④

　　当时正是八月,曹操在许县等地屯田大获丰收,"得谷百万斛。"⑤ 他亲自领兵到洛阳,带去急需的粮饷,"操乃诣阙贡献,禀公卿以下。"⑥ 由此获得了朝廷的信任和封赏。曹操说动献帝迁都许县,以暂到鲁阳(今河南鲁山县)、就近获得粮饷为理由起驾,瞒过了百官和杨奉等诸将,待出行之后直奔许县。杨奉、韩暹获得消息后带兵追击,被曹操的伏兵击退。"车驾出洛阳,自辕辕而东,杨奉、韩暹引军追之。轻骑既至,操设伏兵要于阳城山峡中,大败之。"⑦ 帝室和百官迁徙到许都后,

---

① 《三国志》卷 1《魏书·武帝纪》,第 13 页。
② 《三国志》卷 6《魏书·董卓传》,第 186 页。
③ 《三国志》卷 6《魏书·董卓传》,第 186 页。
④ 《后汉书》卷 72《董卓传》,第 2342 页。
⑤ 《三国志》卷 1《魏书·武帝纪》注引《魏书》,第 14 页。
⑥ 《后汉书》卷 72《董卓传》,第 2342 页。
⑦ 《后汉书》卷 72《董卓传》注引《献帝春秋》,第 2342 页。

曹操就动用军队将献帝控制起来,"操以精兵七百,围守宫阙,外称陪卫,内以拘执。"① 自己掌握大权,"坐召三台,专制朝政,爵赏由心,刑戮在口。"② 曹操从派遣使者联络朝廷、引诱献帝东归,到他迎接帝室与百官迁至许都,前后历时四年,终于实现了挟天子以令诸侯的愿望(参阅图五)。此后曹操动辄以朝廷的名义发号施令,处在非常有利的政治地位,为自己捞取了不少好处。通过这件事反映出曹操的深谋远虑,这是其他诸侯所不及的。

　袁绍的势力虽然比曹操强大,但是他从开始即蔑视献帝,甚至不承认刘协是先帝的血脉,准备在关东另立天子。袁绍给袁术写信说:"今西名有幼君,无血脉之属,公卿以下皆媚事卓,安可复信! 但当使兵往屯关要,皆自蹙死于西。"③ 就是既不想举兵西征,也不打算拥戴利用傀儡朝廷,企图坐等关西势力内乱而自行灭亡。后来献帝迁徙到河东,谋士沮授曾建议袁绍将皇室与朝廷迁至邺城(今河北临漳县)建都,以便加以控制,号令天下。"且今州城粗定,宜迎大驾,安宫邺都,挟天子而令诸侯,畜士马以讨不庭,谁能御之!"④ 袁绍听后表示赞成,但是遭到了郭图、淳于琼的反对。他们说:"若迎天子以自近,动辄表闻,从之则权轻,违之则拒命,非计之善者也。"⑤ 袁绍听后又觉得有道理,便放弃了这一计划。后来曹操迁都许县,政由己出,袁绍感到处处被动与掣肘,而再想徙都靠近河北则为时已晚。"(袁)绍悔,欲令太祖徙天子都

①《三国志》卷6《魏书·袁绍传》注引《魏氏春秋》,第198页。
②《三国志》卷6《魏书·袁绍传》注引《魏氏春秋》,第198页。
③《三国志》卷6《魏书·袁术传》注引《吴书》,第208页。
④《三国志》卷6《魏书·袁绍传》注引《献帝传》,第195页。
⑤《三国志》卷6《魏书·袁绍传》注引《献帝传》,第195页。

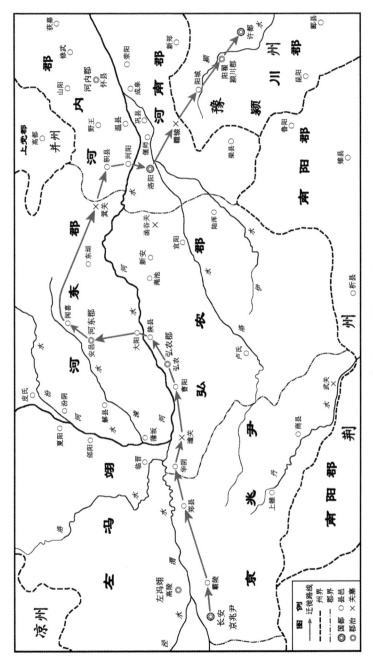

图五　汉献帝东迁许都路线图

鄄城以自密近,太祖拒之。"^① 结果未能达到他的目的。

（四）曹操对关中势力的笼络与掌控

曹操得以操纵献帝与百官之后,不仅收服了洛阳所在的河南郡,关中的凉州诸将在名义上也要服从朝廷,在一定程度上接受他的控制。"会太祖迎天子都许,收河南地,关中皆附。"^② 曹操随即利用手中的权力,对关中的凉州军阀集团采取了一系列笼络和掌控措施,并尽量削弱他们的势力,为将来的西征预做准备。计有以下几项:

1. 利用凉州诸将的矛盾消灭李傕。当时关中的凉州诸将已经分裂为多股武装势力,互不统属,彼此又有很深的猜忌与矛盾。曹操此时还没有西征关中的力量,他采取的是分化打击的对策,利用凉州军事集团的内部冲突率先解决掉名声最高而且对朝廷桀骜不驯的李傕。李傕在献帝离开关中时,其部下已然发生过叛乱,致使其实力有所衰退。"(李)傕将杨奉与傕军吏宋果等谋杀傕,事泄,遂将兵叛傕。傕众叛,稍衰弱。"^③ 建安二年(197),在曹操的指使下,朝廷发布诏令,指派一位大臣作为代表到关中督率各股武装讨伐李傕。"遣谒者仆射裴茂率关西诸将诛(李)傕,夷三族。"^④ 李傕寡不敌众,被杀后首级送往许都。"傕头至,有诏高县(悬)。"^⑤ 在这场战斗中,凉州将领段煨的功劳最大,

①《三国志》卷6《魏书·袁绍传》,第194页。
②《三国志》卷6《魏书·袁绍传》,第194页。
③《三国志》卷6《魏书·董卓传》,第185页。
④《三国志》卷6《魏书·董卓传》,第187页。
⑤《三国志》卷6《魏书·董卓传》注引《典略》,第187页。

受到朝廷的嘉奖。"以段煨为安南将军,封闅乡侯。"① 段煨原来是董卓手下的中郎将,率兵驻在华阴。他与其他凉州诸将不同,比较重视安集民众,发展生产,曾经资助过献帝和百官。《典略》曰:"煨在华阴,特修农事。天子东迁,煨迎,赍馈周急。"② 凉州军阀的另一位首领郭汜,"为其将五习所袭,死于郿。"③ 这样曹操在关中的两个最重要的敌人即被消灭,而他自己并未出动一兵一卒。

2. 派遣钟繇到关中督率诸将。建安二年(197)春,曹操在宛城(今河南南阳市)兵败于张绣,他回到许都后与荀彧商讨下一步作战行动。曹操担心袁绍的强大,认为自己难以取胜。荀彧为他分析了形势,指出曹操在气度、智谋、治军和用人等方面占有优势,又能借助天子的名义,因而能够获胜。但是必须先消灭吕布,否则将来与袁绍作战时会出现腹背受敌的不利局面。曹操表示赞同后,谈到了他对关中的忧虑,自己现在没有能力进驻,如果被袁绍抢先占据,会影响整个关西地区的归属,那样形势就非常被动了。"然吾所惑者,又恐(袁)绍侵扰关中,(西)乱羌、胡,南诱蜀汉,是我独以兖、豫抗天下六分之五也。为将奈何?"④ 荀彧表示凉州诸将分裂为许多股势力,不能形成统一的力量。"关中将帅以十数,莫能相一,唯韩遂、马超最强。"他们对关东诸侯的兼并攻战历来采取旁观态度,只要以朝廷的名义向关中派遣使者好言抚慰,就能使他们暂时安定下来,至少会持续到曹操平定山东。"彼见山东方争,必各拥众自保。今若抚以恩德,遣使连和,相持虽不能久安,

---

①《后汉书》卷72《董卓传》,第2342—2343页。
②《后汉书》卷72《董卓传》注引《典略》,第2329页。
③《三国志》卷6《魏书·董卓传》,第187页。
④《三国志》卷10《魏书·荀彧传》,第313页。

比公安定山东,足以不动。"①荀彧还向曹操推荐了代表朝廷赴关中镇抚的人选,"侍中、尚书仆射钟繇有智谋,若属以西事,公无忧矣。"②曹操听从了他的建议,"太祖方有事山东,以关右为忧。乃表(钟)繇以侍中守司隶校尉,持节督关中诸军,委之以后事,特使不拘科制。"③

钟繇以前跟随汉献帝西迁,在关中居住多年,熟悉当地情况。他到长安赴任后,与当地凉州诸将的关系处理得很好。曹操后来与袁绍在官渡决战时,关中不仅没有发生叛乱,反而给了曹操有力的支援。"太祖在官渡,与袁绍相持,(钟)繇送马二千余匹给军。"满足了部队的需要。曹操给钟繇回信褒奖道:"得所送马,甚应其急。关右平定,朝廷无西顾之忧,足下之勋也。"④

袁绍死后,匈奴单于在平阳(今山西临汾市)反叛,钟繇又率领关中诸将渡河围攻。这时袁尚任命郭援为河东太守,带领重兵前来援救。众将得知后心生畏惧,建议解围撤兵。钟繇坚决反对说:"袁氏方强,(郭)援之来,关中阴与之通,所以未悉叛者,顾吾威名故耳。"如果撤退那就是示弱,会引起关中的叛乱,那时候想回也回不去了,"此为未战先自败也。"钟繇分析敌情,指出郭援刚愎好胜,一定会轻视我军,可以乘他渡过汾水未成时予以冲击,即可获得大胜。这时马超又带领精兵前来援助,"(郭)援至,果轻渡汾,众止之,不从。"结果在渡河未半时遭遇钟繇所部的进攻,"大破之,斩(郭)援,降单于。"后来河东卫固又发动叛乱,与张晟、张琰及袁氏将领高幹等寇扰当地,"(钟)繇又率诸将

①《三国志》卷10《魏书·荀彧传》,第313—314页。
②《资治通鉴》卷60汉献帝建安二年,第1996页。
③《三国志》卷13《魏书·钟繇传》,第392页。
④《三国志》卷13《魏书·钟繇传》,第393页。

讨破之。"①可见对钟繇的任命非常成功,他不仅稳定了关中的局面,还帮助曹操两次挫败了袁氏集团企图侵占河东的行动,可谓完美地恪尽职守。

3. 向关中诸将索取"质任"。袁曹大战官渡期间,关中的凉州诸将为什么会保持中立,甚至帮助曹操出兵河东镇压叛乱和打败袁氏的军队呢? 其中一个重要的原因,就是曹操手中有他们向朝廷交纳的重要人质,当时称作"质子"或"质任"。建安二年(197)春,流窜南阳的凉州将领张绣投降曹操,后又叛变,使曹操吃了大亏,曹操的长子曹昂、侄子曹安民和爱将典韦都被叛军所杀。曹操兵败后总结了教训,认为是没有向张绣索取人质的缘故。曹操对诸将说:"吾降张绣等,失不便取其质,以至于此。吾知所以败。诸卿观之,自今已后不复败矣。"②事后曹操派遣钟繇督率关中众将,到任后即要求他们向许都遣送人质。首先催促纳质的就是势力最强的马腾、韩遂二人,"(钟)繇至长安,移书(马)腾、(韩)遂等,为陈祸福。腾、遂各遣子入侍。"③其他将领见此情景,也不敢不送人质。曹操有人质在手,使关中诸将受到控制而不敢轻易反叛。如周瑜所言:"质一人,不得不与曹氏相首尾,与相首尾,则命召不得不往,便见制于人也。"④另外在袁曹相争期间,曹操对关中诸将也封以高官贵爵,建安七年(202),"乃拜(马)腾征南将军,(韩)遂征西将军,并开府。"⑤他们虚荣的愿望得到了满足,也就无心再发动叛

---

①《三国志》卷13《魏书·钟繇传》,第393页。
②《三国志》卷1《魏书·武帝纪》,第14—15页。
③《三国志》卷13《魏书·钟繇传》,第392—393页。
④《三国志》卷54《吴书·周瑜传》注引《江表传》,第1261页。
⑤《后汉书》卷72《董卓传》,第2343页。

乱了。正如卫觊所云："西方诸将，皆竖夫屈起，无雄天下意，苟安乐目前而已。今国家厚加爵号，得其所志，非有大故，不忧为变也。"^①这样双方达成了某种程度的政治默契，得以相安无事，使曹操在与袁绍父子的数年交战中能够全力以赴，而心无旁骛，最终得以占据河北，夺取了冀、青、幽、并四州，成为国内首屈一指的强大势力。

4. 征调关中将领到朝内任职。对于在当地颇有声望和影响的凉州将领，曹操设法把他们调入许都或邺城，在朝廷担任官职，使他们脱离军队，受自己的直接控制。例如领兵杀死李傕的段煨，曹操就调他入朝，"征段煨为大鸿胪，病卒。"^②马腾在关中势力强大，很得民心，《典略》载其"北备胡寇，东备白骑，待士进贤，矜救民命，三辅甚安爱之"，从而引起曹操的关注。他先是调马腾之子马超到自己手下任职，但是遭到拒绝。"初，曹公为丞相，辟腾长子超，不就。"^③随后在赤壁之战前夕又征调马腾入朝担任卫尉，以减轻后方发生叛乱的隐患，派人威逼利诱，使其被迫前往。"太祖将征荆州，而（马）腾等分据关中。太祖复遣（张）既喻腾等，令释部曲求还。腾已许之而更犹豫，既恐为变，乃移诸县促储偫，二千石郊迎。腾不得已，发东。"^④只留下马超在关中带兵，马腾的另外两个儿子与家属也被调入朝中成为人质。"又拜超弟休奉车都尉，休弟铁骑都尉，徙其家属皆诣邺，惟超独留。"^⑤马超后来起兵反叛曹操，马腾与两个儿子及家属即被杀害。

---

①《三国志》卷21《魏书·卫觊传》注引《魏书》，第611页。
②《后汉书》卷72《董卓传》，第2343页。
③《三国志》卷36《蜀书·马超传》注引《典略》，第945页。
④《三国志》卷15《魏书·张既传》，第472页。
⑤《三国志》卷36《蜀书·马超传》注引《典略》，第945页。

5. 与关中诸将争夺流民。曹操与袁绍父子作战期间,关中诸将保持中立,使得当地出现了和平状态,流亡在外的居民开始大批地返乡。但是由于缺乏耕牛和农具等生产资料,他们中的很多人被迫投靠关中诸将,成为其依附农民,平时耕种,战时随同出征,结果使直属朝廷的郡县得不到多少民户,而关中诸将的势力愈发强盛。卫觊本传记载:"关中膏腴之地,顷遭荒乱,人民流入荆州者十万余家,闻本土安宁,皆企望思归。而归者无以自业,诸将各竞招怀,以为部曲。郡县贫弱,不能与争,兵家遂强。"当时镇抚关中的治书侍御史卫觊为此写信给荀彧,向曹操提出建议,实行食盐的专售制度,用获取的资金来购买犁、牛。"若有归民,以供给之。勤耕积粟,以丰殖关中。远民闻之,必日夜竞还。"并让司隶校尉驻扎关中以主持当地的政务,这样有利于朝廷的统治、管理。"则诸将日削,官民日盛,此强本弱敌之利也。"[1] 荀彧报告之后,曹操批准了卫觊的建议,"始遣谒者仆射监盐官,司隶校尉治弘农"[2],使卫觊的计划得以成功实施。

6. 从关中向洛阳地区移民。按照曹操的计划,他在打败袁绍父子和刘表之后,就会西征关中,进而占据陇右与河西,完成对整个北方地区的统一。目前虽然和凉州诸将虚与委蛇,但早晚要和他们兵戎相见。前文已述,西征的一个很大的困难,就是必须经过洛阳地区,当地经过董卓的焚毁劫掠已然渺无人迹,无法向大军提供物资和人力的支持。曹操解决这一困难的办法,就是命令钟繇从关中向洛阳地区移民,这样既削弱了凉州诸将赖以生存的经济基础,又可以为自己将来的西征

---

①《三国志》卷 21《魏书·卫觊传》,第 610—611 页。
②《三国志》卷 21《魏书·卫觊传》,第 611 页。

提供粮饷和劳力资源,确实起到一箭双雕的作用。据钟繇本传云:"自天子西迁,洛阳人民单尽,(钟)繇徙关中民,又招纳亡叛以充之,数年间民户稍实。"[①] 建安十年(205)曹操平定冀州后,钟繇把司隶校尉治所从长安移到洛阳[②],以便就近督促河南郡的经济恢复与发展,结果取得明显成效,把洛阳地区建设成为将来曹操西征的中转站。后来"太祖征关中,得以为资,表(钟)繇为前军师"[③]。

7. 巩固加强河东郡的建设。河东郡即今山西运城地区,与关中隔黄河相邻。曹操平定河北后,开始做西征关中的准备,他对河东郡相当重视,决心物色能干的行政长官来治理该地,搞好河东的经济建设,为将来进攻关中时支援必要的粮草与劳力。曹操对头号谋士荀彧说:"张晟寇殽、渑间,南通刘表,(卫)固等因之,吾恐其为害深。河东被山带河,四邻多变,当今天下之要地也。君为我举萧何、寇恂以镇之。"[④]荀彧推荐了杜畿,曹操立即任命他做河东太守。杜畿到任后,协助钟繇平定了卫固、张晟与高幹的叛乱,然后悉心治理民政。杜畿本传曰:"是时天下郡县皆残破,河东最先定,少耗减。(杜)畿治之,崇宽惠,与民无为……渐课民畜牸牛、草马,下逮鸡豚犬豕,皆有章程。百姓勤农,家家丰实。"河东富足起来后,储备了大量粮饷。建安十六年(211)曹操西征关中,韩遂、马超随即叛乱,"弘农、冯翊多举县邑以应之。河东虽与贼接,民无异心。太祖西征至蒲阪,与贼夹渭为军,军食一仰河东。

---

① 《三国志》卷13《魏书·钟繇传》,第393页。
② 《三国志》卷13《魏书·钟繇传》注引《魏略》:"(王)邑佩印绶,径从河北诣许自归。(钟)繇时治在洛阳,自以威禁失督司之法。"第394页。
③ 《三国志》卷13《魏书·钟繇传》,第393页。
④ 《三国志》卷16《魏书·杜畿传》,第494页。

及贼破,余畜二十余万斛。"[1]曹操对杜畿治理河东的工作非常满意,甚至把他的功绩与大禹相比,下令曰:"河东太守杜畿,孔子所谓'禹,吾无间然矣'。增秩中二千石。"[2]

通过多年来的一系列举措,曹操控制并削弱了关中的凉州诸将势力,又在河南、河东两郡恢复发展经济,为后来的西征关中、彻底消灭凉州军事集团做好了准备,奠定了胜利的基础。

三、曹操西征关中的战役

赤壁之战曹操兵败,他在次年(209)七月首越巢湖,领兵到达合肥对吴前线,消灭了陈兰、梅成等地方叛乱武装,"置扬州郡县长吏,开芍陂屯田"[3],重建了当地的基层行政组织和水利设施。在构筑了扬州的防御体系之后,确信孙权在这个重要的战略方向进攻不会得逞,然后他返回北方,休整主力军队达一年之久,这才在建安十六年(211)亲率大军出征关中,一举打垮了马超、韩遂诸将,占领了这块"天府之国"。

从当时的政治形势来看,孙权、刘备在赤壁获胜之后,又乘势夺取了南郡。孙权"借荆州"与刘备后,三家鼎立的局面逐渐形成。曹操明白暂时没有力量消灭孙、刘这两个强劲对手,便把主攻方向转到西方,准备夺取他觊觎已久的关中,然后进一步兼并陇右与河西走廊,实现整个北方地区的统一。由于关中的凉州诸将长期心怀叵测,与朝廷同

---

①《三国志》卷16《魏书·杜畿传》,第496页。
②《三国志》卷16《魏书·杜畿传》,第496页。
③《三国志》卷1《魏书·武帝纪》,第32页。

床异梦,曹操和其他军阀交战时,一直担心自己的后方可能被他们偷袭,如赤壁战前周瑜所言:"今北土既未平安,加马超、韩遂尚在关西,为操后患。"[1] 此时终于等到除掉这股异己势力的时机。

（一）伪托征讨张鲁,故意激起马超、韩遂等叛乱

建安十六年(211)正月,太原商曜等发动叛乱,曹操"遣夏侯渊、徐晃围破之"[2]。战役结束后,曹操没有让夏侯渊和徐晃返回,而是命令他们留在当地待命出击关中。不过,曹操要想消灭马超、韩遂等人,还需要找一个名正言顺的借口,而当时关中诸将并未叛乱,以什么名义出征,是要认真考虑的。这时钟繇提出建议,请求以讨伐汉中张鲁为名,带领少数兵马到关中,再向凉州诸将进一步索取人质。《魏书》曰:"是时关西诸将,外虽怀附,内未可信。司隶校尉钟繇求以三千兵入关,外托讨张鲁,内以胁取质任。"曹操为此向卫觊、高柔等征求意见,却遭到他们的反对。卫觊说凉州诸将胸无壮志,"非有大故,不足为变也。"如果派兵进入关中征讨张鲁,汉中有秦岭阻隔,道险难通,必然会引起凉州诸将的疑虑和反叛,实在是不好对付。"一相惊动,地险众强,殆难为虑。"[3] 高柔也说:"今猥遣大兵,西有韩遂、马超,谓为己举,将相扇动作逆。"他主张安抚关中地区,再进军汉中。"宜先招集三辅,三辅苟平,汉中可传檄而定也。"[4] 但是曹操没有听从卫觊、高柔的意见,仍然坚持采用钟繇的建议。卫、高二人害怕马超、韩遂作乱,殊不知曹操对

①《三国志》卷 54《吴书·周瑜传》,第 1261 页。
②《三国志》卷 1《魏书·武帝纪》,第 34 页。
③《三国志》卷 21《魏书·卫觊传》注引《魏书》,第 611 页。
④《三国志》卷 24《魏书·高柔传》,第 683 页。

此洞若观火,他早就明白出兵关中就会引起当地将领的叛变,曾对荀彧说:"关西诸将,恃险与马,征必为乱。"① 曹操正是希望因此挑起事端,待关中诸将发动叛变后,再去攻打他们,这样就师出有名了。关于这一企图,钟繇的建议没有明说,卫觊、高柔也未能理解曹操的心思,所以不合时宜地提出了反对意见。

建安十六年(211)三月,曹操命令钟繇领兵离开洛阳,以讨伐张鲁为名开赴关中。"使征西护军夏侯渊等将兵出河东,与(钟)繇会。"② 胡三省认为,曹操此时已经决定将来要让和自己有亲族关系的夏侯渊负责关西的军务,因此派遣他做西征的先锋官。"(夏侯)渊之族,(曹)操所自出也;付以西征先驱之任,以资序未得为征西将军,故以护军为名。"③ 钟繇的进军果然引起关中诸将的恐慌,都觉得这一行动的真实目的是针对自己,于是纷纷叛乱。"是时关中诸将疑繇欲自袭,马超遂与韩遂、杨秋、李堪、成宜等叛。"④ 马超等迅速进驻关中的东边门户潼关,曹操的对策是派遣大将曹仁为代理安西将军,督率前线各部在潼关与叛军对峙。"太祖讨马超,以仁行安西将军,督诸将拒潼关。"⑤ 曹操还告诫他们固守阵地,勿与敌人交战,等待自己统率主力"中军"从邺城赶来。"(马)超等屯潼关,公敕诸将:'关西兵精悍,坚壁勿与战。'"⑥

---

①《三国志》卷 16《魏书·杜畿传》,第 494 页。

②《资治通鉴》卷 66 汉献帝建安十六年,第 2106 页。

③《资治通鉴》卷 66 汉献帝建安十六年,第 2106 页。

④《三国志》卷 1《魏书·武帝纪》,第 34 页。

⑤《三国志》卷 9《魏书·曹仁传》,第 275 页。

⑥《三国志》卷 1《魏书·武帝纪》,第 34 页。

（二）西渡蒲津，进入关中

马超、韩遂等凉州诸将在关中的叛军数量约有十万[1]，曹操动用军队的数量，史书上没有明确记载，但是他后来南越巢湖进攻孙权和征伐汉中张鲁的军队都在十万人上下[2]，所以可以做个推测，即此次西征关中的部队可能与马超、韩遂等兵力数目大致相当，也是十万人左右。曹操率主力离开邺城西征后，至当年七月到达潼关前线，仍然与敌人相拒。潼关地势险要，南倚华山，北对黄河，关前只有黄巷坂一条孔道，陡崖并立，狭隘难行。《水经注·河水》云："河水自潼关北，东流，水侧有长坂，谓之黄巷坂，傍绝涧，涉此坂以升潼关，所谓溯黄巷以济潼矣。"杨守敬引颜师古《匡谬正俗》曰："黄巷者，盖谓潼关之外，深道如巷，土色正黄，故谓之黄巷。过此长巷，即至潼关。"[3] 由于叛军屯集重兵，据险固守，要想攻克潼关非常困难。曹操召来熟悉军情的徐晃，向他询问对策。徐晃说：您的大军汇集在此地，敌人的部队也聚集在潼关，不再派兵驻守蒲坂（今山西永济市），由此可见他们没有什么谋略。"今假臣精兵渡蒲坂津，为军先置，以截其里，贼可擒也。"[4] 曹操称赞了

---

[1] 参见《三国志》卷36《蜀书·马超传》注引《典略》曰："建安十六年，(马)超与关中诸将侯选、程银、李堪、张横、梁兴、成宜、马玩、杨秋、韩遂等，凡十部，俱反，其众十万，同据河、潼，建列营陈。"第946页。

[2] 参见《三国志》卷1《魏书·武帝纪》建安十九年七月注引《九州春秋》参军傅幹曰："今举十万之众，顿之长江之滨……"第43页。《三国志》卷8《魏书·张鲁传》注引《魏名臣奏》载杨暨表："武皇帝始征张鲁，以十万之众，身亲临履，指授方略，因就民麦以为军粮。"第265页。

[3] （北魏）郦道元注，（民国）杨守敬、熊会贞疏：《水经注疏》卷4《河水四》，江苏古籍出版社，1999年，第316页。

[4] 《三国志》卷17《魏书·徐晃传》，第528页。

他的主意,命令徐晃和朱灵率领四千精兵在夜里渡过蒲坂,还没有来得及构筑工事,就遭到敌军的偷袭,被徐晃等击退。"作堑栅未成,贼梁兴夜将步骑五千余人攻(徐)晃,晃击走之。"[1]徐晃和朱灵在黄河西岸建筑了军营,待阵地稳固后,曹操军队的主力就在潼关渡河,于北岸的风陵渡登陆,然后再赴蒲坂津西渡黄河,进入关中的领土(参阅图六)。

据许褚本传记载,曹操此次是先将军队主力北渡黄河,把自己和卫士留在后边,结果受到马超部队的袭击,险些蒙难。"太祖将北渡,临济河,先渡兵,独与(许)褚及虎士百余人留南岸断后。(马)超将步骑万余人,来奔太祖军,矢下如雨。"[2]许褚急忙扶曹操上船,周围的军士争着过河,众手拉住船舷。"(许)褚斩攀船者,左手举马鞍蔽太祖。船工为流矢所中死,褚右手并溯船,仅乃得渡。是日,微褚几危。"[3]

《三国志》卷1《魏书·武帝纪》载战后诸将询问曹操:敌人驻守潼关,那么渭水北岸的道路就敞开了,我们的军队主力为什么不直接从河东郡西渡黄河,到敌人兵力空虚的冯翊,反而要到潼关与叛军对峙,拖延多日再北渡河东,从蒲坂渡河进入关中,这是什么缘故? 曹操回答说:"贼守潼关,若吾入河东,贼必引守诸津,则西河未可渡。"我所以将大军开向潼关,是为了吸引敌军主力全部南下防守,这样黄河西岸的防务就空虚了,所以徐晃、朱灵能很容易地夺取河西的阵地。然后我再带领大军北渡,敌人不能和我们争夺黄河西岸,是因为徐晃、朱灵的军队率先占据了那里。"贼悉众南守,西河之备虚,故二将得擅取西

①《三国志》卷17《魏书·徐晃传》,第528页。
②《三国志》卷18《魏书·许褚传》,第542页。
③《三国志》卷18《魏书·许褚传》,第542页。

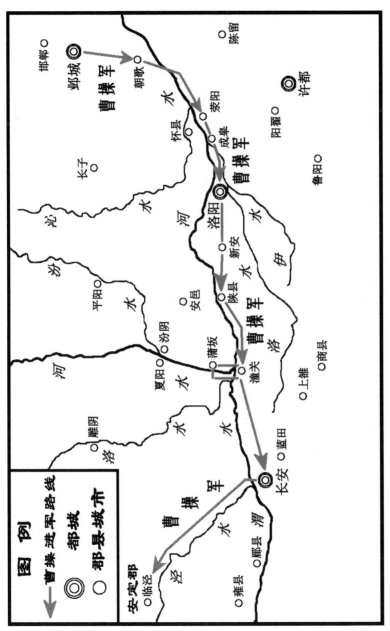

图六　曹操西征关中路线图

河,然后引军北渡,贼不能与吾争西河者,以有二将之军也。"

(三)进军渭南,与敌决战

曹军主力渡过蒲坂以后,沿着黄河西岸"连车树栅,为甬道而南",即在道路两侧把车辆串联起来,有些地方不好排列车辆,再树立木栅作为屏障,用修建起来的甬道来保护步兵和辎重在行进时不受敌人骑兵的冲击,然后从容南下,抵达渭水北岸。曹操说他的这种战术"既为不可胜,且以示弱"[1]。就是加强行军中的防御,不给敌人任何取胜的机会,而且避免和敌兵交战,故意呈现出弱势。马超和韩遂的叛军占据渭口(渭水东入黄河之口),到了九月,曹操在多处设置疑兵,暗地里用船载运架桥的工兵进入渭水,迅速建立起浮桥以便大军渡河。渭水南岸多是沙地,无法筑垒,渡河的先头部队受到马超骑兵的攻击,难以立足。娄圭向曹操建议,"今天寒,可起沙为城,以水灌之,可一夜而成。"[2]曹操于是命令部队在夜间渡河,聚沙浇水,到天亮时水和沙土冻成坚固的营垒,大军凭借工事抵抗,击退了敌兵的进攻。

曹军渡过渭水扎营后,敌军主力几次前来求战,曹操都命令闭门不应。马超和韩遂等屯兵渭南,见曹操不肯出兵应战,便派遣使者到军营,"固请割地,求送任子。"[3]即要求割让黄河以西的土地并遣送人质,请曹操退兵。曹操假意答应,"公用贾诩计,伪许之。"[4]这样就令敌军产生懈怠。曹操后来向诸将解释道:"渡渭为坚垒,虏至不出,所以骄

---

①《三国志》卷1《魏书·武帝纪》,第35页。
②《三国志》卷1《魏书·武帝纪》注引《曹瞒传》,第36页。
③《三国志》卷1《魏书·武帝纪》,第34页。
④《三国志》卷1《魏书·武帝纪》,第34页。

之也；故贼不为营垒而求割地。吾顺言许之，所以从其意，使自安而不为备，因畜士卒之力，一旦击之，所谓疾雷不及掩耳，兵之变化，固非一道也。"①

　　曹操本纪记载他的缓兵之计获得了成功，敌军渐渐不加防备，韩遂请求与曹操见面，曹操与韩遂的父亲同一年当上孝廉，但和韩遂年龄差不多，属于平辈，就答应在阵前会晤。"于是交马语移时，不及军事，但说京都旧故，拊手欢笑。"事后马超向韩遂询问曹操都说了什么话，韩遂说都是闲话，没什么重要的。这便引起了马超的疑心。过了几天，曹操又给韩遂去信，故意在信中涂抹点窜，看起来好像是韩遂阅读后修改的。马超看了这封信，愈发怀疑韩遂与曹操暗地勾结。这样关西诸将相互猜疑，战斗力就受到了影响。曹操见时机成熟，便下战书约定日期与叛军决战。开战后曹操先让"轻兵"，即轻装部队和敌人战斗，双方交战了很长时间，看到敌军已然疲惫，这时曹操再命令精锐的"虎骑"出动，对敌人进行夹击，结果大获全胜。"斩成宜、李堪等。（韩）遂、（马）超等走凉州，杨秋奔安定，关中平。"②

　　十月，曹操从长安发兵，北征杨秋，包围了安定郡治临泾县城（今甘肃镇原县东南），此举是为了不给关中地区的统治留下隐患。韩遂和马超逃到陇西，和关中地区有陇山阻隔，再来侵扰很不容易。杨秋盘踞的安定郡处于陇山以东，离关中较近，路途平展。如果大军东归，恐怕杨秋将来又会袭扰关中，因此曹操决定斩草除根，消除这个威胁。杨秋见曹军主力前来，料想抵挡不住，就主动投降了。曹操利用他维持对当

①《三国志》卷1《魏书·武帝纪》，第35页。
②《三国志》卷1《魏书·武帝纪》，第35页。

地的统治,"(杨)秋降,复其爵位,使留抚其民人。"① 至十二月曹军从安定撤归长安。次年(212)正月,曹操结束西征战役,率领大军返回邺城,留下夏侯渊为主将驻守关中。

曹操初到关中时,每次听说有叛军某部来到前线都面露喜色,部下对此都不理解。西征获胜后,诸将问他这是为什么,曹操回答说:关中地域漫长辽远,如果叛军分散到各处,凭借险阻进行抵抗,不用一两年时间就别想平定。"今皆来集,其众虽多,莫相归服,军无适主,一举可灭。"② 这样花费的功力要轻易得多,我就是为了这个缘故而高兴。这次西征战役,曹军主力七月来到前线,九月就击溃了马超、韩遂,占领了整个关中,次年正月返回邺城,花费的时间不算很长。据《魏书》记载,此次战役,"太祖自亲征,仅乃平之,死者万计。"③ 总共死亡了万余士兵,就占领了关中与陇东、陕北的广袤领土,可以说并没有付出沉重的代价。

曹操在敌军当中也享有很高的威望,他在阵前与韩遂会面时,"贼将见公,悉于马上拜,秦、胡观者,前后重沓。"④ 曹操笑着对他们说:"尔欲观曹公邪? 亦犹人也,非有四目两口,但多智耳!"⑤ "多智"是曹操的重要特点,南宋何去非曾说汉末豪杰并起而争夺天下,各自拥有不同的资本。"盖二袁以势,吕布以勇,而曹公以智。"⑥ 在西征关中的

---

① 《三国志》卷1《魏书·武帝纪》,第36页。
② 《三国志》卷1《魏书·武帝纪》,第35页。
③ 《三国志》卷21《魏书·卫觊传》注引《魏书》,第611页。
④ 《三国志》卷1《魏书·武帝纪》注引《魏书》,第36页。
⑤ 《三国志》卷1《魏书·武帝纪》注引《魏书》,第36页。
⑥ 冯东礼:《何博士备论注译·魏论上》,解放军出版社,1990年,第105页。

作战里,曹操的智慧和权谋得到了充分的体现,概要地说有以下几点:

其一,进入关中的路线。曹操在战役开始时就考虑到这个问题,关中有山河环绕,易守难攻,曹操让曹仁率领先头部队集结在潼关前面,自己又率领大军来临,成功地把敌军主力吸引到南边,造成了蒲津一线防务的空虚,但却"遣(徐)晃屯汾阴以抚河东,赐牛酒,令上先人墓"[1]。汾阴离蒲坂不远,说明曹操早就有了用这支部队偷渡黄河的打算。待曹兵主力到达潼关后,"与(马)超等夹关而军。(曹)公急持之,而潜遣徐晃、朱灵等夜渡蒲阪津,据河西为营"[2],打了敌军一个措手不及。在抢占立足点后,曹操大军又从潼关北渡,绕道蒲坂进入关中。他部署的机动作战,使马超等人占据的潼关天险未能发挥防御作用。

其二,决战的场地。曹操不在潼关与敌军决战,因为那里地势险要,敌人又先据地利,强行攻打势必要付出沉重的伤亡代价。他通过辗转渡河,成功地迂回到地势开阔的渭南平原,那里的状况适于曹操重装精锐部队"虎骑"的驰骋,能够最有效地发挥其出众的战斗力。在到达渭南之前,曹操有意隐蔽这支部队,禁止它与前来袭击的敌兵交战,这也是为了蒙蔽敌人,避免过早地暴露实力,直到最后抵达渭南战场,才使用它给了叛军致命一击。

其三,决战的时机。兵法有云:"一鼓作气,再而衰,三而竭。"曹军刚到渭南时,马超、韩遂几次前来求战,曹操躲避其锐气,采取了坚壁不出的策略。待敌军骄纵麻痹之后,又施行离间计使其内部互相猜疑。等到叛军锐气耗尽,曹操见时机成熟,才约定日期决战,一举歼灭

---

① 《三国志》卷17《魏书·徐晃传》,第528页。
② 《三国志》卷1《魏书·武帝纪》,第34页。

了敌军主力,顺利地占领了整个关中。

如上所述,曹操在选择进军路线和决战场地、把握决战的时机等方面都做到了从容调度,以我为主,使敌军屡屡陷于被动的局面,这些情况都表明他具有高超的智慧与作战指挥艺术。另一方面,如卫觊所言:"西方诸将,皆竖夫屈起,无雄天下意,苟安乐目前而已。"[1]马超、韩遂有勇无谋,在战略战术的筹划上根本不是曹操的对手,所以在交战的过程中明显处于下风,处处受曹操牵制调动,直至最后兵败逃亡。

四、曹操对关中的经营和利用

曹操占领关中后,随即选择了一批能干的将领和官员来出任地方的军政长官,如夏侯渊、张既、杨沛、郑浑等,开始稳定在当地的统治,恢复发展社会经济,并以关中为基地积极向西、南两个方向扩张,占据了陇右和汉中,以扩大自己的势力范围。其具体措施如下:

(一)巩固统治,发展生产

渭南战后,马超、韩遂等虽然逃往陇右,但是曹操刚占领的关中地区并不安定,各地还有许多凉州军阀的残余势力,以及肆虐横行的其他叛乱集团与盗贼团伙,他们的劫掠活动仍然给关中百姓与县乡基层行政组织带来严重的危害。夏侯渊领兵留驻长安后,首先进行的就是打击各地的叛乱势力。"击破南山贼刘雄,降其众。围(韩)遂、(马)超

---

[1]《三国志》卷21《魏书·卫觊传》注引《魏书》,第611页。

余党梁兴于鄠,拔之,斩兴,封博昌亭侯。"①刘雄,《魏略》中称其"刘雄鸣",是蓝田人。"郭(汜)、李(傕)之乱,人多就之。建安中,附属州郡,州郡表荐为小将。"②马超、韩遂叛乱时,刘雄不肯参加,被马超击败后去拜见曹操,曹操封他为将军,让他去招降余党。"部党不欲降,遂劫以反,诸亡命皆往依之,有众数千人,据武关道口。太祖遣夏侯渊讨破之,雄鸣南奔汉中。"③梁兴则是马超、韩遂的死党,曾抵抗曹操的西征,对关中侵害猖狂。在消灭梁兴的战斗中,左冯翊郑浑也发挥了重要的作用。"时梁兴等略吏民五千余家为寇钞,诸县不能御,皆恐惧,寄治郡下。"④郑浑本传记载他积极组织境内百姓平叛,"乃聚敛吏民,治城郭,为守御之备。遂发民逐贼,明赏罚,与要誓,其所得获,十以七赏。百姓大悦,皆愿捕贼,多得妇女、财物。"又招纳亡叛,宽待投降的贼寇,让各县长官带领他们返回原籍居住生活。叛匪因此降者相继,党羽离散,最后被夏侯渊和郑浑率众剿除。境内的其他叛贼,也陆续被消灭,百姓得以安居乐业。"又贼靳富等,胁将夏阳长、邵陵令并其吏民入硙山,浑复讨击破富等,获二县长吏,将其所略还。及赵青龙者,杀左内史程休,浑闻,遣壮士就枭其首。前后归附四千余家,由是山贼皆平,民安产业。"⑤

郑浑后来又调任京兆尹,他"以百姓新集,为制移居之法",就是把家里人口众多者和单身者编入邻伍,让孤寡老人和性情温厚诚信者比

①《三国志》卷9《魏书·夏侯渊传》,第270页。
②《三国志》卷8《魏书·张鲁传》注引《魏略》,第266页。
③《三国志》卷8《魏书·张鲁传》注引《魏略》,第266页。
④《三国志》卷16《魏书·郑浑传》,第510页。
⑤《三国志》卷16《魏书·郑浑传》,第511页。

邻居住,这样便于相互帮助。然后发布通告,"勤稼穑,明禁令,以发奸者。由是民安于农,而盗贼止息。"①

曹操还在关中建立了屯田,组织起流民,为他们提供粮饷、田地和生产工具来进行耕种,劳动者称作"屯田客",有些因为反抗官府的压榨而举行暴动②。直到魏明帝时,关中还有"长安典农"③。洪饴孙《三国职官表》考证云:"典农中郎将,郡县有屯田者置,二千石,第六品,主屯田。建安元年太祖置。"④

（二）迁徙移民,充实关中

曹操西征关中期间,当地居民为了躲避战乱出现了大批的外流,其方向主要是汉中。"韩遂、马超之乱,关西民从子午谷奔之者数万家。"⑤三辅地区在战后经济凋敝,人口稀少,这对恢复发展生产和稳定社会统治极为不利。所以曹操在占领关中之后,花费很大气力来动员或强制附近的居民迁徙到三辅。他任命张既为京兆尹,张既到任后"招怀流民,兴复县邑,百姓怀之"⑥,工作大见成效。此后曹操曾经两次大规模迁徙汉中居民到关中。第一次是在建安二十年(215),曹操攻占汉中,"(张)鲁降,(张)既说太祖拔汉中民数万户以实长安及三辅。"⑦第二次是在建安二十四年(219),曹操与刘备争夺汉中不利,决

①《三国志》卷16《魏书·郑浑传》,第511页。
②《三国志》卷23《魏书·赵俨传》:"屯田客吕并自称将军,聚党据陈仓……"第669页。
③《三国志》卷16《魏书·仓慈传》注引《魏略》,第514页。
④(宋)熊方等撰:《后汉书三国志补表三十种》,第1376页。
⑤《三国志》卷8《魏书·张鲁传》,第264页。
⑥《三国志》卷15《魏书·张既传》,第472页。
⑦《三国志》卷15《魏书·张既传》,第472页。

定放弃该地,命令将剩余居民迁徙到关中。见《华阳国志》:"先主定汉中,斩夏侯渊。张郃率吏民内徙。"[①]刘备占领该地后,"果得地而不得民也。"[②]这是曹操不愿留下汉中民户以增强刘备的统治力量。

另外,曹操在与蜀汉接壤的武都郡(治下辨,今甘肃成县),也采取将其居民内迁关中等地的做法,以免他们被刘备钞略。"太祖将拔汉中守,恐刘备北取武都氐以逼关中,问既。既曰:'可劝使北出就谷以避贼,前至者厚其宠赏,则先者知利,后必慕之。'太祖从其策,乃自到汉中引出诸军,令既之武都,徙氐五万余落出居扶风、天水界。"[③]杨阜当时任武都太守,也参与了这项迁徙人口的活动。"及刘备取汉中以逼下辨,太祖以武都孤远,欲移之,恐吏民恋土。阜威信素著,前后徙民、氐,使居京兆、扶风、天水界者万余户,徙郡小槐里,百姓襁负而随之。"[④]

通过这两次大规模的内徙,关中地区增加了不少汉族、氐族居民,地广人稀的状态得到显著改善,这有助于当地的经济复苏与发展,并且能为将来的战争行动提供更多的粮饷与兵役、劳役,从而强化了关中的军事地位。

(三)西取陇右,南夺汉中

曹操攻占关中后,估计逃亡陇右的马超、韩遂剩余兵力有限,用不着再动用主力与其作战,于是收兵返回邺城,任命夏侯渊"行护军将

---

①(晋)常璩撰,刘琳校注:《华阳国志校注》卷6《刘先主志》,第528页。
②《三国志》卷42《蜀书·周群传》,第1020页。
③《三国志》卷15《魏书·张既传》,第472—473页。
④《三国志》卷25《魏书·杨阜传》,第704页。

军,督朱灵、路招等屯长安"①,准备以关中为基地,用夏侯渊的留守部队来平定陇右。如前所述,陇右即今陇山以西、黄河以东的黄土高原山地,境内羌、汉杂居,地势居高临下,俯瞰关中,具有重要的战略地位。当时马超、韩遂率领余党在陇右东部天水等郡活动,其西部陇西郡(治狄道,今甘肃临洮市)被羌王宋建所割据。

　　建安十八年(213)正月,马超召集羌族部众,围攻曹操凉州刺史韦端驻守的冀城(今甘肃甘谷县),"而张鲁又遣大将杨昂以助之,凡万余人,攻城。"②韦端坚守至八月开城投降,被马超杀死。夏侯渊领兵援救不及,和马超作战失利。后方的汧氐又发生叛乱,被迫撤回关中。当年九月,天水豪强姜叙、杨阜等起兵反对马超,占据冀城。马超妻子被杀,在陇右无法立足,只好南投汉中张鲁。建安十九年(214)春,马超在张鲁的支持下,领兵围困祁山(今甘肃礼县东北),夺取冀城附近各县,姜叙等向夏侯渊求救。诸将建议上报给曹操来安排,夏侯渊吸取了上次赴救不及的失败教训,反对说:"公在邺,反覆四千里,比报,叙等必败,非救急也。"③于是派遣张郃率步骑五千为前锋,自己督运粮草在后,从陈仓狭道进入陇右,驱走马超,解救了冀城及周围各县(参阅图七)。

　　冀城解围后,夏侯渊又进击在显亲(今甘肃秦安县西北)割据的韩遂,并在韩遂退走后缴获其军粮继续追击,在长离(今葫芦河流域地区)大破韩遂军队,乘胜围攻兴国(今甘肃秦安县北),"氐王千万逃奔马超,余众降。"④

①《三国志》卷9《魏书·夏侯渊传》,第270页。
②《三国志》卷25《魏书·杨阜传》,第701页。
③《三国志》卷9《魏书·夏侯渊传》,第271页。
④《三国志》卷9《魏书·夏侯渊传》,第271页。

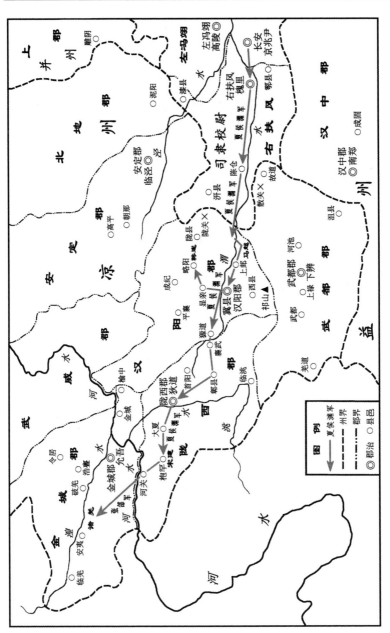

图七　夏侯渊平定陇右示意图

当年十月,曹操命令夏侯渊进攻在枹罕(今甘肃临夏东北)自称河首平汉王的羌族首领宋建,围攻月余后破城,"斩建及所置丞相已下。"[①] 又派张郃平定河关(今青海同仁县西北),渡黄河进入小湟中(今青海大通县一带),河西的羌族全部投降,陇右彻底平定。曹操下令褒奖夏侯渊说:"宋建造为乱逆三十余年,渊一举灭之,虎步关右,所向无前。仲尼有言:'吾与尔不如也。'"[②]

汉中盆地位于关中以南,当地气候温暖,物产丰富,和关中平原之间有广阔的秦岭峡谷相隔,因而地势险要,易守难攻。它又处于川陕之间,是沟通两地交通的中转站。汉末战乱爆发后,当地即由军阀张鲁割据,他名义上接受朝廷颁发的镇民中郎将、领汉宁太守职务,实际则保持独立。建安十九年(214)刘备占领益州,汉中随即成为曹操与刘备势力范围的中间地带。曹操为了保护关中,企图抢先占据汉中这个进入蜀地的门户,于是在次年(215)发兵十万[③],从邺城赶到关中,然后在三月出陈仓、散关至河池,经过武都郡界东入汉中。"(夏侯)渊等将凉州诸将侯王已下,与太祖会休亭"[④],为曹操补充了兵力。七月,曹操攻克汉中西部要塞阳平关(今陕西勉县西),进占首府南郑(今陕西汉中市),张鲁逃入巴中,至十一月出降(参阅图八)。曹操命令夏侯渊督张郃、徐晃攻占巴郡。岁终曹操凯旋,拜夏侯渊为征西将军,留守汉中。在这次战役中,关中百姓承担了沉重的劳役和赋税。当时郑浑任京兆

---

①《三国志》卷9《魏书·夏侯渊传》,第271页。
②《三国志》卷9《魏书·夏侯渊传》,第271—272页。
③参见《三国志》卷8《魏书·张鲁传》注引《魏名臣奏》载杨暨表:"武皇帝始征张鲁,以十万之众,身亲临履,指授方略,因就民麦以为军粮。"第265页。
④《三国志》卷9《魏书·夏侯渊传》,第272页。

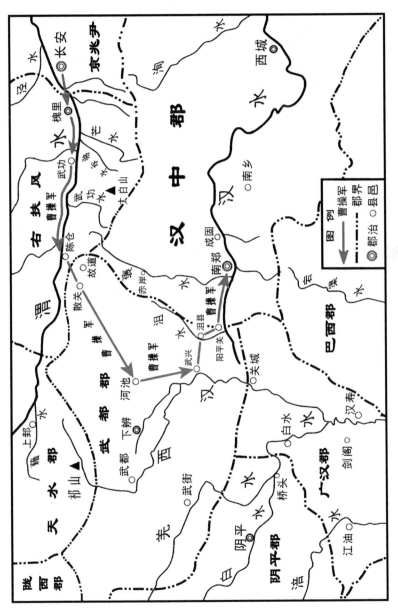

图八　曹操西征汉中示意图

尹，"及大军入汉中，运转军粮为最。又遣民田汉中，无逃亡者。"[1]

建安二十二年（217）冬，刘备接受法正的建议，领兵进攻汉中，与夏侯渊、张郃等交战。经过一年多的战斗，于建安二十四年（219）正月攻入阳平关，南渡汉水，在定军山战斗中斩杀曹军主将夏侯渊和曹操委任的益州刺史赵颙。曹操亲率主力自邺城赶来救援，当年三月，从长安入斜谷至汉中，与刘备相持。由于后勤难以维持，曹操不愿久陷于此地，在五月被迫撤兵，放弃汉中返回长安。此后曹操就以关中为抗蜀前线，凭借数百里秦岭的艰险来阻挡蜀军。

五、关中在曹魏建国后的重要作用

建安二十五年（220）正月曹操病逝，曹丕继承王位后，于当年十月逼迫汉献帝禅让，自己称帝并建立魏国，改元黄初，过四十五年后为西晋取代。曹魏立国时间虽然不长，但是所统治的北方中原地区社会基本稳定，生产恢复发展，国家逐渐富强，奠定了后来消灭蜀、吴两国的经济基础。就曹魏来说，关中垦殖发达，人口繁盛，是其西部区域的统治核心，承担着对蜀作战的重要任务，对于维护国家安全起到了举足轻重的作用。下文分别叙述：

（一）经济的显著增长

关中被曹操占领后，直到他去世前夕，沿边战事连绵不断。如前

---

①《三国志》卷16《魏书·郑浑传》，第511页。

所述,先是建安十八至十九年(213—214)夏侯渊在陇右与马超、韩遂及氐、羌部落作战;建安二十年(215)曹操西征汉中,二十三至二十四年(218—219)刘备入侵并夺取了汉中。连年征战使关中民众担负着沉重的兵役、劳役和赋税粮饷,社会经济虽然有所恢复,但是受到战争的持续损耗,所以尚未得到根本的好转。《魏略》记载颜斐在黄初初年(220—221)出任京兆尹时,当地的农业发展还不够理想。"始,京兆从马超破后,民人多不专于农殖,又历数四二千石,取解目前,亦不为民作久远计。"这是说还有不少人从事游牧渔猎,不专心务农,前任官员主要是应付当时上级布置的各项任务,没有为发展农业作持久长远的打算。关中的另外两个郡情况也不是很好,"京兆与冯翊、扶风接界,二郡道路既秽塞,田畴又荒莱,人民饥冻。"从曹丕继位到诸葛亮首出祁山的八年之间(220—228),魏蜀之间没有爆发战争,关中进入了一个短暂但和平稳定的阶段,颜斐抓住了这个难得的时机,在京兆郡大力扶植农桑,推广民户的车辆制造和耕牛饲养。"斐到官,乃令属县整阡陌,树桑果。是时民多无车牛。斐又课民以闲月取车材,使转相教匠作车。又课民无牛者,令畜猪狗,卖以买牛。始者民以为烦,一二年间,家家有丁车、大牛。"当地因而成为关西的首富之区。"京兆皆整顿开明,丰富常为雍州十郡最。"①京兆的富饶也带动了附近冯翊、扶风二郡的生产发展。

　　关中社会经济的增长,在司马懿任雍凉都督期间达到了高峰。《晋书·食货志》云:"宣帝表徙冀州农夫五千人佃上邽,兴京兆、天水、南

---

① 《三国志》卷 16《魏书·仓慈传》注引《魏略》,第 513 页。

安盐池,以益军实。"这是在关中等地兴办制盐业和专卖,以补充军用。又曰:"青龙元年,开成国渠,自陈仓至槐里筑临晋陂,引汧、洛溉舄卤之地三千余顷,国以充实焉。"[1] 成国渠开创于西汉中叶,渠首位于郿县(治今陕西眉县东北),引渭水东北流,经武功(治今陕西眉县东)、槐里(治今陕西兴平市东南)至上林苑(今陕西咸阳、鄠邑区、周至一带)入蒙笼渠,长约 121 公里[2],后已荒废。此次曹魏进行了重修,渠首向西延伸了 47 公里到陈仓(今陕西宝鸡市东),并增加了汧水作为水源,下游向东北延伸,并增引洛水作为水源。《水经注·渭水》记载了曹魏成国渠工程的主持者是征蜀将军卫臻[3],同时也记载了它流经的地点。"渭水又东会成国故渠。渠,魏尚书左(右)仆射卫臻征蜀所开也,号成国渠,引以浇田。其渎上承汧水于陈仓东,东迳郿及武功、槐里县北……又东迳汉武帝茂陵南……故渠又东迳茂陵县故城南……故渠又东迳龙泉北……故渠又东迳姜原北,渠北有汉昭帝平陵,东南去长安七十里。又东迳平陵县故城南……故渠又东,迳渭陵南……又东迳惠帝安陵南,陵北有安陵县故城……又东南迳汉景帝阳陵南,又东南注于渭,今无水。"[4] 即在阳陵(今陕西咸阳市渭城区正阳镇张家湾)东南汇入渭水。清代学者谢钟英在《三国疆域表》魏雍州扶风郡郿县条考证,成国渠下流延续到今临潼县北,比《水经注》的上述记载还要长。"成

---

①《晋书》卷 26《食货志》,中华书局,1974 年,第 785 页。

②参见李健超:《成国渠及沿线历史地理初探》,《西北大学学报(哲学社会科学版)》1977 年第 1 期。

③《三国志》卷 22《魏书·卫臻传》:"诸葛亮寇天水,(卫)臻奏:'宜遣奇兵入散关,绝其粮道。'乃以臻为征蜀将军,假节督诸军事,到长安,亮退。还,复职,加光禄大夫。"第 648 页。

④(北魏)郦道元注,(民国)杨守敬、熊会贞疏:《水经注疏》卷 19《渭水下》,第 1618—1626 页。

国渠,首起宝鸡亘凤翔、岐山、郿、武功、鳌屋、醴泉、兴平、咸阳、泾阳、高陵界中,至临潼县北入渭。"①但此说受到学界的质疑②,认为它没有延伸得那么远。

成国渠的重修与延长,显著地扩大了关中的灌溉面积,促进了农作物产量的提高。三辅因此恢复了富饶,如前所述"国以充实焉"。曹魏在长安的横门(城北西侧的城门)外筑造庞大的粮仓,称为"横门邸阁"。魏延曾向诸葛亮建议,带领一支万人的部队出子午谷奇袭长安,"横门邸阁与散民之谷足周食也。"③司马懿在关中有了充足的粮食储备,不仅能够供养当地驻防的大量军队,甚至还能支援其他地区乏粮的需要。例如青龙三年(235),关东遇到重灾,粮食歉收,朝廷从关中调运了大批存粮前往救济。"关东饥,帝(司马懿)运长安粟五百万斛输于京师。"④这五百万斛粮谷是什么概念?笔者按:西汉中叶全国每年向首都长安运送的漕粮也不过四百万斛。见宣帝时耿寿昌上奏曰:"故事,岁漕关东谷四百万斛以给京师,用卒六万人。"⑤五百万斛粮谷差不多够十六万余士兵食用一年⑥,可见司马懿在关中时存粮非常富裕,除了本部军队食用,还能拿出这么多粮谷来运到关东救灾。

---

① (清)谢钟英:《三国疆域表》,《二十五史补编·三国志补编》,北京图书馆出版社,2005年,第402页。

② 参见陈仓、陈静:《说三国曹魏所开的成国渠》,《中国历史地理论丛》1995年第3期。

③《三国志》卷40《蜀书·魏延传》注引《魏略》,第1003页。

④《晋书》卷1《宣帝纪》,第9页。

⑤《汉书》卷24上《食货志上》,第1141页。

⑥ 五百万斛谷按6/10的出米率合三百万斛米,汉代常人日食5升米,岁食18斛,300万斛米够16.67万人食用一年。参见《九章算术》卷2《粟米章》:"粟率五十,粝米三十……"《后汉书》卷86《南蛮传》:"军行三十里为程,而去日南九千余里,三百日乃到,计人禀五升,用米六十万斛。"第2838页。

诸葛亮在世时曾多次向魏国的陇右和关中发起进攻,史称"六出祁山"。曹魏在雍州的军队不足以退敌,还必须抽调京师洛阳附近的数万"中军"前去支援①,粮饷耗费很多,但垦殖发达的关中都能解决上述问题,充足的粮食有力地支持了魏国的对蜀防御作战,使足智多谋的诸葛亮也无可奈何。如王夫之所言,司马懿"即见兵据要害,敌即盛而险不可逾,据秦川沃野之粟,坐食而制之,虽孔明之志锐而谋深,无如此漠然不应者何也"②。

曹魏在关中的驻军数目不详,恐怕不会少于诸葛亮北伐的八万人③,或许会更多一些,因为从史书记载来看,魏国在东、南的扬州、荆州方向局势紧张时,会抽调关中部分驻军前去支援,剩余的部队仍然能够阻止蜀军的入侵,使当地的防务安然无恙。例如:"司马宣王治水军于荆州,欲顺沔入江伐吴,诏(张)郃督关中诸军往受节度。"④太和二年(228),"(诸葛)亮闻孙权破曹休,魏兵东下,关中虚弱。"⑤甘露二年(257),"魏征东大将军诸葛诞反于淮南,分关中兵东下。(姜)维欲乘虚向秦川,复率数万人出骆谷"⑥,结果未能得逞。以上事例都表明了曹魏关中驻军的充裕。

---

①《晋书》卷37《宗室传·安平献王孚》载明帝时司马孚上奏:"每诸葛亮入寇关中,边兵不能制敌,中军奔赴,辄不及事机,宜预选步骑二万,以为二部,为讨贼之备。"第1083页。
②(清)王夫之:《读通鉴论》卷10《三国》,第270页。
③参见《三国志》卷35《蜀书·诸葛亮传》注引《郭冲五事》:"(诸葛)亮时在祁山,旌旗利器,守在险要,十二更下,在者八万。"第926页。
④《三国志》卷17《魏书·张郃传》,第526页。
⑤《三国志》卷35《蜀书·诸葛亮传》注引《汉晋春秋》,第923页。
⑥《三国志》卷44《蜀书·姜维传》,第1065页。

（二）御蜀作战的军事重心

曹操在建安十八年（213）设置雍州，辖境包括关中平原、陕北、陇东和陇西高原与河西走廊。"是时不置凉州，自三辅拒西域，皆属雍州。"[①]就是整个关西地区只设置雍州一个行政区域，也是军事辖区，战区主将夏侯渊的治所就在长安，其军队的主力也部署在附近，陇右地区爆发战事的时候，夏侯渊领兵从长安出发，前往那里参战，结束后再回到关中。建安十九年（214）刘备占领益州，次年曹操针锋相对地攻占汉中，夏侯渊晋升为征西将军，他的治所和军队主力也从长安南移到汉中。四年之后，夏侯渊在定军山阵亡，汉中后来被刘备占领，曹操撤兵将雍州的防线向后退守到关中的秦岭北侧，州军主力又回到长安附近（参阅图九）。曹操去世后，曹丕对魏国西部地区的军政建置作了以下几项调整：

其一，分设凉州。"文帝即王位，初置凉州，以安定太守邹岐为刺史。"[②]若与东汉相比，魏国的凉州辖境缩小，其东部的天水、安定、陇西等郡划归雍州，只有金城、武威、张掖、酒泉、敦煌、西海、西郡，以及从金城郡分割出来的西平郡，包括今甘肃兰州、河西走廊地区和青海省东部。

其二，弘农郡划归司州。建安十八年（213）诏并十四州为九州，靠近三辅（京兆尹、左冯翊、右扶风）的弘农郡（治弘农县，今河南灵宝市北）归属雍州，属于"关中"的范围之内。曹丕称帝之后，将弘农郡又

---

① 《三国志》卷15《魏书·张既传》，第474页。
② 《三国志》卷15《魏书·张既传》，第474页。

并入司州,从"关中"的地域范围中划分出去。"魏氏受禅,即都汉宫,司隶所部河南、河东、河内、弘农并冀州之平阳,合五郡,置司州。"①

其三,雍、凉二州属于同一战区。魏初设置雍凉都督,他的治所与军队主力通常部署在长安,统辖整个关西(关中和陇右)地区,为当地最高军政长官,军衔通常为征西将军,或是较低的镇西将军、安西将军,名望资历高深者或任大司马、大将军等。这两个州的行政长官——雍州刺史和凉州刺史都要听从雍凉都督的指挥调遣。洪饴孙《三国职官表》曰:"魏征西将军一人,二千石,第二品。武帝置,黄初中位次三公。领兵屯长安。统雍、凉二州刺史,资深者为大将军。"②辖区内遇到战事(主要是蜀军入侵),郡县驻军若是应付不了,便由雍凉都督从关中派遣兵将或自己亲自领兵前往当地进行作战,可见关中是整个西部战区的军事重心。

曹魏历任雍凉都督(或关中都督、关右都督)的情况如下:

1. 曹真。延康元年至黄初三年(220—222)任雍凉都督。"文帝即王位,以(曹)真为镇西将军,假节都督雍、凉州诸军事……张进等反于酒泉,真遣费曜讨破之,斩进等。"③黄初三年(222)被调回京师,"以(曹)真为上军大将军,都督中外诸军事,假节钺。"④

2. 夏侯楙。夏侯惇之子,黄初元年至太和二年(220—228)任关中都督。《魏略》曰:"文帝少与楙亲,及即位,以为安西将军、持节,承夏侯渊处都督关中。楙性无武略,而好治生。至太和二年,明帝西征,

---

①《晋书》卷14《地理志上》,第415页。

②(宋)熊方等撰:《后汉书三国志补表三十种》,第1509页。

③《三国志》卷9《魏书·曹真传》,第281页。

④《三国志》卷9《魏书·曹真传》,第281页。

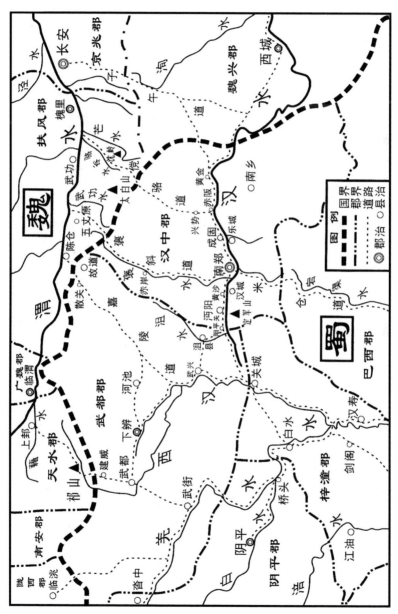

图九　三国魏蜀边境形势图

人有白㮤者,遂召还为尚书。"①夏侯㮤的任职与曹真在数年内有重叠,洪饴孙曰:"当时司马懿(笔者按:应为曹真)已都督雍凉,则亦有二都督也。疑魏初尚无定制。"②

3. 曹真。太和二年至五年(228—231)任关右都督。诸葛亮初次北伐时,夏侯㮤不能胜任军务,于是"(魏明)帝遣曹真都督关右诸军军郿"③,是让曹真指挥整个关西地区的战事。由于当时诸葛亮进军陇西,占领天水、南安等郡,所以朝廷命令曹真把都督治所和军队主力驻地设在郿县(今陕西眉县东),后击退蜀汉的进攻。

4. 司马懿。太和五年至景初元年(231—237)任雍凉都督。太和五年曹真病逝,魏明帝任命大将军司马懿为雍凉都督,镇守长安,抵抗诸葛亮的北伐。景初元年(237)末奉调回京,次年(238)领兵征辽东公孙渊。

5. 赵俨。景初三年至正始四年(239—243)任监雍凉军事、雍凉都督。"齐王即位,以(赵)俨监雍、凉诸军事,假节,转征蜀将军,又迁征西将军,都督雍、凉。正始四年,老疾求还,征为骠骑将军,迁司空。"④

6. 夏侯玄。正始四年至嘉平元年(243—249),任雍凉都督。正始四年,"为征西将军,假节都督雍、凉州诸军事。"⑤嘉平元年(249)曹爽被司马懿发动政变杀害,夏侯玄因为与曹爽亲近,被调回京师任大鸿胪。

---

①《三国志》卷9《魏书·夏侯惇传》注引《魏略》,第269页。
②(宋)熊方等撰:《后汉书三国志补表三十种》,第1608页。
③《资治通鉴》卷71魏明帝太和二年,第2240页。
④《三国志》卷23《魏书·赵俨传》,第671页。
⑤《三国志》卷9《魏书·夏侯玄传》,第298页。

7. 郭淮。嘉平元年至正元二年（249—255）任雍凉都督。"嘉平元年，迁征西将军，都督雍、凉诸军事……正元二年薨，追赠大将军。"①

8. 陈泰。正元二年至甘露元年（255—256）任雍凉都督。"（郭）淮薨，（陈）泰代为征西将军，假节都督雍、凉诸军事。"②甘露元年（256）征还京师，为尚书右仆射。

9. 司马望。甘露元年至景元四年（256—263）任雍凉都督。其本传云："时景文相继辅政，未尝朝觐，权归晋室。望虽见宠待，每不自安，由是求出，为征西将军、持节、都督雍凉二州诸军事。在任八年，威化明肃。先是蜀将姜维屡寇关中，及望至，广设方略，维不得为寇，关中赖之。"③洪饴孙《三国职官表》"都督雍凉一人"条载司马望："甘露元年以征西将军持节，景元四年入拜卫将军。"④

蜀国自诸葛亮执掌朝政，到它灭亡之前，曾对曹魏的关中发动过四次进攻，都被魏军逼迫撤退或者打败。其情况如下所述：

（1）太和二年（228）春，诸葛亮兵出祁山，"扬声由斜谷道取郿，使赵云、邓芝为疑军，据箕谷，魏大将军曹真举众拒之。"⑤因为蜀军的战斗力不及对手，"（赵）云、（邓）芝兵弱敌强，失利于箕谷，然敛众固守，不至大败。军退，（赵云）贬为镇军将军。"⑥（参阅图一〇）

（2）太和二年（228）冬，诸葛亮复出散关，围攻陈仓，魏将郝昭抵抗二十余日，蜀军粮尽撤退。"魏将王双率骑追（诸葛）亮，亮与战，破

①《三国志》卷26《魏书·郭淮传》，第736页。
②《三国志》卷22《魏书·陈泰传》，第639页。
③《晋书》卷37《宗室传·义阳成王望》，第1086页。
④（宋）熊方等撰：《后汉书三国志补表三十种》，第1607页。
⑤《三国志》卷35《蜀书·诸葛亮传》，第922页。
⑥《三国志》卷36《蜀书·赵云传》，第949页。

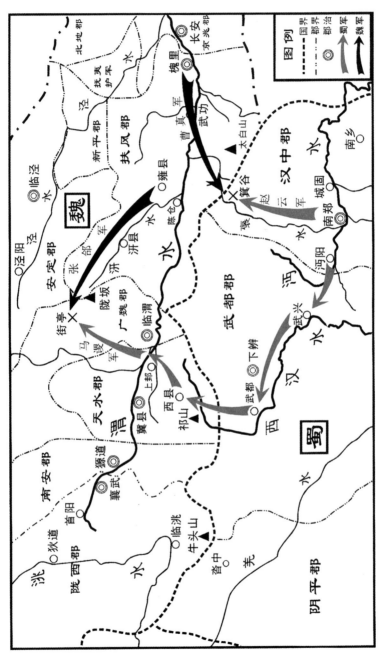

图一○　诸葛亮首出祁山示意图

之,斩双。"①

（3）青龙二年（234）春,"（诸葛）亮悉大众由斜谷出,以流马运,据武功五丈原,与司马宣王对于渭南。"②双方相持百余日,至八月诸葛亮病逝,蜀军撤退回国（参阅图一一）。

（4）甘露二年（257）,曹魏扬州都督诸葛诞据寿春反叛,朝廷调动关中部分军队东下,"（姜）维欲乘虚向秦川,复率数万人出骆谷,径至沈岭。"③魏将司马望、邓艾率军迎敌,坚守壁垒不战。双方对峙到明年（参阅图一二）,姜维听说诸葛诞兵败被杀后,撤兵返回成都。

此外,蜀国还向陇右的天水、南安、陇西等郡发动过多次进攻。由于当地土地贫瘠,产粮不足,无力供养大兵,所以屯驻陇右的魏军数量有限,抵挡不住蜀军的攻击,需要雍凉都督从关中派遣主力前来救援,共计有5次:

（1）太和二年（228）春,诸葛亮初出祁山,"南安、天水、安定三郡反应亮。（魏明）帝遣（曹）真督诸军军郿,遣张郃击亮将马谡,大破之。"④

（2）太和五年（231）春,诸葛亮再出祁山,"天子曰:'西方有事,非君莫可付者。'乃使帝（司马懿）西屯长安,都督雍、梁（凉）二州诸军事,统车骑将军张郃、后将军费曜、征蜀护军戴凌、雍州刺史郭淮等讨亮。"⑤双方在祁山交战对峙多日,蜀军粮尽撤退（参阅图一三）。

（3）嘉平元年（249）正月,司马懿发动高平陵事变,诛杀执政的大

----

① 《三国志》卷35《蜀书·诸葛亮传》,第924页。
② 《三国志》卷35《蜀书·诸葛亮传》,第925页。
③ 《三国志》卷44《蜀书·姜维传》,第1065页。
④ 《三国志》卷9《魏书·曹真传》,第281页。
⑤ 《晋书》卷1《宣帝纪》,第6—7页。

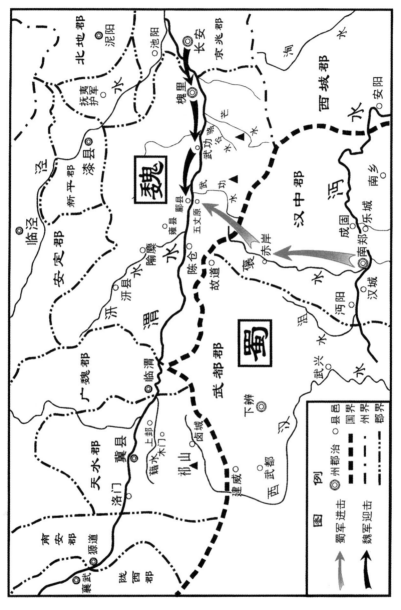

图一一　诸葛亮兵出五丈原示意图

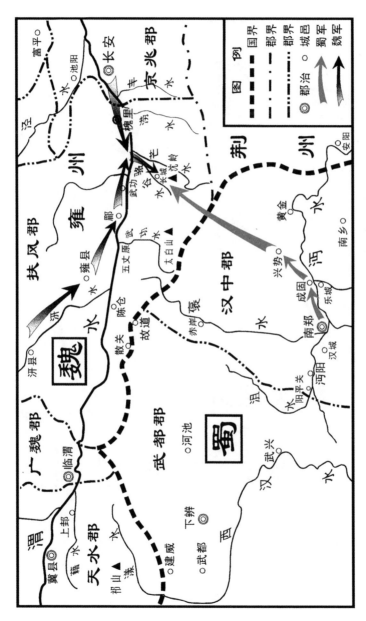

图一二　姜维骆谷之役示意图

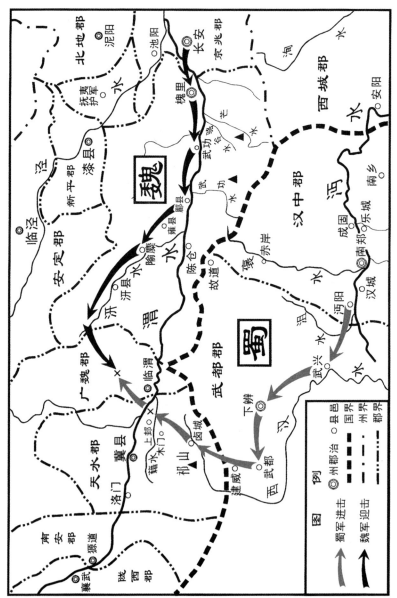

图一三　诸葛亮再出祁山示意图

将军曹爽及其亲属党羽。蜀将姜维认为有机可乘,便在秋天进攻陇西,"率众依麴山筑二城,使牙门将句安、李歆等守之,聚羌胡质任等寇逼诸郡。"①曹魏方面很快做出反应,"征西将军郭淮自长安距之。"②双方相持多日,姜维担心后方被敌人袭击而撤退,句安、李歆绝粮后被迫投降。

（4）嘉平五年（253）,吴国太傅诸葛恪出动大军伐魏,与蜀汉约定东西夹击。姜维"及将数万人出石营,围狄道"③。魏国权臣司马师听取了虞松的建议,"乃使郭淮、陈泰悉关中之众,解狄道之围⋯⋯姜维闻淮进兵,军食少,乃退屯陇西界"④,然后撤兵回国。

（5）正元二年（255）,蜀将姜维进军陇西,魏雍凉都督陈泰从关中发兵援救,并告诫已在前线的雍州刺史王经等待主力到来再与敌人交战。"须军到,乃规取之。"⑤但是王经未听训令,与姜维在洮水西岸激战,结果遭到惨败。"（王）经众死者数万人。经退保狄道城,（姜）维围之。"⑥后来陈泰、邓艾等救兵赶到,姜维攻城不下,只得撤退。

邓艾在解救狄道之围后,率领数万军队留在陇西上邽（治今甘肃天水市秦州区）进行屯田。"艾修治备守,积谷强兵。值岁凶旱,艾为区种,身被乌衣,手执耒耜,以率将士。上下相感,莫不尽力。艾持节守边,所统万数,而不难仆虏之劳,士民之役。"⑦解决了部队的粮饷供应,

① 《三国志》卷22《魏书·陈泰传》,第638页。
② 《晋书》卷2《文帝纪》,第32页。
③ 《资治通鉴》卷76魏邵陵厉公嘉平五年四月,第2405页。笔者按:《三国志》卷44《蜀书·姜维传》载延熙十六年:"夏,（姜）维率将数万人出石营,经董亭,围南安。"第1064页。司马光未取用。
④ 《三国志》卷4《魏书·三少帝纪·齐王芳》嘉平五年注引《汉晋春秋》,第126页。
⑤ 《三国志》卷22《魏书·陈泰传》,第639页。
⑥ 《三国志》卷44《蜀书·姜维传》,第1064页。
⑦ 《三国志》卷28《魏书·邓艾传》,第782页。

此后蜀军再来进攻陇西,当地的守军就足以应付,不用关中的部队远涉千里前来增援。甘露元年(256),邓艾在段谷(今甘肃天水市东南)大败姜维,获得朝廷的褒奖,并宣布:"今以(邓)艾为镇西将军、都督陇右诸军事,进封邓侯。"[①]此后关西分为陇右、关中两个战区,各设都督。按照邓艾后来的情况来看,他手下有军队三万余人,驻扎在陇西郡。雍州刺史诸葛绪亦统领三万余人(归雍凉都督管辖),屯驻于天水郡[②]。此时关中守军的数量不详,但至少有四五万人,理应超过邓艾或诸葛绪麾下的军队人数。曹魏后期陇右地区的常驻军队已有邓艾和诸葛绪的六万人,足以应付蜀军对这一地区的侵袭。由于邓艾在当地大兴屯田,有能力供应驻军的粮饷,这样就摆脱了以往陇右地区遭到蜀军入侵后,当地驻军较少,必须从长安附近千里迢迢地调兵前来支援的被动局面。关中军事重心的负担由此得到减轻,使它可以专注于汉中方向的敌情,不再承担翻越陇山、千里赴救陇西地区的沉重压力了。

此外,雍凉都督如果因为战事离开长安,朝廷有时会再派遣一位将领来临时镇守关中,以免军事重心出现不测。例如,"蜀将姜维之寇陇右也,征西将军郭淮自长安距之。进帝(司马昭)位安西将军、持节,屯关中,为诸军节度。"[③]司马昭见陇西战事胶着,便果断从关中出击汉中,迫使姜维退兵,句安投降。"(郭)淮攻(姜)维别将句安于麴,久而不决。帝乃进据长城,南趣骆谷以疑之。维惧,退保南郑,安军绝援,帅

①《三国志》卷28《魏书·邓艾传》,第778页。
②参见《三国志》卷28《魏书·钟会传》:"邓艾、诸葛绪各统诸军三万余人,艾趣甘松、沓中连缀(姜)维,绪趣武街、桥头绝维归路。"第787页。
③《晋书》卷2《文帝纪》,第32页。

众来降。"①

（三）征伐蜀国的前线基地

曹魏建国以后共向蜀汉发动过三次大规模进攻,最终将其灭亡。这三次进攻的主力部队都是以关中为前线基地,在那里集结军队后出发南下的。分别为:

1. 曹真、司马懿伐蜀。魏明帝太和四年(230),当时驻扎关中的雍凉都督、大司马曹真上奏,建议多路进攻蜀国。"蜀连出侵边境,宜遂伐之,数道并入,可大克也。"②朝廷批准了曹真从关中南下汉中的作战计划,同时让荆豫都督、大将军司马懿由荆州方向向西配合进攻(参阅图一四)。"(曹)真以八月发长安,从子午道南入。司马宣王溯汉水,当会南郑,诸军或从斜谷道,或从武威入。"③胡三省认为"武威"距离蜀魏边境较远,应是误写,可能是"武都"或"建威"。"'武威'恐当作'武都',否则'建威'也。"④刘禅本传记载:"(建兴)八年秋,魏使司马懿由西城,张郃由子午,曹真由斜谷,欲攻汉中。丞相(诸葛)亮待之于城固、赤阪。"⑤表明这次进攻的主力是从关中出发的曹真所部,分兵两路从子午谷和斜谷南下,荆州与武都方向的魏军则是偏师。诸葛亮为了巩固防线,又从后方增调了李严的部队。"以曹真欲三道向汉川,(诸葛)亮命(李)严将二万人赴汉中。"⑥后来遇到天气恶化,秦岭一带"会

---

① 《晋书》卷2《文帝纪》,第32页。
② 《三国志》卷9《魏书·曹真传》,第282页。
③ 《三国志》卷9《魏书·曹真传》,第282页。
④ 《资治通鉴》卷71魏明帝太和四年胡三省注,第2261页。
⑤ 《三国志》卷33《蜀书·后主传》,第896页。
⑥ 《三国志》卷40《蜀书·李严传》,第999页。

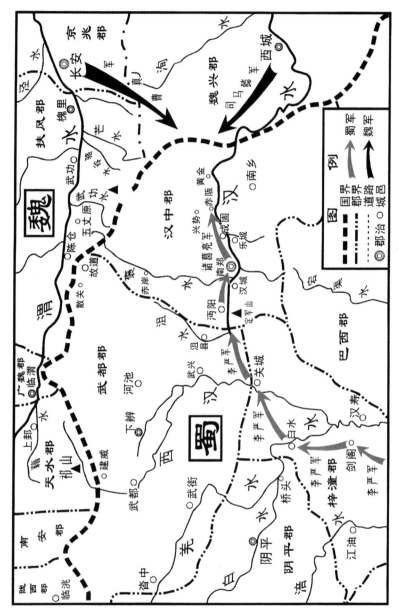

图一四　曹真、司马懿伐蜀示意图

大霖雨三十余日,或栈道断绝,诏(曹)真还军。"①司马懿带领的兵马,"自西城斫山开道,水陆并进,溯沔而上",结果同样遭遇恶劣的气候,"军次丹口,遇雨,班师。"②蜀国有惊无险,躲过了这场恶战。

2. 曹爽、夏侯玄伐蜀。魏少帝正始五年(244),执掌朝政的大将军曹爽为了扬名立威,决定亲自领兵西征蜀国,驻守关中的雍凉都督夏侯玄也表示赞成。当年三月,"(曹)爽乃西至长安,大发卒六七万人,从骆谷入。"③这支部队加上运输粮饷器械的民夫,人数相当庞大。"魏大将军曹爽率步骑十余万向汉川,前锋已在骆谷。时汉中守兵不满三万,诸将大惊。"④但是蜀国汉中主将王平临危不惧,部署兵马坚守兴势(今陕西洋县东北)等要塞,阻止敌军穿越骆谷,等待后方援军到来。魏军"入谷行数百里,贼因山为固,兵不得进"⑤,陷入困境,损失惨重。后来曹爽、夏侯玄听了司马懿的告诫及时收兵,"费祎进兵据三岭以截(曹)爽,爽争崄苦战,仅乃得过。"⑥这次军事行动魏方的后勤供应是以关中汉族居民为主,加上陇右的少数民族,负担非常沉重。"是时关中及氐、羌转输不能供,牛马骡驴多死,民夷号泣道路。"⑦战役结束后,"所发牛马运转者,死失略尽,羌、胡怨叹,而关右悉虚耗矣。"⑧

3. 钟会、诸葛绪、邓艾伐蜀。魏元帝景元四年(263),执政的权臣

---

①《三国志》卷9《魏书·曹真传》,第282页。

②《晋书》卷1《宣帝纪》,第6页。

③《三国志》卷9《魏书·曹爽传》,第283页。

④《三国志》卷43《蜀书·王平传》,第1050页。

⑤《三国志》卷9《魏书·曹爽传》,第283页。

⑥《三国志》卷9《魏书·曹爽传》注引《汉晋春秋》,第284页。

⑦《三国志》卷9《魏书·曹爽传》,第283页。

⑧《三国志》卷9《魏书·曹爽传》注引《汉晋春秋》,第284页。

司马昭发动了灭蜀之役,钟会本传载其分为三个进军方向:"邓艾、诸葛绪各统诸军三万余人,艾趣甘松、沓中连缀(姜)维,绪趣武街、桥头绝维归路。(钟)会统十余万众,分从斜谷、骆谷入。"其中邓艾所部从陇西郡南下,诸葛绪所部由天水郡出动,魏国的主力军队由钟会率领,由关中出发,穿越斜谷和骆谷,此外还有"魏兴太守刘钦趣子午谷,诸军数道平行,至汉中"[1]。关中是魏军集结兵马的粮饷的前线基地,从前一年(262)就开始筹备工作。"景元三年冬,以(钟)会为镇西将军、假节都督关中诸军事。"[2]蜀国间谍得知后报告回国内,引起姜维的高度警惕,他向后主上奏:"闻钟会治兵关中,欲规进取,宜并遣张翼、廖化督诸军分护阳安关口、阴平桥头以防未然。"[3]但是刘禅被宦官黄皓所迷惑,未曾加以重视,以致在魏军发动进攻时措手不及,接连丢失关城(今陕西宁强县阳平关镇)等重地(参阅图一五),使钟会的主力大军未经激烈抵抗就前进到剑阁,吸引了蜀国的大部分军队,然后邓艾得以偷渡阴平,兵进成都,迫使刘禅投降。

魏军伐蜀的主力出发基地设在关中,有以下几个原因:

首先,关中平原有千里沃土,除了盛产粟麦,"又有杭稻梨栗桑麻竹箭之饶。"[4]南边的秦岭物产丰富,"其山出玉石,金、银、铜、铁、豫章、檀、柘,异类之物,不可胜原,此百工所取给,万民所仰足也。"[5]能够为大军提供充裕的粮饷和器械、车辆,满足伐蜀部队所需要的各种物资。

①《三国志》卷28《魏书·钟会传》,第787页。
②《三国志》卷28《魏书·钟会传》,第787页。
③《三国志》卷44《蜀书·姜维传》,第1065—1066页。
④《汉书》卷65《东方朔传》,第2849页。
⑤《汉书》卷65《东方朔传》,第2849页。

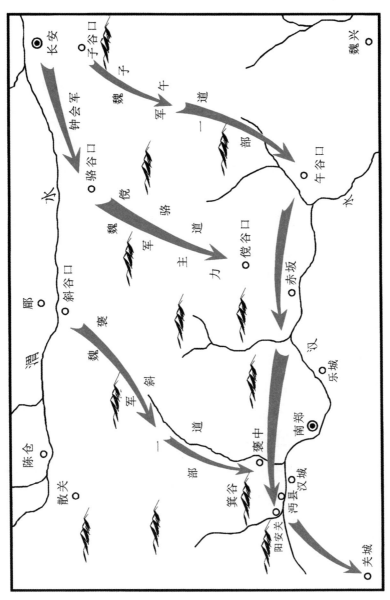

图一五　钟会进兵汉中示意图

只是驮运的牛马驴骡略少一些,必须得到陇右羌胡牲畜的补充。

其次,汉中是川陕交通的中转站,从关中出发到那里,有多条路线可以穿过秦岭通行。顾祖禹曰:"三国时汉、魏相持,必在南山褒、斜诸谷间。"又引《地志》云:"南山大谷凡六,出奇步险,则南达汉中,东通襄、邓,故后秦姚苌拜郝奴为六谷大都督,使备南山之险。"注曰:"六谷或曰子午、傥骆、褒斜南北分列,此六谷也。"①此外还有西边陈仓道,又称故道。"故道多阪,回远。"②但是相对平缓,容易通行。虽然在秦岭之中道路艰险,多有木栈阁道,可是能够分兵几路前进,迫使敌军分散防守力量,顾此失彼,从而防不胜防;因此对进攻一方来说,占有比较明显的有利条件。

再次,关中距离中原地区较近,获得关东军队的补充比较方便。从灭蜀之战的情况来看,司马昭为了毕其功于一役,除了使用雍凉战区的部队,还从关东各地增调了不少将士,"于是征四方之兵十八万。"③这些军队是先集结在京城洛阳,然后开赴长安的。"秋八月,军发洛阳,大赉将士,陈师誓众。将军邓敦谓蜀未可讨,帝(司马昭)斩以徇。"④钟会从关中出征的十余万人马,有一部分就是关东的军队,他们从洛阳行军到长安,路程也不算太远。

由于上述这些原因,关中便成为曹魏伐蜀的前线出发基地,几次大规模西征的主力部队,都是在那里集结后开拔的,最终得以灭亡蜀国。

①(清)顾祖禹撰:《读史方舆纪要》卷52《陕西一》,第2460页。
②《史记》卷29《河渠书》,第1411页。
③《晋书》卷2《文帝纪》,第38页。
④《晋书》卷2《文帝纪》,第38页。

六、结语

关中土地肥沃,物产丰饶,它在汉末三国战争中的地位发生过跌宕起伏的变化,先是董卓挟持汉献帝迁都长安,关中成为京师所在的畿辅,即中国西部的经济、政治重心。但很快董卓被刺身亡,李傕、郭汜带兵占领长安后相互攻杀劫掠,汉室悬危。"自傕汜相攻,天子东归后,长安城空四十余日,强者四散,羸者相食,二三年间,关中无复人迹。"[①]这段期间,进行中原逐鹿的关东群雄大多只顾眼前的战事,无心旁骛这块偏在关西一隅的荒废之地。只有曹操独具慧眼,看出关中及傀偏皇帝还有可资利用的政治价值。曹操对待关中势力的态度与对策前后可分为四个阶段:

其一,初平三年到建安元年(192—196),曹操先据兖州,后占豫州,处于势力尚弱时期,尽管兵力还不够强大,却已成功地和关中军阀与朝廷建立了联系,说服献帝与公卿百官东迁到许都,从而实现了挟天子以令诸侯,并使关中的凉州诸将在名义上服从汉廷的统治,也就是不和自己作对。

其二,建安二年到十三年(197—208),曹操在与关东群雄的交战阶段,采用代表朝廷封官进爵和索取"质任"的办法,拉拢与控制住马腾、韩遂等关中军阀,迫使他们在自己进行生死大战时保持中立,甚至提供了马匹等帮助,终于先后消灭了吕布、袁术、袁绍父子和刘表父子

---

① 《后汉书》卷72《董卓传》,第2341页。

等强劲的对手,统一了中原和江淮、江汉平原的部分区域。

其三,建安十三年至十六年(208—211),曹操在赤壁之战失利后,清醒地认识到孙权、刘备等南方势力暂时无法剿除,在领兵首越巢湖,重建起扬州的防御体系和地方郡县组织,确信孙权在这一重要地段无法取得进展之后,他转移战略进攻方向,及时率领大军西征,击溃马超、韩遂并占领了关中这块资源丰富的"天府之国"。

其四,建安十七年至二十四年(212—219),曹操在夺取关中以后,努力招徕流民,从汉中、武都等郡向关中迁徙人口以恢复生产事业,并利用关中作为前线基地,西取陇右,南收汉中,极力扩展在西部地区的统治范围,实现了整个北方地区的统一。他最终迫于刘备的军事压力而让出汉中,以秦岭和西秦岭山地为边界障碍,与蜀汉形成长期对峙的局面。

曹魏称帝建国后,文帝和明帝都任命了得力的官员与将领,来努力保卫并发展关中的经济建设,使其富饶的资源得以开发利用。当地充裕的物产和人力构成了强大的军事力量,让关中成为御蜀前线的巩固基地。凭借关中的富强,曹魏能够多次打退蜀军的进攻,保障了西部边境的国防安全。王夫之曾指出,曹魏稳固了关中的统治,是它对抗蜀汉获得成功的重要因素。别说诸葛亮和姜维未能夺取陇右,就算是占领了陇西地区,只要关中掌握在曹魏手里,蜀汉就无法动摇它立国的根本。"非堂堂之阵直前而攻其坚,则虽得秦、陇,而长安之守自有余。魏所必守者长安耳,长安不拔,汉固无如魏何。"①

---

① (清)王夫之:《读通鉴论》卷10《三国》,第270页。

逍遥津之战杂议

　　建安二十年（215）八月，孙权亲率大军进攻曹魏在淮南的重镇合肥。曹魏守将张辽以寡敌众，出其不意率军迎战，先是带领八百壮士突袭孙权军营，重创敌兵获胜而还，后又乘敌人主力撤退，孙权逗留在逍遥津北时全力出击，几乎生擒敌人的国君。这两次战斗被后人合称为逍遥津之战，或逍遥津战役，但实际上只有后一次双方是在逍遥津北交锋。关于这次战役，学界有人给予很高评价，认为孙权出动十万大军，是三国前期东吴发动的规模最大、人数最多的一次，因而非常重要①。对于逍遥津之战的历史背景和具体情况，笔者在阅读史籍中发现若干问题并进行了探究，现就正于方家。

一、孙权进攻合肥的反常之处

　　逍遥津之战，东吴是主动进攻的一方，但是孙权发动这场战役的

----

① 参见何捷、李代斌：《略论吴魏逍遥津战役的历史意义》，《南昌教育学院学报》2011 年第 9 期；彭凯、李代斌：《略论吴魏逍遥津之战及其影响》，《贵州文史丛刊》2012 年第 1 期。

时间令人感到困惑。它不是在江东基地经过精心准备后直接出兵攻击合肥，而是先远赴荆州与刘备争夺南三郡（长沙、桂阳、零陵），在奔波对峙数月之后撤兵回到江东的中途转赴淮南的。建安十九年（214）刘备占领成都，全据益州，孙权得知后派诸葛瑾入川，向刘备索要当初"借荆州"的土地而遭到拒绝。孙权于是向长沙、桂阳、零陵三郡派遣了自己的官吏前去接收，却都被关羽赶了回去。孙权大怒，亲自领兵前往荆州夺取南三郡，据司马光《资治通鉴》分析，当在建安二十年（215）五月。孙权派吕蒙等部将顺利夺取了南三郡，而刘备也领兵出川赶到公安（今湖北公安县），并派关羽率军到达益阳（今湖南益阳市）前线，与吴兵对垒。双方经过谈判罢兵休战，刘备把长沙、桂阳和江夏郡的一部分割让给东吴。经过领土交割和稳定当地统治之后，孙权这才从荆州撤退，在返回江东的途中转道去进攻合肥。在争夺南三郡的军事行动中，"（孙）权住陆口，为诸军节度。"[1] 后来撤兵时，"（孙）权反自陆口，遂征合肥。"[2] 说明他是在得手后从陆口（今湖北赤壁市陆溪镇）撤兵开往合肥的。凌统本传也说他，"与吕蒙等西取三郡，反自益阳，从往合肥，为右部督。"[3] 都清楚地显示了这一点。

在争夺南三郡的战役中，孙权的军队从江东出发，跋涉数千里到达荆州前线，又与蜀军相持多日，虽然没有交兵厮杀，但是经过百余日奔走和紧张对峙，已然是相当疲惫了。按照兵法的常识，作战利于速决速胜，"久则钝兵挫锐，攻城则力屈……夫兵久而国利者，未之有也。"① 在达到争夺南三郡的战役目的之后,吴军主力兵马困乏,理应回到后方休整一段时间,然后再考虑实施下一次的作战计划。建安十三年(208)冬赤壁之战以后,孙权也曾率领大军围攻合肥百余日,最后无功而返。现在合肥又得到张辽的七千精兵,防守力量要强于上次;吴军则是一队疲兵,战斗能力要大打折扣。这些情况孙权都应该知道,那么他为何还要违背作战的法则,硬要率领一支征战多日的倦怠之师去攻打坚城呢? 孙权的这番举动相当反常,完全不符合兵家的要旨,其原因究竟何在? 史籍中对此没有明确的记载,在这里只能根据其历史背景做些合乎逻辑的推测。

笔者分析,孙权此次出征合肥很可能是出于政治目的,即帮助盟友刘备摆脱困境。孙权发兵夺取南三郡,"先主引兵五万下公安"②,本来是准备和孙权刀兵相见、一决高下的,但是这时曹操进攻汉中的消息传了过来,刘备担心四川后方有失,于是急忙和孙权达成和解。"是岁,曹公定汉中,张鲁遁走巴西。先主闻之,与(孙)权连和,分荆州江夏、长沙、桂阳东属;南郡、零陵、武陵西属,引军还江州。"③ 在这场交易中,刘备明显是吃了大亏,孙权没有损失军队就得到了三个郡。按照常理来说,刘备恐怕不会白白交出这些领土,他或许会提出一个附加条件,那就是让孙权乘魏军主力远赴汉中之际,出兵袭击一下合肥,以迫使曹操的大军尽早从汉中撤回去,借以解除自己后方所受到的严重威胁。孙权当然明白靠这支疲惫的军队打不下合肥,但是为了顺利

①(春秋)孙武撰,(三国)曹操等注,杨丙安校理:《十一家注孙子·作战篇》,中华书局,2012年,第29—31页。
②《三国志》卷32《蜀书·先主传》,第883页。
③《三国志》卷32《蜀书·先主传》,第883页。

获得南三郡,不妨先答应下来,让军队虚张声势地走一趟,也不受什么损失。后来孙权大军赶到合肥城下,并没有实行强攻,只是观望停留。"(孙)权守合肥十余日,城不可拔,乃引退。"[1] 这就表明了孙权的态度,如果真是以攻占合肥为作战目标,那就不会让大军守望多日,连一次攻城也没有进行就灰溜溜地撤退。因为孙权本来就没想用疲乏厌战的部队攻打这座坚固的城池,只不过是摆个样子给刘备和曹操看看而已。何况吴军到达合肥前线后还遇到了疾病流行[2],所以孙权并未攻城,就收兵返回江东了。

由于孙权在逍遥津之战失利撤退,吸引曹操主力东归的计划未能完成。据曹操本纪记载,他当年三月出征汉中,先到达陈仓(今陕西宝鸡市),后经散关到河池,五月消灭了在武都叛乱的氐王窦茂,七月攻占阳平关,随即占领了汉中首府南郑(今陕西汉中市),随后又巩固安定附近地区,并招诱张鲁投降。直到十二月,才离开南郑返回中原。

二、孙权究竟出动了多少兵力

东吴在逍遥津之战中出动的兵力是多少？根据曹魏方面的记载为十万,见张辽本传:"俄而(孙)权率十万众围合肥……"[3] 黄初六年(225)魏文帝诏书亦称:"合肥之役,(张)辽、(李)典以步卒八百,破贼十万,自古用兵,未之有也。"[4] 孙吴方面则没有明确的记载。后代史家

---

①《三国志》卷 17《魏书·张辽传》,第 519 页。

②《三国志》卷 55《吴书·甘宁传》:"建安二十年,从攻合肥。会疫疾……"第 1294—1295 页。

③《三国志》卷 17《魏书·张辽传》,第 519 页。

④《三国志》卷 17《魏书·张辽传》,第 520 页。

如司马光在《资治通鉴》中和《三国志》一样，也是这样记述，当今学界亦与赞同①。但是十万这个数字很令人生疑，试析如下：

首先有个问题，就是东吴当时总共有多少军队，才能一次出动十万？按照《三国志》的记载，在赤壁之战前夕，孙权曾对诸葛亮说："吾不能举全吴之地，十万之众，受制于人。"②是说他的全部军队大约有十万人。赤壁之战后，孙刘联军乘胜攻占了荆州江北的南郡和江南四郡（长沙、桂阳、零陵、武陵），不过后来孙权"借荆州"与刘备，上述领土都先后割让或转借出去，只是保留了江夏郡的江南部分，以及鲁肃在荆州四个县的封邑（州陵、下隽、汉昌、刘阳），也就是说东吴在赤壁战后增加的领土和户口相当有限，其国内的总兵力应该不会有明显的变化，大体上仍然维持着十万或略多一些的人马。关于这个问题，学界也是这样认为③。但是孙权这十万人马总不会全部出动去攻打合肥，必须留下一部分驻守江东根据地，还要据守夏口以东至京城（今江苏镇江市）沿江二千里的各座据点，这恐怕也得需要数万人，孙权怎么还能带领十万兵马去攻打合肥呢？这显然是无法做到的。

如前所述，建安十三年（208）冬赤壁之战刚结束的时候，孙权亦曾带领大军攻打合肥，根据魏方的记载也是出动了十万人。见刘馥本传，"建安十三年卒。孙权率十万众攻围合肥城百余日……"④当时东

①参见何捷、李代斌：《略论吴魏逍遥津战役的历史意义》，《南昌教育学院学报》2011年第9期；彭凯、李代斌：《略论吴魏逍遥津之战及其影响》，《贵州文史丛刊》2012年第1期。

②《三国志》卷35《蜀书·诸葛亮传》，第915页。

③彭凯、李代斌："东吴的势力范围当时并没有扩大多少，并且短短七年时间，东吴总人口数也不会有太多增长。故东吴此时的总兵力与赤壁之战时不会相差太多，也就是十万左右，不会有多大增长。"《略论吴魏逍遥津之战及其影响》，《贵州文史丛刊》2012年第1期。

④《三国志》卷15《魏书·刘馥传》，第463页。

吴的全部军队也就是十万人,其中周瑜迎战曹操带走了三万兵马[1];孙权在进攻合肥的同时,"使张昭攻九江之当涂"[2],又分走数千或上万人马,加上江东留守的部队,实际上孙权能够动用进攻合肥的兵马,最多不过四五万人。说他率"十万众"显然是夸大其词了,这应该是孙权对外虚张声势的宣传而已。笔者按:汉末三国时期各方出征往往都要虚夸自己的兵力,以便震慑对方,来壮大声势。例如赤壁之战曹操的军队号称八十万众,但按周瑜分析也就是二十来万。"今以实校之,彼所将中国人,不过十五六万,且军已久疲,所得表众,亦极七八万耳。"[3]后来曹操四越巢湖,《江表传》载:"曹公出濡须,号步骑四十万,临江饮马。"[4]这也是对外的宣传之词,实际按参军傅干所言,曹操出动的只有十万人。"今举十万之众,顿之长江之滨。"[5]孙吴方面也是如此,如孙亮建兴二年(253)太傅诸葛恪率军伐魏,"大发州郡二十万众"[6],对外宣传则"号五十万,来向寿春"[7]。因此,孙权在建安年间两次进攻合肥都号称十万人,也是对外虚报的数字,而并非是实际兵力。

那么,建安二十年(215)孙权出征合肥的兵力究竟有多少?史书虽然未曾明言,但是可以从他进攻荆州、夺取南三郡的有关情况来窥

①《三国志》卷54《吴书·周瑜传》注引《江表传》孙权曰:"五万兵难卒合,已选三万人,船粮战具俱办,卿与子敬、程公便在前发。"第1262页。《三国志》卷32《蜀书·先主传》注引《江表传》:"(刘备)乃乘单舸往见瑜,问曰:'今拒曹公,深为得计,战卒有几?'瑜曰:'三万人。'备曰:'恨少。'瑜曰:'此自足用,豫州但观瑜破之。'"第879页。

②《三国志》卷47《吴书·吴主传》建安十三年,第1118页。

③《三国志》卷54《吴书·周瑜传》注引《江表传》,第1262页。

④《三国志》卷55《吴书·甘宁传》注引《江表传》,第1294页。

⑤《三国志》卷1《魏书·武帝纪》注引《九州春秋》,第43页。

⑥《三国志》卷64《吴书·诸葛恪传》,第1437页。

⑦《三国志》卷28《魏书·毌丘俭传》注引毌丘俭、文钦上表曰,第764页。

测一番。当时东吴方面的部署是："乃遣吕蒙督鲜于丹、徐忠、孙规等兵二万取长沙、零陵、桂阳三郡,使鲁肃以万人屯巴丘以御关羽。权住陆口,为诸军节度。"①就是说孙权派遣到第一线的作战部队共有吕蒙、鲁肃所率三万余人,他自己率领预备队坐镇陆口,具体兵力不详。后来刘备率军五万到公安,"使关羽将三万兵至益阳。(孙)权乃召(吕)蒙等使还助(鲁)肃……与孙皎、潘璋并鲁肃兵并进,拒羽于益阳。"②孙皎、潘璋所部应是原来孙权手下的预备队,这样吴军的数量就超过了关羽的军队。刘备预备队和关羽前线主力之比例为 2∶3,如果按照这个比例估算,孙权前线部队起初为三万余人,其预备队可能会有两万多人,总兵力为五六万人。南三郡战役结束后,留下鲁肃率万余人继续屯驻陆口③。孙权撤退并转赴合肥的兵力大约有四五万人,进攻合肥时对外号称十万。曹操方面打了胜仗,为了炫耀战功,就按照东吴虚夸的数目把孙权的兵力说成十万,借以夸大张辽的功劳,这也是一种宣传的手法,读史者应该注意不要受它们的欺骗。

三、张辽使用的"斩将搴旗"战术

在逍遥津之战中,张辽的两次出击具有共同的特点,就是事先通过侦察得知敌军主帅的位置,然后出动精锐突然袭击,力争将其擒获或杀死。例如首次大战,"平旦,辽被甲持戟,先登陷陈,杀数十人,斩

①《三国志》卷 47《吴书·吴主传》建安十三年,第 1119 页。
②《三国志》卷 47《吴书·吴主传》建安十三年,第 1119 页。
③鲁肃战后仍驻陆口,有兵万余人。见《三国志》卷 54《吴书·吕蒙传》:"鲁肃卒,蒙西屯陆口,肃军人马万余尽以属蒙。"第 1277 页。

二将,大呼自名,冲垒入。"①闯进孙权的军营,吓得他和部下逃到高大的丘冢上,以躲避敌兵的冲击。"(孙)权大惊,众不知所为,走登高冢,以长戟自守。(张)辽叱权下战,权不敢动。"②第二次战斗则是吴军主力撤退,孙权与帐下卫士及吕蒙、蒋钦、凌统、甘宁等部将逗留在逍遥津北,"张辽觇望知之,即将步骑奄至。"③张辽几乎将孙权生擒,幸亏孙权部下将士拼死战斗,他才得以纵马跳过断桥,逃至津南脱险。这种突袭敌军首领的战术,秦汉时期称作"斩将搴旗",即斩杀敌军的将领,拔掉敌人的军旗,司马迁把它和"攻城先登""陷阵却敌"并称为最危险的战斗④。

"斩将搴旗"这种战术,是俗话说的"擒贼先擒王",即突然袭击敌军的司令部,斩杀将帅以使其指挥中枢瘫痪,力图造成敌人全军的混乱乃至崩溃。将帅是部队发布命令的指挥官,不同的旗帜则表明各级将领的身份地位,它们也是发出军令信号的标识,古代军队的行进、转向要根据旗帜的挥舞变化来执行。两汉三国的军队主将设有牙旗(旗杆上有象牙装饰),就是指挥部队的信号工具。张衡《东京赋》云:"戈矛若林,牙旗缤纷。"薛综注曰:"兵书曰:牙旗者,将军之旌。谓古者天子出,建大牙旗,竿上以象牙饰之,故云牙旗。"⑤像孙吴的中军设置牙旗,以发布号令。公元 229 年孙权称帝,改年号为黄龙,同时更换了

---

①《三国志》卷 17《魏书·张辽传》,第 519 页。

②《三国志》卷 17《魏书·张辽传》,第 519 页。

③《三国志》卷 55《吴书·甘宁传》,第 1295 页。

④《史记》卷 129《货殖列传》:"故壮士在军,攻城先登,陷阵却敌,斩将搴旗,前蒙矢石,不避汤火之难者,为重赏使也。"第 3271 页。

⑤(梁)萧统编,(唐)李善等注:《文选》卷 3 张平子《东京赋》,中华书局,1977 年,第 62 页。

中军的牙旗。"又作黄龙大牙,常在中军,诸军进退,视其所向。"① 孙权还命令胡综为黄龙牙旗作赋曰:"军欲转向,黄龙先移,金鼓不鸣,寂然变施,暗谟若神,可谓秘奇。"从该赋中还可以知晓,孙吴军阵的东西南北设有"四灵"旗帜,即苍龙、白虎、朱雀、玄武(黑色的大龟)。黄龙牙旗设在中间,根据它的变化,四方的军旗再予以挥动,告知部下将士前进的方向。"四灵既布,黄龙处中,周制日月,实曰太常,桀然特立,六军所望。"②

在逍遥津战役的首次战斗里,张辽率领的魏军精锐冲击孙权的中军大营,就拔掉了吴军的牙旗,后来又被吴将贺齐夺了回来。贺齐本传云:"(建安)二十年,从(孙)权征合肥。时城中出战,徐盛被创失矛,(贺)齐引兵拒击,得盛所失。"③ 这段记载令人有些疑问,不过是夺回了一件普通的兵器,就值得记录在史册吗? 卢弼《三国志集解》对此进行过考证:"《(太平)御览》引此作'徐盛被创失牙,(贺)齐引兵拒击,得(徐)盛所失牙。'潘眉曰:'《御览》引入牙部,不入矛部,今本作矛,误。'赵一清曰:'牙谓牙旗也。(孙)权作黄龙大牙,见《胡综传》。'"④ 表明徐盛曾为东吴中军的护旗官,被魏军击伤而丢失了牙旗,最后被贺齐夺回。《三国志》中潘璋本传也提到徐盛在这场战斗中的逃跑。"合肥之役,张辽奄至,诸将不备,陈武斗死,宋谦、徐盛皆披走,(潘)璋身次在后,便驰进,横马斩谦、盛兵走者二人,兵皆还战。(孙)权甚壮

---

① 《三国志》卷 62《吴书·胡综传》,第 1414 页。
② 《三国志》卷 62《吴书·胡综传》,第 1414 页。
③ 《三国志》卷 60《吴书·贺齐传》,第 1380 页。
④ 卢弼:《三国志集解》,中华书局,1982 年,第 1088 页。

之,拜偏将军。"①因为牙旗是中军发布命令的信号标识,其得失对作战具有重要影响,所以被史书作为一件大事给予记载。徐盛"失牙"事在《太平御览》卷 339《兵部七十·牙》。

"斩将搴旗"的战术实施起来相当困难,由于敌人的主将和中军大旗通常居于敌阵中央,都有精锐部队保护,如逍遥津之战的第二次战斗中,孙权身边就有"车下虎士千余人"②,冲击的部队必须勇猛善战,又有视死如归的决心,才能完成这项艰险的任务。张辽是曹操帐下著名的勇将,以前曾经屡次执行类似的使命。例如建安五年(200)四月,曹操突然改变进军方向,直奔敌将颜良围攻的白马(治今河南滑县东)。"未至十余里,(颜)良大惊,来逆战。使张辽、关羽前登,击破,斩良。遂解白马围。"③建安十二年(207)八月,曹操北征乌桓,"登白狼山,卒与虏遇,众甚盛。(曹)公车重在后,被甲者少,左右皆惧。公登高,望虏阵不整,乃纵兵击之,使张辽为先锋,虏众大崩,斩蹋顿及名王已下,胡、汉降者二十余万口。"④通过上述作战的成功,曹操很相信张辽以寡敌众的勇悍,所以预先留下教令,让张辽和李典率兵主动出击,挫败强敌的锐气。

这里还有一个问题,张辽是怎样判断敌军主帅(国君)在什么地点的呢?从历史记载来看,汉代与三国的将帅外出时,身后都有伞盖,国君与大将的伞盖非常华丽醒目。例如中平五年(188)汉灵帝与大将军何进在洛阳平乐观阅兵,分别建立了十二重和九重的五彩大小华盖。

---

①《三国志》卷 55《吴书·潘璋传》,第 1299 页。

②《三国志》卷 55《吴书·甘宁传》,第 1295 页。

③《三国志》卷 1《魏书·武帝纪》,第 19 页。

④《三国志》卷 1《魏书·武帝纪》,第 29 页。

"天子亲出临军,驻大华盖下,(何)进驻小华盖下。"① 行军作战时将帅的伞盖称作"麾盖",即伞盖顶端装饰有"麾",即氂(牦)牛尾毛编织成的饰物,望见即可得知其下会有主将。例如前述袁曹白马之战,"(关)羽望见(颜)良麾盖,策马刺良于万众之中,斩其首还。"② 张辽也是侦察到孙权的麾盖所在,然后纵兵奔袭,"冲垒入,至权麾下。"③

汉代使臣、将帅的节杖上亦装饰有"麾",即牦牛尾毛的织物,见《后汉书》卷1《光武帝纪上》李贤注:"节,所以为信也,以竹为之,柄长八尺,以旄牛尾为其眊三重。冯衍与田邑书曰:'今以一节之任,建三军之威,岂特宠其八尺之竹,牦牛之尾哉!'"所以有些将帅的麾盖亦称作"节盖",也是他们所在的标识。例如吴将朱桓出征庐江,撤军时过溪水,他亲自领兵断后。"时庐江太守李膺整严兵骑,欲须诸军半渡,因迫击之。及见(朱)桓节盖在后,卒不敢出,其见惮如此。"④ 又留赞为孙吴左将军,出征寿春撤兵时遇到敌人追击,"(留)赞病困,不能整陈,知必败,乃解曲盖印绶付弟子以归。"⑤ 这是因为伞盖和印绶是将军身份地位的标志与证物,留赞不愿意让它们落入敌人的手里,所以交给他的侄子带走。

由此可见,张辽武艺高强,作战勇猛,部下将士亦训练有素,舍生忘死,所以能够屡次施行"斩将搴旗"的战术。陈寿在《三国志》中点评道:"太祖建兹武功,而时之良将,五子为先。"⑥ 说的是张辽、乐进、

---

① 《后汉书》卷69《何进传》,第2246—2247页。
② 《三国志》卷36《蜀书·关羽传》,第939页。
③ 《三国志》卷17《魏书·张辽传》,第519页。
④ 《三国志》卷56《吴书·朱桓传》,第1314页。
⑤ 《三国志》卷64《吴书·孙峻传》注引《吴书》,第1445页。
⑥ 《三国志》卷17《魏书·张辽传》评曰,第531页。

于禁、张郃、徐晃五人,而张辽被列在首位。而据傅玄所言,曹操手下的将领要数曹仁最为勇敢,张辽位居第二。"曹大司马之勇,(孟)贲、(夏)育弗加也。张辽其次焉。"[1] 这恐怕是对曹氏有些阿谀奉承,因为曹仁在孙吴将帅眼中的威望远不如张辽。例如朱桓即对手下将士说:"凡两军交对,胜负在将,不在众寡。诸君闻曹仁用兵行师,孰与(朱)桓邪?"又云:"今人(曹仁)既非智勇,加其士卒甚怯,又千里步涉,人马罢困,桓与诸军,共据高城,南临大江,北背山陵。以逸待劳,为主制客,此百战百胜之势也。虽曹丕自来,尚不足忧,况仁等邪!"[2] 后来朱桓果然以寡敌众,相当轻松地打败了曹仁的进攻。可对张辽就不是这样。孙权假意降魏后,曹丕派遣张辽重返合肥,孙权知道后当即心生畏惧,向曹丕询问:"又闻张征东、朱横海今复还合肥,先王盟要,由来未久,且(孙)权自度未获罪衅,不审今者何以发起,牵军远次?"[3] 张辽晚年抱病参加曹休对吴国的东征,孙权仍然对他心有余悸,告诫诸将曰:"张辽虽病,不可当也,慎之!"[4]

四、从逍遥津遇险看孙权的性格特点

孙权在逍遥津之战的第二次战斗中又遭遇险境,当时东吴大军已然撤离,并且距离前线很远。"魏将张辽等奄至津北。(孙)权使追还前

---

①《三国志》卷9《魏书·曹仁传》注引《傅子》,第276页。
②《三国志》卷56《吴书·朱桓传》,第1313页。
③《三国志》卷47《吴书·吴主传》注引《魏略》,第1128页。
④《三国志》卷17《魏书·张辽传》,第520页。

兵,兵去已远,势不相及。"①孙权作为军队的主帅,还是一国之君,却亲自带领少数军队留下来断后,这是担负了非常危险的任务。当时他身边的兵马不多,据甘宁本传记载,"军旅皆已引出,唯车下虎士千余人,并吕蒙、蒋钦、凌统及(甘)宁,从(孙)权逍遥津北。"②他的这几位部将只有手下的私兵,即随身侍从的兵士。例如,"(凌)统率亲近三百人陷围,扶捍权出。"③吕蒙等其他将领的部下估计和凌统的情况差不多,都是数百人,不会超过孙权的"车下虎士千余人",这样合计起来也就是三千人左右,比起张辽在合肥城中的七千精兵要少得多,所以魏军才会看准时机突然出城袭击,将孙权等人包围,使他们陷入以少敌众,又是背水作战的不利境地。

东吴数万大军驻在合肥城下时,他们架设在施水上与后方联系的桥梁肯定不止一座。此时由于军队主力早已撤离,只剩下断后的少数兵马,渡桥也仅保留了一座。张辽为了断绝敌人的退路,率军出击时首先冲到津桥,破坏了它,使吴军无法迅速撤到津南。等到孙权突围到渡口时,"敌已毁桥,桥之属者两版,(孙)权策马驱驰。"④越过断桥,才得以摆脱敌军的围攻,安全与主力会合。如前所述,孙权在这次撤军行动中犯有轻敌的错误,他作为统帅不应该脱离军队主力,和少数兵马冒险逗留在津北,又距离桥梁很远,以致被敌人抓住这些失误,毁桥围攻,险些丢掉了性命。

孙权的这次遇险和他的性格特点有着密切关系。班固在提到东

①《三国志》卷55《吴书·凌统传》,第1296页。
②《三国志》卷55《吴书·甘宁传》,第1295页。
③《三国志》卷55《吴书·凌统传》,第1296页。
④《三国志》卷55《吴书·凌统传》,第1296页。

南地区的民俗风气时曾说："吴、粤之君皆好勇,故其民至今好用剑,轻死易发。"[1] 孙权在这方面和他的父兄一样,保留着吴地人众的传统性格。其一是好勇乐斗,孙坚、孙策作战时经常身先士卒,与敌人近身搏战。如孙坚在攻城时,"身当一面,登城先入,众乃蚁附。"[2] 孙策曾与豪帅祖郎交手,险遭不测[3]。后来又与太史慈决斗,"策刺慈马,而揽得慈项上手戟,慈亦得策兜鍪。"[4] 孙权虽在逍遥津陷入重围,却没有胆怯,仍然纵马驰骋杀敌,给敌人将士留下深刻的印象。张辽为此曾询问东吴降兵:"向有紫髯将军,长上短下,便马善射,是谁?"[5] 其二是轻佻冒险,身为主帅,却未能稳健持重,往往身历险境。孙坚是率兵领先追击,中了敌军埋伏而死。孙策则是孤身逐鹿,被刺客杀害。所以陈寿评论他们二人,"然皆轻佻果躁,陨身致败。"[6] 孙权在这方面也继承了父兄的习性,他年轻时曾跟随孙策出征,驻扎的时候就因为不注意部署防御设施而险些蒙难。"(孙)策讨六县山贼,(孙)权住宣城,使士自卫,不能千人,意尚忽略,不治围落。"[7] 结果遭到敌人突袭,"权始得上马,而贼锋刃已交于左右,或斫中马鞍。"[8] 多亏周泰率领左右奋力解救,"是日无泰,权几危殆。"[9] 孙策被刺、孙权继位后,他上述轻佻冒险的习

---

①《汉书》卷 28 下《地理志下》,第 1667 页。

②《三国志》卷 46《吴书·孙坚传》,第 1094 页。

③《三国志》卷 51《吴书·宗室传·孙辅》注引《江表传》载孙策谓祖郎曰:"尔昔袭击孤,斫孤马鞍……"第 1212 页。

④《三国志》卷 49《吴书·太史慈传》,第 1188 页。

⑤《三国志》卷 47《吴书·吴主传》注引《献帝春秋》,第 1120 页。

⑥《三国志》卷 46《吴书·孙破虏讨逆传》评曰,第 1113 页。

⑦《三国志》卷 55《吴书·周泰传》,第 1287 页。

⑧《三国志》卷 55《吴书·周泰传》,第 1287—1288 页。

⑨《三国志》卷 55《吴书·周泰传》,第 1288 页。

气仍然没有改掉。"后刘备表(孙)权行车骑将军,(张)昭为军师。权每田猎,常乘马射虎,虎尝突前攀持马鞍。"①张昭曾经很严肃地劝诫孙权:"夫为人君者,谓能驾御英雄,驱使群贤,岂谓驰逐于原野,校勇于猛兽者乎?"②孙权表面上向张昭道歉并承认错误,内心却不以为意。此后的逍遥津遇险,他仅带领少数兵马殿后,就表明孙权根本没有吸取以往的教训,以致于重蹈覆辙,多亏部下拼死相救,才侥幸逃脱。

今人王永平在《论孙权父子的"轻脱"》一文中提到,在汉末三国时期,寒门出身的人物往往不愿恪守世俗流行的各种行为规范,时有放任、不拘礼法的表现。孙吴统治者出身寒门,其思想文化风貌与行为举止无不深深打上其寒门阶层的烙印,而与儒学世族不同。"儒学世族崇尚礼法,家教严正,而寒门则少守拘束,'轻脱'无行。如曹操自少便'任侠放荡'、'游荡无度'、'为人佻易无威重',其子曹丕、曹植也多任情纵性。与曹氏父子相似,孙权之行为举止也表现出这一特征。"③例如孙权喜好驰猎游戏、滑稽调笑和酗酒,在战争中喜欢冒险,不愿遵守君主将帅应当稳健持重的通例,也可以看作是受其寒门出身的影响。

据《江表传》记载,孙权纵马越过断桥之后,得到贺齐所部三千余人的接应。他回到大船之中与诸将饮酒庆祝脱险,贺齐离开坐席,涕泣而言道:"至尊人主,常当持重。今日之事,几至祸败,群下震怖,若无天地,愿以此为终身诚。"孙权进前为他擦泪,回答说:"大惭!谨以剋心,非但书诸绅也。"④经历这次险境以后,孙权在战斗中有所注意,不

①《三国志》卷52《吴书·张昭传》,第1220页。
②《三国志》卷52《吴书·张昭传》,第1220页。
③王永平:《孙吴政治与文化史论》,上海古籍出版社,2005年,第17—18页。
④《三国志》卷60《吴书·贺齐传》注引《江表传》,第1380页。

再亲临敌前,但是在其他方面仍然没有改掉喜欢冒险的习性。例如建安二十三年(218)十月,"(孙)权将如吴,亲乘马射虎于庱亭。马为虎所伤,权投以双戟,虎却废,常从张世击以戈,获之。"[1]黄武五年(226),"(孙)权于武昌新装大船,名为长安,试泛之钓台圻。"[2]出航时遇到暴风,侍从谷利要求舵工回到樊口港湾避风,但是孙权不同意,坚持要继续航行去罗洲。"(谷)利拔刀向舵工曰:'不取樊口者斩。'工即转舵入樊口,风遂猛不可行,乃还。"[3]事后孙权还嘲笑谷利胆小怕死,遭到后者的反驳。"权曰:'阿利畏水何怯也?'利跪曰:'大王万乘之主,轻于不测之渊,戏于猛浪之中,船楼装高,邂逅颠危,奈社稷何?是以利辄敢以死争。'"[4]另据《水经注》记载,这艘大船在靠岸后就被飓风摧毁。"樊口之北有湾。昔孙权装大船,名之曰长安,亦曰大舶,载坐直之士三千人。与群臣泛舟江津,属值风起,权欲西取芦洲。谷利不从,及拔刀急止,令取樊口薄(泊),舶船至岸而败,故名其处为败舶湾。"[5]

　　作为东吴的开国之君,陈寿在《三国志》中给予孙权很高的评价,说他:"屈身忍辱,任才尚计,有勾践之奇英,人之杰矣。故能自擅江表,成鼎峙之业。"[6]但是在他身上也有轻佻冒险、不够稳重的性格弱点,与他的父兄相似,所以会在作战、狩猎和航行中多次遭遇险境而几乎丧命。

---

① 《三国志》卷47《吴书·吴主传》,第1120页。
② 《三国志》卷47《吴书·吴主传》注引《江表传》,第1133页。
③ 《三国志》卷47《吴书·吴主传》注引《江表传》,第1133页。
④ 《三国志》卷47《吴书·吴主传》注引《江表传》,第1133—1134页。
⑤ (北魏)郦道元注,(民国)杨守敬、熊会贞疏:《水经注疏》卷35《江水三》,第2911页。
⑥ 《三国志》卷47《吴书·吴主传》评曰,第1149页。

刘备攻取益州的经过与谋略

在魏、蜀、吴三国鼎立的形成过程中,刘备夺取益州是关键性的一个步骤。蜀汉割据政权的最初建立,可以用刘备占领成都后自领益州牧、设置左将军府作为标志。当时曹操占据了辽阔的北方中原,"地广兵强,奄天下之半。"[1]孙权立国于江东,号称:"兵精粮多,将士用命,铸山为铜,煮海为盐,境内富饶,人不思乱。"[2]后来又进取长江上游的荆州,占领南方半壁河山。蜀汉则偏居益州一隅,得以与魏、吴鼎足并峙,争雄数十年,凭借的就是四川盆地周边的险要地势与内部的丰饶物产。田余庆曾高度评价刘备对益州的占领,说:"有入蜀的成功始有三国鼎立,始有诸葛亮治蜀业绩,始有西南腹地的开发,始有巴地与蜀地更紧密的联系,始有长江上游与中下游之间的豁然贯通。这些都是极重大的历史成果。"[3]那么,刘备攻取益州的战役计划,是如何酝酿制订和实施成功的呢? 本文将对此问题做一番详细的探讨。

---

[1](宋)李焘撰:《六朝通鉴博议》,《六朝事迹编类・六朝通鉴博议》,南京出版社,2007年,第156页。
[2]《三国志》卷54《吴书・周瑜传》注引《江表传》,第1261页。
[3]田余庆《〈隆中对〉再认识》,《历史研究》1989年第5期。

一、《隆中对》规划的"跨有荆益"

刘备夺取益州的设想最早是诸葛亮与其在隆中对话中提出来的。建安十二年(207),刘备兵败投靠刘表已有数岁,为其屯守北方抵御曹兵。此时刘备身居新野小县,仅有几千兵丁[1],尽管漂泊落拓,寄人篱下,却始终怀有复兴汉室的壮志。因为徐庶等人的热情举荐,刘备三顾草庐求见诸葛亮,自称"智术浅短,遂用猖蹶,至于今日"[2],向他请教安邦图霸的大计。诸葛亮为刘备的诚挚态度所感动,于是为他精心构思了开邦建国的宏伟蓝图,这段对话记载在著名的《隆中对》里。

《隆中对》开篇便称:"自董卓已来,豪杰并起,跨州连郡者不可胜数。曹操比于袁绍,则名微而众寡,然操遂能克绍,以弱为强者,非惟天时,抑亦人谋也。"[3]这是以曹操运用智谋战胜强敌袁绍为例,说明事在人为,来鼓舞身陷困境的刘备,增添他的信心与勇气。诸葛亮随即分析了当前的天下大势,指出曹、孙两家势力强盛,不能抱有侵占他们地盘的打算。"今操已拥百万之众,挟天子而令诸侯,此诚不可与争锋。"孙权在江东的统治已然经历三世,有长江作为巨防,又得到百姓拥护与贤臣辅佐。"此可以为援而不可图也。"刘备如今势单力孤,无法撼动这两个强大的政治军事集团。诸葛亮为他选择了"避实击虚"的战略方案,将主人懦弱无能的荆州和益州列为相继夺取的目标。先是占

---

①《三国志》卷35《蜀书·诸葛亮传》注引《魏略》载诸葛亮曰:"今皆不及,而将军之众不过数千人,以此待敌,得无非计乎!"第913页。
②《三国志》卷35《蜀书·诸葛亮传》,第912页。
③《三国志》卷35《蜀书·诸葛亮传》,第912页。

据身边的荆州，它"北据汉、沔，利尽南海，东连吴会，西通巴蜀"，疆域广阔而富饶，而刘表父子没有能力守住这份基业，刘备可以考虑伺机接收。但荆州是四面临敌的"用武之国"，难以固守，作战的回旋余地不够充分，因此在占领荆州之后，必须进取西边的蜀地。"益州险塞，沃野千里，天府之土，高祖因之以成帝业。"州牧刘璋却因为昏庸软弱，对外应付不了汉中的张鲁，对内不知道抚恤百姓，以致缺乏民众的拥戴，"智能之士思得明君。"刘备身为皇族宗室，其信义四海闻名，又有"总揽英雄，思贤如渴"的美誉，能够取代刘璋而统治益州，然后利用当地易守难攻、物产富饶的优越自然条件，建立起稳固的根据地。一旦形成"跨有荆、益，保其岩阻"的有利形势，就会显著改善荆州多面受敌的被动防御状况，必要时还可以出兵三峡对其进行支援。

诸葛亮还为刘备规划了统治荆、益两州后的远景，就是"西和诸戎，南抚夷越，外结好孙权，内修政理"[1]。即对外搞好与边疆少数民族以及邻国东吴的关系，对内安抚百姓，做到政通人和。等到曹魏方面发生事变，有机可乘，"则命一上将将荆州之军以向宛、洛，将军身率益州之众出于秦川"[2]，实行两路夹攻，这样定会得到中原民众箪食壶浆的欢迎，得以实现复兴汉室的伟业。

在《隆中对》设计的方案里，进取益州必须有两个先决条件，首先是刘备必须率先占领荆州，据有这块"山陵形便，江川流通"[3]的立足之地，能为自己提供足够的兵员与粮饷，来完成入川作战这项艰巨的军

---

①《三国志》卷35《蜀书·诸葛亮传》，第913页。
②《三国志》卷35《蜀书·诸葛亮传》，第913页。
③《三国志》卷55《吴书·甘宁传》，第1292页。

事行动。荆、益二州唇齿相依,荆州是进攻益州的出发基地,由江陵西赴夷陵,穿越三峡才能进入巴蜀。如果不能占领荆州,进取益州则只是不切实际的空想。

其次,是与孙权结盟和好。曹操在稳定北方的统治之后,即将南下荆州,消灭刘表集团。汉末政治局势的这一发展趋向,相信诸葛亮和刘备都会了然于胸。而刘备手下兵微将寡,无力抵抗曹操的大军,只有和江东的孙权联手迎战,才能扭转曹操吞并南方的局面,进而占据荆州,分得一席之地。上述战略目的,诸葛亮后来过江说服孙权结盟抗曹时,曾经坦诚地告诉对方:"今将军诚能命猛将统兵数万,与豫州协规同力,破操军必矣。操军破,必北还。如此则荆、吴之势强,鼎足之形成矣。"[1] 胡三省对此解释道:"荆,谓(刘)备;吴,谓(孙)权。鼎足之形,谓三分天下也。"[2] 而占据荆州之后,刘备若要进攻益州,与东邻孙权结好仍是不可缺少的重要环节。否则大军西入三峡,后方空虚,倘若遭受孙权的背后袭击而巢穴被破,其后果不堪设想。如荆州主簿殷观所言:"进未能克蜀,退为吴所乘,即事去矣。"[3] 因此东和孙权、北拒曹操是《隆中对》的中心思想之一。

这里还需要强调两个问题,其一,《隆中对》具有精确的预见性,事后刘备集团的逐步壮大,即蜀汉政权的建立过程大体上是按照诸葛亮的思路演进并且得到成功的。《隆中对》里关于联吴抗曹以及进取荆、益二州的设想和预判后来全都应验了,后人因此赞颂诸葛亮未出

---

①《三国志》卷35《蜀书·诸葛亮传》,第915页。
②《资治通鉴》卷65汉献帝建安十三年胡三省注,第2089页。
③《三国志》卷32《蜀书·先主传》,第880页。

茅庐,已知三分天下,这是《隆中对》受到千古传诵的缘由。诸葛孔明身居僻壤,却能够广收信息,明了天下大势,并为刘备制订了切实可行的发展"规划"。就像今人王汝涛所言:"诸葛亮为刘备设计的方案,乃是刘备当时所能有的各种选择中最佳的选择。"① 这充分表明当年只有27岁的诸葛亮,已经具备了高瞻远瞩的政治才能,不愧为三国首屈一指的谋士。刘备当时"飘零屡挫、托足无地"②,正处在穷途末路之时;诸葛亮却慧眼识珠,看到了他的才干与雄心。"先主之弘毅宽厚,知人待士,盖有高祖之风,英雄之器焉。"③ 认为他将来很有可能成就霸业,所以为其用心策划出《隆中对》。这不仅表明孔明的远见卓识,还反映出他极有胆魄,否则怎么敢为一个仅有数千兵马的败军之将勾画出跨有荆益、鼎足三分的宏伟远景呢!

　　其二,《隆中对》是放眼于未来的远大方略,而不是急功近利的操作手段。今人雷震曾经指出,《隆中对》是总揽全局的、带有指导性质的总体战略构想,不是具体的实施方案,其重视的是总体而非细节,为未来而非现在,也不可能有预定的时间表④。从建安十二年(207)诸葛亮提出上述计划,到建安十九年(214)刘备占领成都、控制益州,前后共有七年,中间经历了许多艰难曲折,并非一蹴而就、顺利成功的。《隆中对》所说的"跨有荆、益",只是刘备将来的奋斗目标,并没有提及如何执行的实际措施,更不是让刘备马上就动手夺取荆州,联络孙权,一

---

① 王汝涛:《〈隆中对〉平议》,《临沂师专学报(社会科学版)》1990年第3期。
② (清)王夫之:《读通鉴论》卷9《(汉)献帝》,第253页。
③《三国志》卷32《蜀书·先主传》,第892页。
④ 雷震:《诸葛亮〈隆中对〉战略构想再评价》,《陕西理工学院学报(社会科学版)》2012年第3期。

切还需要等待时机,来日方长。刘表在荆州拥兵十余万[①],分给刘备掌握的人马不过几千,双方实力悬殊;而且他深知刘备身为枭雄,不会甘心久居人下,故事先有所防备。虽然"以上宾礼待之",但是"疑其心,阴御之"[②]。在这种情况下,刘备要想起兵夺取荆州,在兵力和道义上都处于极端劣势,没有任何把握与可能。况且刘表在荆州十余年,闭关自守,保境安民,士大夫与百姓对其统治并无怨恨,人心向背对刘备也并非有利,所以他绝不能对刘表动手。此时曹操大军尚未南下,因此联吴抗曹也无从谈起。何况建安十二年至十三年初,孙权对荆州的江夏接连用兵,消灭了守将黄祖,他和刘表正在刀兵相见,刘备要在这时与孙权联系,岂不成了背主求荣? 这无论如何也说不过去。所以说《隆中对》所讲的"跨有荆、益",与孙权结好,只是着眼于将来,等待时局变化、机会来临后,才可以顺势把握,予以实现。

《隆中对》虽然是对未来的规划,但刘备也不是随波逐流、消极被动地进行等待,他也在为以后的作为积极进行准备。首先,是结交名士英豪,任用贤能。"荆州豪杰归先主者日益多"[③],以致引起了刘表的戒心。到后来"曹公征荆州,先主奔江南,荆、楚群士从之如云"[④],使他拥有了一个人才群体,为其日后解决统治荆州和益州的施政需要打下了初步的基础。其次,是拥护长公子刘琦。刘表及妻子蔡夫人宠爱少子刘琮,"欲以为后,而蔡瑁、张允为之支党。"[⑤]刘琦与刘琮矛盾很深,荆

---

①《三国志》卷6《魏书·刘表传》称其"地方数千里,带甲十余万"。第211页。

②《三国志》卷32《蜀书·先主传》,第876页。

③《三国志》卷32《蜀书·先主传》,第876页。

④《三国志》卷39《蜀书·刘巴传》,第980页。

⑤《三国志》卷6《魏书·刘表传》,第213页。

州部队中的将领也因此分为两派。"二子素不辑睦,军中诸将,各有彼此。"[1]刘备坚定地站在了刘琦一方,支持他继承荆州的统治权,因而与蔡氏集团形成对立。诸葛亮为刘琦献计,让他设法远离襄阳避祸。"琦意感悟,阴规出计。会黄祖死,得出,遂为江夏太守。"[2]这既是让刘琦离开是非之地,也是为刘备将来可能受挫安排了一条退路。再次,是扩充军队。刘备接受了诸葛亮的建议,命令没有户籍的游民必须登记造册,从中征发兵丁。"备从其计,故众遂强。"[3]看来补充了不少兵力。刘备扩招后的军队数量有多少,史书没有明确记载,可是提到他从樊城撤退时,"别遣关羽乘船数百艘,使会江陵。"[4]后来刘备败走当阳,身边步卒死伤散亡殆尽,而关羽的这支部队完好无损。刘备逃到夏口之后,"战士还者及关羽水军精甲万人,刘琦合江夏战士亦不下万人。"[5]这些武装力量就是他与孙权结盟、共同抗曹的必要资本。

二、刘备占据荆州、策划入蜀的三次良机

赤壁之战以后,刘备和周瑜乘胜围攻江陵,收复了南郡,又打下了江南的长沙、武陵、桂阳、零陵四郡,这样曹操仅占有荆州北边的少数领土,而荆州的主体部分已被孙刘联军掌握。在江陵战役胜利结束后,孙刘两家对所占荆州的疆域进行了瓜分。由于东吴军队在打败曹兵的

①《三国志》卷 54《吴书·鲁肃传》,第 1269 页。
②《三国志》卷 35《蜀书·诸葛亮传》,第 914 页。
③《三国志》卷 35《蜀书·诸葛亮传》注引《魏略》,第 913 页。
④《三国志》卷 32《蜀书·先主传》,第 877 页。
⑤《三国志》卷 35《蜀书·诸葛亮传》,第 915 页。

战斗中充当主力,这次分割荆州基本上是按照吴国的意愿来划拨的,其中位于荆州核心地带的南郡归东吴占有,它位处江汉平原,是先秦楚国故都所在地,土地平衍,物产丰富,交通发达。南郡其地西入三峡,东抵江夏,北逼襄阳,南控大江,战略地位非常重要。刘备只分得了位置偏远、经济落后的长沙、武陵、桂阳、零陵四郡,又被吴国的南郡遮蔽在江南,其北上襄樊和西入巴蜀的水陆通道都遭到截断,无法实现《隆中对》夺取益州与兵向宛、洛的设想。不仅如此,孙权还以给周瑜封邑的名义,强行从刘备的长沙郡中割取了下隽、汉昌、刘阳三县,在江南四郡的东侧安排了数座军事据点,并阻隔了那里刘备军队与夏口刘琦所部的联系,使其处在不利的被动局面。如果刘备不能控制南郡,成为真正的荆州之主,那么诸葛亮提出的"跨有荆、益"的目标,就只能是水中望月的幻影。

从建安十五年(210)初到建安十六年(211),汉末的时局接连发生了三次出人意料的偶然事件,对刘备占据荆州主体、打开进军巴蜀的大门极为有利,致使诸葛亮夺荆取益的战略设想能够完全落实。下面分述其详:

(一)刘琦夭亡

刘琦是刘表的长子,习惯上被认为是荆州基业的继承人。刘备到夏口后尽管掌握了军权,在名义上还得奉刘琦为主。所以在赤壁之战胜利后,"先主表(刘)琦为荆州刺史。"[1] 但是在刘备征服江南四郡之

_____

①《三国志》卷32《蜀书·先主传》,第879页。

后,刘琦突然患病死亡。此时刘琦是位青年将领,他的去世令人感到意外,可是对于刘备来说却正是时候,因为他现在已经摆脱了当阳兵败的困境,羽翼初丰,不像以前那样需要刘琦的支持;而且如果刘琦不死,刘备必须在职务上屈居于这位贤侄之下,不能做荆州名副其实的统治者。刘琦死后,刘备的僚属与刘琦部下一致推举他为荆州之主。"琦病死,群下推先主为荆州牧,治公安。"① 即在长江与油水交汇口岸的公安城设立左将军和荆州牧的治所,刘备从此正式成为荆州名义上的最高行政长官,不仅刘琦的部属接受了他的指挥,"刘表吏士见从北军,多叛来投备"②,而且"庐江雷绪率部曲数万口稽颡"③。这使刘备的实力迅速扩增,引起了孙权的忌惮,主动将其妹送来作刘备的妻子。"权稍畏之,进妹固好。"④ 刘备则乘机向孙权提出了"借取"荆州江北南郡等地的要求。"(刘)备以(周)瑜所给地少,不足以安民,复从(孙)权借荆州数郡。"⑤ 甚至为此事专门到京城(今江苏镇江市)进见孙权,"求都督荆州。"⑥ 胡三省曰:"荆州八郡,(周)瑜既以江南四郡给(刘)备,备又欲兼得江、汉间四郡也。"⑦ 但孙权没有答应。不仅如此,周瑜甚至建议把刘备软禁在江东,"盛为筑宫室,多其美女玩好,以娱其耳目。"⑧ 但孙权考虑再三,"以曹公在北方,当广揽英雄。又恐(刘)备难

①《三国志》卷32《蜀书·先主传》,第879页。
②《三国志》卷32《蜀书·先主传》注引《江表传》,第879页。
③《三国志》卷32《蜀书·先主传》,第879页。
④《三国志》卷32《蜀书·先主传》,第879页。
⑤《三国志》卷32《蜀书·先主传》注引《江表传》,第879页。
⑥《三国志》卷54《吴书·鲁肃传》,第1270页。
⑦《资治通鉴》卷66汉献帝建安十五年胡三省注,第2102页。
⑧《三国志》卷54《吴书·周瑜传》,第1264页。

卒制,故不纳。"①

(二)周瑜猝死

建安十五年(210)刘琦死后不久,周瑜又猝然病逝,时年三十六岁。他死时正值盛年,也是不合常理的事件。周瑜英姿雄发,颇有胆识,其去世是孙吴的沉痛损失,但对刘备可是重大的利好消息。周瑜生前对刘备反感而又警惕,曾给孙权上书说:"方今曹公在北,疆埸未静,刘备寄寓,有似养虎。"②胡三省曰:"言养虎将自遗患。"③江陵战役胜利后,周瑜出任南郡太守,把刘备势力局限在江南四郡,应该就是他的主意。周瑜主管南郡的军政要务后,积极策划对外扩张,他给孙权提出的作战方案是"规定巴蜀,次取襄阳"④。即首先兵进三峡,占领益州和汉中,然后留下兵将驻守,自己返回南郡后与孙权合军北伐,攻占战略要地襄阳以逼迫中原。"乞与奋威(将军孙瑜)俱进取蜀,得蜀而并张鲁,因留奋威固守其地,好与马超结援。瑜还与将军据襄阳以蹙操,北方可图也。"⑤这项计划简直就是《隆中对》的翻版,立刻获得了孙权的批准。此前周瑜曾在赤壁与江陵屡破强大的曹兵,风头正盛,就连刘璋镇守峡口的守将袭肃也领兵来降⑥。凭借周瑜的才智胆魄,以及部下

①《三国志》卷54《吴书·周瑜传》,第1264页。
②《三国志》卷54《吴书·鲁肃传》注引《江表传》,第1271页。
③《资治通鉴》卷66汉献帝建安十五年胡三省注,第2102页。
④《三国志》卷54《吴书·鲁肃传》注引《江表传》,第1271页。
⑤《三国志》卷54《吴书·周瑜传》,第1264页。
⑥《三国志》卷54《吴书·吕蒙传》:"益州将袭肃举军来附。"第1274页。胡三省曰:"(甘宁)先取夷陵,则与益州为邻,故袭肃举军以降。"《资治通鉴》卷65汉献帝建安十三年胡三省注,第2094页。

将卒的勇猛,西征益州很有可能获胜。当时刘备的势力毕竟有限,恐怕不敢因此与孙权反目交战,无法阻止这次行动。假如周瑜的图谋得逞,刘备将被困死在江南四郡,没有出头之日。但是天妒英才,使周瑜突发不治之症,死在巴丘,致使兵进三峡的计划宣告夭折,这不仅让刘璋逃过一劫,也给刘备清除了含有敌意并令他忌惮的盟友(继任的鲁肃对刘备的态度要好得多),并且保留了"跨有荆、益"的希望。

对于刘备来说,周瑜去世带来的另外一大好处,就是孙权被迫同意"借荆州"给他。镇守南郡的将领责任重大,既要防备北方曹兵的入侵,还要和夏口、江南两边的刘备集团保持友好关系。周瑜病逝后,孙权遵照其遗嘱让鲁肃继任,但因鲁肃缺少领兵作战的经验,又调老将程普从江夏过来主持军政事务,"代领南郡太守。"[①] 而程普年事已高,能力有限,担负此项重任也是勉为其难。另外由于扬州前线面临曹操"四越巢湖"的沉重军事压力,孙权担心兵力不足,最终听取了鲁肃的建议,将江北的南郡交付刘备统治,只在陆口(今湖北赤壁市陆溪镇)留驻万余兵马,让鲁肃率领[②],其他军队撤回江东。这样一来,刘备名正言顺地做了荆州之主,得以接管西至三峡中段、北抵襄阳南境的大片领土,占据了进军巴蜀的出发基地,并可以着手筹措夺取益州的战略大计。

刘备接收南郡之后,孙权仍想执行周瑜生前的灭蜀计划,他派遣使者到荆州,想说服刘备共同进兵巴蜀。有人建议刘备同意孙权的请

① 《三国志》卷55《吴书·程普传》,第1284页。
② 《三国志》卷54《吴书·鲁肃传》:"肃初住江陵,后下屯陆口。威恩大行,众增万余人。"第1271页。

求,认为"吴终不能越荆有蜀,蜀地可为己有"①。荆州主簿殷观则表示反对,强调如果为孙吴作为攻蜀的先锋,有可能蜀地尚未打下来,自己的后方却被孙吴趁机夺取,主张表面上赞同孙权的攻蜀计划,"而自说新据诸郡,未可兴动,吴必不敢越我而独取蜀。"②《献帝春秋》载刘备接受了殷观的计策,对孙权表示拒绝,并用曹操大军即将南征来威胁他。"今操三分天下已有其二,将欲饮马于沧海,观兵于吴会,何肯守此坐须老乎?"但是孙权对此未加理会,执意派遣孙瑜率领水军独自伐蜀。刘备随即命令夏口的守兵截住东吴船队,对孙瑜说:"汝欲取蜀,吾当被发入山,不失信于天下也。"同时摆开了迎战的阵势,"使关羽屯江陵,张飞屯秭归,诸葛亮据南郡,(刘)备自住孱陵。"③孙权看到刘备阻挠的决心已下,只好命令孙瑜返回江东。

(三)刘璋求援

刘璋自兴平元年(194)继承父业任益州刺史,与汉中张鲁关系不和,派兵交战又屡遭败绩。"(刘)璋杀(张)鲁母及弟,遂为仇敌。璋累遣庞羲等攻鲁数为所破。"④他统治益州依靠的是由南阳、三辅等地移民组成的军队,名为"东州兵",与当地士民矛盾较深。"璋性宽柔,无威略,东州人侵暴旧民,璋不能禁,政令多阙,益州颇怨。"⑤刘璋在当地内外交困,曹操平定中原以后,刘璋希望依赖他保住自己在益州的统

①《三国志》卷32《蜀书·先主传》,第880页。
②《三国志》卷32《蜀书·先主传》,第880页。
③《三国志》卷32《蜀书·先主传》注引《献帝春秋》,第880页。
④《三国志》卷31《蜀书·刘璋传》,第868页。
⑤《三国志》卷31《蜀书·刘璋传》注引《英雄记》,第869页。

治地位,于是在建安十三年(208)曹操南征荆州前后,接连三次派遣使者去问候曹操,并送去礼物,体现出急迫的心情。但曹操对待使者的态度却是日益冷淡。第一次,刘璋"遣河内阴溥致敬于曹公"[1],曹操加封刘璋为振威将军。第二次,"璋复遣别驾从事蜀郡张肃送叟兵三百人并杂御物于曹公,曹公拜肃为广汉太守。"[2]第三次,刘璋又派张肃之弟张松出使,曹操此时已经征服了荆州,志满意得,没有把刘璋和使者张松放在眼里。再加上张松"为人短小,放荡不治节操"[3],不受曹操待见,因此只给了他个县令小官,惹得张松满腹怨恨。"(曹)公时已定荆州,追刘主,不存礼(张)松;加表望不足,但拜越嶲苏示令。松以是怨公。"[4]后来曹操在赤壁战败,撤回北方。张松留在荆州期间见到了刘备,受到热情款待,他回到成都后说了曹操许多坏话,并劝刘璋与其断绝来往,转而寻求刘备的帮助,说刘备与刘璋同为宗室,有肺腑之亲,可以作为依靠。刘璋信以为然,便接受张松的推荐,另派法正赴荆州结好刘备。法正与张松、孟达为友,都对刘璋不满,想投靠刘备以获得重用,他返回后对张松盛赞刘备:"有雄略,密谋协规,愿共戴奉,而未有缘。"[5]同时也向刘璋满口称赞刘备,愈发增加了刘璋对他的好感。

至建安十六年(211),刘璋听说曹操要发兵征伐汉中,心怀恐惧。张松趁机劝说他邀请刘备入川来讨伐张鲁,说:"刘豫州,使君之宗室而曹公之深仇也,善用兵,若使之讨鲁,鲁必破。鲁破,则益州强,曹

①《三国志》卷31《蜀书·刘璋传》,第868页。
②《三国志》卷31《蜀书·刘璋传》,第868页。
③《三国志》卷32《蜀书·先主传》注引《益部耆旧杂记》,第882页。
④(晋)常璩撰,刘琳校注:《华阳国志校注》卷5《公孙述刘二牧志》,第492页。
⑤《三国志》卷37《蜀书·法正传》,第957页。

公虽来,无能为也。"① 张松又恐吓刘璋曰:"今州中诸将庞羲、李异等皆恃功骄豪,欲有外意,不得豫州,则敌攻其外,民攻其内,必败之道也。"② 刘璋信以为真,又派遣法正出使荆州,为了表达自己的诚意,还给刘备带去了军队和重礼。"遣法正将四千人迎先主,前后赂遗以巨亿计。"③ 刘备将这些部队留了下来,在荆州戍守。"因令(孟)达并领其众,留屯江陵。"④ 刘璋引狼入室的错误举措,遭到了部分下属的坚决反对。主簿黄权劝他闭关自守,不要接纳刘备入境。黄权说:"左将军有骁名,今请到,欲以部曲遇之,则不满其心,欲以宾客礼待,则一国不容二君。若客有泰山之安,则主有累卵之危。可但闭境,以待河清。"⑤ 但刘璋拒不接受,反而把黄权贬出成都,到广汉去做县长。另外,"从事广汉王累自倒县(悬)于州门以谏,璋一无所纳。"⑥ 仍然无动于衷。客居成都的名士刘巴,听说后也进谏曰:"备,雄人也,入必为害,不可内也。"又说:"若使备讨张鲁,是放虎于山林也。"⑦ 可是见刘璋一意孤行,刘巴就闭门称病不出了。

　　在此之前,张松和法正进见刘备,都向他详细地介绍益州的水陆通道、关塞及守备情况,并表示愿做内应。"(刘)备前见张松,后得法正,皆厚以恩意接纳,尽其殷勤之欢。因问蜀中阔狭,兵器府库人马众寡,及诸要害道里远近,松等具言之,又画地图山川处所,由是尽知益

---

①《三国志》卷32《蜀书·先主传》,第881页。
②《三国志》卷31《蜀书·刘璋传》,第868页。
③《三国志》卷32《蜀书·先主传》,第881页。
④《三国志》卷40《蜀书·刘封传》,第991页。
⑤《三国志》卷43《蜀书·黄权传》,第1043页。
⑥《三国志》卷31《蜀书·刘璋传》,第868页。
⑦《三国志》卷39《蜀书·刘巴传》注引《零陵先贤传》,第981—982页。

州虚实也。"①这次法正到达荆州,先向刘备传达了刘璋的旨意,然后又献计道:"以明将军之英才,乘刘牧之懦弱,张松,州之股肱,以响应于内,然后资益州之殷富,冯(凭)天府之险阻,以此成业,犹反掌也。"②刘备听后表示赞同,但又考虑接受刘璋的邀请入川,却要夺取同宗的基业,显得自己不讲信义,名声会严重受损,因而有所犹豫。军师庞统为他详细分析了形势,指出当前进取益州是摆脱所处困境的惟一出路:

> 荆州荒残,人物殚尽,东有吴孙,北有曹氏,鼎足之计,难以得志。今益州国富民强,户口百万,四部兵马,所出必具,宝货无求于外,今可权借以定大事。③

刘备强调他现在要争取人心,靠的是做事与曹操截然不同。"今指与吾为水火者,曹操也,操以急,吾以宽;操以暴,吾以仁;操以谲,吾以忠;每与操反,事乃可成耳。"如果顺势夺取了益州,是"以小故而失信义于天下",他不愿意这样做。庞统则劝他采取"权变"的态度,将来可以另外重谢刘璋,否则益州也会落在别人的手里。"逆取顺守,报之以义,事定之后,封以大国,何负于信? 今日不取,终为人利耳。"④这才打消了刘备的顾虑,使其下定了领兵入蜀的决心。

自汉末战乱爆发以来,州郡牧守尔诈我虞,互相吞并,其事例屡见不鲜。刘备素来有"枭雄"之名,今人方诗铭对此解释道:"枭"是"枭

①《三国志》卷32《蜀书·先主传》注引《吴书》,第881页。
②《三国志》卷37《蜀书·法正传》,第957页。
③《三国志》卷37《蜀书·庞统传》注引《九州春秋》,第955页。
④《三国志》卷37《蜀书·庞统传》注引《九州春秋》,第955页。

鸟",即猫头鹰。"枭雄"是"恶鸟之强"。吕布诸将对他说:"(刘)备数反覆难养,宜早图之。"①方诗铭云:"所谓'反覆难养',指刘备生性反覆,难于驯养,如不早除,将遭反噬之祸,也应该是'枭雄'一词的最好注解。"②刘备前半生曾投靠公孙瓒、陶谦、吕布、曹操、袁绍,后来都借故离去或是取代了旧主,说明他是个不可靠的同盟者。这些事例都发生在众目睽睽之下,又有黄权、王累和刘巴等人的苦谏,但是刘璋视而不见,听而不闻,偏信张松、法正的谎言鬼话,也是昏聩到了极点,换做其他的州牧刺史恐怕都不会这样做。刘璋"敕在所供奉先主,先主入境如归"③。刘备大军入川后受到热情接待,没有耗费兵员、粮饷,非常轻松地进入了益州内地。如果不是这样,刘备要想强攻占领巴蜀,就得溯江而上,蜀道艰难,行军和后勤供应都会非常吃力,加上沿途各座关塞据险固守,势必要付出沉重的代价,鹿死谁手还说不定,所以刘璋的意外邀请也是刘备入蜀的天赐良机。

　　这一年来刘备的好运不断,刘琦与周瑜的短命夭亡,促使刘备顺利当上了荆州牧,并且成功地从孙权手里借得了南郡等战略重地,实现了《隆中对》计划的第一步。而刘璋糊里糊涂地开门揖盗,礼请刘备率军入川,又为他后来"跨有荆、益"铺平了道路,可以说他在这段时间内运气好到爆棚,似有神明相助。假使周瑜没有短命早夭,刘璋头脑正常、不发昏邀请,刘备在荆州尚且不得安居,哪能一帆风顺地进入益州?曹操得知刘备获得南郡,受到很大的震动。"曹公闻(孙)权以

---

①《三国志》卷32《蜀书·先主传》注引《魏书》,第874页。
②方诗铭:《曹操·袁绍·黄巾(增订本)》,第360页。
③《三国志》卷31《蜀书·刘璋传》,第868页。

土地业（刘）备,方作书,落笔于地。"① 孙权听说刘备领兵入川,想起他以前信誓旦旦,说如果东吴伐蜀,"备当放发归于山林",此时却捷足先登,直气得破口大骂："猾虏乃敢挟诈!"② 但是时运所致,曹操、孙权都阻止不了刘备的据荆入蜀,三国真正鼎足而立的局面即将形成。

三、刘备离荆入蜀的经过

建安十六年(211),刘备接受刘璋的盛情邀请,领兵入川。为了保证荆州根据地万无一失,他留下诸葛亮与跟随自己征战多年的关羽、张飞、赵云诸将看守这份来之不易的基业,只带了军师庞统与黄忠、魏延等新附将领随行。刘备本传云："先主留诸葛亮、关羽等据荆州,将步卒数万人入益州。"③ 这段记载说明两个问题:其一,刘备率领的是步兵,并非乘船而行的水军。这是由于穿越三峡入蜀,溯江而上,逆流湍急,船只必须靠拉纤才能前进,而且速度极为缓慢。袁山松曰:"自蜀至此(夷陵),五千余里,下水五日,上水百日也。"④ 所以刘备才会决定带领步兵前进,而不用水军。

其二,刘备入川军队为"数万",这是个含混的数字,两三万到七八万人都可以称为"数万"。刘备本传又说他到达涪县以后,"(刘)璋增先主兵,使击张鲁,又令督白水军。先主并军三万余人,车甲器械

---

①《三国志》卷54《吴书·鲁肃传》,第1270—1271页。

②《三国志》卷54《吴书·鲁肃传》,第1272页。

③《三国志》卷32《蜀书·先主传》,第881页。

④（北魏）郦道元注,（民国）杨守敬、熊会贞疏:《水经注疏》卷34《江水二》,第2843页。

资货甚盛。"①这样看来,刘备入蜀的军队可能只有两万多人,经过刘璋的补充,增加到三万多人。但是《华阳国志》卷5《公孙述刘二牧志》另云:"刘主大悦,乃留军师中郎将诸葛亮、将军关羽、张飞镇荆州,率万人溯江西上。"②此处提到的军队数量要少得多。学术界有人试图调和这两种记载,说刘备"自率步骑一、二万人,逆江上至江州"③。不过,刘备的军队经过刘璋补充后扩增到三万人以上(包括白水关的杨怀、高沛守军),这是并无异议的。

刘备初次入蜀的行军路线,可以分为三个阶段。首先,是从荆州陆行穿过三峡来到江州(今重庆市渝中区),据今人王前程考证分析,刘备是从江南的公安(今湖北公安县)渡江至江陵(今湖北荆州市),集合军队后向西北走江北陆路至秭归县(今湖北秭归县),再走江北古栈道西至益州鱼复县(今重庆市奉节县),再由古驿道向西南至江州④。其次,自江州至涪县(今四川绵阳市)改为水行,"先主至江州北,由垫江水诣涪,去成都三百六十里。"⑤嘉陵江,即西汉水自垫江县(今重庆市合川区)以下汇入长江的河段,古时亦称作垫江,可以行船。刘备船队自江州溯嘉陵江而行,至垫江县后转入涪水,即今涪江,逆流到达涪县,在这里刘备与刘璋会见,并休整多日。再次,由涪县向北陆行,过剑阁后到达终点葭萌关,葭萌关是益州北部的重镇。《华阳国志》云晋寿

---

①《三国志》卷32《蜀书·先主传》,第881页。
②(晋)常璩撰,刘琳校注:《华阳国志校注》,第494页。
③罗开玉、谢辉:《刘备"取成都"初论——刘备入蜀1800周年纪念》,《成都大学学报(社会科学版)》2010年第6期。
④王前程:《刘备三次入川路线略考》,《三峡大学学报(人文社会科学版)》2019年第3期。
⑤《三国志》卷31《蜀书·刘璋传》,第868页。

县：“本葭萌城。刘氏更曰汉寿。水通于巴西，又入汉川。有金银矿，民今岁岁洗取之。蜀亦大将军镇之。漆、药、蜜所出也。”刘琳注曰：“晋寿（葭萌）故城在嘉陵江与白龙江会合处之西南，以地势观之，应即今广元县（笔者按：今改为市）之老昭化（昭化区，解放前为昭化县治）。此地据两江之会，扼蜀道之口，故古代以为重镇。”[①]

刘备入蜀后走上述路线至葭萌（参阅图一六），显然是主人刘璋安排的。由此可见，刘璋对刘备怀有一定的戒心，因此不愿让刘备大军经过益州首府成都，是担心会发生意外，或受到刘备突袭。另外，刘璋前往涪县去看望刘备，“率步骑三万余人，车乘帐幔，精光曜日，往就与会。”[②]他带去的军队在数量上超过了刘备的一两万人，这也是对可能出现的突然袭击有所防备。事实证明，刘璋的上述担心是有道理的。双方见面后，“欢饮百余日”[③]，就有人劝刘备趁机突袭刘璋，夺取益州。

“张松令法正白先主，及谋臣庞统进说，便可于会所袭璋。”[④]但是刘备认为：“此大事也，不可仓卒。”[⑤]又觉得刚到益州，人心尚未归附，这样做会激起当地士民的反感，因而予以拒绝。实际上，刘璋带来那么多军队，显然是预有防范，刘备不愿冒险行事，是有道理的。双方欢聚多日，刘备的心情极好，还在聚会时说起了笑话，嘲讽刘璋的从事张裕满嘴胡须是“诸毛绕涿（啄）居乎”[⑥]。此时刘备与刘璋互相给朝廷上表

---

① （晋）常璩撰，刘琳校注：《华阳国志校注》卷2《汉中志》，第150—151页。
② 《三国志》卷31《蜀书·刘璋传》，第868—869页。
③ 《三国志》卷31《蜀书·刘璋传》，第869页。
④ 《三国志》卷32《蜀书·先主传》，第881页。
⑤ 《三国志》卷32《蜀书·先主传》，第881页。
⑥ 《三国志》卷42《蜀书·周群传》，第1021页。

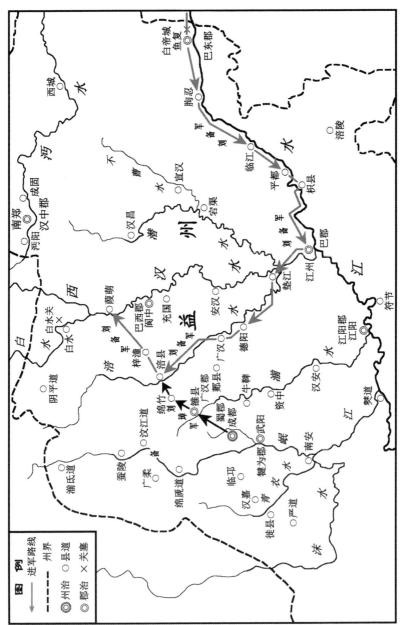

图一六　刘备入蜀路线图

提升官职，"璋推先主行大司马，领司隶校尉；先主亦推璋行镇西大将军，领益州牧。"[①] 刘璋还为刘备补充了兵员和粮饷、马匹、财帛，"璋以米二十万斛，骑千匹，车千乘，缯絮锦帛，以资送刘备。"[②] 刘备部队得到了充分的休息，又捞到不少东西，在这之后刘备才率领大军开赴葭萌。不过，到达驻地后，在长达一年多的时间内刘备并未发兵去攻打汉中的张鲁，而是广泛收买人心，尽力拉拢士人和百姓，为自己培植势力，这是刘璋完全没有料到的。

四、葭萌起兵与雒城受阻

建安十七年（212）冬，刘备驻军葭萌已有一年，军师庞统认为浪费了许多时间，催促刘备起兵进攻刘璋，夺取益州，并呈献上中下三计：

上计，是对成都发动突然袭击，直捣刘璋的心腹巢穴。"阴选精兵，昼夜兼道，径袭成都；璋既不武，又素无预备，大军卒至，一举便定，此上计也。"中计，是率先消灭镇守白水关（关头）的杨怀、高沛，他们俩经常报告刘备不可靠的消息，让刘璋提高警惕，杀死二将后收编其部队，再进军成都。这样做的好处是解决了身边的隐患，以免南下时有后顾之忧。"杨怀、高沛，璋之名将，各仗强兵，据守关头，闻数有笺谏璋，使发遣将军还荆州。将军未至，遣与相闻，说荆州有急，欲还救之，并使装束，外作归形；此二子既服将军英名，又喜将军之去，计必乘轻骑来见，将军因此执之，进取其兵，乃向成都，此中计也。"下计，是撤回到峡口

①《三国志》卷32《蜀书·先主传》，第881页。
②《三国志》卷31《蜀书·刘璋传》注引《吴书》，第869页。

的白帝城（今重庆市奉节县），和荆州连成一气，等待时机再图谋益州。"退还白帝，连引荆州，徐还图之，此下计也。"① 庞统警告刘备："若沈吟不去，将致大困，不可久矣。"② 实际上，庞统的下计是退出益州，这等于白白耗费了一年多的准备，并不符合刘备入蜀的初衷，所以他是绝对不会接受这个方案的。

　　刘备考虑再三，决定采用中计，但缺少一个与刘璋反目起兵的借口。恰好当时曹操率大军东征孙权，"权呼先主自救"，这给刘备找到了要挟刘璋的理由。于是他派遣使者到成都，禀告刘璋说："曹公征吴，吴忧危急。孙氏与孤本为唇齿，又乐进在青泥与关羽相拒，今不往救羽，进必大克，转侵州界，其忧有甚于（张）鲁。鲁自守之贼，不足虑也。"③ 并向刘璋索要一万军队和大量物资，以便返回荆州。这些要求给予刘璋很大的震动，他花费了许多钱财与人力物力，把刘备请进了益州，又供养了一年，结果和张鲁连一仗也没有打就要告退，还被勒索那么多兵丁财物，刘璋就是再糊涂也明白自己吃了大亏，但是他又不敢得罪刘备，只好答应给"兵四千，其余皆给半"④。刘备借此机会大做文章，激怒部下将士说："吾为益州征强敌，师徒勤瘁，不遑宁居；今积帑藏之财而吝于赏功，望士大夫为出死力战，其可得乎！"⑤

　　张松闻讯后误认为刘备真的要走，急忙写信劝阻，被其兄张肃发现后告发。刘璋立即斩杀了张松，并命令各座关塞禁止刘备的人员与

①《三国志》卷37《蜀书·庞统传》，第955页。
②《三国志》卷37《蜀书·庞统传》，第955页。
③《三国志》卷32《蜀书·先主传》，第881页。
④《三国志》卷32《蜀书·先主传》，第881页。
⑤《三国志》卷32《蜀书·先主传》注引《魏书》，第882页。

文书通过,引起双方关系的破裂。刘备诱骗杨怀、高沛来到葭萌,在酒宴上扣留并杀死了二将。据《零陵先贤传》记载,双方饮酒兴致正高时,刘备看见杨怀身佩匕首,就拔出自己的匕首,对杨怀说:"将军匕首好,孤亦有,可得观之?"杨怀就把匕首交给了刘备。刘备马上翻脸说:"汝小子何敢间我兄弟之好邪?"① 便擒杀了杨怀等人。随后刘备亲自带兵占领了白水关,扣留部下将士的家属做人质,然后率领黄忠、卓膺等将领南下进攻。

刘备军队过剑阁后来到梓潼县(今四川梓潼县),"梓潼令南阳王连固城坚守,刘主义之,不逼攻也。进据涪城。"② 这表示刘备很有大局观,没有浪费时间攻打梓潼小县,而是绕过它直趋重镇涪县,得以迅速占领要地。结果刘璋派来的援兵晚来一步,被刘备在城前击败,不得已退到绵竹。"(建安)十八年,璋遣将刘璝、冷苞、张任、邓贤、吴懿等拒刘主于涪,皆破败,还保绵竹。(吴)懿诣军降,拜讨逆将军。"③ 王连坚守梓潼,直到成都陷落、刘璋投降后才归顺刘备。

刘备占领涪县后举办盛宴庆祝胜利,"于涪大会,置酒作乐。"④ 刘备这样高兴是因为涪城是四川盆地中的一个交通枢纽,水旱道路交集之处,可通达各地,占据了它就掌握了军事上的主动权。蒋琬曾说:"今涪水陆四通,惟急是应。"⑤ 北魏邢峦曾说占领涪县就是夺取了益州

---

① (宋)李昉等撰:《太平御览》卷346《兵部七十七·匕首》引《零陵先贤传》,中华书局,1960年,第1594页。

② (晋)常璩撰,刘琳校注:《华阳国志校注》卷5《公孙述刘二牧志》,第497页。

③ (晋)常璩撰,刘琳校注:《华阳国志校注》卷5《公孙述刘二牧志》,第498页。

④ 《三国志》卷37《蜀书·庞统传》,第955页。

⑤ 《三国志》卷44《蜀书·蒋琬传》,第1059页。

的一半,阻截了交通枢要。"若克涪城,便是中分益州之地,断水陆之冲。"① 所以刘备会如此喜出望外。

在这场酒宴中,一向"喜怒不形于色"的刘备却和庞统因为言语不合而翻脸发生冲突,这是很少见的事例。刘备在席间对庞统说:"今日之会,可谓乐矣。"庞统却不以为然,回答道:"伐人之国而以为欢,非仁者之兵也。"② 刘备喝醉了,听了这话很不高兴,发怒道:"武王伐纣,前歌后舞,非仁者邪? 卿言不当,宜速起出!"③ 庞统站起来迟疑了一会儿,然后退席离去。刘备很快就后悔了,马上派人把庞统请了回来。庞统回到座位,却没有向刘备道谢,饮酒进食和之前一样。刘备看了心里不忿,便对庞统说:"向者之论,阿谁为失?"庞统回答:"君臣俱失。"④ 刘备听了大笑,不再计较,继续宴饮,欢乐如初。

对于这场风波,东晋习凿齿批评刘备袭夺刘璋的领土"负信违情,德义俱愆"认为本来就不该作乐庆祝。庞统认为刘备讲了不应泄露的话,所以当众匡正他的过失,是值得称赞的。刘备接受了他的批评,是顺从道理,君臣都称得起是"达乎大体"⑤。刘宋裴松之则认为刘备袭击刘璋是"违义成功,本由诡道",庞统虽然出谋划策,终究还是有些内疚,因此不觉得有那么快乐,所以对刘备的得意言语有所批评。而刘备不恰当地举行宴会庆祝,等于是幸灾乐祸,他还自比周武王,居然面无愧色,这是刘备有错误而庞统并无过失。庞统说"君臣俱失",实际上

①《魏书》卷65《邢峦传》,中华书局,1974年,第1442页。
②《三国志》卷37《蜀书·庞统传》,第955页。
③《三国志》卷37《蜀书·庞统传》,第955—956页。
④《三国志》卷37《蜀书·庞统传》,第956页。
⑤《三国志》卷37《蜀书·庞统传》注引习凿齿曰,第956页。

是替主人分担了一些谤言。今人张作耀认为汉末大乱，各路军阀无不觊觎别人的地盘，你争我夺没有休止。什么德义、信顺无从谈起，实际也不必谈起。"质言之，刘备取益袭璋，从政治大义言，不存在有亏'德义'的问题。"① 今人方北辰指出，刘备一贯注意在"仁德"和"信义"上下功夫，这次在夺取益州的过程中也十分注意遵循上述原则，而庞统说他不能算是仁者之兵，"这句话不偏不倚，正好戳中刘备的痛处。"所以有几分醉意的他勃然大怒，逐出庞统，而他很快就后悔了，派人请回庞统，"很赏识凤雏先生真言无隐的性格，于是宴饮如初，尽欢而散。"② 今人梁满仓则分析道："刘备的过失是既要袭夺益州之实，又要信义宽仁之名。听了庞统的话，刘备大笑，'宴乐如初'，刘备的笑，是对庞统苦心的意会，是对庞统批评的接受，是从信义观念束缚中的解脱。宴乐如初，说明刘备对自己取蜀行为符合信义与否已经不在乎了。"③

　　刘备起兵之后，益州从事郑度向刘璋提出了坚壁清野的建议："左将军县(悬)军袭我，兵不满万，士众未附，野谷是资，军无辎重。其计莫若尽驱巴西、梓潼民内涪水以西，其仓廪野谷，一皆烧除，高垒深沟，静以待之。彼至，请战，勿许，久无所资，不过百日，必将自走。走而击之，则必禽耳。"④ 刘备听说了觉得很难对付，法正劝他不必介意，认为刘璋不会听从郑度的话。果然刘璋拒绝采用，他对部下说："吾闻拒敌

---

① 张作耀：《刘备传》，人民出版社，2015年，第125页。
② 方北辰：《刘备——"常败"的英雄》，北京大学出版社，2013年，第153—156页。
③ 梁满仓：《论刘备入蜀过程中的自我逾越》，谢辉等主编：《诸葛亮与三国文化》(四)上册，四川科学技术出版社，2011年，第16页。
④《三国志》卷37《蜀书·法正传》，第958页。

以安民,未闻动民以避敌也。"① 这使刘备军队所到之处都能从当地获得给养资助。"绌(郑)度不用。故刘主所至有资。"②

刘璋采取的对策是对刘备军队前后夹击,但是都遭到失败。刘备南下时,留下霍峻领兵驻守葭萌城。霍峻先是拒绝了张鲁部将杨帛的诱降,"帛乃退去。后(刘)璋将扶禁、向存等帅万余人由阆水上,攻围(霍)峻,且一年,不能下。峻城中兵才数百人,伺其怠隙,选精锐出击,大破之,即斩存首。"③ 刘备从涪城南下进攻绵竹(治今四川德阳市北),"(刘)璋复遣护军南阳李严、江夏费观等督绵竹军。严、观率众降,同拜裨将军。"④ 刘备连战连捷,却在雒城(今四川广汉市北)受到坚决的抵抗。

雒城是广汉郡治,南距成都百二十里,处于益州的中心,因此作过刺史和州牧的治所。"初平中,益州牧刘焉自绵竹移雒县城,筑阙门,云其地不王,乃留孙(刘)循据之。"⑤ 顾祖禹称其"控成都之上游,为益州之内险,自昔争蜀者必争广汉。先主之入蜀也,破雒城遂进围成都。及魏人并蜀,邓艾破诸葛瞻于绵竹,入雒城,长驱至成都矣。"又云:"汉州拔,而成都不可守矣。州于成都,其唇齿之势欤?"⑥ 雒城修筑得非常坚固,守兵也很充裕,据法正所言有万人⑦。《益部耆旧杂记》曰:"刘璋遣张任、刘璝率精兵拒捍先主于涪,为先主所破,退与璋子(刘)循守雒

①《三国志》卷37《蜀书·法正传》,第958页。
②(晋)常璩撰,刘琳校注:《华阳国志校注》卷5《公孙述刘二牧志》,第498页。
③《三国志》卷41《蜀书·霍峻传》,第1007页。
④(晋)常璩撰,刘琳校注:《华阳国志校注》卷5《公孙述刘二牧志》,第498页。
⑤(晋)常璩撰,刘琳校注:《华阳国志校注》卷3《蜀志》,第256页。
⑥(清)顾祖禹撰:《读史方舆纪要》卷67《四川二·成都府·汉州》,第3171页。
⑦《三国志》卷37《蜀书·法正传》:"雒下虽有万兵,皆坏陈之卒,破军之将。"第958页。

城。"① 刘备兵到雒城时,张任曾带兵出战于雁桥,兵败被擒。"先主闻任之忠勇,令军降之,任厉声曰:'老臣终不复事二主矣。'乃杀之。先主叹惜焉。"② 刘循等率余众固守不降,居然坚持到建安十九年(214)。《华阳国志》云:"刘先主自涪攻围(雒)且一年,军师庞统中流矢死。先主痛惜,言则涕泣。"③ 致使他陷入了困境。

五、诸葛亮等入蜀助战,迫降刘璋

刘备受阻于雒县城下,拖延日久,他为了改变不利的局面,命令诸葛亮率荆州兵马入川支援。史学界有人认为刘备在起兵之初就命令诸葛亮入蜀助战④,但据《华阳国志》记载,"(建安)十九年,关羽统荆州事,诸葛亮、张飞、赵云等溯江降下巴东,入巴郡。"⑤ 司马光《资治通鉴》卷67也考定此事在建安十九年(214)。如前所述,刘备葭萌起兵是在建安十七年(212)冬,若是当时就通知诸葛亮等入蜀,在军情紧急的情况下,他们是不会拖延一年多才执行命令的。看来刘备原来认为凭借自己的兵马可以打下成都,但是进攻雒城多日不下,他才意识到攻克益州没那么容易,这时才急令诸葛亮等领兵入川,只留下关羽镇守荆州。

诸葛亮、张飞、赵云等率军沿长江西进,"溯流定白帝、江州、江

---

① 《三国志》卷32《蜀书·先主传》注引《益部耆旧杂记》,第883页。
② 《三国志》卷32《蜀书·先主传》注引《益部耆旧杂记》,第883页。
③ (晋)常璩撰,刘琳校注:《华阳国志校注》卷3《蜀志》,第256页。
④ 今人张作耀说刘备在葭萌起兵后,"即令诸葛亮、张飞、赵云自荆州率众溯江而上……"《刘备传》,第123页。
⑤ (晋)常璩撰,刘琳校注:《华阳国志校注》卷5《公孙述刘二牧志》,第499页。

阳"①,这支军队到达江州后兵分三路,"赵云自江州分定江阳、犍为,(张)飞攻巴西,(诸葛)亮定德阳。"②下面分别叙述:

赵云所在的南路兵马自江州溯流攻占江阳(今四川泸州市),然后沿岷江北上,占领刘璋统治的犍为郡治武阳,即今四川眉山市彭山区。赵云本传曰:"至江州,分遣云从外水上江阳,与亮会于成都。"③胡三省曰:"今渝州亦汉巴郡地也,对二水口,右则涪内水,左则蜀外水。自渝上合州至绵州者,谓之内水;自渝上戎、泸至蜀者,谓之外水。"④是说渝州(今重庆市渝中区)通往北方有两座水口,右边的是通往涪县的内水,左边是通往成都地区的外水。自重庆北上合川到绵阳的,称作内水,即沿嘉陵江北进到合川,再沿涪江北上到绵阳;从重庆经泸州、宜宾转入岷江北上成都地区的,称作外水。后者就是赵云所部进军的路线。

诸葛亮与张飞的部队沿"内水",即溯嘉陵江至垫江县(今重庆市合川区)后兵分两路,张飞继续沿嘉陵江北上,攻占巴西郡,郡治阆中(今四川阆中市),"巴西功曹龚谌迎(张)飞。"⑤诸葛亮溯涪江到德阳(今四川遂宁市),"(刘)璋帐下司马蜀郡张裔距(诸葛)亮,败于柏下,裔退还。"⑥诸葛亮胜利后西行占领资中(今四川资阳市)。三路兵马共

---

①《三国志》卷32《蜀书·先主传》,第882页。

②(晋)常璩撰,刘琳校注:《华阳国志校注》卷5《公孙述刘二牧志》,第499页。

③《三国志》卷36《蜀书·赵云传》,第949页。

④《资治通鉴》卷67汉献帝建安十九年胡三省注,第2127页。

⑤(晋)常璩撰,刘琳校注:《华阳国志校注》卷5《公孙述刘二牧志》,第499页。

⑥(晋)常璩撰,刘琳校注:《华阳国志校注》卷5《公孙述刘二牧志》,第499页。笔者按:《三国志》卷41《蜀书·张裔传》曰:"张飞自荆州由垫江入,(刘)璋授裔兵,拒张飞于德阳陌下,军败,还成都。"第1011页。今取《华阳国志》之记载。

有数万人,《法正传》记载:"今张益德数万之众,已定巴东,入犍为界,分平资中、德阳,三道并侵,将何以御之?"①

　　诸葛亮等部队入川后的接连获胜,使刘璋统治的地区明显缩小,局限在成都附近,兵源和粮饷供应迅速减少,形势转变为对刘璋非常不利。刘备虽然尚未攻陷雒城,但总览局势,认为已经胜券在握,于是让法正写信劝降刘璋。信中分析道:"计益州所仰惟蜀,蜀亦破坏;三分亡二,吏民疲困,思为乱者十户而八;若敌远则百姓不能堪役,敌近则一旦易主矣。"②又说刘璋大势已去,"坚城皆下,诸军并破,兵将俱尽,而敌家数道并进,已入心腹,坐守都、雒,存亡之势,昭然可见。"③

　　至建安十九年夏,刘备终于攻破了雒城,随即进军至成都城下。诸葛亮、张飞、赵云各部纷纷赶到,"与先主共围成都"④(参阅图一七)。成都被围困了数十日,"城中尚有精兵三万人,谷帛支一年"⑤,仍然有能力坚守。这时投靠汉中张鲁的马超由于受到排挤,也率领部下前来投奔刘备。马超的军队来到成都城下,极大地动摇了守方的军心与士气。"先主遣人迎超,超将兵径到城下。城中震怖,璋即稽首。"⑥其实马超的部队人数有限,刘备此时耍了个诡计,把自己的士兵暗地编入马超军中,造成声势浩大的假象,以欺骗成都的军民,果然获得成功。《典略》曰:"(刘)备闻(马)超至,喜曰:'我得益州矣。'乃使人止超,

① 《三国志》卷37《蜀书·法正传》,第958—959页。
② 《三国志》卷37《蜀书·法正传》,第959页。
③ 《三国志》卷37《蜀书·法正传》,第959页。
④ 《三国志》卷35《蜀书·诸葛亮传》,第916页。
⑤ 《三国志》卷31《蜀书·刘璋传》,第869页。
⑥ 《三国志》卷36《蜀书·马超传》,第946页。

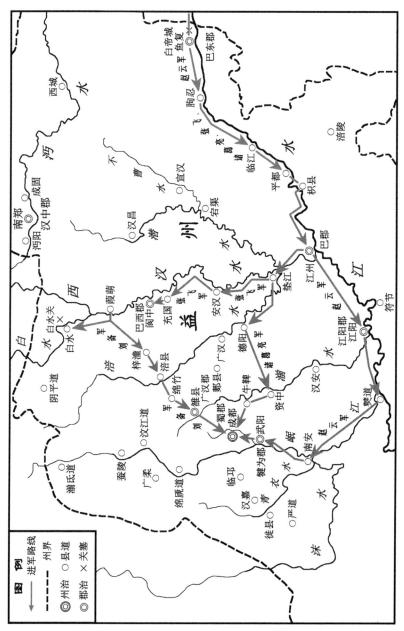

图一七　刘备、诸葛亮、张飞、赵云攻取益州路线图

而潜以兵资之。超到,令引军屯城北,超至未一旬而成都溃。"[1]

　　刘备见刘璋已经无心作战,便派遣了能言善辩的简雍进城说降。刘璋的部下还有人想坚决抵抗,但是他看到刘备势力强大,决意投降,对部属说:"父子在州二十余年,无恩德以加百姓。百姓攻战三年,肌膏草野者,以璋故也,何心能安!"[2]随后,"璋遂与(简)雍同舆而载,出城归命。"[3]刘备因简雍劝降有功,封其为昭德将军。刘备对刘璋也很优待,"迁璋于南郡公安,尽归其财物及故佩振威将军印绶。"[4]刘璋的长子刘循留在成都,任奉车中郎将;次子刘阐跟随父亲去了公安。

　　刘备占领成都后,对部下大加封赏,"益州既平,赐诸葛亮、法正、(张)飞及关羽金各五百斤,银千斤,钱五千万,锦千匹,其余颁赐各有差。"[5]刘备本传亦载:"蜀中殷盛丰乐,先主置酒大飨士卒,取蜀城中金银分赐将士,还其谷帛。"[6]甚至还有部下提出:"以成都中屋舍及城外园地桑田分赐诸将。"[7]赵云认为这样做会丧失民心,坚决反对,刘备才予以否决。

　　在进行封赏以后,刘备开始建立起他的割据政权,"先主复领益州牧,诸葛亮为股肱,法正为谋主,关羽、张飞、马超为爪牙,许靖、麋竺、简雍为宾友。"[8]对于原来刘璋部下的文臣武将,刘备也量才录用,不抱

----

①《三国志》卷36《蜀书·马超传》注引《典略》,第947页。
②《三国志》卷31《蜀书·刘璋传》,第869页。
③《三国志》卷38《蜀书·简雍传》,第971页。
④《三国志》卷31《蜀书·刘璋传》,第869—870页。
⑤《三国志》卷36《蜀书·张飞传》,第943页。
⑥《三国志》卷32《蜀书·先主传》,第882页。
⑦《三国志》卷36《蜀书·赵云传》注引《(赵)云别传》,第950页。
⑧《三国志》卷32《蜀书·先主传》,第882页。

歧视与偏见。"及董和、黄权、李严等本璋之所授用也,吴壹、费观等又璋之婚亲也,彭羕又璋之所排摈也,刘巴者宿昔之所忌恨也,皆处之显任,尽其器能。有志之士,无不竞劝。"[1]出现了一派欣欣向荣的气象。

六、结语

刘备通过一年多的艰苦战斗,终于攻占了除汉中郡外的益州所有地区,这是他毕生征战取得的最大胜利成果,不仅实现了《隆中对》"跨有荆、益"的战略规划,还确立了三国鼎足而分的形势,为蜀汉国家雄踞西南数十载奠定了基础。尽管刘璋懦弱无能,手下将士战斗力也不强,但是刘备在葭萌孤军奋起,面临着诸多困难,他要想战胜对手也不是一件容易的事情。试作分析如下:

首先,刘备的军队远离荆州后方,他的兵员和粮饷得不到自己根据地的正常补给。其次,他和部下客居葭萌,初到异乡,人心未附,只有张松、法正等少数人士的暗中支持,而刘璋却有全州各郡县的拥护,能够动用充足的资源。相比之下,刘备的力量明显处于劣势,这些不利条件刘璋及其部下都看得很清楚,因此想通过持久抵抗来拖垮对手。如法正所言:"以为左将军县(悬)远之众,粮谷无储,欲得以多击少,旷日相持。"[2]再次,刘备是被刘璋礼请入川去讨伐张鲁的,主人刘璋给了刘备军队丰厚的待遇,刘备却要反目为仇,抢夺对方的基业,这在道义上多有亏损,宣传起来对刘备不利。直到刘备夺取益州之后,李邈还当

---

①《三国志》卷32《蜀书·先主传》,第882—883页。
②《三国志》卷37《蜀书·法正传》,第958页。

众指责他说："振威以将军宗室肺腑,委以讨贼,元功未效,先寇而灭。邈以将军之取鄙州,甚为不宜也。"[①]那么,刘备是怎样克服上述困难的呢?

其一,刘备在入川后与刘璋在涪城相会,他没有接受张松、法正和庞统突袭刘璋、迅速夺取益州的建议,强调"初入他国,恩信未著,此不可也"[②]。刘备率军进驻葭萌后,"未即讨(张)鲁,厚树恩德,以收众心。"[③]他坚持此举,直到一年以后才起兵进攻刘璋,如此则争取到对方许多官员、将领的支持。例如李严、费观和吴懿(壹)原来是刘璋的亲信或姻亲,却都领兵倒戈投降了刘备。蜀郡太守许靖很有威望,"将逾城降,事觉,不果。(刘)璋以危亡在近,故不诛靖。"[④]这些都表明刘备入蜀以来拉拢人心的举动卓有成效,已然动摇了刘璋的统治基础。刘备在进军成都的沿途,"所至有资"[⑤],征收当地的粮饷都获得成功,说明他所占领的各地百姓没有大量反抗或逃亡,而是接受了他的统治。这些都是刘备广施恩惠的结果。

其二,刘备在起兵之后,成功地收编了刘璋的投降部队,来补充自己的兵员,势力日益壮大,在进攻沿途主要关城的同时,还能分出部分兵力去夺取其他郡县,以扩大占领的地区,更好地解决人力和粮草的供应问题。例如,"璋复遣李严督绵竹诸军,严率众降先主。先主军益

---

①(晋)常璩撰,刘琳校注:《华阳国志校注》卷10中《先贤士女总赞(中)》,第766页。
②《三国志》卷37《蜀书·庞统传》,第955页。
③《三国志》卷32《蜀书·先主传》,第881页。
④《三国志》卷37《蜀书·法正传》,第959页。
⑤(晋)常璩撰,刘琳校注:《华阳国志校注》卷5《公孙述刘二牧志》,第498页。

强,分遣诸将平下属县。"[①]这使双方的力量对比逐渐发生转化,发展的趋势对刘璋愈发不利。如法正所言:"各欲远期计粮者,今此营守已固,谷米已积,而明将军土地日削,百姓日困,敌对遂多,所供远旷。愚意计之,谓必先竭,将不复以持久也。"[②]另外,刘备及时征调诸葛亮、张飞、赵云等荆州兵将入蜀助战,更是彻底改变了敌强我弱的局面。所以法正给刘璋写信说:"本为明将军计者,必谓此军县远无粮,馈运不及,兵少无继。今荆州道通,众数十倍……若争客主之势,以土地相胜者,今此全有巴东、广汉、犍为,过半已定,巴西一郡,复非明将军之有也。"[③]通过上述举措,刘备完成了兵力、粮饷供应从劣势到优势的转换。

其三,尽力不战而屈人之兵。刘备在入蜀作战的前后两个阶段都成功地运用外交手段来达到政治目的,为自己最大化地争取到利益。起初是在入蜀前夕,刘备和张松、法正等人勾结,诱骗刘璋邀请他进入益州,致使数万大军未经抵抗而长驱直入,沿途还受到各地郡县的热情招待,顺利到达益州腹地。后期是在成都围城期间,一方面刘备给刘璋施加沉重的军事压力,让刘璋看不到解围退兵的希望;另一方面则积极劝降,提出种种优待条件,促使刘璋放弃抵抗。成都深沟高垒,兵士和粮饷都很充裕,用军事手段来攻破它要花费很大的代价。

总的来说,在入蜀作战期间,刘备审时度势,没有贸然突袭刘璋,而是等待时机成熟再出兵征伐,结果是水到渠成,除了在雒城受阻的

①《三国志》卷32《蜀书·先主传》,第882页。
②《三国志》卷37《蜀书·法正传》,第958页。
③《三国志》卷37《蜀书·法正传》,第959页。

时间较长之外,其他战斗都是相当顺利。刘璋及其将士本来就不是刘备军队的对手,刘备的获胜应该是在情理之中的。曹操听说刘备攻打刘璋后,曾和部下议论会是怎样的后果,丞相掾赵戬觉得刘备不会成功,说:"刘备其不济乎?拙于用兵,每战则败,奔亡不暇,何以图人?蜀虽小区,险固四塞,独守之国,难卒并也。"傅幹对赵戬的意见不以为然,认为刘备定会胜利,他说:"刘备宽仁有度,能得人死力。诸葛亮达治知变,正而有谋,而为之相;张飞、关羽勇而有义,皆万人之敌,而为之将:此三人者,皆人杰也。以备之略,三杰佐之,何为不济也?"[①]事实证明了刘备等人的才干以及傅幹预测的准确。

刘备重返荆州作战的两次失利

刘备的用兵如何？这个问题很难做简单的回答，因为他的军事才能具有明显的矛盾性。刘备戎马一生，可谓身经百战，但是兼有胜败，既指挥过出色的战斗，也经历过调度拙劣的失利。像著名的赤壁之役，刘备曾在江北的陆战中打败曹兵，如关羽所追述："乌林之役，左将军身在行间，寝不脱介，戮力破魏。"① 曹操本纪中也说："公至赤壁，与（刘）备战，不利。于是大疫，吏士多死者，乃引军还。备遂有荆州、江南诸郡。"② 刘备配合周瑜的兵马作战，又在江陵之役中打败曹仁，夺得南郡。这两次战斗使刘备获得了很高的声誉。如张松对刘璋说："刘豫州，使君之宗室而曹公之深仇也，善用兵，若使之讨（张）鲁，鲁必破。鲁破，则益州强，曹公虽来，无能为也。"③ 后来刘备攻占益州，北取汉中，东克房陵、上庸、西城三郡，开创了蜀汉立国数十年的基业。连对手曹操都说："今天下英雄，唯使君与操耳。本初之徒，不足数也。"④ 裴

① 《三国志》卷 54《吴书·鲁肃传》注引《吴书》，第 1272 页。
② 《三国志》卷 1《魏书·武帝纪》，第 31 页。
③ 《三国志》卷 32《蜀书·先主传》，第 881 页。
④ 《三国志》卷 32《蜀书·先主传》，第 875 页。

潜亦称刘备："使居中国,能乱人而不能为治也。若乘间守险,足以为一方主。"①

　　但是另一方面,刘备又打过不少败仗,以致当时某些人士对他的用兵评价很低。如曹操的丞相掾赵戬说:"刘备其不济乎?拙于用兵,每战则败,奔亡不暇,何以图人?"②陆逊也说:"寻(刘)备前后行军,多败少成,推此论之,不足为戚。"③尤其是在刘备军事生涯的后期,辉煌的大胜常常与接踵而来的惨败相伴,使人难以理解。像建安十九年(214)刘备占领了"沃野千里,天府之土"④的益州,但是第二年就在南三郡之役失利,丢掉了长沙、桂阳和江夏郡的大片领土。建安二十四年(219)初,刘备在汉中战役获胜,杀死敌军主将夏侯渊,并迫使曹操大军撤退,却和关羽丧失警惕,让吴国乘虚袭取了荆州。刘备在夷陵之战中领兵出川,企图夺回失地,为关羽报仇,又被陆逊火烧连营,大败亏输,狼狈逃回益州。刘备在入川之后两次重返荆州的军事行动中都有糟糕表现,审时度势与调兵遣将均出现了严重的错误,使孙吴逐步夺取了荆州,并巩固了在当地的统治。笔者对刘备在上述战役中失利的经过和原因分析、论述如下:

一、南三郡之役由来与刘备的失败原因

　　所谓"南三郡",指的是汉末三国时期荆州在长江以南的长沙、桂

①《三国志》卷23《魏书·裴潜传》,第672页。
②《三国志》卷32《蜀书·先主传》注引《傅子》,第883页。
③《三国志》卷58《吴书·陆逊传》,第1346页。
④《三国志》卷35《蜀书·诸葛亮传》,第912页。

阳、零陵三郡。其中长沙郡治临湘(今湖南长沙市),桂阳郡治郴(今湖南郴州市),零陵郡治泉陵(今湖南永州市零陵区)。建安十四年(209)冬刘备协助周瑜打败曹仁,占领江陵之后,孙刘两家进行了荆州的领土划分,孙吴占据了江北的南郡等地,刘备则分到了江南的长沙、武陵、桂阳、零陵四郡,并在刘琦死后自领荆州牧。此时,"刘表吏士见从北军,多叛来投(刘)备。备以(周)瑜所给地少,不足以安民,复从(孙)权借荆州数郡。"①但是没有得到孙权的同意。直到建安十五年(210)周瑜病逝,曹操大军又准备南下扬州,孙权出于集中兵力的考虑,才接受了鲁肃的建议,将南郡等地暂借与刘备②。

据孙权本传记载,至建安十九年(214)夏刘备占领成都,统治了益州。孙权闻讯后即派遣诸葛瑾在次年入蜀,"从求荆州数郡。"由于南郡地处江汉平原,西通三峡,北接襄阳,物产丰饶而又位于荆州的中心,具有很高的战略价值,孙权知道刘备不可能将其归还,于是提出索取靠近吴国领土的长沙、桂阳、零陵三郡。刘备没有答应,向诸葛瑾推托说:"吾方图凉州,凉州定,乃尽以荆州与吴耳。"孙权得知后很生气,说:"此假而不反,而欲以虚辞引岁。"随即向长沙、桂阳、零陵三郡派遣了行政官员,前去强行接管,结果被蜀汉留守荆州的关羽全部赶走,"遂置南三郡长吏,关羽尽逐之。"孙权大怒,立即出兵西征南三郡,他率领主力部队从江东出发,乘船溯江而上,到达陆口(今湖北赤壁市陆溪镇)与驻扎在当地的鲁肃部下万余人马汇合,然后兵分两路:"乃遣

①《三国志》卷32《蜀书·先主传》注引《江表传》,第879页。
②《三国志》卷54《吴书·鲁肃传》注引《汉晋春秋》曰:"吕范劝留(刘)备。(鲁)肃曰:'不可。将军虽神武命世,然曹公威力实重,初临荆州,恩信未洽,宜以借备,使抚安之。多操之敌,而自为树党,计之上也。'权即从之。"第1271页。

吕蒙督鲜于丹、徐忠、孙规等兵二万取长沙、零陵、桂阳三郡,使鲁肃以万人屯巴丘以御关羽。"①孙权自己则率领预备队驻在陆口,准备接应。"权住陆口,为诸军节度。"②

吕蒙先给南三郡的长官送去劝降的文书,长沙太守廖立得知吴军到来后,马上弃城逃跑,使吕蒙顺利占领该地,"立脱身走,自归先主。先主素识待之,不深责也。"③桂阳郡也未作抵抗,投降了吴国,只有零陵太守郝普据城不降。吕蒙于是带兵从长沙赶赴零陵,路过酃县(治今湖南衡阳市珠晖区),带走了郝普的故交邓玄之。这时,刘备已经出川前来救援,"引兵五万下公安,令关羽入益阳。"④关羽率领的部队是三万人。孙权马上命令,"使鲁肃将万人屯益阳拒(关)羽,而飞书召(吕)蒙,使舍零陵,急还助肃。"⑤吕蒙派邓玄之去见郝普,编了一套假话,说刘备和关羽都受到牵制,无力前来援救。"左将军(刘备)在汉中,为夏侯渊所围。关羽在南郡,今至尊(孙权)身自临之。近者破樊本屯,救酃,逆为孙规所破。此皆目前之事,君所亲见也。彼方首尾倒悬,救死不给,岂有余力复营此哉?"⑥郝普听后信以为真,觉得援兵没有指望,守城难以持久,便出城归降。吕蒙一边把孙权的文书拿给郝普看,一边拊手大笑,"普见书,知(刘)备在公安,而(关)羽在益阳,惭恨入地。"⑦吕蒙留下将军孙河处理后事,"因引军还。与孙皎、潘璋并鲁

①《三国志》卷47《吴书·吴主传》,第1119页。
②《三国志》卷47《吴书·吴主传》,第1119页。
③《三国志》卷40《蜀书·廖立传》,第997页。
④《三国志》卷32《蜀书·先主传》,第883页。
⑤《三国志》卷54《吴书·吕蒙传》,第1276页。
⑥《三国志》卷54《吴书·吕蒙传》,第1276—1277页。
⑦《三国志》卷54《吴书·吕蒙传》,第1277页。

肃兵并进,拒(关)羽于益阳。"①（参阅图一八）

　　吴蜀双方在益阳相持时,鲁肃为了联刘抗曹的大计,以尽量不与蜀军交战为原则,故邀请关羽到前线会谈。"各驻兵马百步上,但诸将军单刀俱会。"②鲁肃责备关羽说："国家区区本以土地借卿家者,卿家军败远来,无以为资故也。今已得益州,既无奉还之意,但求三郡,又不从命。"③双方争论一番后,关羽理屈词穷,居然无言应对。孙吴在外交和道义上显然占了上风,又实际占领了南三郡,致使刘备方面处于被动局面。

　　这时蜀汉北境传来情报,曹操亲率大军出征汉中,"(刘)备惧失益州,使使求和。(孙)权令诸葛瑾报,更寻盟好。"④两国于是以湘水为界,"遂分荆州长沙、江夏、桂阳以东属(孙)权,南郡、零陵、武陵以西属(刘)备。"⑤这样划分疆土的结果是,孙权获得了荆州江南最为富庶的长沙郡,而桂阳郡连接孙吴占领的交州,吴国夺得它后,从江夏郡南部到湘水流域和岭南的疆域连成了一片,不再受蜀汉领土的阻隔。另外,原来由刘备军队占据的江夏郡夏口地区(今湖北武汉市汉口、汉阳区),现在也归属了吴国。这块区域位于汉水入江的口岸,由于江心的鹦鹉洲分割江流,致使航道变窄,夏口驻军得以控制长江中游船只的航行往来,战略地位因而非常重要。建安十五年(210)孙权派遣军队西行征蜀,"遣孙瑜率水军住夏口,(刘)备不听军过,谓瑜曰：'汝欲取蜀,吾

①《三国志》卷47《吴书·吴主传》,第1119页。
②《三国志》卷54《吴书·鲁肃传》,第1272页。
③《三国志》卷54《吴书·鲁肃传》,第1272页。
④《三国志》卷47《吴书·吴主传》,第1119页。
⑤《三国志》卷47《吴书·吴主传》,第1119—1120页。

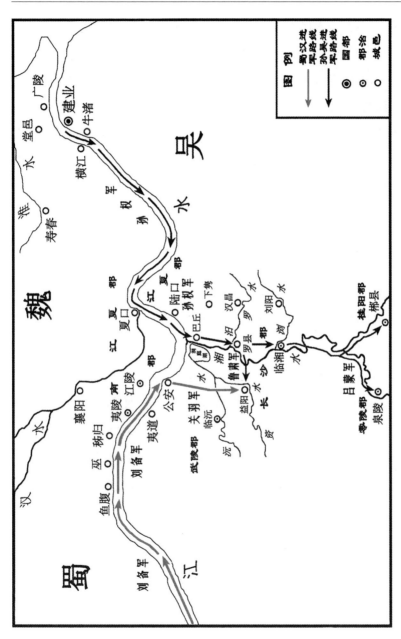

图一八　蜀吴南三郡之役示意图

当被发入山,不失信于天下也。'"① 孙权无可奈何,只好撤军。此时这块要地也割让给了吴国。这次军事行动孙吴方面没有进行战斗,并无兵员死伤,就夺得了长沙、桂阳两郡和江夏郡的夏口地区,可谓成果显赫。而蜀汉方面的荆州江南四郡丧失了一半,领土和人口大量减少②。剩下的武陵、南郡由于失去了长沙郡的遮护,迫近吴境而且无险可守,吴军船队可以溯江长驱直入,对重镇公安、江陵形成威胁,因而防御态势相当被动,埋下了数年后吕蒙成功偷袭荆州的隐患。

刘备在南三郡之役中失败的原因,笔者归纳有以下几条:

（一）兵力配置的失衡

夺取成都后,刘备实现了《隆中对》"跨有荆、益"的构想,但是他在这两个地区的兵力配置却出现了严重的失衡,大部分军队集中在巴蜀,而部署在荆州的人马缺编很多。刘备当初为了攻取益州,先后两次从荆州抽调大量兵将入川。第一次是在建安十六年（211）,"先主留诸葛亮、关羽等据荆州,将步卒数万人入益州。"③ 到达涪城后,"（刘）璋增先主兵,使击张鲁,又令督白水军。先主并军三万余人。"④ 看来刘备初次入蜀的兵力约有两万余人,经过刘璋的补充后超过了三万。第二次是在建安十九年（214）初,刘备在进攻雒城长期受阻后,命令诸葛亮

---

① 《三国志》卷32《蜀书·先主传》注引《献帝春秋》,第880页。
② 据《后汉书·郡国志四》记载,东汉中叶长沙郡有"十三城,户二十五万五千八百五十四,口百五万九千三百七十二。"第3485页。桂阳郡有"十一城,户十三万五千二十九,口五十万一千四百三。"第3483页。
③ 《三国志》卷32《蜀书·先主传》,第881页。
④ 《三国志》卷32《蜀书·先主传》,第881页。

与张飞、赵云等率众溯江而上，攻占郡县，与刘备共同围攻成都。据法正给刘璋书信所言，这支军队至江州（今重庆市渝中区）后兵分三路，有数万人。"今张益德数万之众，已定巴东，入犍为界，分平资中、德阳，三道并侵，将何以御之？"①其具体数额不详，不过"数万"起码也得有两三万人，也就是说，刘备先后从荆州调走入蜀的军队不下五万人。当年刘表统治荆州，全盛时期也只有十万军队。如诸葛恪曰："近者刘景升在荆州，有众十万，财谷如山，不及曹操尚微。"②经过赤壁之战和江陵之役，当地的兵员、户口受到很大摧残，"荆州荒残，人物殚尽……"③刘备占据的郡县又只有江南四郡和南郡、江夏的一部分，是残缺不全的荆州，因此估计他拥有的军队达不到十万人，至多能有七八万人，抽走五万人后还剩下两三万人，其中大部分还安排在江北抵抗襄阳方向曹兵的侵略。这样的话，能够留在江南布防的兵力寥寥无几，无法应付东吴的入侵。孙权也是看清了蜀汉方面的这个弱点，才敢于领兵数万，从江东远涉数千里来攻。如果刘备君臣能够及时注意到这个问题，在占领成都后稍事休息，即派遣部分兵将返回荆州，加强那里的防御力量，那么在吴军入侵时，就可以避免南三郡兵力薄弱、无法进行有效抵抗的被动局面。

（二）用人不当

刘备安排在荆州留守的官员、将领，有许多是很不称职的。例如

---

①《三国志》卷37《蜀书·法正传》，第958—959页。
②《三国志》卷64《吴书·诸葛恪传》，第1436页。
③《三国志》卷37《蜀书·庞统传》注引《九州春秋》，第955页。

南三郡的长官太守并非忠勇之士,在敌人来临时纷纷投降或逃走。如长沙太守廖立弃城逃回了益州,诸葛亮后来弹劾他说:"(廖)立奉先帝无忠孝之心,守长沙则开门就敌……"[①] 桂阳太守望风而降,连廖立都不如。零陵太守郝普则轻易地受到吕蒙欺骗,贪生怕死而献城降敌。这些事例表明上述三位太守都不是合适的人选,刘备识人不明,任命他们担负要职是严重的错误。

　留守荆州的主将关羽有勇无谋,在外交上一味强硬,驱逐孙权派往南三郡的行政官员,却未能因此提高警惕、预判到吴兵来侵,既没有从江北调遣部分军队来协防,也未下令让长沙等郡征兵备战、做好迎击吴军的防御准备,这也属于严重失职。王夫之认为刘璋不是强劲的对手,刘备抽调关羽领兵入川助战即可,让关羽留守荆州、主持军政外交等综合事务,他是难以胜任的,应该让诸葛亮和张飞、赵云留在当地。"为先主计,莫如留武侯率(赵)云与(张)飞以守江陵,而北攻襄、邓;取蜀之事,先主以自任有余,而不必武侯也。"[②] 如此部署,诸葛亮心思缜密,赵云也很谨慎小心,他们考虑问题应该比较全面细致,不至于像关羽那样麻痹大意,南三郡恐怕也不会那样轻易地丢失。

　(三)反应迟钝

　遇事处置缓慢,这是刘备性格上的一大弱点,曹操君臣对此有所论述。赤壁之战后,曹操败走华容道,曾对部下说:"刘备,吾俦也,但

---

① 《三国志》卷40《蜀书·廖立传》注引《(诸葛)亮集》,第998页。
② (清)王夫之:《读通鉴论》卷9《(汉)献帝》,第259页。

得计少晚。"①谋士刘晔亦云："刘备,人杰也,有度而迟。"②都是说刘备有见识,但是不够机敏,决策往往比较缓慢。像当阳撤退时,和大量民众在一起,日行十余里,有人劝刘备尽快赶赴江陵,但他不忍弃百姓而去,结果被曹军精锐赶上。"先主弃妻子,与诸葛亮、张飞、赵云等数十骑走。"③几乎全军覆没。刘璋派法正邀请刘备入川助战,此乃天赐良机,但刘备仍然犹豫不决。经过庞统苦心劝谏,"今日不取,终为人利耳。"④这才促使他做出了决定。这回孙权派诸葛瑾索要所借荆州,刘备不愿归还可以理解,可是他对孙权先礼后兵的策略未能及时做出反应。今人朱绍侯对此评论道:"既有'借',当然就要'还',但借地与借钱、借物不一样,借时容易,还时难。特别是在当时的历史条件下,孙刘双方的协议,没有公证性的保证,刘备虽不赖账,但却托辞不还,所以要还地,不诉诸武力是不可能解决问题的。"⑤孙权不愿轻易破坏孙刘联盟,所以先派使者前去讨要,索取不成的后果必然是动兵强夺,这个道理显而易见,但刘备却误认为孙权不会动用武力解决,所以在婉言谢绝后并没有立即从益州调兵到荆州增援设防,提前准备迎战。诸葛瑾返回后,孙权又派官员到南三郡接管,再次碰壁之后才发兵西征。换句话说,孙权这先后两番举动,来往费时也得数月,已经给了蜀汉充足的时间调动兵将到荆州应对,但刘备依然没有理会,迟迟未能发兵。直到东吴大军临近南三郡时,刘备才急忙从蜀中带领五万部队赶来,

---

①《三国志》卷1《魏书·武帝纪》注引《山阳公载记》,第31页。
②《三国志》卷14《魏书·刘晔传》,第445页。
③《三国志》卷32《蜀书·先主传》,第878页。
④《三国志》卷37《蜀书·庞统传》注引《九州春秋》,第955页。
⑤朱绍侯:《"借荆州"浅议》,《许昌师专学报(社会科学版)》1992年第4期。

却为时已晚,结果是三郡丢失,关羽的援兵被鲁肃等人的军队阻挡在益阳,无法收复失地。这充分表现出刘备的反应相当迟钝,不能及时做出正确的预判,并迅速采取对应的行动。

(四)缺乏明确的战略攻防计划

廖立曾批评刘备在占领益州后没有制订明确的作战方案,主力军队未能北争汉中,也没有及时驰援荆州,导致三郡丢失,汉中也被曹操占领,曹操得手后即派兵南下侵扰,致使蜀汉的形势非常被动。其言曰:"昔先帝不取汉中,走与吴人争南三郡,卒以三郡与吴人,徒劳役吏士,无益而还。既亡汉中,使夏侯渊、张郃深入于巴,几丧一州。"[1]卢弼对此评论道:"此虽忿言,然当日情势实如此。"又引何焯曰:"此实前事之失,亦当参取观之。"[2]

刘备在建安十九年(214)夏占领了益州,获得了空前的胜利。当地"国富民强,户口百万,四部兵马,所出必具,宝货无求于外。"[3]但是从此时到次年夏天南三郡之役发动之前,整整一年的时间里,刘备在巴蜀的主力部队没有任何动作,并未确定是北进汉中,还是东出三峡。看来刘备一直沉浸在获胜的喜悦中,对下一步作战计划未能做出研讨和决策。《隆中对》描绘了攻取荆州和益州的规划,不过它只是早年笼统的构想,至于实现"跨有荆、益"之后,接下来的军事行动是什么,则需要根据当时的政治、军事形势来进行判断和选择。占据益州之后,对

①《三国志》卷40《蜀书·廖立传》,第997页。
②卢弼:《三国志集解》,第815页。
③《三国志》卷37《蜀书·庞统传》注引《九州春秋》,第955页。

孙、曹两方究竟应该采取何种攻守方略,刘备当时似乎还没有考虑成熟,所以出现了大军在蜀中待命、莫知所措的局面。

从廖立批评刘备的话来看,他显然认为在取蜀之后,应该乘曹操大军远在河北,先发制人去攻夺汉中。汉中邻近曹魏的关中,与巴蜀唇齿相依,它物产丰饶,南靠巴山,北阻秦岭,又有数条道路可以通往巴蜀。如果被曹操占据,那么就会对刘备控制的益州构成严重威胁。黄权曾说:"若失汉中,则三巴不振,此为割蜀之股臂也。"①杨洪亦曰:"汉中则益州咽喉,存亡之机会,若无汉中则无蜀矣,此家门之祸也。"②但是刘备较晚才认识到这个问题,田余庆曾评论刘备说:"他是一个不具有明确战略思想的随波逐流的人。"③直到建安二十年(215)秋,曹操打败了张鲁,"留(张)郃与夏侯渊等守汉中,拒刘备。郃别督诸军,降巴东、巴西二郡,徙其民于汉中。进军宕渠,为备将张飞所拒。"④这才引起了刘备的密切关注。而迟至建安二十二年(217)冬,他才接受了谋士法正的建议,全力出兵北伐,经过一年多的奋战攻陷汉中,从而彻底改善了蜀汉北部边境的防御态势。

至于荆州方向,廖立批评刘备反应迟缓,出兵太晚,致使南三郡被孙权军队夺走,刘备的五万大军往返数千里,白白跑了很远的路程,耗费了大量粮饷人力,却一无所获,最后还是被迫把长沙、桂阳和江夏郡割让给吴国。清人何焯认为与其如此,还不如当初就痛快地把三郡交给东吴,借以巩固两国的盟好。然后全力北伐,夺取曹操的西部领土。

---

①《三国志》卷43《蜀书·黄权传》,第1043页。
②《三国志》卷41《蜀书·杨洪传》,第1013页。
③田余庆:《〈隆中对〉再认识》,《历史研究》1989年第5期。
④《三国志》卷17《魏书·张郃传》,第525—526页。

"即与吴追好弃恶。先收汉中,以图关陇。"[1] 总的来说,刘备占领益州后,对下一步的军事行动犹豫未定,结果北边被曹操夺去了汉中,并南下侵掠巴地;东边则让孙吴占据了南三郡,出兵援救也未能成功。造成上述困境的原因,主要是由于刘备在攻取成都后缺乏明确合理的作战计划,大军滞留在蜀、无所事事而致。

二、夷陵之战的经过

夷陵是汉朝荆州南郡属县的名称,位于今湖北宜昌市区,因为其西北的夷山而得名。该地由于扼守三峡东口,为水陆交通要道,在东汉末年的军阀混战中备受各方重视。刘表曾占据夷陵多年,曹操南征荆州,于峡口地区设临江郡,以夷陵为郡治。赤壁之战后,夷陵被吴将甘宁攻取。刘备向孙权"借荆州",又控制了这片地区,改称宜都郡,仍以夷陵为治所。建安二十四年(219),孙权袭取荆州,擒杀关羽。"吕蒙袭公安,降南郡,陆逊别取宜都,守峡口以备蜀,而荆州之援绝矣。"[2] 自此东吴掌握了宜都郡和夷陵,并将与蜀汉对峙的边境向前推进到三峡中段的秭归和巫县。曹丕篡汉后的黄初二年(221)四月,刘备在成都西北的武担即皇帝位,改年号为章武,随后就准备东征孙吴,企图为关羽复仇,并夺回荆州。刘备发动的这场征吴战役,历史上称作夷陵之战(参阅图一九)。

蜀军临行之前,张飞在阆中被部将张达、范强暗杀,持其首级顺流

---

[1] 卢弼:《三国志集解》引何焯言,第 815 页。
[2] (清)顾祖禹撰:《读史方舆纪要》卷 78《湖广四》夷陵州条,第 3679 页。

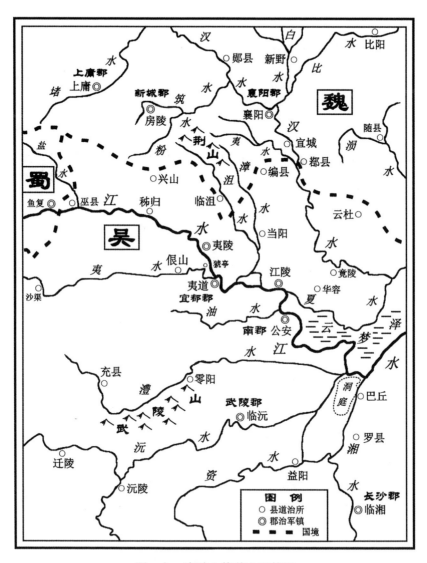

图一九　夷陵之战前夕形势图

而下投奔东吴，使蜀汉折损了一员大将。当时马超、魏延镇守北境，黄
忠已死，赵云因为反对刘备东征被留守江州，刘备帐下缺少名将，只好
带领冯习、张南、吴班等才能和名声并不出众的将领出征。蜀吴两国参
战的兵力，孙吴方面记载比较明确，如《三国志》中陆逊本传提到孙权
拨给陆逊五万人拒敌，另外，"(步)骘将交州义士万人出长沙。会刘备
东下，武陵蛮夷蠢动，(孙)权遂命骘上益阳。"[1] 这是让步骘担任预备
队，陆逊、步骘两部合计有六万人。蜀汉方面则缺少具体的记载，受到
史家关注的材料主要有以下几条：

> (陆逊)临陈所斩及投兵降首数万人。刘备奔走，仅以身免。[2]
> (蜀军在猇亭附近的马鞍山)土崩瓦解，死者万数。[3]
> 刘备支党四万人，马二三千匹，出秭归……[4]
> (孙)权将陆议大败刘备，杀其兵八万余人……[5]

　　综合上述记载，史学界对蜀汉兵力的估计看法不一。如余大吉、
杨东梁推断蜀军大致在十万左右[6]，王前程判断蜀汉交战的总兵力在
十万至十二万上下[7]，任昭坤则认为："虽各说不一，以上史料即使不除

---

①《三国志》卷 52《吴书·步骘传》，第 1237 页。
②《三国志》卷 47《吴书·吴主传》，第 1124—1125 页。
③《三国志》卷 58《吴书·陆逊传》，第 1347 页。
④《三国志》卷 2《魏书·文帝纪》注引《魏书》，第 79 页。
⑤《三国志》卷 14《魏书·刘晔传》注引《傅子》，第 447 页。
⑥参见余大吉著：《中国军事通史》第 7 卷《三国军事史》，军事科学出版社，1998 年，第 227 页；
　　杨东梁：《夷陵之战确系以少胜多》，《北京师范学院学报》1980 年第 2 期。
⑦参见王前程《诸葛亮与夷陵之战》，《湖北文理学院学报》2018 年第 12 期。

去夸张成分,也只能断定在十万以下。"①总的来说,比较一致的意见是蜀汉的参战兵力总数要多于孙吴。

夷陵之战的过程,大致可以分为以下三个阶段:

（一）蜀军攻占三峡,吴军战略撤退

第一阶段是从章武元年(221)七月到次年(222)正月。章武元年七月刘备发兵东征,击败孙吴部署在三峡中段的军队,占领巫县和秭归。"吴将陆议、李异、刘阿等屯巫、秭归;将军吴班、冯习自巫攻破异等,军次秭归。"②吴班族妹是刘备的皇后,《季汉辅臣赞》曰:"(吴)壹族弟班,字元雄,大将军何进官属吴匡之子也。以豪侠称,官位常与壹相亚。先主时,为领军。"③冯习为南郡人,字休元,"随先主入蜀。先主东征吴,(冯)习为领军,统诸军。"④蜀军出动后,孙权采取了两项措施应对,其一是任命陆逊为大都督,假节杖,统率朱然、潘璋、宋谦、韩当、徐盛等五万人防御蜀军。又命令步骘率领万人屯驻益阳,准备镇压响应刘备进兵的武陵蛮夷,并充当陆逊的后援。其二是在当年八月向曹丕卑辞称臣,以避免魏国乘机南征。曹丕接受了孙权的求和,册封他为吴王,孙权由此成功避免了陷入两面对敌作战的不利境地。

蜀军占领秭归后并没有迅速顺流东下、攻占峡口、夷陵等重镇,而是在当地逗留了五个月,可以说是贻误了军机。其原因可能是想等待荆州各地的豪族起兵响应,但是事与愿违。在此期间,只有"武

①任昭坤:《夷陵之战的几个问题》,《江汉论坛》1985年第3期。
②《三国志》卷32《蜀书·先主传》,第890页。
③《三国志》卷45《蜀书·杨戏传》附《季汉辅臣赞》,第1084页。
④《三国志》卷45《蜀书·杨戏传》附《季汉辅臣赞》,第1088页。

陵五溪蛮夷遣使请兵"①。直到次年正月,刘备才让丞相诸葛亮辅佐太子刘禅留守成都,自己率领主力部队到达秭归,可以说是姗姗来迟。刘备命令大军水陆并进,以冯习为大(都)督,张南统领前部,率领步兵"四万人,马二三千匹,出秭归"②。将军吴班、陈式率水军先行,到达夷陵后受阻,"夹江东西岸"③,占领了峡口沿江两岸的地域(长江至夷陵后有一段南流,故为东西两岸)。

陆逊见蜀军势大,如果在三峡之内阻击,两岸道路崎岖狭窄,船只溯流而上亦颇为艰难,对前线的后勤供应非常不利,于是陆逊决心撤出三峡,改在峡口之外的鄂西山地凭险固守。章武二年(222)正月,"陆逊部将宋谦等攻蜀五屯,皆破之,斩其将。"④扼制了蜀军的攻势。蜀汉大臣黄权向刘备建议:"吴人悍战,又水军顺流,进易退难,臣请为先驱以尝寇,陛下宜为后镇。"⑤但是刘备拒绝了黄权的主张,而是把军队分为两部,"以(黄)权为镇北将军,督江北军以防魏师;先主自在江南。"⑥这是以黄权所部防止夷陵以北的曹魏发兵前来袭击,保障江南蜀军主力的侧翼。黄权率领的兵马数量不明。刘备在夷陵兵败后,黄初三年(222)"八月,蜀大将黄权率众降"⑦。曹魏方面称其为"大将",而不是普通的将军,可见其部下不在少数,应该在万余人以上。另外,黄权降魏后和属下官员、将领赴洛阳朝见,竟有三百余人。《魏书》曰:

---

①《三国志》卷32《蜀书·先主传》,第890页。
②《三国志》卷2《魏书·文帝纪》注引《魏书》,第79页。
③《三国志》卷32《蜀书·先主传》,第890页。
④《三国志》卷47《吴书·吴主传》,第1124页。
⑤《三国志》卷43《蜀书·黄权传》,第1043—1044页。
⑥《三国志》卷43《蜀书·黄权传》,第1044页。
⑦《三国志》卷2《魏书·文帝纪》,第80页。

"权及领南郡太守史邵等三百一十八人,诣荆州刺史奉上所假印绥、棨戟、幢麾、牙门、鼓车。权等诣行在所,帝置酒设乐,引见于承光殿。"又拜黄权为侍中、镇南将军,"及封史邵等四十二人皆为列侯,为将军郎将百余人。"[1] 由此看来,黄权所辖兵马至少应有一两万人,"与吴军相拒于夷陵道。"[2] 而在夷陵的吴军仅为偏师,其任务是驻守城池防止蜀兵东进,因此双方没有发生过激烈交锋。

蜀军的主力部署在江南地区,出峡后东进到佷山(今湖北长阳县),然后刘备派遣侍中马良为使者,溯夷水而上,"入武陵招纳五溪蛮夷,蛮夷渠帅皆受印号,咸如意指。"[3] 其首领沙摩柯领兵赶到前线与蜀军汇合。至章武二年(222)正月,刘备前锋进至猇亭(今湖北宜都市西),包围了吴将孙桓据守的汉朝夷道县旧城,并与陆逊的吴军主力相拒。笔者按:汉朝夷道原来建有县城,陆逊新筑郡城在旧城东边五十余里。参见《太平寰宇记》卷147《山南东道六·峡州》:"宜都县,本汉夷道县,属南郡,故城在今县西。"又云六朝时"故夷道县城,在县东五十里。唐贞观八年废入宜都县"[4]。

(二)陆逊坚壁不战,双方陷入相持

第二阶段是从章武二年(222)正月至闰六月。陆逊在宜都郡夷道县的猇亭一带据险固守,拒不出战,吴蜀两军转入战略相持时期。

①《三国志》卷2《魏书·文帝纪》黄初三年八月注引《魏书》,第80页。
②《三国志》卷32《蜀书·先主传》,第890页。
③《三国志》卷39《蜀书·马良传》,第983页。
④(宋)乐史撰,王文楚等点校:《太平寰宇记》卷147《山南东道六·峡州》,中华书局,2007年,第2863页。

"蜀军分据险地,前后五十余营,(陆)逊随轻重以兵应拒,自正月至闰月。"[①] 刘备军队众多,占据上游,凭高临下,处于优势地位。但是由于地形复杂,兵力无法展开,又找不到与敌人决战的机会,后勤补给的路线延长到整个三峡,增加了运输的困难。而陆逊所部退出三峡,后方供应情况得到改善。吴军固守营地,养精蓄锐闭门不战,以等待时机,形势逐渐转为有利。

此时吴军诸将急于求胜,想主动迎击敌人,陆逊都予以拒绝,并解释道:"(刘)备举军东下,锐气始盛,且乘高守险,难可卒攻,攻之纵下,犹难尽克,若有不利,损我大势,非小故也。"主张"奖厉将士,广施方略,以观其变"[②]。但是众将对此并不理解,以为陆逊胆怯畏惧,各自心怀不满。

刘备为了引诱敌军出战,命令水军将领吴班率领所部弃舟登陆,"将数千人于平地立营,欲以挑战。"[③] 吴军诸将都想出击,但被陆逊阻止,认为其中必有诡计。刘备见诱敌之计不成,"乃引伏兵八千,从谷中出。(陆)逊曰:'所以不听诸君击(吴)班者,揣之必有巧故也。'"[④] 夷道城被蜀军包围,诸将觉得守将孙桓是公族子弟,形势危急,应该予以救援。陆逊仍然坚持不与蜀军交战,他说:"安东(孙桓)得士众心,城牢粮足,无可忧也。待吾计展,欲不救安东,安东自解。"[⑤] 当时吴军将领既有早年跟随孙策的旧部,又有公室贵族,往往矜恃骄纵,不肯听

①《三国志》卷47《吴书·吴主传》,第1124页。
②《三国志》卷58《吴书·陆逊传》注引《吴书》,第1347页。
③《三国志》卷58《吴书·陆逊传》,第1346页。
④《三国志》卷58《吴书·陆逊传》,第1346页。
⑤《三国志》卷58《吴书·陆逊传》,第1347页。

从号令。陆逊按剑威胁,讲清了当前的形势并且软硬兼施,一方面说"诸君并荷国恩,当相辑睦,共翦此虏,上报所受"。另外又说:"各在其事,岂复得辞! 军令有常,不可犯矣。"①这才震慑住了诸将。陆逊从维护团结的大局出发,并没有把这些纠纷向朝廷汇报,但事后得到了孙权的赞赏。

为了获得上级的支持,陆逊给孙权上疏介绍了战场的情况和自己坚守夷陵等地的方略,认为刘备不守常规,离开形势险要的益州,自己送上门来,自己虽然不才,凭借孙权的威灵,击败敌人就在近期。"寻(刘)备前后行军,多败少成,推此论之,不足为戚。"②蜀军现在舍弃舟船,登陆上岸,到处分散扎营,看他们的布置,必定不会有什么变化。希望孙权高枕无忧,不必挂念。

(三)陆逊突施火攻,刘备败走白帝城

夷陵之战的第三阶段,是从章武二年(222)闰六月到八月。蜀军自正月进攻受阻以来,已经在猇亭一带与敌兵相持了六个月,求战不得,疲惫沮丧,军心已经懈怠。又时值盛夏,天气炎热,因此多把营寨安置在丛林山险之处,这就给吴军提供了火攻的条件。陆逊认为反攻的时机已到,但部下诸将却表示反对,都说攻击刘备当在他进军之初,"今乃令入五六百里,相衔持经七八月,其诸要害皆以固守,击之必无利矣。"陆逊解释说刘备非常狡猾,经历的事情很多,他的军队刚刚集结的时候,考虑很精细,用心专一,那时不便进攻他。现在驻扎时

①《三国志》卷58《吴书·陆逊传》,第1347—1348页。
②《三国志》卷58《吴书·陆逊传》,第1346页。

间已久,没有占到我们的便宜,"兵疲意沮,计不复生,犄角此寇,正在今日。"①

据陆逊本传记载,当年闰六月,陆逊派兵攻击蜀军的一座兵营,没有成功,诸将都说是白白浪费了兵力。陆逊却说他已经知道破敌的计策,"乃敕各持一把茅,以火攻拔之。一尔势成,通率诸军同时俱攻。"结果连连获胜,"斩张南、冯习及胡王沙摩柯等首,破其四十余营。(刘)备将杜路、刘宁等穷逼请降。"刘备逃到了马鞍山顶,摆开部队来保护自己。陆逊督促兵将四面围攻,蜀军"土崩瓦解,死者万数"②。刘备乘夜逃走,派人焚烧军器衣甲来阻挡吴兵,渡江来到秭归,"收合离散兵,遂弃船舫,由步道还鱼复,改鱼复县曰永安。"③刘备在归途中还受到吴将孙桓的追击,"桓斩上夔道,截其径要。备逾山越险,仅乃得免。"④

在这场战役中,刘备遭到了惨败,"其舟船器械,水步军资,一时略尽,尸骸漂流,塞江而下。"⑤据吴、魏方面的记载,蜀国是全军覆没,"临陈所斩及投兵降首数万人。刘备奔走,仅以身免。"⑥"权将陆议大败刘备,杀其兵八万余人,备仅以身免。"⑦但这些是夸张的记载,实际上蜀军还是保留了一些兵力撤回永安。例如,"(向)朗兄子宠,先主时为牙

---

① 《三国志》卷58《吴书·陆逊传》,第1346页。
② 《三国志》卷58《吴书·陆逊传》,第1347页。
③ 《三国志》卷32《蜀书·先主传》,第890页。
④ 《三国志》卷51《吴书·宗室传·孙桓》,第1217页。
⑤ 《三国志》卷58《吴书·陆逊传》,第1347页。
⑥ 《三国志》卷47《吴书·吴主传》,第1124—1125页。
⑦ 《三国志》卷14《魏书·刘晔传》注引《傅子》,第447页。

门将,秭归之败,宠营特完。"① 两位水军将领吴班、陈式也撤回国内,
后来还参加了诸葛亮的北伐。今人蒋福亚指出夷陵之战并非歼灭战,
前述《吴主传》说刘备"分据险地,前后五十余营"。而陆逊杀敌万数,
"破其四十余营",已是他所能取得的最大胜利了。也就是说刘备还有
十余营基本完好地保存下来②。吴国追兵跟随刘备的败军直到白帝城
对面的南山,到八月撤回巫县,又恢复到夷陵之战以前的边境对峙态
势(参阅图二〇)。"吴遣将军李异、刘阿等蹑踮先主军,屯驻南山。秋
八月,收兵还巫。"③ 由于吴军收复秭归、巫县等地,蜀将黄权率领的江
北部队被隔绝在夷陵附近。他们坚持到八月,见回国无望,又不愿降
吴,于是北上临沮、襄阳向曹魏投降,夷陵之战至此全部结束。

　　夷陵之战后刘备率领残兵驻守白帝城,赵云从江州率部来援,"云
进兵至永安,吴军已退。"④ 另外,"巴西太守阎芝发诸县兵五千人以补
遗阙,遣(马)忠送往。"⑤ 使刘备的兵力有所增强,稳住了边境的防御。
吴国将领徐盛、潘璋、宋谦都上表请求进攻永安,消灭刘备。孙权向陆
逊征求意见,"逊与朱然、骆统以为曹丕大合士众,外托助国讨备,内实
有奸心,谨决计辄还。"⑥ 孙权接受他们的意见,不再进军,命令陆逊属
下将士各自回到原来的驻地。曹魏果然在当年九月向吴国分兵三路发
动进攻,这充分表明陆逊等人预见的准确性。

①《三国志》卷41《蜀书·向朗传》,第1011页。
②参见蒋福亚《夷陵之战二题》,《襄樊学院学报》2000年第4期。
③《三国志》卷32《蜀书·先主传》,第890页。
④《三国志》卷36《蜀书·赵云传》注引《(赵)云别传》,第950页。
⑤《三国志》卷43《蜀书·马忠传》,第1048页。
⑥《三国志》卷58《吴书·陆逊传》,第1348页。

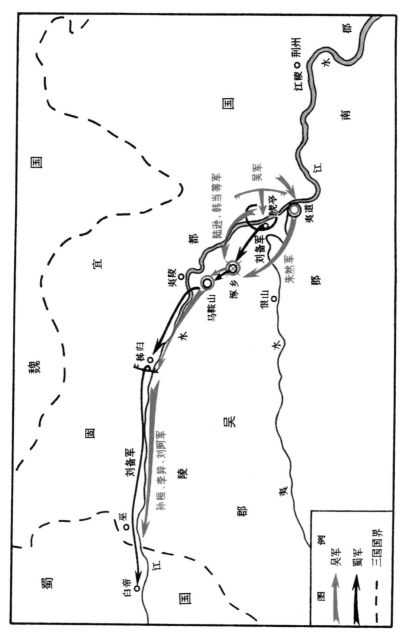

图二〇　夷陵之战陆逊反攻示意图

三、夷陵之战刘备失败的原因

刘备之所以在夷陵之战中遭到惨败,具体原因大致有以下几点:

(一)外交失误,选错主攻对象

孙权袭取荆州时形成的魏吴结盟,在外交形势上对蜀汉极为不利。曹操死后曹丕篡汉,建立魏国,占据了整个北方,包括司州及冀、青、徐、兖、豫、并、幽、雍、凉九州和扬州、荆州的北部;孙吴控制了扬州和荆州的大部以及岭南的交州,刘备仅仅掌握益州,其领土和人口最为弱小。在这种情况下,蜀汉与谁为敌,与谁为友,如何选择联盟与作战的对象,是它的头等重要国策。由于"汉贼不两立",蜀汉与曹魏之间不可调和,是多年的冤家对头;而吴国过去虽然是盟友,却因为偷袭荆州、杀死关羽等事,也成了刘备不共戴天的敌人。不过,从实力上讲,吴、蜀两国的各项条件远逊于曹魏,因此需要相互结盟支援、构成南北对峙的局面,这是抗衡强敌的惟一出路,而吴蜀彼此交恶则力量分散,会使曹魏原本具有的优势更加突出,对其非常有利。如刘晔所言:"今天下三分,中国(曹魏)十有其八。吴、蜀各保一州,阻山依水,有急相救,此小国之利也。今还自相攻,天亡之也。"①

刘备为了给关羽报仇,从吴国手中夺回荆州,不惜向长期交战对立的曹魏遣使通好。"(刘)备闻曹公薨,遣掾韩冉奉书吊,并致赗赠之

①《三国志》卷14《魏书·刘晔传》注引《傅子》,第447页。

礼。"① 希望以此缓和两国的关系,以便在将来伐吴时曹魏不要与蜀汉为敌,但是这项外交活动是一件可耻的失败之举。曹丕认为刘备"因丧求好",所以拒绝接受,"敕荆州刺史斩(韩)冉,绝使命。"② 经过这次外交挫折之后,魏蜀之间断绝来往,仍然陷于敌对状态。但是刘备征伐吴国的决心并未因此改变,他在黄初二年(221)四月称帝,改元章武,随后便做出进攻荆州的决定。尽管遭到了大臣们的劝阻,却依旧固执己见。"先主既即尊号,将东征孙权以复关羽之耻,群臣多谏,一不从。"③ 从事祭酒秦宓"陈天时必无其利,坐下狱幽闭,然后贷出"④。这是刘备给劝谏伐吴的臣下一个警告,让他们不要再进行阻挠。

刘备占领益州之后,原本有向北进攻夺取凉州(当时的陇西、河西地区)的考虑,他对前来索取荆州的诸葛瑾说:"吾方图凉州,凉州定,乃尽以荆州与吴耳。"⑤ 后来法正建议攻取汉中,也计划在成功后,"可以蚕食雍、凉,广拓境土。"⑥ 即伺机进攻关中和陇西等地。此时刘备要东征荆州,赵云在朝廷上表示反对,并且建议继续执行北伐关中的伐魏计划,并且预见到蜀吴交战会陷入僵局,难以速胜。赵云说:"国贼是曹操,非孙权也,且先灭魏,则吴自服。操身虽毙,子丕篡盗,当因众心,早图关中,居河、渭上流以讨凶逆,关东义士必裹粮策马以迎王师。不应置魏,先与吴战;兵势一交,不得卒解也。"⑦ 但是刘备并没有接受

---

① 《三国志》卷32《蜀书·先主传》注引《魏书》,第889页。
② 《三国志》卷32《蜀书·先主传》注引《魏书》,第889页。
③ 《三国志》卷37《蜀书·法正传》,第961—962页。
④ 《三国志》卷38《蜀书·秦宓传》,第976页。
⑤ 《三国志》卷47《吴书·吴主传》,第1119页。
⑥ 《三国志》卷37《蜀书·法正传》,第961页。
⑦ 《三国志》卷36《蜀书·赵云传》注引《(赵)云别传》,第950页。

赵云的意见，反而怨恨他反对伐吴，将其留守江州（今重庆市渝中区），没有让他跟随自己领兵东征。

应该说，赵云的建议有一番道理。吴国占据荆州后，统治相当稳固，从而在领土、人口和兵力等方面超过了蜀汉，刘备与他交战没有多少胜算，还要提防强大的魏国乘虚而入，因此在战略形势上处于被动状态。另一方面，曹丕篡汉之后，魏国的西部地区局势不稳，频频发生动乱。例如黄初元年（220）西平（郡治在今青海西宁市）豪强麴演"复结旁郡为乱，张掖张进执太守杜通，酒泉黄华不受太守辛机，进、华皆自称太守以应之。又武威三种胡并寇钞，道路断绝"①。黄初二年（221），"凉州卢水胡伊健妓妾、治元多等反，河西大扰。"②关中冯翊郡被称作"山贼"的郑甘也发动叛乱，当地驻军镇压不住，文帝从境外调集了曹仁、张郃、郭淮等名将领兵前往平叛③，"关中始定，民得安业。"④可见蜀汉如果在这一阶段进军雍、凉二州，是有机可乘的。

这时吴国也不愿意与蜀汉交战，希望重修盟好。"孙权遣书请和，先主盛怒不许。"⑤诸葛瑾也给刘备去信，希望他重新与吴国结好，共同对付曹魏。笺曰："奄闻旗鼓来至白帝，或恐议臣以吴王侵取此州，危害关羽，怨深祸大，不宜答和。此用心于小，未留意于大者也。试为陛下论其轻重，及其大小。陛下若抑威损忿，暂省瑾言者，计可立决，不复

---

① 《三国志》卷16《魏书·苏则传》，第492页。
② 《三国志》卷15《魏书·张既传》，第474页。
③ 参见《三国志》卷2《魏书·文帝纪》黄初二年"五月，郑甘复叛，遣曹仁讨斩之"。第78页。
　《三国志》卷26《魏书·郭淮传》："文帝即王位，赐爵关内侯，转为镇西长史。又行征羌护军，护左将军张郃、冠军将军杨秋讨山贼郑甘、卢水叛胡，皆破平之。"第734页。
④ 《三国志》卷26《魏书·郭淮传》，第734页。
⑤ 《三国志》卷32《蜀书·先主传》，第890页。

咨之于群后也。陛下以关羽之亲何如先帝？荆州大小孰与海内？俱应仇疾，谁当先后？若审此数，易于反掌。"① 此后的史家，大多认为诸葛瑾说得在理，刘备应当接受。如胡三省曰："诸葛瑾之言，天下之公也。使汉主因此与吴解仇继好，魏氏其盱食乎！"② 今人朱绍侯说："诸葛瑾虽属吴臣，他讲的道理却是对的，甚至比赵云的谏言更清楚明确。"③ 不过，此时刘备在偏执盛怒之中，听不进任何反对意见，所以坚持发兵攻吴，终于逼得孙权向魏国称臣，使自己处在以一敌二的孤立状态，既要进攻吴国，又必须防备曹魏。今人余大吉认为，刘备应该承认荆州被夺的既成事实，利用孙权求和，同吴国恢复联盟，迫使它充当同魏国作战的外援④。

这里还有个问题，刘备此时已经年逾六十，戎马一生，应该说具有丰富的政治、军事经验，为什么在当时看不清形势，拒绝群臣的劝阻，非要执拗地攻打吴国呢？曹丕在夷陵战前曾召集群臣，询问他们刘备是否会出兵征吴。群臣都认为刘备不会出征，只有刘晔独抒己见，觉得刘备刚当上皇帝，需要通过动武来向外界立威，另外他和关羽感情深厚，必定会为他报仇，"蜀虽狭弱，而（刘）备之谋欲以威武自强，势必用众以示其有余。且关羽与备，义为君臣，恩犹父子；羽死不能为兴军报敌，于终始之分不足。"⑤ 笔者对此补充、分析，刘备坚持出兵伐吴，还有一个原因是他不能原谅孙权袭取荆州的欺诈行为。刘备自建安六年

---

①《三国志》卷 52《吴书·诸葛瑾传》，第 1232—1233 页。

②《资治通鉴》卷 69 魏文帝黄初二年七月胡三省注，第 2190 页。

③ 朱绍侯：《论吴蜀夷陵之战》，《军事历史研究》2016 年第 2 期。

④ 余大吉著：《中国军事通史》第 7 卷《三国军事史》，第 238 页。

⑤《三国志》卷 14《魏书·刘晔传》，第 446 页。

（201）兵败投奔刘表，在荆州栖身七年。后通过赤壁之战和江陵之役打败曹兵，占领荆州江南四郡。周瑜死后，他又向孙权借得南郡，成为事实上的荆州之主。刘备在这块土地上倾注了多年的心血，才得以与曹操、孙权鼎足三分，从而雄踞天下。从"借荆州"到阻止孙权伐蜀，自己又领兵入川占领益州，刘备在对吴交往之中屡次占据上风，颇为得意。特别是在建安二十四年（219），他攻占汉中和东三郡（上庸、房陵、西城），达到了军事生涯的顶峰，不料孙权破坏盟约，袭取荆州，杀死关羽，使得局势突然倒转。如《出师表》所言："先帝东连吴、越，西取巴、蜀，举兵北征，夏侯（渊）授首，此（曹）操之失计而汉事将成也。然后吴更违盟，关羽毁败，秭归蹉跌，曹丕称帝。"①形势急剧恶化。对刘备来说，东吴的举动过于卑劣和沉重，使他咽不下这口恶气，以致于恼羞成怒，丧失理智，不能做出正常清醒的判断。南宋陈亮批评刘备在盛怒之下，忽视了曹魏篡汉的国仇，以及孙吴在三家鼎立局面中的盟友关系。"（关）羽既就戮，（刘）备不胜忿，遂大举以求复其仇。而不知魏者国家之深仇，非特一关羽之比；吴者一家之私忿，犹有唇齿之援也。"②

　　笔者认为，刘备过于感情用事，即便是伐吴，也应该审时度势，最好等待东吴与曹魏矛盾激化，双方刀兵相见时，再乘虚进攻荆州，这样敌军主力无法调集到西线，蜀汉获胜的把握就会大得多，就像孙权乘关羽北伐襄樊、后方防务薄弱时成功偷袭公安、江陵那样。实际上，魏吴结盟维持的时间并不长，黄初二年（221）八月孙权接受魏国封赐，黄初三年（222）九月曹魏发兵三道征吴，其间不过一年而已。那场战事

①《三国志》卷35《蜀书·诸葛亮传》注引《汉晋春秋》，第924页。
②（宋）陈亮撰：《陈亮集》卷5《酌古论·先主》，中华书局，1974年，第52页。

持续了六个月,刘备在此期间还给陆逊写信:"贼今已在江陵,吾将复东,将军谓其能然不?"[①] 但那时是在夷陵战败之后,蜀国遭受了严重的兵力损失,士气也相当低落,已经无法再向吴国进攻。所以陆逊回信说:"但恐军新破,创痍未复,始求通亲,且当自补,未暇穷兵耳。若不惟算,欲复以倾覆之余,远送以来者,无所逃命。"[②]

(二)主力部队"舍船就步",受阻于江南山区

如前所述,夷陵之战中刘备的主力部队是在江南行进作战,从峡口向东推进到宜都郡治夷道县的猇亭,被陆逊所部利用山岭险塞和孙桓据守的夷道县城阻击而无法前进,在当地与吴军相持数月后遭到火攻而惨败。蜀军为什么会选择夷陵对岸的江南地区作为主攻方向和进军路线? 笔者分析,其原因有以下几点:

第一,峡口南岸沿江道路较为易行。三峡数百里间,沿岸峰岭夹峙,水流湍急而河床狭窄,间有礁石险滩,船舶航行经常遭受毁败,沿岸道路更是崎岖难行。郦道元曰:"自三峡七百里中,两岸连山,略无阙处,重岩叠嶂,隐天蔽日,自非停午夜分,不见曦月。"[③] 而三峡东段的地形特点,是北岸山峰陡峭,道路狭隘,不利于师旅行进,而南岸稍微平缓。如今人严耕望所云,三峡陆路,"盖夷陵以上至秭归多行江南,秭归以西盖多行江北。"[④] 蜀汉军队从秭归到西陵峡口是从南岸前进,出峡后继续沿南岸向东进攻顺理成章,否则还要将数万大军用舟船载

---

①《三国志》卷58《吴书·陆逊传》注引《吴录》,第1348页。
②《三国志》卷58《吴书·陆逊传》注引《吴录》,第1348页。
③(北魏)郦道元注,(民国)杨守敬、熊会贞疏:《水经注疏》卷34《江水》,第2834页。
④严耕望:《唐代交通图考》第4卷《山剑滇黔区》,第1135页。

运到江北,这是刘备选择主攻江南的原因之一。

第二,江北迫近曹魏国境。夷陵之北接境于南郡属县临沮(治今湖北南漳县东南城关镇),即荆山附近的沮水、漳水流域,其北方有路通往襄樊。"借荆州"后该地归属刘备[①]。建安二十四年(219)孙权擒杀关羽、重夺荆州,随后收缩北部防线至江陵郊外,沮、漳流域沦为魏国襄阳郡领土。刘备如果从江北的夷陵向东进攻,过虎牙山后多为丘陵谷地和滨江平原,道路平坦宽阔,但是前有江陵坚城,北临曹魏国境,江南又是吴国的领土,处于三面受敌的不利境地,其中南北两方侧翼容易遭受吴、魏兵马的袭击,后勤供应有被截断的危险。即使占领了南郡的江北地区,所处的狭长区域也陷于吴、魏双方的夹持和压迫之下,战略态势非常被动。因此刘备没有选择江北地区作为自己的主攻方向,而是把大军集中到江南东进,只是派遣了黄权率领偏师驻守江北,防备从曹魏方面而来的袭扰。

第三,便于联络助战的武陵蛮夷。蜀军攻入三峡,占领秭归后,"武陵五溪蛮夷遣使请兵。"[②]武陵郡治临沅(今湖南常德市),《水经注》卷37《沅水》曰:"武陵有五溪,谓雄溪、樠溪、无溪、酉溪,辰溪其一焉。夹溪悉是蛮左所居,故谓此蛮五溪蛮也。"[③]五溪蛮夷即分布在今湘西沅水、澧水、溇水流域的少数民族。当地民众亲近蜀汉,东吴占领荆州后,"武陵部从事樊伷诱导诸夷,图以武陵属刘备。"[④]后来孙权派

---

① 参见《三国志》卷17《魏书·乐进传》:"留屯襄阳,击关羽、苏非等,皆走之。南郡诸郡山谷蛮夷诣进降。又讨刘备临沮长杜普、旌阳长梁大,皆大破之。"第521页。

②《三国志》卷32《蜀书·先主传》,第890页。

③(北魏)郦道元注,(民国)杨守敬、熊会贞疏:《水经注疏》卷37《沅水》,第3079页。

④《三国志》卷61《吴书·潘濬传》注引《江表传》,第1398页。

遣潘濬率领五千军队将其镇压。刘备率兵出峡占领很山，派马良为使者由此赴武陵与之联络，结果大获成功。当地蛮夷首领沙摩柯率众赴夷道协助蜀军作战，后在猇亭之役阵亡[①]。刘备主力进军江南而不走江北，另一个重要原因就是为了与武陵蛮夷合兵击吴，借以壮大自己阵营的力量。

　　刘备选择江南夷道作为主攻方向，尽管具有上述益处，但是也有不少困难，其中最为致命的就是当地属于鄂西山区，峰岭峡谷交错遍布，道路崎岖狭窄，行进艰难。如史书所言："先主自秭归率诸将进军，缘山截岭，于夷道猇亭驻营。"[②]《吴书》曾记载陆逊与部下谈论如何应对蜀军的进攻，"诸将并欲迎击备，逊以为不可。"陆逊认为刘备大兵初临战场，气势正足，而且"缘山截岭"而来，占据了有利地势，向他们进攻很困难。即使前锋打了个把胜仗，也难以歼灭敌军主力。万一失利，就会折损吴军的士气。"备举军东下，锐气始盛，且乘高守险，难可卒攻，攻之纵下，犹难尽克，若有不利，损我大势，非小故也。"陆逊的对策是固守险隘，闭门不战，以等待战机。他最不愿意发生的情况，就是在地势开阔的战场与敌兵交锋，这样蜀军就能够发挥数量上的优势，而自己很难抵御他们的迅猛冲击。"若此间是平原旷野，当恐有颠沛交驰之忧。"[③]而刘备偏偏选择在地形复杂的南岸进军，兵力难以展开，会被丛林和山岭所困扰。时间一长，就会暴露出漏洞和破绽，为吴军所控制

①《三国志》卷58《吴书·陆逊传》："逊率诸军同时俱攻，斩张南、冯习及胡王沙摩柯等首，破其四十余营。"第1347页。

②《三国志》卷32《蜀书·先主传》，第890页。

③《三国志》卷58《吴书·陆逊传》注引《吴书》，第1347页。

并打败。"今缘山行军,势不得展,自当罢于木石之间,徐制其弊耳。"①
可见陆逊对蜀军部署上的缺点认识和分析得非常透彻,他充分利用鄂
西山地的有利地形来阻滞敌人的进攻,使刘备困守营地,求战不能,拖
延日久则士气怠惰,疏于防范,以致被吴军奇袭战胜。

　　此外,蜀汉军队沿三峡东行,由于地形和水文条件的限制,不论是
乘舟浮流还是步骑行走,都会受到峡江航道与沿岸山路的拘束,只能
列为纵队依次前进,大规模的兵力无法展开,因此在峡口附近的夷道
地区实施阻击可以削弱敌军的进攻力量。如陆机《辨亡论》所言:"其
郊境之接,重山积险,陆无长毂之径;川厄流迅,水有惊波之艰。虽有
锐师百万,启行不过千夫;轴舻千里,前驱不过百舰。故刘氏之伐,陆
公喻之长蛇,其势然也。"②刘备征吴兵出三峡,在猇亭地区受到陆逊
的阻挡,后续部队迟滞在峡内,只得采取分散配置,前后战线拉得很
长。曹丕听说刘备"树栅连营七百余里",很不以为然。他对群臣说:
"(刘)备不晓兵,岂有七百里营可以拒敌者乎!'苞原隰险阻而为军
者为敌所禽',此兵忌也。孙权上事今至矣。"果然,"后七日,破备书
到。"③笔者按:连营七百余里应是有所夸张,但陆逊本传曰:"备从巫
峡、建平连围至夷陵界,立数十屯。"④这是实际情况。又据孙权本传
记载,刘备进攻受阻后,"蜀军分据险地,前后五十余营。(陆)逊随轻
重以兵应拒。"⑤此处所言蜀军诸营都是部署在峡口之外的夷道地区,

①《三国志》卷58《吴书·陆逊传》注引《吴书》,第1347页。
②《三国志》卷48《吴书·三嗣主传》注引陆机《辨亡论》,第1181页。
③《三国志》卷2《魏书·文帝纪》,第80页。
④《三国志》卷58《吴书·陆逊传》,第1346页。
⑤《三国志》卷47《吴书·吴主传》,第1124页。

所以吴军能够应对抵抗。刘备的连营部署,使自己的兵力前后分散,不得集中,导致力量减弱,而且给了吴军各个击破的机会。何况蜀军扎营在草木丛生的地段,易受敌人火攻,最终被陆逊火烧连营,一举被击溃。

蜀军主攻江南受到地形复杂的制约,走江北大道则三面受敌,侧翼容易遭到袭击,两条道路都有困难,那么是不是刘备根本就没有获胜的机会呢? 情况并非如此,据陆逊所言,他最担心的是蜀军采取下述做法:

首先,是攻取夷陵。夷陵不仅控扼峡口,是荆州西边的门户,而且是镇抚边境众多少数民族的要塞,如果夷陵被蜀军占领,不仅打开了东进江汉平原的大门,还会引起附近蛮夷的叛乱,对孙吴方面的打击将是非常沉重的。陆逊上奏孙权说:"夷陵要害,国之关限,虽为易得,亦复易失。失之非徒损一郡之地,荆州可忧。今日争之,当令必谐。"[1]他的儿子陆抗后来追忆:"臣父逊昔在西垂陈言,以为西陵国之西门,虽云易守,亦复易失。若有不守,非但失一郡,则荆州非吴有也。"[2]陆抗自己也说:"如使西陵槃结,则南山群夷皆当扰动,则所忧虑,难可竟言也。"[3]而刘备大军先是占领秭归后逗留数月,后来出峡沿南岸东进,在江北只部署了黄权的一支偏师作为策应,并没有乘吴军主力集结在江南,全力以赴攻下夷陵,反而对其置之不理,使这座孤城独自坚守了半年,直到整个战役结束,这应该说是刘备的一个失策。

---

①《三国志》卷58《吴书·陆逊传》,第 1346 页。
②《三国志》卷58《吴书·陆抗传》,第 1359 页。
③《三国志》卷58《吴书·陆抗传》,第 1356 页。

其次，陆逊对孙权上奏说："臣初嫌之，水陆俱进，今反舍船就步，处处结营，察其布置，必无他变。"① 蜀军出峡作战时是水军先行，占据峡口，然后步骑跟进。章武二年（222）正月，"将军吴班、陈式水军屯夷陵，夹江东西岸。二月，先主自秭归率诸将进军，缘山截岭，于夷道猇亭驻营。"② 陆逊当时最为顾忌的，就是刘备的水军和陆军协同作战，蜀军主力在猇亭与吴军对峙，如果另遣一部分兵力乘船顺流而下，绕到吴军的背后，实行前后夹击；或者是在吴军防御薄弱的后方登陆，袭扰破坏，断绝前线吴军的粮道，会使其相当被动。因为此时东吴的水军主力远在孙权驻跸的武昌，并不在夷陵战区，陆逊手下的舟师力量薄弱，不足以阻击蜀军的船队，所以非常担心刘备的"水陆俱进"，觉得蜀军要是这样作战，他就很难应付。但是看到敌人"舍船就步，处处结营"，只是在江南的夷道地区缓慢推进，陆逊就放下心来，并且告知孙权不用顾虑，"伏愿至尊高枕，不以为念也。"③ 南宋陈亮亦指出刘备此番用兵的失误，应该水陆并进，迅速夺取夷陵，这样就能掌握交战的主动权。陈亮说："且夷陵者，荆州之咽喉也。得夷陵，则荆州可有。使（刘）备能遣黄权率水军以为先驱，顺流而下，掩其未备，而备率步兵分道，疾趋夷陵，扇动诸蛮，招诱大姓，按兵而不动，命水军急攻之，临机设变，奋力死斗。彼方支吾未暇，而吾率步兵乘高而进，声东而击西，形此而出彼，乘卒初锐而用之，彼亦疲于奔命矣。"④

---

①《三国志》卷 58《吴书·陆逊传》，第 1346 页。
②《三国志》卷 32《蜀书·先主传》，第 890 页。
③《三国志》卷 58《吴书·陆逊传》，第 1346 页。
④（宋）陈亮撰：《陈亮集》卷 5《酌古论·先主》，第 53 页。

（三）缺乏得力的将领与谋士

按照曹操注《孙子兵法·计篇》所言，制订作战计划的第一项内容就是"选将"，即委派统率军队的将领。"曹操曰：'计者，选将、量敌，度地、料卒，远近、险易，计于庙堂也。'"张预注："曹公谓'计于庙堂'者何也？曰：将之贤愚，敌之强弱，地之远近，兵之众寡，安得不先计之？及乎两军相临，变动相应，则在于将之所裁，非可以隃度也。"① 是说发动战役之前，国君先要选派将领，包括大将和部将，还要和敌人的将领相互对比，看看是否具有优势，方可进行下一个问题的考虑。历史上详细记述选将的情况，可参见《汉书·高帝纪上》记载刘邦攻打魏国前，派郦食其出使刺探军情，回来汇报之事：

> 食其还，汉王问："魏大将谁也？"对曰："柏直。"王曰："是口尚乳臭，不能当韩信。骑将谁也？"曰："冯敬。"曰："是秦将冯无择子也，虽贤，不能当灌婴。步卒将谁也？"曰："项它。"曰："是不能当曹参。吾无患矣。"九月，信等虏（魏）豹，传诣荥阳，定魏地……②

三国时法正建议刘备攻取汉中，也曾先论述双方将领的才能："今策（夏侯）渊、（张）郃才略，不胜国之将帅，举众往讨，则必可克。"③ 是说

---

① （春秋）孙武撰，（三国）曹操等注，杨丙安校理：《十一家注孙子》，第 3 页。
② 《汉书》卷 1 上《高帝纪上》，第 38—39 页。
③ 《三国志》卷 37《蜀书·法正传》，第 961 页。

曹军汉中主将夏侯渊、张郃的才能谋略不如刘备这边的将领，主要根据张郃日前进攻巴西，曾经被张飞打得大败。"郃弃马缘山，独与麾下十余人从间道退，引军还南郑，巴土获安。"① 而夏侯渊为人鲁莽，用兵韬略还不如张郃，因此判断蜀军进攻汉中理应获胜。

　　夷陵之战前夕，蜀汉名将凋零，几乎无人可用。曹丕曾询问群臣刘备是否会出兵伐吴。"众议咸云：'蜀，小国耳，名将唯（关）羽。羽死军破，国内忧惧，无缘复出。'"② 蜀国所谓"五虎将"中，关羽、张飞、黄忠已死，镇守益州北境的马超身体欠佳，于章武二年（222）病死。赵云因为反对东征孙吴，被刘备安置在江州留守。刘备任命指挥夷陵之战的将领，据陆逊本传记载："使将军冯习为大督，张南为前部，辅匡、赵融、廖淳、傅肜等各为别督，先遣吴班将数千人于平地立营，欲以挑战。"③ 这几乎全是一帮无名之辈，没有见到此前立有功绩的任何记载，表明他们并不以善战著称。据杨戏《季汉辅臣赞》记载，"休元名（冯）习，南郡人。随先主入蜀。先主东征吴，习为领军，统诸军，大败于猇亭。"又云："文进名（张）南，亦自荆州随先主入蜀，领兵从先主征吴，与习俱死。时又有义阳傅肜，先主退军，断后拒战，兵人死尽……"④ 可见冯习、张南、傅肜都是荆州人士，为跟随刘备入蜀的旧臣，政治上比较可靠。因为刘备年事已高，主持全军日常事务的工作交给了大督冯习。冯习作为全军主将，犯有轻敌大意的错误，以致被陆逊突然袭击，兵败身死。《季汉辅臣赞》曰："休元轻寇，损时致害，文进奋身，同

①《三国志》卷36《蜀书·张飞传》，第943页。
②《三国志》卷14《魏书·刘晔传》，第446页。
③《三国志》卷58《吴书·陆逊传》，第1346页。
④《三国志》卷45《蜀书·杨戏传》附《季汉辅臣赞》，第1088页。

此颠沛,患生一人,至于弘大。"①即认为冯习应该承担夷陵惨败的重要责任。

　　总的来说,刘备在夷陵之战中任命的这批将领资历较老,但是军事才干很平庸,作战部署时缺乏预见性,遇到紧急情况又处置不力,担负不起重任。任乃强曾对此评论道:"(刘)备此役不用黄权等壮盛宿将,乃任旧人耆宿,宜其败于吴之青年将领矣。"②笔者按:吴国在夷陵之战任命将领的情况,可见陆逊本传。"(孙)权命逊为大都督,假节,督朱然、潘璋、宋谦、韩当、徐盛、鲜于丹、孙桓等五万人拒之。"③其中主将陆逊年四十岁,在袭取荆州之役中表现出众,孙权"使逊与吕蒙为前部。至即克公安、南郡"④。随后进军峡口,占领夷陵等重镇,并派兵将攻入三峡,占据秭归、巫县等要地。"前后斩获招纳,凡数万计。"⑤其战绩相当出色。陆逊在夷陵之战中更是指挥得当,"及至破(刘)备,计多出(陆)逊,诸将乃服。"⑥朱然、潘璋、宋谦、韩当、徐盛等都是东吴身经百战的名将,领兵作战得心应手,"皆江表之虎臣,孙氏之所厚待也。"⑦这些名将在夷陵之战中都有出众的表现,像朱然,"督五千人与陆逊并力拒(刘)备。然别攻破备前锋,断其后道,备遂破走。"⑧潘璋,"刘备

①《三国志》卷45《蜀书·杨戏传》附《季汉辅臣赞》,第1088页。

②(晋)常璩撰,任乃强校注:《华阳国志校补图注》卷6《刘先主志》,上海古籍出版社,1987年,第381页。

③《三国志》卷58《吴书·陆逊传》,第1346页。

④《三国志》卷58《吴书·陆逊传》,第1345页。

⑤《三国志》卷58《吴书·陆逊传》,第1345页。

⑥《三国志》卷58《吴书·陆逊传》,第1348页。

⑦《三国志》卷55《吴书·程黄韩蒋周陈董甘凌徐潘丁传》评曰,第1302页。

⑧《三国志》卷56《吴书·朱然传》,第1306页。

出夷陵,璋与陆逊并力拒之,璋部下斩备护军冯习等,所杀伤甚众。"① 韩当,"宜都之役,与陆逊、朱然等共攻蜀军于涿乡,大破之。"② 徐盛,"刘备次西陵,盛攻取诸屯,所向有功。"③ 孙桓年二十五岁,也是勇敢善战。"(刘)备军众甚盛,弥山盈谷,桓投刀奋命,与逊戮力,备遂败走。"④ 由此可见,东吴将领的水准要明显超越对手。蜀汉诸将的指挥作战能力有限,与孙吴将领的才干差距很大。由此来看,刘备这次战败是有一定的必然性。

此外,刘备在夷陵战败的另一个原因,则是身边缺少谋士。刘备在夺取益州和汉中的两次战役中大获全胜,除了他本人调度有方、将士奋勇效力之外,还得益于庞统、法正两位谋士的参赞策划。庞统曾帮助刘备下定决心入川,又献取蜀的上、中、下三策。而法正"著见成败,有奇画策算"⑤,在军事方面的贡献尤为突出。诸葛亮曾说刘备在荆州,"北畏曹公之强,东惮孙权之逼,近则惧孙夫人生变于肘腋之下;当斯之时,进退狼跋。"⑥ 但是依靠法正的有力辅佐,能够顺利占领益州,"令翻然翱翔,不可复制,如何禁止法正使不得行其意邪!"⑦ 此后法正又献进取汉中之策,并在定军山战役中指挥得当,"大破(夏侯)渊军,渊等授首。曹公西征,闻(法)正之策,曰:'吾故知玄德不办有此,必为

① 《三国志》卷55《吴书·潘璋传》,第1300页。
② 《三国志》卷55《吴书·韩当传》,第1285—1286页。
③ 《三国志》卷55《吴书·徐盛传》,第1298页。
④ 《三国志》卷51《吴书·宗室传·孙桓》,第1217页。
⑤ 《三国志》卷37《蜀书·法正传》评曰,第962页。
⑥ 《三国志》卷37《蜀书·法正传》,第960页。
⑦ 《三国志》卷37《蜀书·法正传》,第960页。

人所教也。'"①因为法正屡立奇功,刘备先后任命他担任蜀郡太守和尚书令等重要职务。法正猝然病故,"先主为之流涕者累日。"②

当刘备在猇亭兵败的消息传到成都后,诸葛亮感叹法正死得太早,否则能够劝阻刘备东征,即便劝阻不成,也能够在前线出谋划策,挽救危局。"法孝直若在,则能制主上,令不东行;就复东行,必不倾危矣。"③胡三省对此评论道:"观孔明此言,不以汉主伐吴为可,然而不谏者,以汉主怒盛而不可阻,且得上流,可以胜也。兵势无常,在于观变出奇,故曰孝直在必不倾危。"④即认为诸葛亮并不赞成刘备征吴,但是因为当时刘备情绪激动,知道自己说服不了他,也就放弃了。不过,诸葛亮认为法正具备说服刘备的能力。刘备性格复杂,有时从谏如流,有时却固执己见,不听旁人的劝阻,而法正有办法说服他。据裴松之记载,汉中战役期间,刘备与曹操作战形势不利应该退兵,而刘备大怒不肯撤退,部下没有人敢进谏。当时箭落如雨,法正见状便站在刘备身前遮挡。"先主云:'孝直避箭。'(法)正曰:'明公亲当矢石,况小人乎?'先主乃曰:'孝直,吾与汝俱去。'遂退。"⑤今人王汝涛指出:"法正的办法,人称谲谏,但对刘备来说谲谏最有效。"⑥所以诸葛亮觉得法正如果在世,会有办法劝阻刘备东征,即使刘备坚持伐吴,蜀军位居长江上游,有顺流而下的用兵优势,也不一定会被打败。法正若能随军前

①《三国志》卷37《蜀书·法正传》,第961页。
②《三国志》卷37《蜀书·法正传》,第961页。
③《三国志》卷37《蜀书·法正传》,第962页。
④《资治通鉴》卷69魏文帝黄初三年胡三省注,第2205页。
⑤《三国志》卷37《蜀书·法正传》裴松之注,第962页。
⑥王汝涛:《〈隆中对〉平议之二——刘备与其三谋士》,《临沂师专学报(社会科学版)》1994年第2期。

往,他为人机警多智,也会识破敌人的诡计,找到应对的办法,不至于出现猇亭的惨败。可惜蜀汉人才匮乏,庞统、法正死后没有后继之人。刘备的军事指挥才能不及陆逊,身边既无得力干将,又没有一位明察秋毫的智谋之士能够协助他与孙吴对抗,那么失败也就在所难免了。

四、结语

荀子在评论战国七雄的攻略时,曾提出了"凝"的概念。"兼并易能也,唯坚凝之难焉。"[①]是说兼并敌国的土地容易办到,但是对其实行牢固稳定的统治则很困难。又说:"齐能并宋而不能凝也,故魏夺之;燕能并齐而不能凝也,故田单夺之;韩之上地方数百里,完全富足而趋赵,赵不能凝也,故秦夺之。"[②]因此他指出,能够兼并敌国的土地而不能"凝",那么必定被其他国家夺走。不能兼并又不能牢固地统治已有的土地则必定亡国,能"凝",即进行稳定的统治则必定能够吞并敌国。如果我们用"凝"这个概念来衡量曹操、孙权和刘备,可以看出他们三个人在这方面是有很大区别的。

曹操三分天下已有其二,他占领的疆土虽然也丢失了不少,但都是在衡量利弊之后,为了稳固地统治北方而主动放弃的。例如建安十四年(209)冬,曹操命令曹仁弃守江陵和南郡,退据襄阳。建安十七年(212),"曹公恐江滨郡县为(孙)权所略,征令内移。"[③]让出了合肥

①(战国)荀况著,(唐)杨倞注,耿芸标校:《荀子》,上海古籍出版社,2014年,第185页。
②(战国)荀况著,(唐)杨倞注,耿芸标校:《荀子》,第185页。
③《三国志》卷47《吴书·吴主传》,第1118页。

以南的大片土地。建安二十四年（219），他与刘备争夺汉中旷日持久后毅然撤退，丢弃了秦岭以南的领土。可这些措施都是为了巩固北方的统治。如孙资所称："武皇帝圣于用兵，察蜀贼栖于山岩，视吴虏窜于江湖，皆桡而避之，不责将士之力，不争一朝之忿，诚所谓见胜而战，知难而退也。"[1] 所带来的后果就是曹魏的广阔疆域内经济恢复，人口增长，将在若干年后对吴、蜀两国构成压倒性的优势。"将士虎睡，百姓无事。数年之间，中国日盛，吴、蜀二虏必自罢弊。"[2] 这是具有战略眼光的智慧之举，并非常人所能为。

　　孙权统治吴国五十余年，其疆域循江上下，东至海滨，西入三峡，所占领的疆土基本上都能保持下来。尽管早年"借荆州"与刘备，但后来也收复了。而刘备在这三个人当中表现最差，他虽然占领了号称"天府之国"的益州，但是东边被孙权两次用兵夺去了南三郡和荆州全部领土，北边攻占的东三郡（房陵、上庸、西城）后来被曹魏夺回，致使疆域局限在四川盆地之内，难以对外扩张，形势最为不利。

　　刘备重返荆州两次作战失利，集中地反映了他在治国和用兵上的弱点。南三郡之役暴露出来的是"缓"，即反应太慢，出兵迟缓。刘备夺取益州后陶醉在胜利的喜悦中，尽管孙权遣使索地，又派官员去接管，已然出现了很多矛盾激化的迹象，刘备还是不以为然，缺乏对东吴进军长沙等地的预判，所以军队开赴前线已晚，未能及时阻止吴军对南三郡的占领。夷陵之战暴露出来的则是"急"，不顾当时魏吴修好的客观形势，急于兴师报复孙权，夺回荆州，为关羽报仇。刘备按捺不住

---

[1]《三国志》卷 14《魏书·刘放传》注引《（孙）资别传》，第 458 页。
[2]《三国志》卷 14《魏书·刘放传》注引《（孙）资别传》，第 458 页。

自己的怨恨与怒气,拒绝听从群臣的苦谏,这不是一位明君应有的态度。等到大军来到猇亭,面对陆逊的坚壁不战,又拿不出应对的计策;才思枯竭,智力穷尽,只是被动地与吴军对峙,最后被陆逊抓住轻敌的破绽而火攻获胜。陈寿说刘备"机权干略,不逮魏武"[1],实际上他治国用人还不如孙权,指挥作战又比不上陆逊,说明其用兵只有三流的水平(曹操是一流,陆逊为二流)。夷陵之战结束后,蜀汉的精兵大部分阵亡或是投降了吴、魏,这些部队原来跟随刘备夺取益州和汉中,富有作战经验,战斗力较强,他们的损失对蜀汉来说是非常沉重的打击,使其国力大为削弱,并且决定了此后历史发展的走势。在三国鼎立的政治格局中,蜀汉最为弱小,它从此无力夺回荆州,必须抛弃丧兵失地的仇恨,对吴国委曲求全,恳请和它结盟来对抗强大的曹魏。《隆中对》"跨有荆、益"和出兵宛洛以攻打曹魏的设想,也就再没有机会实现了。

---

[1]《三国志》卷32《蜀书·先主传》,第892页。

汉末三国的屦陵与公安

　　屦陵（治今湖北公安县西）原先是两汉荆州武陵郡在江南的一个小县，汉末赤壁、江陵之战结束后，屦陵附近建立了公安城，成为刘备的左将军府与荆州牧的驻地，后又被孙权作为临时国都和南郡的治所，在那里屯驻重兵，并经常外出征伐。屦陵和公安的政治、军事地位为什么会在汉末三国骤然提升？它的发展演变过程如何？本文尝试对上述问题做一番探讨。

一、屦陵之由来与公安城的建立

　　《汉书·地理志下》曰武陵郡，"高帝置"，其属县有屦陵，"莽曰屦陆。"①王先谦补注曰："高帝五年置，见《名胜志》。"②汉高帝五年为公元前202年，正是刘邦最终打败项羽、统一天下之岁。屦陵县治在今湖北公安县城西约25里。张家山汉简《二年律令》中的《秩律》记载国

---

① 《汉书》卷28上《地理志上》，第1594页。
② （清）王先谦撰：《汉书补注》，中华书局，1983年，第767页。

内各县级机构有"孱陵",其主官为令,"秩各六百石,有丞、尉者半之,田、乡部二百石,司空及卫官、校长百六十石。"① 东汉武陵郡亦有孱陵县,《续汉书·郡国志四》"武陵郡"本注曰:"秦昭王置,名黔中郡,高帝五年更名。"② 俗语说"汉承秦制",孱陵县很可能是在秦昭王设黔中郡时建立的属县,沿至秦朝及两汉。不过,在东汉末年战乱爆发之前,孱陵在秦汉四百余年的历史中始终是默默无闻的,基本上没有发生过什么值得记载的事件,仅仅是在汉章帝时,"(建初)三年冬,溇中蛮覃儿健等复反,攻烧零阳、作唐、孱陵界中。"李贤注:"孱陵,县,故城在今荆州公安县西南。"③

建安十三年(208)冬,曹操败于赤壁,率领大军撤到江陵,留下曹仁等镇守,自己带主力部队返回北方。孙刘联军随即开赴南郡战斗,至建安十四年(209)冬,"(周)瑜、(曹)仁相守岁余,所杀伤甚众。仁委城走。(孙)权以瑜为南郡太守。"④ 江陵战役胜利后,孙、刘两家对荆州领土进行了划分,由于吴军是作战的主力,所以领土分配主要是按照孙权的意志来决定的。他选取了地理形势十分重要的西连峡口、东抵江夏、北通襄阳的南郡,江南的长沙、桂阳、零陵、武陵四郡则分给了刘备。随即刘备带领兵马来到孱陵县,在油水入江的河口(今湖北公安县城)建立营地,称作公安。见《江表传》:"周瑜为南郡太守,分南

① 张家山二四七号汉墓竹简整理小组:《张家山汉墓竹简[二四七号墓](释文修订本)》,文物出版社,2006年,第74页。
② 《后汉书·郡国志四》,第3484页。
③ 《后汉书》卷86《南蛮传》,第2832页。
④ 《三国志》卷47《吴书·吴主传》,第1118页。

岸地以给备。备别立营于油江口,改名为公安。"① 胡三省注 "南岸地"
曰:"荆江之南岸,则零陵、桂阳、武陵、长沙四郡地也。"②

　　"公安" 一名的由来,是因刘备此前曾被朝廷封为左将军,《荆州
记》云:"时号先主为左公,故名其城为公安也。"③《元和郡县图志》亦
曰:"公安县,本汉孱陵县地,左将军刘备自襄阳来油口,城此而居之,
时号左公。"④ 所谓 "刘备自襄阳来油口",实际上是江陵战役当中,周瑜
率吴兵在正面与曹仁等交战,刘备则领本部人马在江陵与襄阳之间驻
扎设防,截断曹仁与后方的联系⑤。曹仁败走后,刘备兵马是从襄阳方
向开赴江南的油口,并筑造了城池,作为军队的根据地和大本营。刘备
之所以不驻在孱陵县城,是因为孱陵位于内地,距离长江航道较远,而
油口就在江畔,交通更为便利(参阅图二一)。

　　值得注意的是,杨守敬在《水经注疏》中指出,"公安" 最初只是
城名,并非县名,孱陵县改称公安县的情况出现较晚,是在南朝后期
陈时才给予命名的。"《荆州记》言名城曰公安,则先主时但为公安城,
如上明城、乐乡城、夏口城之类。地居冲要,实未置县。故《宋志》、
《通典》、《元和志》、《旧唐志》、《寰宇记》、《舆地广记》诸书皆不言先
主时置公安县。洪亮吉《补三国疆域志》、吴增仅《三国郡县表》亦不

---

① 《三国志》卷 32《蜀书·先主传》注引《江表传》,第 879 页。
② 《资治通鉴》卷 66 汉献帝建安十四年胡三省注,第 2099 页。
③ (宋)乐史撰,王文楚等点校:《太平寰宇记》卷 146《山南东道五·荆州》公安县条引《荆州
　 记》,第 2841 页。
④ (唐)李吉甫:《元和郡县图志·阙卷逸文》卷 1《山南道》,中华书局,1983 年,第 1053 页。
⑤ 参见《三国志》卷 54《吴书·周瑜传》注引《吴录》:"(刘)备谓(周)瑜云:'(曹)仁守江陵
　 城,城中粮多,足为疾害。使张益德将千人随卿,卿分二千人追我,相为从夏水入截仁后,仁
　 闻吾入必走。' 瑜以二千人益之。" 第 1264 页。

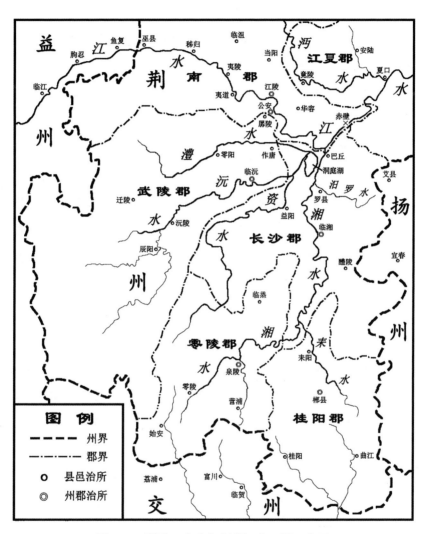

图二一　屖陵、公安与荆州江南四郡示意图

载。据《陈书·陆子隆传》,时荆州新置,治于公安,城池未固。子隆修建城郭云云,盖陈始以公安名县,而隋以后因之。"①《献帝春秋》载建安十五年"(刘)备自住孱陵"②,即表明当时这个县的名称并没有改称"公安"。

另外,油口地区只是邻近孱陵县境,当时前者属于南郡的江南领土,并非归属孱陵县所在的武陵郡。前述胡三省认为周瑜分给刘备的"南岸地"指的是荆州江南四郡,而赵一清不同意他的解释,赵氏根据《三国志》中《先主传》和《诸葛亮传》的记载指出:"是四郡皆为先主自力征服,非为吴借可知。"又云:"上文周瑜分南岸地给备者,即指油口立营之地,非谓江南四郡也。"③按周瑜当时为南郡太守,只是有权力处置该郡在长江南岸的领土,因此刘备得到的油口,当时归属南郡而并非武陵郡。顾祖禹也注意到这个问题,在《读史方舆纪要》中说:"建安十四年孙权表刘备领荆州牧,分南郡之南岸地以给备,备营油口,改名公安。"④还可以参阅谭其骧主编《中国历史地图集》第二册第49—50页,东汉荆州刺史部中描绘的孱陵县境与今公安县城的位置。东汉公安城所在的油口地区,仅仅是邻近孱陵而已。刘备征服武陵郡后,孱陵县归属于他的领土,这时公安城所在的油口才并入孱陵县,孱陵县境向北扩展到长江南岸,收揽了沿江地区。

---

① (北魏)郦道元注,(民国)杨守敬、熊会贞疏:《水经注疏》卷35《江水》,第2874页。
②《三国志》卷32《蜀书·先主传》注引《献帝春秋》,第880页。
③ 卢弼:《三国志集解》,第728页。
④ (清)顾祖禹撰:《读史方舆纪要》卷78《湖广四·荆州府》公安县,第3665页。

二、刘备统治时期的公安

　　孙吴虽然划分了荆州江南四郡给刘备，但那只是个空头人情，曹操当初占领江陵后，曾派遣刘巴招降长沙、桂阳、零陵等郡[①]，所以这几个郡属于孙刘联军的敌对势力，需要刘备自己动手去征服它们。武陵郡在沅水流域，长沙、零陵郡属于湘水流域，桂阳郡则在东南的耒水流域。大江在江陵以东改向南流，是为荆江航段，沿途流入沅水，几经曲折后与洞庭湖相连，又能沿湘水进入耒水。刘备的军队自沿江的油口出发，可以水陆兼行，开赴江南四郡。江陵战役之后，"先主表（刘）琦为荆州刺史，又南征四郡。武陵太守金旋、长沙太守韩玄、桂阳太守赵范、零陵太守刘度皆降。"[②]这段记载表明了刘备由近及远的用兵次序，先是收降距离最近的武陵郡，然后顺江而下，进取长沙郡，最后征服在今湘粤、湘桂交界的桂阳、零陵二郡。其间也经历了战斗，并非一帆风顺。例如《三辅决录注》载金旋"迁中郎将，领武陵太守，为（刘）备所攻劫死"[③]，就是进行了武装抵抗而被杀的。桂阳太守赵范归降后，赵云曾说"范迫降耳，心未可测"[④]，后来赵范果然也暗地逃走。

　　刘备这次军事行动结束后，占领的江南四郡相当于今湖南全省及湖北西南边缘地带、贵州省东部，地域较为广袤。这是刘备流离苦斗多

---

① 参见《三国志》卷39《蜀书·刘巴传》："（刘）表卒，曹公征荆州。先主奔江南，荆、楚群士从之如云，而巴北诣曹公。曹公辟为掾，使招纳长沙、零陵、桂阳。"第980页。
②《三国志》卷32《蜀书·先主传》，第879页。
③《三国志》卷32《蜀书·先主传》注引《三辅决录注》，第880页。
④《三国志》卷36《蜀书·赵云传》注引《（赵）云别传》，第949页。

年之后,首次占据的一块立足之地。按照史籍记载,刘备随后进行了以下安排及活动:

(一)分派部下驻守,自己回到公安

刘备征服江南四郡后,将手下的文武官员留在当地戍守。例如赵云,"从平江南,以为偏将军,领桂阳太守,代赵范。"[①]距离公安较远的长沙、桂阳、零陵三郡,都交付给诸葛亮治理,征收粮饷,供给军用,"先主遂收江南,以亮为军师中郎将,使督零陵、桂阳、长沙三郡,调其赋税,以充军实。"[②]《零陵先贤传》云:"亮时住临烝。"[③]卢弼注:"《一统志》:临烝故城,今湖南衡州府衡阳县治。后汉置县,烝一作承。谢钟英曰:诸葛亮住临蒸(烝),是县为桓灵后所置。吴增仅曰:亮屯临烝县,疑汉末立。"又云:"此县居长沙、零陵、桂阳三郡之中,调其赋税,最为要地也。"[④]后来又任命义阳人士郝普担任零陵太守[⑤]。刘备自己则回到公安居住。

江南四郡如果是居中调度,在这四座郡治当中,刘备应该将自己的左将军府设置在长沙郡的治所临湘(今湖南长沙市),但是他却驻在北边濒临南郡的公安,这是什么缘故? 笔者按:这和刘备准备执行《隆中对》的战略构想有密切联系。按照诸葛亮的规划,刘备应该先取荆州,再夺巴蜀,从而"跨有荆、益,保其岩阻,西和诸戎,南抚夷越,外结

---

①《三国志》卷36《蜀书·赵云传》注引《(赵)云别传》,第949页。

②《三国志》卷35《蜀书·诸葛亮传》,第915—916页。

③《三国志》卷35《蜀书·诸葛亮传》注引《零陵先贤传》,第916页。

④卢弼:《三国志集解》,第759页。

⑤《三国志》卷45《蜀书·杨戏传》附《季汉辅臣赞》:"郝普字子太,义阳人。先主自荆州入蜀,以普为零陵太守。"第1090页。

好孙权,内修政理。"[1] 而荆州最重要的区域就是位置居中、处于富饶的江汉平原之南郡。如蒯越所言:"南据江陵,北守襄阳,荆州八郡可传檄而定。"[2] 可是现在南郡由周瑜占领,刘备被隔在位置相对偏僻的江南,断绝了北进襄阳与西入三峡的道路,无从实现此前制订的扩张计划。如果刘备是刘表那样的"自守之徒",那么驻扎在长沙也就心满意足了。但对于具有雄心大志的他来说,这是绝不能接受的,将来的发展要鼎足而立、三分天下,那么必须拿到南郡才能打开局面,所以刘备把自己的军府和部队主力安置在靠近南郡首府江陵的公安,为下一步行动计划做好准备。

另外,孱陵县境位置重要,它的领土扩展到江陵对面的南岸以后,"北枕大江,西接三峡"[3],具有优良的战略形势。其北边临江的马头戍,正对隔岸重镇江陵的渡口江津。顾祖禹曰:"《荆州记》'江陵东三里有津乡',盖沿江津得名也。汉时于此置戍,有江津长司之。戍南对马头岸,亦谓之江陵南岸。"[4] 油口临近长江,水陆交通非常便利,通过湘水、沅水、耒水可以开赴江南四郡。沿江平原又是冲积土壤,品质肥沃,利于耕垦。"田土膏良,可以资业军人。"[5] 而且,当时孙刘两家最强劲的敌人曹操在北方,其边境襄阳与南郡相对,有周瑜所部为其遮蔽,位处江南的公安又相当安全,这些都是刘备选择在孱陵驻足的重要原因。

---

① 《三国志》卷 35 《蜀书·诸葛亮传》,第 913 页。
② 《三国志》卷 6 《魏书·刘表传》注引司马彪《战略》,第 212 页。
③ 《晋书》卷 74 《桓冲传》,第 1951 页。
④ (清)顾祖禹撰:《读史方舆纪要》卷 78 《湖广四·荆州府》,第 3663 页。
⑤ 《晋书》卷 74 《桓冲传》,第 1951 页。

（二）自领荆州牧，声势壮大

刘备取得江南四郡后声威大振，远处的土豪武装也前来投顺。这时驻守夏口的刘琦猝亡，部下拥立刘备为荆州之主。"庐江雷绪率部曲数万口稽颡。（刘）琦病死，群下推先主为荆州牧，治公安。"① 汉末的军阀割据称雄，"不据一州，无以自全。"② 这是刘备通往建国立业的第一步，他采取的策略是拉上孙权各自做一州的长官。"刘备表（孙）权行车骑将军，领徐州牧。备领荆州牧，屯公安。"③ 不过，刘备的荆州牧是自封的，事先没有经过孙权认可，否则从礼制上应该是互相推举，而不是自己认领。再者，刘备做荆州牧有些名不副实，因为江北的南郡还在周瑜手里。所以他的下一步策略就是要说服孙权，让他把南郡"借"给自己。"刘表吏士见从北军，多叛来投（刘）备。备以（周）瑜所给地少，不足以安民，后从（孙）权借荆州数郡。"④ 胡三省对此解释道："荆州八郡，（周）瑜既以江南四郡给备，（刘）备又欲兼得江、汉间四郡也。"⑤

面对刘备势力的发展，孙权有些忌惮，于是提出愿意把妹妹嫁给刘备以加深两家的友好关系。"权稍畏之，进妹固好。"⑥ 但是，这位孙夫人是率领一支武装部队前来出嫁的。"孙权以妹妻先主，妹才捷刚猛，有诸兄之风，侍婢百余人，皆亲执刀侍立，先主每入，衷心常凛

---

① 《三国志》卷32《蜀书·先主传》，第879页。
② 《三国志》卷6《魏书·袁绍传》注引《英雄记》，第191页。
③ 《三国志》卷47《吴书·吴主传》，第1118页。
④ 《三国志》卷32《蜀书·先主传》注引《江表传》，第879页。
⑤ 《资治通鉴》卷66汉献帝建安十五年胡三省注，第2102页。
⑥ 《三国志》卷32《蜀书·先主传》，第879页。

凛。"① 除了身边这支娘子军,孙夫人帐下还有男性兵将。《赵云别传》
称:"此时先主孙夫人以(孙)权妹骄豪,多将吴吏兵,纵横不法。"② 刘
备与孙夫人各怀异心,因此分别居住两城。《水经注》卷37《油水》记
载孙夫人住在原东汉屏陵县城,"县治故城,王莽更名屏陆也。刘备孙
夫人,权妹也,又更修之。"③ 杨守敬疏:"在今公安县西二十五里。"又
引《舆地纪胜》曰:"屏陵故城,又名孙夫人城……夫人,权之妹,疑备,
故别作此城,不与备同住,是谓孙夫人城即县城,与此《注》合。"④《元
和郡县图志》则云孙夫人城在汉屏陵县城之东,乃新筑城池。"孙夫人
城,在屏陵城东五里。汉昭烈夫人,权妹也,与昭烈相疑,别筑此城居
之。"⑤ 是说当时该地有公安、屏陵与孙夫人城三座城垒。孙夫人城应
是由她带来的吴国将士把守,等于是刘备大本营旁的独立军事据点。
可见孙权嫁妹是施展美人计,在刘备身边布置下一支武装监控力量,
如果孙权想要和刘备反目,就能利用孙夫人的部队暗地擒拿甚至杀掉
他。难怪刘备心常凛凛,正如诸葛亮所言:"主公之在公安也,北畏曹
公之强,东惮孙权之逼,近则惧孙夫人生变于肘腋之下;当斯之时,进
退狼跋。"⑥

　　孙权尽管嫁妹于刘备,但是对刘备"借荆州"一事却未予允许。吴
国将士费尽全力打赢了赤壁之战和江陵之役,好不容易拿下了南郡,

①《三国志》卷37《蜀书·法正传》,第960页。
②《三国志》卷36《蜀书·赵云传》注引《(赵)云别传》,第949页。
③(北魏)郦道元注,(民国)杨守敬、熊会贞疏:《水经注疏》,卷37《油水》,第3064—3065页。
④(北魏)郦道元注,(民国)杨守敬、熊会贞疏:《水经注疏》,卷37《油水》,第3065页。
⑤(唐)李吉甫:《元和郡县图志·阙卷逸文》卷1《山南道》,第1053页。
⑥《三国志》卷37《蜀书·法正传》,第960页。

终不能白白便宜了刘备。为此刘备亲自到京城求见孙权,要求得到荆州江北之地。孙权对这位妹婿招待很好,"绸缪恩纪"①,不过并未同意把南郡借给他,最终让刘备空手而回。只是在周瑜突然去世后,孙权没有得力的人选镇守南郡,鲁肃缺乏指挥作战的经验,老将程普又不擅于外交。此时曹操即将发动"四越巢湖"的战役来攻打江东,孙权需要集中兵力抵御,这才听从了鲁肃的建议,同意"借荆州"给刘备。"后备诣京见权,求都督荆州。惟肃劝权借之,共拒曹公。曹公闻权以土地业备,方作书,落笔于地。"②

(三)沿江设防,拒吴西进

周瑜生前曾向孙权提出攻取巴蜀的建议,获得首肯。"瑜还江陵,为行装,而道于巴丘病卒。"③此项作战计划遂告夭折。孙权"借荆州"与刘备之后,又想派遣兵将进攻巴蜀,派遣使者到公安来告知刘备,要求借道并以军队相助。刘备召集群臣商量,有些人主张接受孙权的提议,乘机夺取蜀地。"或以为宜报听许,吴终不能越荆有蜀,蜀地可为己有。"④荆州主簿殷观表示反对,认为此举过于危险。"若为吴先驱,进未能克蜀,退为吴所乘,即事去矣。"他主张表面拥护这项计划,但推托刚取得江南四郡,尚未巩固统治,不宜出征。"吴必不敢越我而独取蜀。如此进退之计,可以收吴、蜀之利。"⑤刘备接受了他的主张,婉言推辞,

---

①《三国志》卷 32《蜀书·先主传》,第 879 页。
②《三国志》卷 54《吴书·鲁肃传》,第 1270—1271 页。
③《三国志》卷 54《吴书·周瑜传》,第 1264 页。
④《三国志》卷 32《蜀书·先主传》,第 879—880 页。
⑤《三国志》卷 32《蜀书·先主传》,第 880 页。

孙权果然打消了攻蜀的企图。另据《献帝春秋》记载，刘备打算自己夺取巴蜀，以实现《隆中对》的筹划，因此去信向孙权表示拒绝，声称取蜀的困难很大，"益州民富强，土地险阻，刘璋虽弱，足以自守。"而且曹操将要进兵江东，希望孙权注意提防。"今操三分天下已有其二，将欲饮马于沧海，观兵于吴会，何肯守此坐须老乎？"最后说可以拉拢刘璋加入反曹阵营，攻打他会使曹操获利，因而是不可取的。"今同盟无故自相攻伐，借枢于操，使敌承其隙，非长计也。"[①]这番言辞未能打动孙权，他坚持己见，遣孙瑜领水军前往夏口，准备强行西征，被刘备下令阻拦，派人对孙瑜说："汝欲取蜀，吾当被发入山，不失信于天下也。"并重新安排了荆州的布防。"使关羽屯江陵，张飞屯秭归，诸葛亮据南郡，（刘）备自住屠陵。"[②]孙权见刘备摆出了反目动兵的阵势，不愿意和他撕破脸皮，只好下令撤兵，让孙瑜返回江东。

三、诸葛亮、关羽镇守荆州时期的公安

（一）刘备入蜀与孙夫人归吴

建安十六年（211），益州牧刘璋听说曹操要进兵汉中，心生畏惧，因而听从了张松等人的建议，邀请刘备入蜀来讨伐汉中的张鲁，借以保障四川的安全。刘备本有取蜀之意，正好乘机出兵，于是答应了刘璋的请求。"先主留诸葛亮、关羽等据荆州，将步卒数万人入益州。"[③]

①《三国志》卷32《蜀书·先主传》注引《献帝春秋》，第880页。
②《三国志》卷32《蜀书·先主传》注引《献帝春秋》，第880页。
③《三国志》卷32《蜀书·先主传》，第881页。

荆州的日常政务由诸葛亮处理,因此他驻在州府公安。关羽则在北岸的江陵主持防务,抵御襄阳而来的曹军①。另外,刘备还把赵云从桂阳调到公安,"领留营司马。"这是因为驻在屠陵的孙夫人帐下东吴吏兵经常骄横违法,刘备担心自己走后没有人能镇得住他们。赵云为人刚正,执法严明,所以调他到公安来主持当地的军务。"先主以云严重,必能整齐,特任掌内事。"②孙权得知刘备已经离开公安,孙夫人失去了对其监控的作用,继续留在那里也就没有什么意义了,于是"大遣舟船迎妹"③,将她与身边的男女将士接回东吴,并嘱咐她把刘禅顺便带走,好作为人质来要挟刘备。消息传出后,"诸葛亮使赵云勒兵断江留太子,乃得止。"④《赵云别传》也记载:"云与张飞勒兵截江,乃得后主还。"⑤成功地解决了这起外交事变。

(二)吴蜀对南三郡的争夺

建安十九年(214),刘备进攻成都,在雒城(治今四川广汉市北)受阻。"时(刘)璋子循守城,被攻且一年。"⑥因此下书到荆州,调集兵马前来助战。"诸葛亮、张飞、赵云等将兵溯流定白帝、江州、江阳,惟关羽留镇荆州。"⑦得到援兵后,刘备的力量壮大,在当年夏天攻破雒城,并

①参见《三国志》卷17《魏书·乐进传》:"后从平荆州,留屯襄阳,击关羽、苏非等,皆走之。南郡诸郡山谷蛮夷诣进降。又讨刘备临沮长杜普、旌阳长梁大,皆大破之。"第521页。
②《三国志》卷36《蜀书·赵云传》注引《(赵)云别传》,第949页。
③《三国志》卷36《蜀书·赵云传》注引《(赵)云别传》,第949页。
④《三国志》卷34《蜀书·二主妃子传·先主穆皇后》注引《汉晋春秋》,第906页。
⑤《三国志》卷36《蜀书·赵云传》注引《(赵)云别传》,第949页。
⑥《三国志》卷32《蜀书·先主传》,第882页。
⑦《三国志》卷32《蜀书·先主传》,第882页。

逼迫成都的刘璋投降,从而完全控制了益州。

　　这时荆州出现了政治、军事危机,当地的军队经过刘备、诸葛亮等两次入川,因而缺少了数万人,势力缘此大减。孙权见此情况即派遣诸葛瑾入蜀,向刘备索要荆州的南三郡(长沙、桂阳、零陵),但是遭到拒绝。"先主言:'须得凉州,当以荆州相与。'"[1] 孙权听了说:"此假而不反,而欲以虚辞引岁。"[2] 于是向南三郡派遣了行政官员前去接管,却被关羽全部驱逐出去。孙权闻讯大怒,马上下令出征,"乃遣吕蒙督鲜于丹、徐忠、孙规等兵二万取长沙、零陵、桂阳三郡,使鲁肃以万人屯巴丘以御关羽。(孙)权住陆口,为诸军节度。"[3] 刘备得知后,"引兵五万下公安"[4],然后"使关羽将三万兵至益阳"[5]。但为时已晚,长沙、桂阳、零陵三郡都向东吴投降。孙权命令吕蒙、孙皎、潘璋等将率兵协助鲁肃,到益阳和关羽相拒,双方陷于僵持状态。此时刘备接到曹操进攻汉中的消息,担心益州有失,随即与孙权议和,"遂分荆州,长沙、江夏、桂阳以东属(孙)权,南郡、零陵、武陵以西属(刘)备。"[6]

　　在这次战役中,公安是刘备率领预备部队坐镇之处,对益阳前线关羽所部提供后勤补给,并根据战况随时准备予以支援。战役结束后,刘备返回四川,公安与荆州的政治、军事情况发生了变化。

---

①《三国志》卷32《蜀书·先主传》,第883页。
②《三国志》卷47《吴书·吴主传》,第1119页。
③《三国志》卷47《吴书·吴主传》,第1119页。
④《三国志》卷32《蜀书·先主传》,第883页。
⑤《三国志》卷47《吴书·吴主传》,第1119页。
⑥《三国志》卷47《吴书·吴主传》,第1119—1120页。

（三）刘备归蜀后公安军政情况的变化

　　其一,荆州与南郡军政长官治所设在江陵。刘备平定益州后,"拜
（关）羽董督荆州事。"① 即委任关羽做当地的军政长官,相当于荆州都
督。原来刘备的荆州牧治所在公安,后来诸葛亮也在那里治事,但南三
郡割让给东吴后,关羽从益阳回到江陵,将公安的州府也迁移到那里,
南郡治所和太守糜芳也在江陵。关羽又主持了荆州城墙的重修工程,
《水经注》卷34《江水》曰:"（江陵）旧城,关羽所筑。羽北围曹仁,吕
蒙袭而据之。羽曰:'此城吾所筑,不可攻也。'乃引而退。"② 据《元和
郡县图志》所言,关羽是将旧城的面积向南延伸,新旧城区之间加筑城
墙。"江陵府城,州城本有中隔,以北旧城也,以南关羽所筑。"③ 后来关
羽水淹七军,"以舟兵尽虏（于）禁等步骑三万送江陵。"④ 由此可见这
座城市的容量巨大,它安置了普通居民、官吏以及数万将士的家属,还
能接纳捕获于禁的三万多降兵。随着江陵的显著发展,对岸的公安城
不仅在政治地位上有所下降,其城市规模也是相形见绌。

　　其二,公安临近前线。原来的公安位居后方,它东有巴丘（今湖南
岳阳市）、北有江陵为其掩护,因此相当安全,被刘备选作左将军府和荆
州牧治所。但是后来吴蜀双方的矛盾冲突日益激化,尤其是长沙郡割
让给东吴之后,重镇巴丘落入孙权之手,由此地上溯长江而行,直到公
安,沿途再没有蜀汉的军镇和要塞,只有"屯候",即侦察警戒并施放烽

①《三国志》卷36《蜀书·关羽传》,第940页。

②（北魏）郦道元注,（民国）杨守敬、熊会贞疏:《水经注疏》,卷34《江水》,第2863页。

③（唐）李吉甫:《元和郡县图志·阙卷逸文》卷1《山南道》,第1051页。

④《三国志》卷47《吴书·吴主传》,第1120页。

燧烟火的哨所。公安实际上成为吴蜀边境沿江来往的第一座城市,其危险系数显著提高。后来吕蒙偷袭荆州,就是一路未经战斗,顺利抵达公安城下。

其三,任命士仁镇守公安。据《季汉辅臣赞》所言:"士仁字君义,广阳人也,为将军,住公安,统属关羽;与羽有隙,叛迎孙权。"① 可知士仁是北方广阳郡(治蓟县,今北京市)人,可能是早年跟随刘备征战到荆州的,虽然被委以重任,但是没见到他往日有什么战功,为人胆怯,贪生怕死,品行不佳,因而受到关羽的蔑视。此人既无征战守御的才能,也缺乏忠烈的禀性,所以在强敌来临时即刻献城投降,刘备对他的任命非常失败,这是后来公安城乃至荆州陷落的重要原因之一。《三国志》关羽本传原作"傅士仁",《三国志集解》引何焯曰:"杨戏《辅臣赞》、《孙权传》、《吕蒙传》皆作'士仁','傅'字衍。"又引李慈铭曰:"东汉无二名,此下亦屡言'芳、仁',则单名'仁'可知。"② 现已更正。

(四)孙权袭取荆州战役中的公安

建安二十四年(219),关羽北征襄樊,消灭曹操精锐的七军,威震华夏。曹操接受司马懿、蒋济的建议,"遣人劝(孙)权蹑其后,许割江南以封权。"③ 孙权同意后修书给曹操,暗地准备袭击荆州。关羽北伐之前,曾对后方的防务有所担忧,"留兵将备公安、南郡。"④ 镇守陆口的吕蒙伪装病重,带领部分兵将撤回江东。接任的将军陆逊给关羽写

① 《三国志》卷45《蜀书·杨戏传》附《季汉辅臣赞》,第1090页。
② 卢弼:《三国志集解》,第778页。
③ 《三国志》卷36《蜀书·关羽传》,第941页。
④ 《三国志》卷54《吴书·吕蒙传》,第1278页。

了一封口气谦卑的书信,自称"仆书生疏迟,忝所不堪,喜邻威德,乐自倾尽"①。关羽看了满篇称赞的词句很是得意,因而放松了警惕,从后方撤掉部分军队赶赴樊城前线。孙权见关羽中计,便任命吕蒙为大督,率领精锐前行,孙皎和自己领兵殿后。吕蒙到了寻阳(治今湖北黄梅县西南),将前锋的精兵隐藏在船舱里,"使白衣摇橹,作商贾人服,昼夜兼行。至羽所置江边屯候,尽收缚之,是故羽不闻知。遂到南郡。"②士仁率先投降,《关羽传》说麋芳、士仁是主动降吴。"(孙)权阴诱芳、仁,芳、仁使人迎权。"③《吴书》则说吴军到达公安城下,吕蒙派虞翻去劝降,士仁不愿相见,虞翻便给他写了一封书信,欺骗士仁说:"大军之行,斥候不及施,烽火不及举,此非天命,必有内应。"又恐吓道:"死战则毁宗灭祀,为天下讥笑。"④士仁看了以后心生恐惧,流涕而降。吕蒙于是携带士仁赶赴江陵,"南郡太守麋芳城守,蒙以仁示之,遂降。"⑤这时麋芳见到士仁,得知公安城已经陷落,因此无心独军坚守,马上向吕蒙投降。

公安和江陵的城防本来相当牢固,可以坚守很长时间。董昭曾向曹操献计,将孙权准备袭击荆州的文书用箭射到关羽的营中,以动摇其军心。"且羽为人强梁,自恃二城守固,必不速退。"⑥胡三省曰:"羽虽见权书,自恃江陵、公安守固,非权旦夕可拔。"⑦但是麋芳、士仁对

①《三国志》卷58《吴书·陆逊传》,第1345页。
②《三国志》卷54《吴书·吕蒙传》,第1278页。
③《三国志》卷36《蜀书·关羽传》,第941页。
④《三国志》卷54《吴书·吕蒙传》注引《吴书》,第1279页。
⑤《三国志》卷54《吴书·吕蒙传》注引《吴书》,第1279页。
⑥《三国志》卷14《魏书·董昭传》,第440页。
⑦《资治通鉴》卷68汉献帝建安二十四年胡三省注,第2167页。

关羽轻视自己早已心怀不满,关羽北征襄樊,糜芳、士仁在后方供给粮饷、器械不及时,惹起关羽的愤怒,声称撤军后要惩办他们,"羽言'还,当治之'。芳、仁咸怀惧不安。"① 二人都是势利小人,缺乏对刘备政权的忠心,致使在吕蒙兵临城下时不战而降。关羽丧失后方巢穴,数万将士的家属又被扣作人质,军队完全丧失了斗志,纷纷归顺吴国,局势遂不可收拾。关羽只带了关平、赵累等十余骑逃走,在临沮被吴将马忠设伏杀死,孙权几乎是兵不血刃地拿下了荆州。

四、吕蒙与诸葛瑾治下公安的军政情况

建安二十四年(219)冬孙权袭取荆州之后,屎陵与公安即由吴国统治,直到太康元年(280)西晋灭吴为止。在这61年时间里,根据孙吴军事部署和公安主将地位、权力的差别,可以划分为若干阶段。其中第一阶段是在吕蒙与诸葛瑾驻扎并治理屎陵和公安的时期,即从建安二十四年(219)到吴赤乌四年(241)。其中吕蒙在任的时间很短,建安二十四年(219)十二月荆州平定,孙权对吕蒙重加封赏,宣布:"以蒙为南郡太守,封屎陵侯,赐钱一亿,黄金五百斤。"② 但是吕蒙很快病危,甚至没有等到爵邑的封赐仪式举行,"封爵未下,会蒙疾发"③,当年就去世了。其官职由诸葛瑾接任,到吴赤乌四年(241)病逝,在任22年。这个时期公安及屎陵的政治、军事状况具有以下特点:

---

① 《三国志》卷36《蜀书·关羽传》,第941页。
② 《三国志》卷54《吴书·吕蒙传》,第1279页。
③ 《三国志》卷54《吴书·吕蒙传》,第1279页。

（一）公安曾作为临时国都

建安二十四年（219）十月，孙权夺取南郡，他曾经进驻江陵，抚慰归降的蜀汉官员^①。随即撤退到江南的公安，在那里处理军政要务，作为临时的国都。孙权在公安设有居住的行宫，见吕蒙本传："会蒙疾发，（孙）权时在公安，迎置内殿，所以治护者万方。"最终医治无效，"年四十二，遂卒于内殿。"^②荆州平定后，孙权还在公安召开过大规模的庆祝酒宴，召集文武官员参加，并对吕蒙等有功之臣进行褒奖。《江表传》曰："（孙）权于公安大会，吕蒙以疾辞，权笑曰：'禽羽之功，子明谋也。今大功已捷，庆赏未行，岂邑邑邪？'乃增给步骑鼓吹，敕选虎威将军官属，并南郡、庐江二郡威仪。"^③又见全琮本传："及禽（关）羽，（孙）权置酒公安，顾谓（全）琮曰：'君前陈此，孤虽不相答，今日之捷，抑亦君之功也。'于是封阳华亭侯。"^④

孙权选择公安作为临时国都的原因是：首先，荆州刚刚占领，各郡形势未稳，或有叛乱发生。如"武陵部从事樊伷诱导诸夷，图以武陵属刘备，外白差督督万人往讨之"^⑤。这时需要安抚归顺的郡县官吏与当地豪强，镇压反叛，来巩固胜利成果。如果仍然居住江东的建业（今江苏南京市），实属鞭长莫及，恐怕难以控制局面。其次，若是把国都安

---

①参见《三国志》卷61《吴书·潘濬传》注引《江表传》："（孙）权克荆州，将吏悉皆归附，而濬独称疾不见。权遣人以床就家舆致之。"第1397页。

②《三国志》卷54《吴书·吕蒙传》，第1279—1280页。

③《三国志》卷54《吴书·吕蒙传》注引《江表传》，第1280页。

④《三国志》卷60《吴书·全琮传》，第1381—1382页。

⑤参见《三国志》卷61《吴书·潘濬传》注引《江表传》，第1398页。

排在北岸的江陵,距离襄阳的魏军不算太远。《南齐书》卷15《州郡志下》曰:"江陵去襄阳步道五百(里),势同唇齿。"当年曹操从襄阳南下追击刘备,"轻骑一日一夜行三百余里"[①],步兵行进也就是十天左右,因而受到的威胁较为严重。另外,江陵毕竟是关羽盘踞多年的巢穴,降将故吏众多,君主在此居住不够安全。孙权驻跸在公安,北方有重镇江陵与长江的庇护,不用担心受到侵害。他为了减轻百姓的经济负担,宣布当年"尽除荆州民租税"[②]。此外,陆逊向孙权建议,普遍录取荆州士人出任官吏。"今荆州始定,人物未达,臣愚惓惓,乞普加覆载抽拔之恩,令并获自进,然后四海延颈,思归大化。"[③]也获得了孙权的采纳,得以拉拢和收买人心。通过一年多来各项经济、政治措施的实行,吴国在荆州的统治日益稳固,而它的沿江防线绵延漫长。"自西陵以至江都,五千七百里。"[④]公安的地理位置偏在西隅,一旦长江中游或下游遇到曹魏的入侵,孙权和他身边的军队主力"中军"不能及时进行调度和救援。于是在黄初二年(221)四月,"(孙)权自公安都鄂,改名武昌。"[⑤]将国君百官和"中军"主力安置在位置居中的武昌(今湖北鄂州市),这样就能够左右逢源,从容应敌。如《贾逵传》所称:"是时(豫)州军在项,汝南、弋阳诸郡,守境而已。(孙)权无北方之虞,东西有急,并军相救,故常少败。"[⑥]

---

① 《三国志》卷35《蜀书·诸葛亮传》,第915页。
② 《三国志》卷47《吴书·吴主传》,第1121页。
③ 《三国志》卷58《吴书·陆逊传》,第1346页。
④ 《三国志》卷48《吴书·三嗣主传·孙皓》注引干宝《晋纪》,第1165页。
⑤ 《三国志》卷47《吴书·吴主传》,第1121页。
⑥ 《三国志》卷15《魏书·贾逵传》,第483页。

（二）孱陵、公安划归南郡

公安城所在的孱陵县,东汉时属于武陵郡,学界多认为吴国占领当地后划归南郡。如今人梁允麟《三国地理志》称:"吴南郡领汉旧县6:江陵、编、当阳、华容、州陵、枝江,入武陵之作唐、孱陵共8县。"^①今人陈健梅亦云:"时吕蒙领南郡太守,封孱陵侯,孱陵当是此时自武陵郡移属南郡。"^②上述观点可以信从,但也不排除有这样的可能,即刘备"借荆州"取得南郡之后,公安城和孱陵县就脱离了武陵郡,而划入南郡辖境了。例如《吕蒙传》载吴军过寻阳后,"昼夜兼行。至羽所置江边屯候,尽收缚之,是故羽不闻知,遂到南郡,士仁、糜芳皆降。"^③这里即表明公安、江陵都属于南郡,蜀汉统治时期已经如此。笔者推测,刘备"借荆州"后取得南郡,公安为州治所在地,原本就属于南郡在江南的领土,而这时孱陵县可能也划归南郡了。吴国将公安和孱陵归属南郡,只是沿袭蜀汉的有关制度而已。

（三）公安成为南郡的治所

关羽镇守荆州时期,南郡治所在北岸的江陵,太守糜芳即驻守此地。吴国占领荆州之后,某些学者认为,南郡治所起初设在江陵,后来移到长江南岸的公安。如今人陈健梅云:"孙权以吕蒙为南郡太守,据江陵。后诸葛瑾以绥南将军代吕蒙领南郡太守,住公安。"^④有关情况,

---

① 梁允麟:《三国地理志》,广东人民出版社,2004年,第306页。
② 陈健梅:《孙吴政区地理研究》,岳麓书社,2008年,第154页。
③《三国志》卷54《吴书·吕蒙传》,第1278页。
④ 陈健梅:《孙吴政区地理研究》,第151页。

清代学者吴增仅曾做过考证,认为吕蒙任南郡太守时,就已经驻在长江南岸的公安(屏陵),其文如下:

> 今考周瑜领南郡太守,屯江陵。及吕蒙袭破荆州,领南郡太守。时江陵未城(《吴志》赤乌十一年始城江陵),遂住公安(据《蒙传》云,蒙发疾时,权在公安迎置内殿云云,可见)。诸葛瑾代蒙亦即住此。是后魏人攻围南郡皆须渡江。沈《志》云吴南郡治江南,又云晋改公安曰江安。《通鉴》胡注云晋平吴,以江南之南郡为南平郡,治江安。参证史志,知吴之南郡始终治公安也(《诸葛瑾传》注引《江表传》,公安灵鼍鸣,童谣曰:南郡城中可长生云云,亦足证南郡治公安也)。[1]

笔者按:吕蒙任南郡太守时驻屏陵,还有史料可证。如前引《江表传》载吕蒙到公安城参加庆祝封赏酒会,"敕选虎威将军官属,并南郡、庐江二郡威仪。拜毕还营,兵马导从,前后鼓吹,光耀于路。"[2] 表明他返回军营走的是陆路,其驻地应是在公安附近;若是回到江陵,则应乘船渡江走水路。屏陵当地后世尚存有吕蒙屯兵遗迹,《〈补三国疆域志〉补注》云屏陵县,"有吕蒙城。陆游《入蜀记》'光孝寺后有废城,仿佛尚存。《图经》谓之吕蒙城。'《一统志》'今公安县东北。'"[3] 顾祖禹亦

---

① (清)吴增仅:《三国郡县表附考证》,《二十五史补编》编委会编:《三国志补编》,北京图书馆出版社,2005年,第379页。
② 《三国志》卷54《吴书·吕蒙传》注引《江表传》,第1280页。
③ (清)洪亮吉撰,(清)谢钟英补注:《〈补三国疆域志〉补正》,《二十五史补编》编委会编:《三国志补编》,第556页。

曰：“吕蒙城，在（公安）县北二十五里。蒙尝屯屠陵，筑城于此。”[1] 这应是他驻军立戍的城垒，孙权封其为屠陵侯，封邑即就近安排。

孙权将南郡治所迁移到江南的屠陵、公安，究其原因，主要是江陵面临北方曹魏的严重军事威胁，不够安全，因此不适合再担任地区的军事和行政中心。南郡江北的百姓经历战乱后纷纷迁移到南岸，《夏侯尚传》提到，“荆州残荒，外接蛮夷，而与吴阻汉水为境，旧民多居江南。”[2] 刘宋何承天《安边论》追述道：“曹、孙之霸，才均智敌，江、淮之间，不居各数百里。魏舍合肥，退保新城，吴城江陵，移民南涘。”[3] 这段话反映了江陵附近的居民除了自发逃难离境之外，孙吴政权还组织他们迁徙、转移到南岸去居住。曹魏方面则将汉水以南的残留居民迁徙到汉水北岸，“（曹）仁与徐晃攻破（陈）邵，遂入襄阳，使将军高迁等徙汉南附化民于汉北。”[4] 这样在襄阳与江陵之间就形成一个宽度为数百里的无人居住地带，敌军可以不受阻拦地越过它而来到江陵城下，这座城市的性质逐渐由南郡的行政、军事中心演变为位处前线的防御型堡垒，城内主要是军队驻扎，少有居民，原有的郡级民政管理机构转移到更为安全的江水南岸，安置在公安城内。

（四）公安城设置督将，驻有重兵

诸葛瑾本来是文职官员，他跟随孙权袭取荆州，立功赐爵。吕蒙死后，诸葛瑾继任南郡太守并获得将军职衔，治所在公安城。“后从讨

---

① （清）顾祖禹撰：《读史方舆纪要》卷78《湖广四·荆州府》公安县，第3665页。
② 《三国志》卷9《魏书·夏侯尚传》，第294页。
③ 《宋书》卷64《何承天传》，中华书局，1974年，第1707页。
④ 《三国志》卷9《魏书·曹仁传》，第276页。

关羽,封宜城侯,以绥南将军代吕蒙领南郡太守,住公安。"①孙权迁都武昌后,又任命诸葛瑾为公安督,握有节杖。"黄武元年,迁左将军,督公安,假节,封宛陵侯。"②吴国的督将,通常领兵在万人上下,如蒋钦称赞徐盛:"忠而勤强,有胆略器用,好万人督也。"③诸葛瑾部下将士的人数史书并没有明确具体的记载,但《吴录》称其拥有"大兵"④,顾祖禹亦言:"吴徙南郡治焉,往往以重兵驻守(公安县)。"⑤看来数量不止万人,可能还要多一些。原先关羽镇守荆州时,他是统率各郡兵马的最高长官,辖区东抵江夏,西至三峡中段的秭归,南达五岭,执掌权力的范围很大。孙权占领荆州后,对当地的驻军将领采取了分权的策略,他把南郡和宜都郡沿江地段分为三个军事辖区,朱然镇江陵,诸葛瑾督公安,陆逊守西陵(夷陵),三位主将都是"假节",即执有孙权颁发的节杖,可以在自己管辖的战区里发号施令,专断生死,只接受朝廷的调遣,从而互不统属。遇到大战时,则按照孙权的指示相互配合支援。例如夷陵之战时,"刘备举兵攻宜都,(朱)然督五千人与陆逊并力拒备。"⑥黄初三年(222)九月,曹魏围攻江陵,孙权派遣诸葛瑾与西陵战区的潘璋带兵予以救援。公安与江陵南北相对,隔江守望,距离70余里,在危急时支援江陵作战应是公安驻军的重要任务。此次朱然困守孤城,"(曹)真等起土山,凿地道,立楼橹,临城弓矢雨注。"⑦张郃又带

---

① 《三国志》卷52《吴书·诸葛瑾传》,第1232页。
② 《三国志》卷52《吴书·诸葛瑾传》,第1233页。
③ 《三国志》卷55《吴书·蒋钦传》注引《江表传》,第1287页。
④ 《三国志》卷52《吴书·诸葛瑾传》注引《吴录》,第1233页。
⑤ (清)顾祖禹撰:《读史方舆纪要》卷78《湖广四·荆州府》公安县,第3665页。
⑥ 《三国志》卷56《吴书·朱然传》,第1306页。
⑦ 《三国志》卷56《吴书·朱然传》,第1306页。

兵击败孙盛,攻陷了吴军外援屯驻的中洲。"前部三万人作浮桥,渡百里洲上。"① 江陵内外断绝,但诸葛瑾是文官出身,不晓军事,又禀性缓慢,临时拿不出办法。"瑾以大兵为之救援,瑾性弘缓,推道理,任计画,无应卒倚伏之术,兵久不解,(孙)权以此望之。"② 直到春潮发生,"潘璋等作水城于上流,(诸葛)瑾进攻浮桥,(曹)真等退走"③,才解除了江陵的长期围困。

除了支援江陵的防御战斗,公安守军还担负着出击江北魏国边境的作战任务,诸葛瑾在世时共有三次。分述如下:

其一,黄武五年襄阳之役。当年即曹魏黄初七年(226),"秋七月,(孙)权闻魏文帝崩,征江夏,围石阳,不克而还。"④ 他调遣江陵的朱然所部到江夏共同出征⑤,同时命令诸葛瑾率公安守军渡江北上,进攻襄阳。八月,"吴将诸葛瑾、张霸等寇襄阳,抚军大将军司马宣王讨破之,斩(张)霸。"⑥《晋书》记载司马懿"败瑾,斩(张)霸,并首级千余"⑦。吴将张霸可能是朱然在江陵的部将,他带领部分兵来协助诸葛瑾北征。

其二,嘉禾三年襄阳之役。当年即曹魏青龙二年(234),诸葛亮率蜀军出斜谷驻五丈原,东吴方面也大举北伐以配合作战。"夏五月,

①《三国志》卷55《吴书・潘璋传》,第1300页。
②《三国志》卷52《吴书・诸葛瑾传》注引《吴录》,第1233页。
③《三国志》卷52《吴书・诸葛瑾传》注引《吴录》,第1233页。
④《三国志》卷47《吴书・吴主传》,第1132—1133页。
⑤《三国志》卷56《吴书・朱然传》:"(黄武)六年,(孙)权自率众攻石阳,及至旋师,潘璋断后。夜出错乱,敌追击璋,璋不能禁。(朱)然即还住拒敌,使前船得引极远,徐乃后发。"第1306页。
⑥《三国志》卷3《魏书・明帝纪》,第92页。
⑦《晋书》卷1《宣帝纪》,第4页。

（孙）权遣陆逊、诸葛瑾等屯江夏、沔口，孙韶、张承等向广陵、淮阳，权率大众围合肥新城。"① 这次军事行动，诸葛瑾所部是乘船渡江，经夏水进入沔水（今汉江），与自武昌、沔口（今湖北武汉市汉阳区）而来的陆逊水师会合，然后溯沔水至襄阳附近，被敌人阻拦。至七月，孙权部队从合肥返回江东。陆逊与诸葛瑾商定撤退的计策，"令瑾督舟船，逊悉上兵马，以向襄阳城。敌素惮逊，遽还赴城。瑾便引船出，逊徐整部伍，张拓声势，步趋船，敌不敢干。"② 于是两部兵马成功地瞒过敌军，顺利撤回境内。

其三，赤乌四年柤中之役。当年即曹魏正始二年（241），夏五月，"吴将全琮寇芍陂，朱然、孙伦五万人围樊城，诸葛瑾、步骘寇柤中。"③ 柤中位于今湖北南漳县蛮河流域，水土肥沃，利于垦殖，当时有少数民族"夷人"和部分汉民居住在那里。《襄阳记》曰："柤中在上黄界，去襄阳一百五十里。魏时夷王梅敷兄弟三人，部曲万余家屯此，分布在中庐宜城西山鄢、沔二谷中，土地平敞，宜桑麻，有水陆良田，沔南之膏腴沃壤，谓之柤中。"④ 朱然作战经验丰富，他的部队战斗力强，因而在这次军事行动中承担了强攻要塞樊城的任务。诸葛瑾及其部下的作战能力较弱，所以和步骘的西陵部队配合攻打没有正规军的夷人居住区。柤中的土著居民抵挡不住，被迫逃亡，司马懿因此向朝廷建议领兵救援。他说："柤中民夷十万，隔在水南，流离无主，樊城被攻，历月

①《三国志》卷47《吴书·吴主传》，第1140页。
②《三国志》卷58《吴书·陆逊传》，第1351页。
③《三国志》卷4《魏书·三少帝纪·齐王芳》注引干宝《晋纪》，第119页。
④《三国志》卷56《吴书·朱然传》注引《襄阳记》，第1307页。

不解,此危事也,请自讨之。"① 当年六月,魏国遣司马懿领诸军南征,到达樊城前线之后,朱然所部不愿迎战,随即在夜间撤退。司马懿带兵,"追至三州口,斩获万余人,收其舟船军资而还。"② 诸葛瑾也从柤中收兵回境,他撤到公安后不久即病死,享年 68 岁。

五、诸葛融治下公安的军政状况

诸葛瑾死后,由其次子诸葛融继承了他的南郡太守与公安督将职位。其长子"(诸葛)恪已自封侯,故弟融袭爵,摄兵业驻公安"③。诸葛融于孙吴赤乌四年(241)上任,建兴二年(253)自杀并被灭族,在公安镇守了 12 年。这段时期吴国对荆州西部战区的部署和指挥屡次做出调整,公安督将的地位和权力经历了三次变化,详述如下:

(一)公安督将听命于江陵(乐乡)都督

诸葛融"生于宠贵,少而骄乐,学为章句,博而不精"④,对于军事也不在行,孙权对此了解得很清楚,恐怕他镇守公安要地不能胜任,因此下令让他接受富有作战经验的朱然指挥,并收回了此前颁发给诸葛瑾的节杖。如前所述,诸葛瑾在世时,江陵与公安两城的主将互不统属,现在则成为上下级关系。后来镇守西陵的步骘病逝,由其子步协接任,孙权也让他听从朱然的号令。"诸葛瑾子融,步骘子协,虽各袭任,

---

① 《三国志》卷 4《魏书·三少帝纪·齐王芳》注引干宝《晋纪》,第 119 页。
② 《晋书》卷 1《宣帝纪》,第 14 页。
③ 《三国志》卷 52《吴书·诸葛瑾传》,第 1235 页。
④ 《三国志》卷 52《吴书·诸葛瑾传》注引《吴书》,第 1236 页。

权特复使（朱）然总为大督。"① 这样，江陵、公安、西陵三地就合并为一个战区，由朱然出任最高长官。"又陆逊亦卒，功臣名将存者惟（朱）然，莫与比隆。"② 公安督将诸葛融接受江陵（乐乡）都督朱然的指挥是从赤乌四年到十二年（241—249）。

这个时期屠陵县境发生的重大事件，就是乐乡城的修筑。乐乡城在今湖北松滋市东的长江南岸，位于江陵西南。胡三省曰："乐乡城在今江陵府松滋县东，乐乡城北，江中有沙碛，对岸踏浅可渡，江津要害之地也。"③ 该城的地址属于屠陵县，《水经注》卷 35《江水》曰："江水又迳南平郡屠陵县之乐乡城北，吴陆抗所筑，后王濬攻之，获吴水军督陆景于此渚也。"④ 熊会贞指出，乐乡城实际的修筑时间要更早，赤乌十二年（249）施（朱）绩接任乐乡都督时已经存在。"《渚宫故事》五，吴置军督于江陵，（陆）抗迁治乐乡。《通典》亦云，乐乡城即抗所筑。然吴朱绩已为乐乡督，抗盖改筑耳。"⑤ 严耕望根据《三国志》卷 56《吴书·朱然附子绩传》的记载，强调施（朱）绩是继承父亲朱然的职位，因此，"按乐乡都督始于朱然。"⑥ 乐乡城的修筑因此也是朱然在世时完成的。吕蒙死后，"（孙）权假（朱）然节，镇江陵。"⑦ 他曾经带兵在陆逊帐下参加夷陵之战，获胜后又返回江陵驻地，主持了黄初三年（222）九月

---

① 《三国志》卷 56《吴书·朱然传》，第 1308 页。
② 《三国志》卷 56《吴书·朱然传》，第 1308 页。
③ 《资治通鉴》卷 79 晋武帝泰始六年胡三省注，第 2512 页。
④ （北魏）郦道元注，（民国）杨守敬、熊会贞疏：《水经注疏》，卷 35《江水》，第 2873 页。
⑤ （北魏）郦道元注，（民国）杨守敬、熊会贞疏：《水经注疏》，卷 35《江水》，第 2873 页。
⑥ 严耕望：《中国地方行政制度史乙部·魏晋南北朝地方行政制度》上册，上海古籍出版社，2007 年，第 28 页。
⑦ 《三国志》卷 56《吴书·朱然传》，第 1306 页。

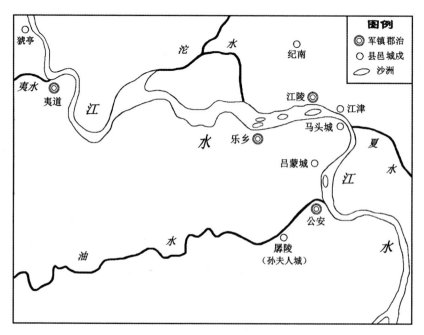

图二二 孙吴公安、江陵地区示意图

到次年三月的江陵保卫战,筑城并移镇乐乡应该是在这次战役之后发生的事(参阅图二二)。

作战区域军政长官的驻地,也就是指挥中心和军队主力的屯据之处,不能距离边境太近,否则容易遭受敌人突袭而蒙受意外的损失。江陵成为前线要塞之后,已经不再适合担任后方基地,所以孙吴政权把南郡治所与都督军镇先后转移到江南。另一方面,三国的战斗实践也表明,坚固险峻的小型要塞城垒,只要有千余或数千兵众就能够抵抗强敌较长时间的进攻,像魏国的郝昭守陈仓抗拒蜀兵,张特据合肥新城抵御吴师,都是成功的战例。江陵原来是春秋战国的楚国都城,也是汉代繁华的商业城市,"车毂击,民肩摩,市路相排突,号为朝衣鲜而暮衣敝也。"①关羽又对它进行了扩建,但是规模庞大的都市,需要数量众多的军队来防守,消耗的给养为数浩繁,因此不利于长期作战。赤乌十一年(248)正月,"朱然城江陵。"②笔者推测,这有可能是放弃原来关羽修筑的江陵大城,另筑一座较小的城垒,安排数量较少的驻军防守,守将为江陵督,主力则随着都督军镇迁移到南岸的乐乡。从此后的战争情况来看,江陵如果遭受强敌入侵,乐乡都督即带领兵马渡江前来支援。史书上记载后来孙吴的江陵督有张咸、伍延,听命于乐乡都督陆抗和孙歆的指挥调遣。

(二)乐乡、公安各自为政

朱然在赤乌十二年(249)三月病逝,由其子施(朱)绩继任。"然

①(汉)桓谭撰,朱谦之校辑:《新辑本桓谭新论》,中华书局,2009年,第50页。
②《三国志》卷47《吴书·吴主传》,第1147页。

卒,绩袭业,拜平魏将军,乐乡(都)督。"① 由于施绩威望和资历尚浅,难以服众。因此孙权又命令恢复到此前江陵、乐乡与公安、西陵督将或都督分别治兵、互不统属的状态。据施绩本传记载:赤乌十三年(250)十二月,魏国荆州都督、征南将军王昶领兵攻打江陵,施绩渡江前去救援。王昶攻城不利而退兵,施绩想要追击,但觉得自己兵力不足,他无权调动公安的兵马,只得写信恳请诸葛融前来支援。书曰:"昶远来疲困,马无所食,力屈而走,此天助也。今追之力少,可引兵相继。吾欲破之于前,足下乘之于后,岂一人之功哉,宜同断金之义。"诸葛融看了以后答应出兵相助,可是次日交战时临敌畏惧,食言而不进兵助战,导致施绩先胜后败。"(施)绩便引兵及(王)昶于纪南,纪南去城三十里,绩先战胜而(诸葛)融不进,绩后失利。"战后孙权褒奖了施绩,对诸葛融严加斥责,由于诸葛融的长兄诸葛恪是辅政大臣,深受恩宠,他才没有被免职。但是经历了这次战斗,施绩和诸葛恪兄弟结下了深仇,"初(施)绩与(诸葛)恪、融不平,及此事变,为隙益甚。"②

(三)公安都督统领乐乡、江陵军务

太元二年(252)孙权病逝,孙亮继位,大将军、太傅诸葛恪主持朝政,给兄弟诸葛融写信,让他不要擅离职守前来奔丧。"又弟所在,与贼犬牙相错。当于今时整顿军具,率厉将士,警备过常,念出万死,无顾一生,以报朝廷,无忝尔先。"③当年冬天,吴国在东关大败入侵的魏军,诸

①《三国志》卷56《吴书·朱然附子绩传》,第1308页。
②《三国志》卷56《吴书·朱然附子绩传》,第1308页。
③《三国志》卷64《吴书·诸葛恪传》,第1434页。

葛恪被胜利冲昏头脑,于建兴二年(253)四月调发二十万大军出征淮南,他颁发给诸葛融节杖,"假融节,令引军入沔,以击西兵。"① 即率领水师,溯汉江北进,同时命令施绩领兵到淮南来助战。淮南战事不利,吴军撤退后,诸葛恪将施绩"留置半州,使(诸葛)融兼其任"②。就是提升诸葛融做都督,兼领乐乡和江陵的军务,这是公安主将权力最盛的时期。但是好景不长,此年冬天,孙峻发动政变,在建业杀死了诸葛恪,"遣无难督施宽就将军施绩、孙壹、全熙等取(诸葛)融。"③ 孙峻派遣的这支朝廷大兵来到公安,将城池包围起来。城内的诸葛融惊慌失措,又无计可施。"饮药而死,三子皆伏诛。"④ 在此之前,公安有一条灵鼍(鳄鱼)发出鸣叫,"童谣曰:'白鼍鸣,龟背平,南郡城中可长生,守死不去义无成。'及(诸葛)恪被诛,(诸葛)融果刮金印龟,服之而死。"⑤ 印证了这首歌谣的寓意。

六、吴国末年乐乡都督治下的屏陵、公安

　　诸葛恪、诸葛融死后,公安仍置督将领兵,并划归乐乡都督管辖。施绩本传曰:"(建兴二年)冬,恪、融被害,绩复还乐乡,假节。"⑥ 即恢复了乐乡都督的职务。"永安初,迁上大将军、都护督,自巴丘上迄西

①《三国志》卷52《吴书·诸葛瑾传》,第1235页。
②《三国志》卷56《吴书·朱然附子绩传》,第1308页。
③《三国志》卷52《吴书·诸葛瑾传》,第1235页。
④《三国志》卷52《吴书·诸葛瑾传》,第1235页。
⑤《三国志》卷52《吴书·诸葛瑾传》注引《江表传》,第1236页。
⑥《三国志》卷56《吴书·朱然附子绩传》,第1308页。

陵。"^① 卢弼注："自今湖南岳州至今湖北宜昌也。"^② 表明他掌管的辖区范围包括公安在内。永安二年（259），孙吴朝廷又对陆抗"拜镇军将军，都督西陵，自关羽至白帝"^③。《三国志集解》记载："赵一清曰：'关羽濑与白帝城文义相对，上删濑字，下去城字，史之省文，然不可通也。'潘眉曰：'关羽下当有濑字，即《甘宁传》所言关羽濑也，在益阳茱萸江上。《水经注》：益阳县西有关羽濑，南对甘宁故垒也。'（卢）弼按：'孙吴于沿江要地置督，分段管辖。自关羽濑至白帝城，即西陵（都）督之辖境。'"^④ 关羽濑在资水（今资江）沿岸，属于西陵都督辖区。自关羽濑至白帝城，陆抗管辖的地段似乎与前述施绩"自巴丘上迄西陵"的辖区有所冲突，史书记载不够明确，难以了解其详细情况，估计不会朝令夕改，公安应仍是由施绩管辖。

建衡二年（270）施绩去世，朝廷"拜（陆）抗都督信陵、西陵、夷道、乐乡、公安诸军事，治乐乡"^⑤。是把长江上游荆州西部南郡和宜都、建平郡所有沿江城镇都交给陆抗来管辖，并从西陵移镇乐乡。从后来他赴西陵平定步阐叛乱的情况来看，陆抗在乐乡驻有军队主力三万^⑥，这也是他的机动部队。同时陆抗又在江津对岸的孱陵县境北部修筑了马头城，另名马头戍。《元和郡县图志》曰："马头城，在公安县，陆抗

---

①《三国志》卷 56《吴书·朱然附子绩传》，第 1309 页。
②卢弼：《三国志集解》，第 1040 页。
③《三国志》卷 58《吴书·陆抗传》，第 1355 页。
④卢弼：《三国志集解》，第 1073 页。
⑤《三国志》卷 58《吴书·陆抗传》，第 1355 页。
⑥《晋书》卷 34《羊祜传》载有司奏："（羊）祜所统八万余人，贼众不过三万。"第 1016 页。《晋书》卷 54《陆机传》载《辩亡论》："陆公偏师三万，北据东坑，深沟高垒，案甲养威。"第 1471 页。

所屯,以北对江津,与羊祜相距。"① 顾祖禹亦曰:"马头城,(公安)县北五十里。吴陆抗所屯,江北岸即江津戍。"②

这时公安城的守将是孙遵,乃吴国宗室。凤凰元年(272)西陵督将步阐叛降晋朝,陆抗自乐乡带兵前去平叛,西晋荆州都督羊祜前来救援,他自己带五万兵进攻江陵,又派遣"晋巴东监军徐胤率水军诣建平,荆州刺史杨肇至西陵"③。陆抗临危不惧,从容调度,命令江陵督张咸固守城垒,"公安督孙遵巡南岸御(羊)祜;水军督留虑、镇西将军朱琬拒(徐)胤。身率三军,凭围对(杨)肇。"④ 最终逼退援兵,攻克了西陵。这次战役中,公安督孙遵的部队只是在江陵对面的南岸巡逻,以防羊祜的晋军偷渡过江袭扰,担负的不是重要的作战任务。陆抗仅凭乐乡的三万军队围城打援,在以少敌众的被动局势下,也没有让孙遵的公安守军赶赴西陵助战。笔者判断可能是因为孙遵这支部队人数不多,战斗力也不强,如果是来西陵参战也未必能起到作用,所以陆抗将其留在后方担任巡逻警戒。

陆抗在凤凰三年(274)病逝,由宗室孙歆接任乐乡都督的职务。但是荆州西部战区在西陵平叛之后没有获得朝廷的兵力补充,部队缺编情况严重。陆抗在病危时要求按照正常的编制补满八万人,"前乞精兵三万,而至者循常,未肯差赴。自步阐以后,益更损耗。"⑤ 但是朝廷一直未予理会。由此可见,他的部下原先缺编三万人,即只有五万

①(唐)李吉甫:《元和郡县图志·阙卷逸文》卷1《山南道》,第1053页。
②(清)顾祖禹撰:《读史方舆纪要》卷78《湖广四·荆州府》公安县,第3665页。
③《三国志》卷58《吴书·陆抗传》,第1356页。
④《三国志》卷58《吴书·陆抗传》,第1356页。
⑤《三国志》卷58《吴书·陆抗传》,第1360页。

人。经过西陵平叛的战斗消耗,大概只剩下四万余人左右,分布在从建平、西陵、乐乡、江陵、公安等地的漫长防线上。其次,朝廷选派的主将孙歆过于年轻,缺乏领兵才干与作战经验,后来抵挡不住晋军的进攻,还被少数敌人化装进营抓捕做了俘虏。恰如吴国丞相张悌所言:"我上流诸军,无有戒备,名将皆死,幼少当任,恐边江诸城,尽莫能御也。"①宋儒胡安国指出,吴国末年朝廷只考虑长江下游都城建业附近的江防安全,而削弱了南郡的兵力,致使在后来西晋伐吴时一触即溃。"孙皓之季,虑不及远,彻南郡之备,专意下流,于是杜预、王濬一举取之。"②

晋武帝在太康元年(280)发动灭吴之役,乐乡、江陵、公安这一地带遭受到晋军来自三个方向的有力攻击。西晋大将王濬率巴蜀舟师驶出三峡,占领西陵后顺流直下。二月"壬戌,(王)濬又克夷道乐乡城,杀夷道监陆晏、水军都督陆景"。荆州都督杜预自襄阳南下,"甲戌,杜预克江陵,斩吴江陵督伍延。"③平南将军胡奋领兵出夏口,溯江而上,也在二月甲戌那天"克江安"④。江安即公安,是西晋灭吴后更改的地名。可见公安城至吴末已经没有重兵把守,因而被晋朝军队顺利攻陷(参阅图二三)。

建安十四年(209)江陵之战结束后,曹仁败退北方,孙权为了集中兵力对付曹操,把南郡"借"予刘备,荆州中南部因此成为刘备的龙兴

①《三国志》卷48《吴书·三嗣主传·孙皓》注引《襄阳记》,第1175页。
②(宋)胡寅:《斐然集》卷17《寄赵相》,文渊阁本《四库全书》第1137册,上海古籍出版社,1997年,第507页。
③《晋书》卷3《武帝纪》,第71页。
④《晋书》卷3《武帝纪》,第71页。

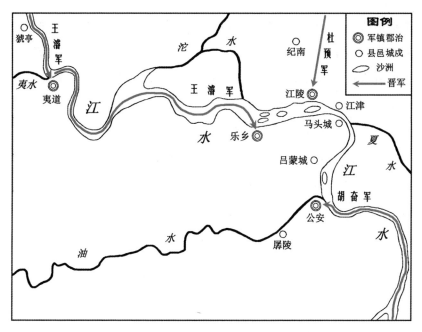

图二三　西晋攻占乐乡、江陵、公安示意图

之地。公安北以江陵为屏障,水陆直下可以通达江南四郡,泛舟大江能够西赴三峡,东抵夏口、武昌,由于它有利的地理位置,被刘备作为政治、军事中心。刘备和诸葛亮等相继入川以后,蜀汉荆州的兵力削弱,又面临魏、吴两方的威胁,形势日益险恶。此时江陵成为关羽的州府与南郡治所,公安则演变为对吴防御的前线城垒,它的迅速失守导致江陵的陷落,进而造成关羽的覆亡。吴国统治下的荆州西部战区,公安作为屯有重兵的后方基地,与江陵、西陵三足鼎立,互不统属,并在黄初三至四年(222—223)的江陵围城战中发挥了支援作用。但是后来江陵彻底演变为前线要塞,其主将和主力军队移镇江南的乐乡,乐乡都督权势增大,南郡乃至整个荆州西部战区的机动兵力出现了集中到乐乡的趋势,公安的政治、军事地位从此显著降低,不再拥有重兵,公安督将成为乐乡都督的下级,它最终沦为一座沿江防御的普通城垒,在西晋灭吴之役中也没有突出的防御战绩。

三国战争中的阴平

三国后期的阴平,是蜀魏交战中的兵争要地(参阅图二四)。《太平寰宇记》曰:"先主都蜀,此地为边陲要扼。至建兴七年,诸葛亮定之,因为全蜀之防要。其后钟会伐蜀,姜维请备阴平桥,后主不从,故败。"[①] 后来姜维拒魏军主力于剑阁,被邓艾偷渡阴平入蜀,攻占成都,导致了蜀汉政权的灭亡。阴平在汉末三国战争中的地位和作用如何?蜀魏两国对它是如何争夺和利用的? 本篇试对这些问题进行分析和论证。

一、阴平郡县建制的由来

阴平作为地名和行政建制在文献中始见于《汉书》,其《地理志上》载广汉郡有"阴平道。北部都尉治"。是说它在西汉属于广汉郡,是北部都尉的治所,在今甘肃文县西。汉代制度,县邑"有蛮夷曰道"[②],表

---

① (宋)乐史撰,王文楚等点校:《太平寰宇记》卷 134《山南西道二·文州》,第 2630 页。
② 《汉书》卷 19 上《百官公卿表上》,第 742 页。

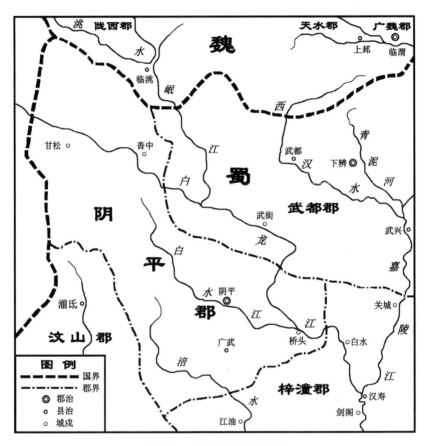

图二四　蜀汉阴平郡建置图

示当地多有少数民族居住。汉成帝阳朔二年(前23)正月丙午,曾将此地分封给楚孝王的儿子刘回作采邑,死后谥为"阴平厘侯"①。传统史家认为是汉武帝在阴平初设行政机构,如唐《十道志》曰:"文州,阴平郡。《禹贡》梁州之域。周为雍州之境。战国时氐羌据焉。汉武时开西南夷,置阴平道以统其众。"②顾祖禹称:"汉武开西南夷置阴平道,属广汉郡,设北部都尉治焉。以其地隔碍雍、梁,实为险塞也。即今之文县矣。"③但是荆州出土的张家山汉墓竹简《二年律令》中的《秩律》记载:"阴平道、蜀[甸]氐道、县[绵]遰道、湔氐道长,秩各五百石。"④表明在西汉初年(高帝至吕后二年以前)当地就已经设置"道"的行政组织了。考虑到汉承秦制,另外汉初经济残破,百废待兴,统治者不大可能新建县道,所以阴平道或许是在秦代建立的,而西汉初年对此给予继承。

更始帝刘玄在位时,曾封部下陈牧为阴平王,事见《后汉书》刘玄本传。东汉时期,据《续汉书·郡国志五》记载,广汉属国仍有阴平道,并未设立郡县。而《华阳国志》卷2《汉中志》却叙述阴平地区曾在东汉时两次设郡,"阴平郡,本广汉北部都尉治。永平后,羌虏数反,遂置为郡。"⑤任乃强认为汉明帝永平年间并无羌乱,章帝建初二年(77)羌迷吾反,"张纡诱杀迷吾,众羌皆叛。至和帝永元元年(89)暂平,置(阴

①《汉书》卷15下《王子侯表下》,第507页。
②(宋)李昉等:《太平御览》卷167《州郡部十三·山南道上·文州》引《十道志》,第815页。
③(清)顾祖禹撰:《读史方舆纪要》卷59《陕西八·阶州》阴平道条,第2848页。
④张家山二四七号汉墓竹简整理小组:《张家山汉墓竹简[二四七号墓](释文修订本)》,第79页。
⑤(晋)常璩撰,任乃强校注:《华阳国志校补图注》,第103页。

平）郡当在此时。"①

《华阳国志》下文说："汉安帝永初二年,羌反,烧（阴平）郡城。郡人退住白水。"是当时阴平郡在摩天岭北之地已经失陷。又云："元初五年,巴郡板楯军救汉中。汉中大破羌。羌乃退。郡复治。置助郡都尉。"② 是年东汉朝廷又恢复了对阴平郡境的统治。任乃强认为汉安帝时阴平郡已改为广汉北部都尉,后又改称广汉属国,仍以阴平县为治所。其考证云："查《后汉书·安帝纪》永初二年十二月,'广汉塞外参狼羌降,分广汉北部为属国都尉。' 是此前阴平郡已废为广汉北部都尉,至此年,又改北部都尉为属国都尉,领县如太守也。则此所谓'烧郡城',非广汉郡城,谓烧北部都尉治,本是故阴平郡治,缘故称曰郡也。'郡人退往白水' 之郡人,谓阴平郡之汉民。"③

东汉末年天下大乱,军阀刘焉、刘璋父子割据益州,其北境至白水关（今四川青川县营盘乡五里垭）,对摩天岭外的阴平等县失去控制；而张鲁盘踞汉中,其西境不出阳平关（今陕西勉县西）,因而阴平地区沦为当地氐、羌首领占领。《晋书》卷14《地理志上》总序说："魏武定霸,三方鼎立,生灵版荡,关洛荒芜,所置（郡）者十二。"其中就有阴平郡。清儒吴增仅考证,认为应当是建安二十年（215）曹操进军打败张鲁,占据汉中后设置的阴平郡④。

①（晋）常璩撰,任乃强校注：《华阳国志校补图注》,第104页。
②（晋）常璩撰,任乃强校注：《华阳国志校补图注》,第104页。
③（晋）常璩撰,任乃强校注：《华阳国志校补图注》,第105页。
④（清）吴增仅：《三国郡县表附考证》："今考建安十八年省凉州入雍,雍州二十二郡,内无阴平名,则郡为二十年魏武平汉中时所置无疑。"《二十五史补编》编委会编：《三国志补编》,第321页。

二、阴平郡的地理、交通概况

《华阳国志》卷2《汉中志》载阴平郡,"属县四。户万。去洛二千三百四十四里。东接武都,南接梓潼,西接汶山,北接陇西。"[1] 所辖四县为阴平、甸氐、平武(晋县名,蜀汉曰广武)、刚氐,阴平县即今甘肃文县,甸氐县在文县以西,两地都在摩天岭以北,位于陇南山地的西南部,地处西秦岭山脉,南秦岭山带,有白龙江和白水江从境内流过。广(平)武县在今四川平武县东北,刚氐县在今四川平武县东,这两县在摩天岭以南,处在涪江上游,位于四川盆地西北部的亚热带山地。阴平郡境内多山区,居民以氐族、羌族为主。"土地山险,人民刚勇。多氐傻,有黑、白水羌,紫羌,胡虏风俗、所出与武都略同。"刘琳注曰:"[黑白水羌]指居于黑水、白水左右的羌人。黑水即今四川南坪县的黑河,白水即今流经南坪和甘肃文县的白水江。[紫羌]盖喜穿紫色衣服,故名。"[2]

阴平郡是联接陇蜀即今甘肃与四川两地交通的重要枢纽区域,常璩称其"东接武都,南接梓潼,西接汶山,北接陇西"[3]。顾祖禹称阶州(即武都、阴平地区)"接壤羌、戎,通道陇、蜀,山川险阻,自古为用武之地"。又云:"虽僻在西陲,而控扼噤要,用之得其道,未始不可以有为也。"[4] 阴平县(道)处于白水江流域的峡谷地带,"白水河谷,惟文县附

---

① (晋) 常璩撰,任乃强校注:《华阳国志校补图注》,第103页。
② (晋) 常璩撰,刘琳校注:《华阳国志校注》,第165—166页。
③ (晋) 常璩撰,任乃强校注:《华阳国志校补图注》,第103页。
④ (清) 顾祖禹撰:《读史方舆纪要》卷59《陕西八·阶州》阴平道条,第2848页。

近地形最开展,多耕地。故历世置县未废。"[①] 阴平县(今甘肃文县)是阴平郡的治所,为全郡的政治与交通中枢。早在西汉时期,朝廷设置武都郡以后,就在当地少数民族僻壤荒径的基础上修筑了通往蜀地的道路,将甸氐、阴平与刚氐等道联结起来。任乃强曰:"汉武帝开置武都郡,欲由之迳通于蜀。因氐羌旧径开路,达于白龙江流域,置邮,曰甸氐道。近人所谓阶州,《水经注》云'武街(武阶)'者是也。再由武街开路通于白水河谷,置邮,是为阴平道。唐宋曰曲水县,明清曰文县是也。又自阴平开路逾大山入于涪江之谷,置邮,曰刚氐道。今四川平武县是也。再由刚氐道循涪水出江由关,至涪。寻以此三道皆为县,属广汉郡,为北部都尉管地。"[②] 不过,张家山汉简《二年律令·秩律》出土公布后,阴平道、甸氐道建立的时间提早到汉初,由于汉承秦制,甚至有可能在秦代就已经开始修筑通过阴平等地联络陇蜀的道路了。

到汉末三国时期,从曹、刘即魏、蜀双方的交战往来情况看,当时以阴平为中心,形成了一个沟通陇山以西地区和四川盆地的道路网络,从阴平县北通曹魏天水、陇西等郡的路径主要有三条,都是经过阴平以北的武街(今甘肃陇南市武都区)后分布开来的(参阅图二五)。计有:

其一,祁山道。此道途经武都郡境,其北段是从上邽(今甘肃天水市)西南行,经铁堂峡支道或木门支道过礼县以东的盐官镇、祁山堡,抵达长道镇[③]。其中段由长道镇渡过西汉水,逆漾水河南下,过祁家峡

①(晋)常璩撰,任乃强校注:《华阳国志校补图注》,第106页。
②(晋)常璩撰,任乃强校注:《华阳国志校补图注》,第106页。
③参见苏海洋《祁山古道北段研究》,《三门峡职业技术学院学报》2009年第4期。

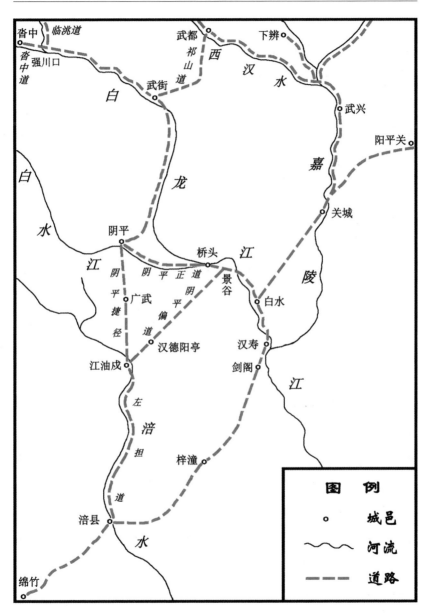

图二五　阴平道路示意图

（古称寒峡）、石堡，到达汉武都道（今甘肃西和县西南），再南下60余公里抵仇池（今甘肃西和县西南洛峪）①。其南段后世也称作"覆津道"，由于经过唐代覆津县城而得名。是由仇池向南，渡过西汉水至覆津（今甘肃陇南市武都区东北），又西南至武街，由武街南下到达阴平县城，亦可由武街沿白龙江南行东进至阴平要塞桥头（今甘肃文县东南玉垒乡）②，即白龙江与白水江汇合处。景元四年（263）曹魏灭蜀之役，雍州刺史诸葛绪"自祁山军于武街，绝（姜）维归路"③，或曰"（诸葛）绪趣武街、桥头绝（姜）维归路"④，所行路线就是自祁山经建威（今甘肃）、武都、武街至阴平桥头。

　　其二，临洮道。此道是从阴平北上武街，沿白龙江西北行至强川口（今甘肃宕昌县两河口镇），即白龙江与岷江汇合处，再溯岷江北上，经过宕昌（唐代宕州）到达曹魏陇西郡西南境的临洮县（今甘肃岷县）。严耕望根据唐宋时川陇交通的情况考察，认为蜀地通往岷州（秦汉临洮县，今甘肃岷县）有这样一条道路，是从白水关经桥头溯羌水（今白龙江）西北而行，经今甘肃（陇南市）武都区东南的葭芦城、覆津县和武州到达宕州（治今甘肃舟曲县西）境内，再由今宕昌县两河口循羌水支源（今发源于岷县之岷江）西北上行，经良恭县逾岭至岷州（今甘肃岷县），即进入洮水流域，并认为这也是三国姜维北伐的道路之一。"北宋张舜民记自岷州东南行经宕、阶（宋治福津县），至临江寨，沿流行程栈道险绝，山水亦秀绝。此即中古时代蜀中与西北域外贸易之一主道；

①参见苏海洋：《祁山古道中段研究》，《西北工业大学学报（社会科学版）》2010年第1期。
②参见苏海洋：《祁山古道南秦岭段研究》，《西北工业大学学报（社会科学版）》2009年第2期
③《晋书》卷2《文帝纪》，第38页。
④《三国志》卷28《魏书·钟会传》，第787页。

蜀汉姜维经营洮水沓中,盖亦取此道;惟行程不详耳。"①

其三,沓中道。此道亦由阴平北行至武街,再溯白龙江经强川口继续西北行,到达蜀汉后期的西线屯兵要镇沓中。根据今人裴卷举等《沓中考》研究,蜀军在此屯垦的驻地位于今甘南藏族自治州舟曲县大峪乡和武坪乡境内②。沓中位于低海拔的白龙江河谷地带,群山环抱,气候温和湿润,土地肥沃,农作物可以一年两熟,因而利于垦殖及防守,故姜维在此屯田并将其建设成为前线基地,就地解决北伐军队的粮饷给养。自沓中溯白龙江西行,则是另一要戍甘松(今甘肃迭部县东卡坝),蜀汉后期姜维掌握兵权,曾经数次从沓中经过甘松,再向北穿过迭山和南秦岭山脉的峡谷,渡过洮河北进到洮水西岸,攻击曹魏的陇西郡,先后与魏将郭淮、王经、邓艾等率领的军队交战,然后再退往沓中。景元四年(263)曹魏灭蜀之役,司马昭命令邓艾进攻沓中的姜维所部,"姜维自沓中还,至阴平,合集士众,欲赴关城。"③姜维撤退所走的也是这条路线。沓中东南经过白水江上游区域,还有数条小路可至阴平(今甘肃文县)④,但是崎岖狭窄,大军难以通行,故未见蜀魏军队使用。

从阴平南入蜀境,也有三条路线(参阅图二五)。顾祖禹曰:"若其制两川之命,为入蜀径路者,则曰阴平道。"⑤这是道路之"道",据严耕

① 严耕望:《唐代交通图考》第 3 卷《秦岭仇池区》,第 823 页。
② 裴卷举、王俊英:《沓中考》,《西北史地》1997 年第 2 期。
③ 《三国志》卷 28《魏书·钟会传》,第 788 页。
④ 裴卷举、王俊英《沓中考》指出,如从沓中沿白水(今白龙江)干流而下至阴平,路程较长,另有多条捷径接通两地。其一,从大峪沿拱坝河东下,越拱坝梁,出博峪迳至阴平;其二,从大峪到沙滩,南行跋涉武坪大海沟林间古道,越青山梁至南坪,沿黑河南至阴平;其三,从拱坝河畔今插岗沟越插岗岭,入博峪,再沿白水江到阴平;其四,从拱坝河进入铁坝沟,越木头岭,亦进入白水江河谷,顺流可至阴平。载《西北史地》1997 年第 2 期。
⑤ (清)顾祖禹撰:《读史方舆纪要》卷 59《陕西八·阶州》阴平道条,第 2848 页。

望考证,共有阴平正道、偏道和捷径三条途径,详见下文所述:

甲、阴平正道。是由阴平至白水关的道路。此道从阴平县城出东门,沿白水江东南行,约 30 公里至桥头(今甘肃陇南市文县东南玉垒乡),即白龙江与白水江汇合处,此地被称为“陇蜀咽喉”,古桥原为伸臂式廊桥,加长的圆木横卧在两岸桥墩上,桥身两段有桥亭,桥底以据臂横木为支撑,在历史上曾多次毁于战火,至清末的 1856 年改为铁索桥。20 世纪 70 年代,碧口水库建成后,阴平古桥遗址被淹没在湖中,由现代化的公路吊桥所代替①。过桥头沿白龙江东南行约 94 公里,到汉白水县城(今四川青川县沙洲镇),向东渡江即抵达白水关。前述《华阳国志》卷 2《汉中志》载汉安帝永初二年,“羌反,烧(阴平)郡城,郡人退往白水。”就是沿着阴平正道撤退。白水关在汉末三国被称作益州的“关头”,庞统曰:“杨怀、高沛,璋之名将,各仗强兵,据守关头。”②胡三省注“关头”曰:“即白水关头也。”③它是出入四川盆地北部的第一座要塞。魏臣陈群曾追述:“昔刘备自成都至白水,多作传舍,兴费人役,太祖知其疲民也。”④说明白水是蜀境自成都北去道路驿站的终点。秦汉至南北朝期间,自关中越秦岭到汉中后入蜀的主道,是由今勉县西行出阳平关,南下至关城(今陕西宁强县阳平关镇),然后渡过嘉陵江西南行约 90 公里到白水关⑤,与阴平正道汇合。再沿白龙江

①参见宏进安等:《阴平道——九死一生入川路》,《中国西部》2015 年第 33 期。

②《三国志》卷 37《蜀书·庞统传》,第 955 页。

③《资治通鉴》卷 66 汉献帝建安十七年胡三省注,第 2117 页。

④《三国志》卷 22《魏书·陈群传》,第 636—637 页。

⑤参见《后汉书》卷 63《李固传》:“出为广汉雒令,至白水关,解印绶,还汉中。”李贤注引《梁州记》曰:“关城西南百八十里有白水关,昔李固解印绶处也。”第 2078—2079 页。

南行抵达四川广元市昭化镇(古葭萌关、汉寿),溯清江河至沙溪坝,转西南,经剑阁道入剑门。南北朝以后,自汉中入蜀这一段路途始改为由宁强越七盘关经朝天驿至广元、昭化。因此,白水关可以说是当时蜀境北方的门户,故法正云:"鱼复与关头实为益州福祸之门。"[①]阴平正道至此与关城入蜀之道相合,《三国志·钟会传》曰:"姜维自沓中还,至阴平,合集士众,欲赴关城。未到,闻其已破,退趣白水,与蜀将张翼、廖化等合守剑阁拒(钟)会。"[②]表明阴平、白水、关城、剑阁等重要关塞道路联络相通的关系。

乙、阴平偏道(或称"邪径")。是指邓艾未走白水关、剑阁大道入蜀,而是选择偏斜小路出奇制胜、进入四川盆地的途径。如严耕望所云:"观《(邓)艾传》所记行军情形,多临时凿建,实非径道,故云'旁入',只能谓之偏道矣。"[③]

阴平偏道是从景谷进入的,《三国志·姜维传》曰:"而邓艾自阴平由景谷道旁入,遂破诸葛瞻于绵竹。"[④]《华阳国志》卷2《汉中志》亦云:"平武县,有关尉。自景谷有步道径江油左儋出涪,邓艾伐蜀道也。"[⑤]景谷即今四川青川县白水镇西之青川河河谷,隋代于今白水镇南设景谷县,"因县北景谷为名。"[⑥]青川河正在景谷县之北。刘琳指出:"此水发源于青川县西北与甘肃文县交界的摩天岭,东南流绕青川

---

①《三国志》卷37《蜀书·法正传》,第959页。

②《三国志》卷28《魏书·钟会传》,第788页。

③严耕望:《唐代交通图考》第4卷《山剑滇黔区》,第917页。

④《三国志》卷44《魏书·姜维传》,第1066页。

⑤(晋)常璩撰,刘琳校注:《华阳国志校注》,第169页。

⑥(唐)李吉甫撰:《元和郡县图志》,中华书局,1983年,第566页。

县城,东至白水镇北入白龙江,横贯青川县东部。沿此河谷之道路称'景谷道',是古代由阴平入蜀,经白水至平武的正道。"[1] 所谓"左儋",即"左担",指的是道路狭险,挑担者靠近崖壁,只能用左肩负担,不得换肩。胡三省曰:"自文州青塘岭至龙州百五十里,自北而南者,右肩不得易所负,谓之左担路,亦(邓)艾伐蜀路也。"[2]《三国志·邓艾传》言其"自阴平道行无人之地七百余里……先登至江由(油),蜀守将马邈降"[3],再抵涪县、绵竹。同书《钟会传》曰:"邓艾追姜维到阴平,简选精锐,欲从汉德阳入江由(油)、左儋道诣绵竹。"[4] 江油戍的地点,学界以为在今四川平武县东南之南坝乡老街[5]。

严耕望指出:"由桥头东南行至景谷(今碧口镇东南、白水街西北地区)折向西南斜出,经汉德阳亭至江油,达绵州;是为邓艾入蜀道。"[6] 严氏对路程的论述相当简略,他认为汉德阳亭之地望不能确定,因此阴平偏道的具体行程就难下结论。此后大陆四川籍学者以实地考察结合文献记载,对此路线做了比较详细的研究和推论,虽有明显的进展,但由于文献记载偏少而仍有歧说。例如刘琳以为,此路是由甘肃文县沿白水江、白龙江而东至碧口,由此折而南行,溯碧山河河谷,经青岩关,越摩天岭,至今青川县。自青川县治南经黄坪观、大院、毛坝、何耳坝、苟家沟有步道达雁门坝,即汉德阳亭,自雁门坝西行经

---

① (晋)常璩撰,刘琳校注:《华阳国志校注》,第 170 页。
②《资治通鉴》卷 78 魏元帝景元四年十月胡三省注,第 2471 页。
③《三国志》卷 28《魏书·邓艾传》,第 779 页。
④《三国志》卷 28《魏书·钟会传》,第 789 页。
⑤ 参见(晋)常璩撰,刘琳校注:《华阳国志校注》,第 170—171 页。
⑥ 严耕望:《唐代交通图考》第 4 卷《山剑滇黔区》,第 923 页。

今六合,越龙门山,下山西行即达南坝,亦即古江由。今此一线犹有小路,邓艾由汉德阳亭克江由当即此路[①]。今人鲜肖威的意见与刘琳相近,但中途路线略有不合之处,他认为阴平偏道"从古阴平郡(甘肃文县境内)碧口一带出发,南下翻越摩天岭到达今青川县乔庄附近的青溪即从景谷道旁入,再沿黄沙江(即今下寺河)南下到青川县关庄乡一带,翻越山岭到达今江油县东雁门坝地区(蜀汉德阳亭,'剑阁西百里,去成都三百里'),再沿一小河谷向西翻山岭攻取蜀汉江油戍(今平武县南坝),然后长驱直入,破绵竹,下成都"[②]。不过,鲜肖威的论述遭到蓝勇的批评,蓝勇认为:"从地图看,这条线路在翻过青塘岭后的线路十分曲折回绕,甚至往回退,毫无目的。"[③]因此难以成立。蓝勇认为邓艾进军的阴平偏道是:"从阴平桥(文县玉垒乡境)南下至海拔2227米的摩天岭垭口,再经九道拐、南天门、北雄关过秦陇栈阁(写字岩)至青川所(青溪区治),再沿箐青山(靖军山)出涪江东岸,沿涪水边的左担道、马阁山至江油关(平武县南坝)经石门山(龙门山)达涪县(绵阳)入成都。"[④]与刘琳之说亦有差异,可供参考。

丙、阴平捷径。从阴平所在的文县直接南下,翻越摩天岭到达平武县(唐代龙州),再东南至青川,折而西南抵达江油戍,全长约265公里,是最为近捷的道路。严耕望曰:"此道唐以来有之,不知汉世是否已有之,但决非邓艾所行者。"[⑤]笔者按:这条道路今天在当地亦称作

① (晋)常璩撰,刘琳校注:《华阳国志校注》,第172页。
② 鲜肖威:《阴平道初探》,《中国历史地理论丛》1988年第2期。
③ 蓝勇:《历史上的阴平正道和阴平斜道》,《文博》1994年第2期。
④ 蓝勇:《历史上的阴平正道和阴平斜道》,《文博》1994年第2期。
⑤ 严耕望:《唐代交通图考》第4卷《山剑滇黔区》,第923—924页。

"阴平古道",是从甘肃文县鸪衣坝(旧县城址)南行,沿小路翻过摩天岭大山,到今四川青川县唐家河自然保护区,过落衣沟、阴平山、马转关、靖军山、清道口,到达江油关(今四川平武县南坝乡),沿途有传说为邓艾行军遗迹的裹毡亭、磨刀石、印合山、鞋土山、射箭坪等。因为这里的摩天岭山脉宽度很长,路途艰险,"且此路所经地区海拔较高(2000—3000米),冬季冰天雪地,无长途行军的可能。"[①]所以学术界不认为阴平捷径是邓艾入蜀的行军路线。

三、刘备、诸葛亮与曹魏对阴平郡的争夺

《华阳国志》卷2《汉中志》阴平郡条曰:"刘先主之入汉中也,争二郡不得。"[②]是说刘备虽然攻取汉中,却未能占领曹魏的武都、阴平两郡。建安二十二年(217)冬,刘备听从法正的建议,大举出兵汉中,当时他兵分两路,东路主力由刘备亲自率领,以法正为谋主,部将有赵云、黄忠、魏延、刘封、陈式等人,自阳平关东进,与魏将夏侯渊、张郃、郭淮等交战。西路偏师由张飞、马超、吴兰、雷铜等领兵,进攻武都郡,一度占领了郡治下辨(今甘肃成县西),与曹操派遣的曹洪、曹休等作战,以保障刘备东线主力侧翼的安全。

西路蜀军的行进路线,任乃强认为是从阴平北赴下辨。"蜀先主于未取得汉中前,已遣雷铜、吴兰先入武都,又以张飞、马超屯固山。则

---

①鲜肖威:《阴平道初探》,《中国历史地理论丛》1988年第2期。
②(晋)常璩撰,任乃强校注:《华阳国志校补图注》,第104页。

其取道必自阴平三道。"① 笔者按：任氏所言"阴平三道"，即阴平、甸氏、刚氏道，其说部分有误。据《三国志·杨阜传》记载，当时杨阜出任武都太守，"会刘备遣张飞、马超等从沮道趣下辨，而氏雷定等七部万余落反应之。太祖遣都护曹洪御超等，超等退还。"② 说明张飞、马超所部不是从阴平北上，而是自"沮道"行至下辨。"沮道"是由沮县（治今陕西勉县茶店镇）到下辨的道路，即从汉中郡赴武都郡的交通干线，具体路程为从沮县西北行至武兴（今陕西略阳县城）后，沿嘉陵江河谷北上，至今白水镇南，向西沿青泥河谷西北行，即抵达武都郡治下辨。张飞在战前屯驻阆中（今四川阆中市），部下有精兵万余人，他领兵溯嘉陵江北上，到沮县与马超汇合。马超投奔刘备后，"为平西将军，督临沮。"③ 应是在沮县附近的沮水流域，与张飞共同进至下辨。从阴平北上武都的只是吴兰、雷铜率领的蜀军。

建安二十三年（218）正月，曹洪、曹休等率领魏军精锐"虎豹骑"等进攻武都，吴兰、雷铜据守下辨，张飞、马超则占领固山（今甘肃成县北），扬言要截断魏军的后路。曹休识破其计策后对曹洪说："贼实断道者，当伏兵潜行。今乃先张声势，此其不能也。宜及其未集，促击（吴）兰，兰破则（张）飞自走矣。"④ 由此可见吴兰与张飞、马超并非从同一条道路赶赴武都，两支军队有会合的趋势。结果曹洪强攻下辨，"破吴兰，斩其将任夔等。"⑤ 蜀军形势不利，各自退却，"超等退还"，是

---

① （晋）常璩撰，任乃强校注：《华阳国志校补图注》，第 108 页。

② 《三国志》卷 25《魏书·杨阜传》，第 704 页。

③ 《三国志》卷 36《蜀书·马超传》，第 946 页。

④ 《三国志》卷 9《魏书·曹休传》，第 279 页。

⑤ 《三国志》卷 1《魏书·武帝纪》，第 51 页。

沿来时所走的"沮道"往汉中方向撤退,继续阻击曹洪的军队。而吴兰则南向武街至阴平,企图从来时的道路返回蜀境,但被当地的土著武装杀害。"三月,张飞、马超走汉中,阴平氐强端斩吴兰,传其首。"[①]刘备争夺武都、阴平二郡的军事行动遂宣告失败。

建安二十四年(219),曹操在汉中作战失利,被迫放弃该地撤回长安。他在班师前担心刘备会占领武都郡,从而侵扰陇右和关中,因此下令迁徙武都居民到内地。"及刘备取汉中以逼下辩,太祖以武都孤远,欲移之,恐吏民恋土。(杨)阜威信素著,前后徙民、氐,使居京兆、扶风、天水界者万余户,徙郡小槐里,百姓襁负而随之。"[②]小槐里在今陕西武功县界。曹操对阴平郡的吏民如何处置,史书未有明确记载。但是《华阳国志》卷2《汉中志》阴平郡条曰:"魏亦遥置其郡,属雍州。"[③]清儒吴增仅据此推论,认为阴平郡的居民应该和武都吏民一样,也被迁徙到内地,并在那里遥置郡治。后来诸葛亮派陈式攻取武都、阴平,曹魏随即撤销了对这两个郡的遥置。"魏武以武都孤远,故徙其民氐,遥置郡于小槐里。阴平在武都南,更为悬远,必亦内徙。及阴平、武都入蜀,阴平太守当与武都同罢。或谓魏蜀各有阴平、武都,失之。"[④]

刘备去世后由诸葛亮主持国政,诸葛亮积极筹备北伐,为了防备阴平方向有敌军来袭,他在摩天岭南麓的广武(今四川平武县)设置了驻军和督将。见《廖化传》:"先主薨,为丞相参军,后为督广武。"[⑤]蜀

①《三国志》卷1《魏书·武帝纪》,第51页。
②《三国志》卷25《魏书·杨阜传》,第704页。
③(晋)常璩撰,任乃强校注:《华阳国志校补图注》,第104页。
④(清)吴增仅:《三国郡县表附考证》,《二十五史补编》编委会编:《三国志补编》,第321页。
⑤《三国志》卷45《蜀书·廖化传》,第1077页。

汉建兴五年(227),诸葛亮率领大军进驻汉中,次年经武都郡境兵出祁山,败于街亭后撤回汉中。建兴七年(229)春,诸葛亮为了稳固后方,派遣陈式领兵攻取武都、阴平二郡。曹魏陇西主将郭淮企图领兵救援,而诸葛亮亲率主力赴边境迎击,迫使魏军撤退,从而获得战役的胜利。"亮遣陈式攻武都、阴平。魏雍州刺史郭淮率众欲击式,亮自出至建威,淮退还,遂平二郡。"[①]任乃强对此考证道:"《一统志》谓建威城在今甘肃成县西。今按《水经注》叙述形势,其城当在今西和县境,或即西和县治地。武都郡所辖沮、下辨、河池、故道诸县,当亮进军祁山与陈仓时,应已收复。此时亮至建威,已在下辨(成县)西北。然则陈式所取,但阴平郡与武都郡之西部数县耳。《陈志》为叙述省便,云'遂平二郡'也。"[②]顾祖禹也认为此次战役体现了诸葛亮对阴平在蜀汉北部边防体系中地位作用的重视,"诸葛武侯于建兴七年平定阴平,北至武都,谓'全蜀之防,当在阴平。'"[③]

蜀军的这次行进路线,当是从诸葛亮屯兵的汉中出发,沿"沮道"抵达下辨后兵分两路,陈式带领偏师西进后南下武街、阴平,诸葛亮则率主力北赴建威,准备阻击郭淮的援军。由于部署得当,顺利地达到作战目的,使汉中与武都北境蜀军的后方得以巩固。王夫之认为,诸葛亮占领武都、阴平又北攻祁山,是为了稳定蜀汉的边防,属于以攻为守的战略。"秦、陇者,非长安之要地,乃西蜀之门户也。天水、南安、安定,地险而民强,诚收之以为外蔽,则武都、阴平在怀抱之中,魏不能越

①《三国志》卷35《蜀书·诸葛亮传》,第924页。
②(晋)常璩撰,任乃强校注:《华阳国志校补图注》,第397页。
③(清)顾祖禹撰:《读史方舆纪要》卷59《陕西八·巩昌府》,第2848页。

剑阁以收蜀之北,复不能绕阶、文以捣蜀之西,则蜀可巩固以存,而待
时以进,公之定算在此矣。公没蜀衰,魏果由阴平以袭汉,夫乃知公之
定算,名为攻而实为守计也。"①

四、蜀汉更改北伐战略对阴平地区的军事影响

　　建兴十二年(234)八月,诸葛亮病逝于五丈原,继位的蒋琬与费祎
主持国政期间,蜀汉的兵力部署与主攻方向相继发生了明显的变化,
致使阴平郡逐渐成为蜀军屯集、出征的前线基地和中转站。

　　诸葛亮北伐期间,蜀军统帅与主力的驻地平时都在靠近国境的
汉中,根据敌我力量的不同形势,采取兵出祁山或是进击关中的策略。
前者是经过武都郡境进攻曹魏陇山以西的天水、广魏等郡,企图"断陇
道",即凭借陇山险峻的地势隔断其间的道路,来阻击关中方面前来救
援的魏军,又称作"平取陇右"②。蜀军在建兴六年(228)春和建兴九年
(231)春两次进军祁山,就是执行这一战略。后者是自忖兵力较强,从
汉中走陈仓道或褒斜道穿越秦岭,想要直接寻找魏军主力作战,以夺
取关中这块号称"陆海"的沃土。例如蜀军在建兴六年(228)冬攻击
陈仓和建兴十二年(234)春进驻五丈原,就是奉行此项策略。诸葛亮
去世后,杨仪率领大军撤回成都。延熙元年(238),镇守关中的司马懿
被调走,领兵去征伐辽东。主持蜀汉军政的蒋琬便乘关中兵力减弱,率
领蜀军主力再次进驻汉中,准备袭击秦岭以北的魏境,但是始终未能

①(清)王夫之:《读通鉴论》卷10《三国》,第271页。
②《三国志》卷40《蜀书·魏延传》注引《魏略》,第1003页。

找到有利的机会。

到延熙四年(241)十月,蜀汉朝廷派遣费祎和姜维到汉中会见蒋琬,商讨今后的对魏作战计划。他们进行商议后,由蒋琬上表启奏,说自己病重,不宜再主持军政要务;曹魏目前疆土辽阔,国力强盛,而且孙吴也不愿全力攻魏来支援蜀军,在这种情况下,不能和魏国正面交锋。"今魏跨带九州,根蒂滋蔓,平除未易。若东西并力,首尾掎角,虽未能速得如志,且当分裂蚕食,先摧其支党。然吴期二三,连不克果,俯仰惟艰,实忘寝食。"①为此蒋琬等人提出了蜀汉新的北伐战略,即放弃过去诸葛亮兵出祁山与进攻关中的作战方案,将曹魏的凉州即今甘肃河西走廊地区作为将来的主攻方向。曹魏的凉州有金城、武威、张掖、酒泉、敦煌、西海、西郡和西平八郡,统辖今甘肃兰州以西,青海湖以东等地域。由于当地土壤贫瘠,缺乏灌溉条件,不利于开拓垦殖,因此务农的汉民较少,而羌胡等族的游牧经济相当活跃。所谓"地广民稀,水草宜畜牧,故凉州之畜为天下饶"②。曹魏在凉州粮饷匮乏,难以屯驻重兵,因此防御力量较陇西更弱,而关中的魏军主力由于距离太远,想要增援也非常困难。凉州的羌胡居民习惯接受汉朝的管辖,对曹魏在当地的统治政策相当不满,是蜀汉政权可以借助的军事和政治、经济力量。综合上述原因,蒋琬提出新的作战方略:

> 辄与费祎等议,以凉州胡塞之要,进退有资,贼之所惜;且羌、胡乃心思汉如渴,又昔偏军入羌,郭淮破走,算其长短,以为事首,宜

---

① 《三国志》卷44《蜀书·蒋琬传》,第1059页。
② 《汉书》卷28下《地理志下》,第1645页。

以姜维为凉州刺史。若维征行,衔持河右,臣当帅军为维镇继。[①]

　　蒋琬所说的"凉州胡塞之要",是曹魏凉州与武威郡的治所姑臧(今甘肃武威市),它是河西走廊东段的入口,属于西北边地的交通枢要,因此是蜀军准备攻取的主要目标。武威地区受祁连山所出各条河流的冲击灌溉,拥有河西走廊面积最大的绿洲,水草茂盛,农牧皆宜,所以被蒋琬称作"进退有资,贼之所惜"。蒋琬表中所言"又昔偏军入羌,郭淮破走",是指建兴八年(230)诸葛亮派遣魏延、吴懿西入羌中,"魏后将军费瑶、雍州刺史郭淮与(魏)延战于阳溪,延大破淮等。"[②]据蒋琬所称,魏延获胜的重要原因之一是得到了当地羌胡的协助,这次成功的战例值得效仿,蒋琬、费祎推荐姜维遥领凉州刺史,先带领偏师发动进攻,若能"衔持河右",即在河西走廊取得立足之地,蜀汉再出动主力赴援,力争占领全部凉州。这一新的作战方案后来被姜维执行,魏将陈泰称其为"断凉州之道,兼四郡民夷"[③],即攻占姑臧县城(今甘肃武威市)后封闭河西走廊门户,随后吞并武威、张掖、酒泉、敦煌四郡。这一计划反映出诸葛亮死后蜀汉国势衰弱,因而北伐的目标转向距离中原更远和防务更弱的河西地区,企图使关中的魏军主力愈发难以救援。

　　这项计划被费祎带回成都,很快就获得朝廷的批准。姜维奉命从汉中带领"偏军",即少数部队先回到涪县,做西征的准备。事见《三国志》卷33《蜀书·后主传》:"(延熙)四年冬十月,尚书令费祎至汉中,

①《三国志》卷44《蜀书·蒋琬传》,第1059页。
②《三国志》卷40《蜀书·魏延传》,第1002页。
③《三国志》卷22《魏书·陈泰传》,第641页。

与蒋琬咨论事计,见尽还。五年春正月,监军姜维督偏军,自汉中还屯涪县。"此后直到蜀汉灭亡前夕,姜维在二十余年时间里对曹魏进行了9次北伐,基本上奉行"衔持河右"的战略方针,即进攻曹魏雍、凉二州交界的陇西等郡和洮水流域。由于蜀军的主攻方向西移,与曹魏陇西郡接壤的阴平郡频频出现军事行动,特别是阴平郡的沓中(今甘肃甘南藏族自治州舟曲县西)成为姜维屯田积粮的前线基地,蜀军北伐的出征及撤退往往要经过那里,或是在当地常驻。笔者统计与阴平相关的战役共有5次:

1. 延熙十年至十一年洮西之役(247—248)。据《三国志》记载,蜀汉延熙十年(247)即曹魏正始八年,魏国西北地区的羌族发生了大规模的叛乱,"凉州胡王白虎文、治无戴等率众降,卫将军姜维迎逆安抚,居之于繁县。"[1] 繁县即今四川成都附近的新都区。姜维在当年平定了汶山郡平康夷民的叛乱,"又出陇西、南安、金城界,与魏大将军郭淮、夏侯霸等战于洮西。胡王治无戴等举部落降,维将还安处之。"[2] 姜维率军经过曹魏南安、陇西郡境,到达洮水注入黄河的金城郡(郡治允吾在今甘肃永靖县西北),和魏军激战于洮水西岸,洮西地区主要包括今甘肃甘南藏族自治州的临潭、卓尼县,临夏回族自治州的广河、东乡回族自治县,以及岷县和临洮县西境。上述地带在汉末三国时属于羌族居住活动区域,曹魏未在那里设置郡县、驻扎军队。胡三省引《水经注》曰:"洮水东流迳吐谷浑中,又东迳临洮、安故、狄道,又北至枹罕,

---

①《三国志》卷33《蜀书·后主传》,第898页。
②《三国志》卷44《蜀书·姜维传》,第1064页。

入于河。"又云:"诸县皆在洮东,若洮西则羌虏所居也。"①

这次战役的前后经过,《三国志》的《郭淮传》记载较为详细,反映出以下情况。

(1)羌族的叛乱分布地域很广,并主动与蜀汉联系。"陇西、南安、金城、西平诸羌饿何、烧戈、伐同、蛾遮塞等相结叛乱,攻围城邑,南招蜀兵,凉州名胡治无戴复叛应之。"②任乃强评论道:"当时少数民族大都不满汉官统治,魏吴之民族叛乱,史不绝书。惟蜀之民族政策似较合理,颇受远人倾慕,武溪夷民助蜀,见《先主传》与《马良传》。鲜卑大酋轲比能进至故北地石城,应诸葛亮,见《牵招传》。《郭淮传》复如此云,则黄河以北诸民族亦乐于附蜀也。少数民族叛蜀者,除章武时南中夷与延熙时涪陵民夷外,惟见平康夷事。"③

(2)姜维曾在正始八年(247)、九年(248)两次率兵西进救援羌族。蜀军首次进攻为翅(今甘肃岷县东),受到魏将夏侯霸的阻击,又有郭淮领军支援,因而未能与羌族武装汇合。"(姜)维果攻为翅,会(郭)淮军适至,维遁退。"此后郭淮所部北上平叛,"进讨叛羌,斩饿何、烧戈,降服者万余落。"④次年又赴河关(今甘肃临夏县西北)、白土城(今青海西宁市东南)作战,羌王治无戴围攻武威郡治姑臧,吸引了郭淮所部北上救援。这是蜀汉实现"衔持河右"的有利时机,因此姜维再次带兵前去救助羌族。"姜维出石营,从强川,乃西迎治无戴,留阴平太守

①《资治通鉴》卷75魏邵陵厉公正始八年胡三省注,第2370—2371页。
②《三国志》卷26《魏书·郭淮传》,第735页。
③(晋)常璩撰,任乃强校注:《华阳国志校补图注》,第414—415页。
④《三国志》卷26《魏书·郭淮传》,第735页。

廖化于成重山筑城,敛破羌保质。"① 蜀军的行进路线是从武都郡境而来,蜀汉武都郡武都县在今甘肃西和县西南,顾祖禹曰:"石营,在(西和)县西北二百里。三国汉延熙十六年,姜维自武都出石营围狄道。又十九年姜维围祁山不克,出石营,经董亭趋南安,即此。"② 胡三省曰:"石营在董亭西南,(姜)维盖自武都出石营也。"③ 严耕望云:"董亭在南安郡西南,石亭又在董亭西南。"④ 石营的位置西距豲城(山)不逾百里⑤,蜀军应当是从那里转赴为翅的。还可以参考《三国志》卷22《魏书·陈泰传》:"雍州刺史王经白泰,云姜维、夏侯霸欲三道向祁山、石营、金城,求进兵为翅,使凉州军至枹罕,讨蜀护军向祁山。"这里说得很清楚,魏将王经请求在蜀军来犯的三条路线上分别设防,镇守枹罕(治今甘肃临夏县东北)显然是阻止敌兵沿洮水西岸北赴金城,进兵为翅则是抵御从石营方向东来的蜀军。从以上情况来看,姜维首次进军为翅应该也是走的这条路线,但被夏侯霸与郭淮的联军阻挡。而这一次姜维的部队"出石营,从强川,乃西迎治无戴"⑥,"强川"即《水经注》卷20所言之"强水"⑦,古籍记载又作"羌水",即今白龙江。白龙江发源于今甘川交界的郎木寺,经甘南高原的峡谷地带奔流东行,经过今甘肃迭部、舟曲、武都等县,南下至阴平桥头(今甘肃文县东)与白水江

①《三国志》卷26《魏书·郭淮传》,第735页。
②(清)顾祖禹撰:《读史方舆纪要》卷59《陕西八·巩昌府》,第2825页。
③《资治通鉴》卷76魏邵陵厉公嘉平五年四月胡三省注,第2405页。
④严耕望:《唐代交通图考》第3卷《秦岭仇池区》,第821页。
⑤参见谭其骧主编《中国历史地图集》第三册《三国·西晋》魏雍州图,中国地图出版社,1982年,第15—16页。
⑥《三国志》卷26《魏书·郭淮传》,第735页。
⑦(北魏)郦道元注,(民国)杨守敬、熊会贞疏:《水经注疏》,卷20《漾水》,第1720页。

汇合,再东南流经白水关(今四川青川县营盘乡五里垭),至葭萌(今四川广元市西南昭化镇)入嘉陵江。从前引《郭淮传》的记载来看,姜维可能是先从武都赴石营西行受阻,然后撤回蜀境(可能是武街),再溯白龙江进入甘南高原峡谷地带,沿途经过沓中(今甘肃舟曲县西)、甘松(今甘肃迭部县东卡坝),向北穿越迭山和南秦岭山脉的峡谷,渡过洮水即进入洮西区域①。由于洮水西岸没有魏军戍守,姜维所部得以顺利北上至金城郡境,与被郭淮打败而向南撤退的羌王白虎文、治无戴部众会师,并和追击而来的郭淮、夏侯霸部队交战,然后撤回蜀地。

(3)姜维指挥的蜀军中有阴平太守廖化所部。蜀汉未攻取阴平郡时,廖化在摩天岭南麓与阴平县相对的广武担任督将。建兴七年(229)陈式攻占阴平全境后,廖化的防区移至摩天岭北,担任阴平郡的军政长官,驻守郡治阴平县。这次廖氏率领部下跟随姜维出征,其路线应是从阴平北上武街(今甘肃陇南市武都区),与姜维从为翅南撤的蜀军主力汇合,再溯白龙江经沓中、甘松到达洮西地区。姜维的部队北上金城,为了保障自己的后路不被敌人截断,留下廖化在成重山筑城戍守,并收容了附近羌族的人质,借此保证他们对蜀汉政权的效忠。谢钟英曰:“成重山当在狄道之西,羌中西倾山之东。”②说得比较含混,西倾山属于昆仑山脉巴颜喀拉山东北边缘余脉,长约180公里,位于今青海、甘肃交界地带,成重山可能是其南向支脉东端的一座山峰,在洮西至沓中之间,具体地点不详。

---

① 这条道路的古代行程可参阅严耕望《唐代交通图考》第4卷《山剑滇黔区》篇25《岷县雪岭地区松茂等州交通网》,第955—956页。
② 卢弼:《三国志集解》,第610页。

（4）姜维军队与羌族部众经沓中回国。《郭淮传》曰："乃别遣夏侯霸等追维于沓中，淮自率诸军就攻化等，维果驰还救化。"[1]未言蜀军败绩，说明姜维成功地率领本部与廖化兵马及羌众归蜀。其撤退路线应是自金城郡沿洮水西岸一路南下，然后在今临潭、卓尼附近南渡洮水，穿越迭山，经甘松、沓中、阴平入白水关，回到成都附近。

（5）《水经注》卷20《漾水》称白水（江）东南流入阴平郡，过阴平道故城南，又东北流至阴平桥头，与羌水（白龙江）汇合。"白水又东，迳郭公城南。昔郭淮之攻廖化于阴平也，筑之，故因名焉。"杨守敬按："《魏志·郭淮传》，姜维留阴平太守廖化于成重山筑城，敛破羌保质。淮率诸军就攻化等，而不言淮筑城事。"又云该城"在今文县东南"[2]。这是说郭淮曾带兵到达阴平桥头附近，并曾筑城守卫，与前述《三国志》所言延熙十年至十一年蜀魏两军在为翅和洮水西岸作战的情况不合，其他史籍亦未提到郭淮领兵如此深入蜀境。

2. 延熙十三年西平之役（250）。汉魏西平郡治西都（今青海西宁市），位于湟水下游区域。《读史方舆纪要》卷64言西宁镇："湟水废县，今镇治。汉为破羌县地，属金城郡。后汉建安中置西都县，为西平郡治。"[3]《三国志》中《后主传》载："（延熙）十三年，姜维复出西平，不克而还。"[4]而《姜维传》记载这次战役的时间略有差异，"（延熙）十二年，假维节，复出西平，不克而还。"[5]笔者认为，当时蜀军主力屯于

①《三国志》卷26《魏书·郭淮传》，第736页。
②（北魏）郦道元注，（民国）杨守敬、熊会贞疏：《水经注疏》，卷20《漾水》，第1714—1715页。
③（清）顾祖禹撰：《读史方舆纪要》卷64《陕西十三》，第3007页。
④《三国志》卷33《蜀书·后主传》，第898页。
⑤《三国志》卷44《蜀书·姜维传》，第1064页。

涪县(今四川绵阳市)[1],由该地赴西平郡路途遥远,又加上蜀道艰难,故笔者推测,可能是在延熙十二年(249)秋冬出征,至次年春夏才到达西平郡境,由于未能迅速攻克郡城,致使后援和粮草不继,因而被迫撤兵。

姜维此番出征的行程缺乏具体记载,但在魏嘉平元年(249)初,姜维曾领兵进攻为翅附近的麹山,"筑二城,使牙门将句安、李歆等守之,聚羌胡质任等寇逼诸郡。"[2]结果被魏将陈泰等包围多日,句安、李歆因粮草断绝而投降,二城被魏军占据利用。此后蜀军如果再走石营、为翅伐魏,会受到明显的阻碍。因此,姜维此番应是仍走阴平道至桥头,溯白龙江西北行至沓中、甘松,再北渡洮水至洮阳(今甘肃临潭县),然后在羌族活动区域沿洮水西岸北上。洮水在魏金城郡治允吾(今甘肃永靖县)汇入黄河,蜀军沿河岸北进至兰州市西河湟交汇之处[3],再溯湟水西行数日,即抵达西平郡治西都。

据史书记载,西平当地豪强大族对曹魏统治常怀异己之心,屡次举行暴动,或收容叛逆势力。如建安十七年(212)韩约(即韩遂)在关中被曹操击败,随后投靠西平郭宪[4]。建安二十四年(219),"太祖崩,

---

①参见《三国志》卷44《蜀书·蒋琬传》载蒋琬上表曰:"'……今涪水陆四通,惟急是应,若东北有虞,赴之不难。'由是琬遂还住涪。"第1059页。可见此后蜀郡主力屯驻于涪。《三国志》卷33《蜀书》:"(延熙)六年冬十月,大司马蒋琬自汉中还,住涪。十一月,大赦。以尚书令费祎为大将军。"第898页。

②《三国志》卷22《魏书·陈泰传》,第638页。

③(清)顾祖禹撰:《读史方舆纪要》卷60《陕西九·临洮府》兰州目下曰:"河会城,在州西……《水经注》:'湟河至允吾与大河会,河会城盖在二河之会也。'"第2873页。

④《三国志》卷11《魏书·王修传》注引《魏略》:"郭宪字幼简,西平人,为其郡右姓。建安中为郡功曹,州辟不就,以仁笃为一郡所归。至十七年,韩约失众,从羌中还,依宪。"第350页。

西平麹演叛,称护羌校尉。(苏)则勒兵讨之。"①《三国志》卷15《魏书·张既传》亦曰:"武威颜俊、张掖和鸾、酒泉黄华、西平麹演等并举郡反,自号将军,更相攻击。"魏明帝太和元年(227),"西平麹英反,杀临羌令、西都长,遣将军郝昭、鹿磐讨斩之。"②再加上附近凉州羌族的频频叛乱,使曹魏在当地的统治很不稳定。蜀汉因此决定发兵远征,企图联络那里的汉羌豪酋,实行"衔持河右"的战略计划,建立一块反魏的根据地,可惜未能成功。当时费祎尚在,对姜维"常裁制不从,与其兵不过万人"③。姜维这次孤军深入,从蜀中赴西平往返数千里,却面对优势敌兵屡战不殆,全师而还,体现了他卓越的军事指挥才能。

3. 延熙十七年狄道、襄武之役(254)。这一年也是曹魏正元元年,据《资治通鉴》卷76记载,当年四月,魏狄道(今甘肃临洮县)县长李简秘密修书送达蜀国,请求归降。六月,姜维率军出征陇西。李简的降书送抵蜀国时,"众议狐疑,而(张)嶷曰必然。"④从而促使姜维下定决心出师。一路进兵顺利,"既到狄道,(李)简悉率城中吏民出迎军。"⑤狄道多有粮草积蓄,蜀军因而利用起来继续作战。"卫将军姜维率(张)嶷等因(李)简之资以出陇西。"⑥围攻其郡治襄武(今甘肃陇西县西),打败了曹魏的援军,并占领了洮水两岸的三座县城,将其居民随军撤退时迁徙到蜀国境内。"进围襄武,与魏将徐质交锋,斩首破敌,魏军败

①《三国志》卷16《魏书·苏则传》,第491页。
②《三国志》卷3《魏书·明帝纪》,第92页。
③《三国志》卷44《蜀书·姜维传》,第1064页。
④《三国志》卷43《蜀书·张嶷传》注引《益部耆旧传》,第1055页。
⑤《三国志》卷43《蜀书·张嶷传》,第1054页。
⑥《三国志》卷43《蜀书·张嶷传》,第1054页。

退。（姜）维乘胜多所降下，拔河关、狄道、临洮三县民还。"① 任乃强考证河关地望，"按今地推，今甘肃永靖县，即汉河关县地。"又云："'临洮'，亦陇西属县。今甘肃岷县，盖其故城也。洮水自西来，至是，折而北流，经狄道，至河关县东入黄河。"② 在这次作战中，蜀国荡寇将军张嶷阵亡，但所率部队仍然获胜。"军前与魏将徐质交锋，（张）嶷临阵陨身，然其所杀伤亦过倍。"③

此番姜维的进军路线，任乃强推测是出白水关后，溯白龙江经桥头、阴平、武街（今甘肃陇南市武都区），北上抵达临洮（今甘肃岷县），再沿洮水东岸北进至狄道④。笔者判断，就上述史书所载而言，蜀军的作战经过是先进占狄道，然后北取河关，南下临洮⑤。可见姜维并非由临洮北上狄道，他占领狄道之前临洮县仍由魏军戍守，蜀军由此地北上狄道会遭遇敌兵阻击。如前所述，临洮及洮水以西是羌族居住地区，曹魏没有驻兵，蜀军在那里活动不会遇到抵抗，所以姜维很可能不是在今岷县以南进入魏境，而是和前两次进军一样，自阴平、武街继续溯白龙江西北行，经过沓中、甘松等地，在岷县以西的今甘肃临潭县境渡过

---

① 《三国志》卷 44《蜀书·姜维传》，第 1064 页。

② （晋）常璩撰，任乃强校注：《华阳国志校补图注》，第 419 页。

③ 《三国志》卷 43《蜀书·张嶷传》，第 1054 页。

④ （晋）常璩撰，任乃强校注《华阳国志校补图注》："（洮水）沿流有路自岷县南逾浅岭入白龙江河谷，通武都、阴平。汉时，洮水与白龙江以内为汉民住区，以外为羌民住区。仅微有互渗而已。姜维数出陇西，皆循此白龙江与洮水一线进军，外连羌众以规陇右。进则图据陇西、金城、武威、安定、北地诸郡，退则徙所曾占领地域之民于蜀，空其地以利羌民之内徙。盖诸羌遥附于蜀，故以羌民进住洮水以东为蜀利也。"第 419 页。

⑤ 《资治通鉴》卷 76 魏高贵乡公正元元年十月："汉姜维自狄道进拔河间、临洮。将军徐质与战，杀其荡寇将军张嶷，汉兵乃还。"胡三省注："'河间'，当作'河关'。河关县，前汉属金城郡，后汉属陇西郡。以地里考之，河关、临洮在狄道西，姜维自狄道西拔河关、临洮，意欲收魏之边县以自广耳。"第 2419 页。

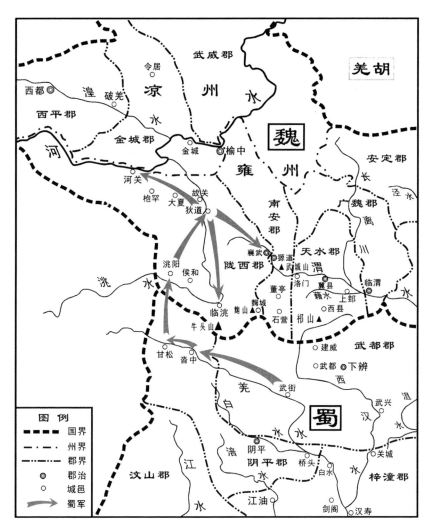

图二六　姜维出征狄道、襄武（公元 254 年）示意图

洮水,然后沿其西岸北进,再东渡进占狄道城,得手后以此为据点向襄武、河关与临洮等地发起攻击(参阅图二六)。姜维这次北伐虽然未能在洮水流域扎下立足之地,但是他攻占三县领土,屡次战胜魏军,又迁徙大量居民回国,已经是战功显赫了。

4. 延熙十八年洮西、狄道之役(255)。此年是曹魏正元二年。姜维这次北伐和上次间隔时间很短,蜀军没有经过较长的休整。"(延熙)十八年春,姜维还成都。夏,复率诸军出狄道。"[①] 频繁地出兵,反映了姜维求战心切。这次北伐的规模较大,蜀军有数万人,是从枹罕(今甘肃临夏市西南)准备东渡洮水去进攻狄道,曹魏主将雍凉都督陈泰命令雍州刺史王经据守狄道,等待关中援兵赶到后再与敌人交战。"时(姜)维等将数万人至枹罕,趣狄道。泰敕(王)经进屯狄道,须军到,乃规取之。"[②] 但是王经自忖能够战胜蜀军,便违令西渡洮水,与蜀军会战,结果遭到惨败。八月辛亥,"(姜维)大破魏雍州刺史王经于洮西,经众死者数万人。经退保狄道城,维围之。"[③] 这是姜维北伐获得过的最大胜利。交战过后,曹魏"以长水校尉邓艾行安西将军,与征西将军陈泰并力拒维"[④]。陈泰、邓艾率兵自上邽(今甘肃天水市秦州区)前来援救,凉州魏军也赶来协助,双方经过交锋,姜维担心自己的后方粮道与退路被截断,因此解狄道之围而撤兵[⑤]。"(九月)甲辰,姜维退还。"[⑥]

---

① 《三国志》卷33《蜀书·后主传》,第899页。
② 《三国志》卷22《魏书·陈泰传》,第639页。
③ 《三国志》卷44《蜀书·姜维传》,第1064页。
④ 《三国志》卷4《魏书·三少帝纪·高贵乡公髦》正元二年八月辛未,第133页。
⑤ 《三国志》卷22《魏书·陈泰传》:"泰与交战,(姜)维退还。凉州军从金城南至沃干阪。泰与(王)经共密期,当共向其还路,维等闻之,遂遁,城中将士得出。"第640页。
⑥ 《三国志》卷4《魏书·三少帝纪·高贵乡公髦》正元二年,第133页。

蜀军虽因敌兵迅速增援而被迫撤退,但是已经重创曹魏在陇右的军事力量。邓艾在狄道解围之后,"留屯上邽。承官军大败之后,士卒破胆,将吏无气,仓库空虚,器械殚尽。"① 他对属下说:"洮西之败,非小失也;破军杀将,仓廪空虚,百姓流离,几于危亡。"②

关于这次蜀军的进兵路线,任乃强认为,"姜维盖自临洮(今岷县)斜趋枹罕集羌军规取金城(今兰州),故王经渡洮水截之。"③ 此说有可疑之处。首先,若是截击自临洮斜趋枹罕的蜀军,王经当由狄道(今甘肃临洮县)南下,而不必西渡洮水。笔者据此推测,蜀军很可能与上次进兵路线相同,还是经过沓中或甘松等地,在岷县以西的今甘肃临潭县境渡过洮水,沿其西岸北上故关,即前述汉河关县(参阅图二七),在今甘肃永靖县境内④,并且打败了据守的魏兵,其位置已在狄道与枹罕之北,因此王经所部渡过洮水只能追击敌人,而无法阻击蜀军。由于王经所部处于背水作战的被动局面,战斗力亦不如蜀军,故遭到惨败。据史籍所载,"(陈)泰进军陈仓。会(王)经所统诸军于故关与贼战不利,经辄渡洮……已与维战,大败,以万余人还保狄道城,余皆奔散。"⑤

其次,如果临洮是在蜀汉控制之下,那么姜维在狄道撤围回国时,就可以直接南下,退至临洮。但是实际上,蜀军是从狄道向西撤退,重

---

① 《晋书》卷48《段灼传》,第1337页。
② 《三国志》卷28《魏书·邓艾传》,第777页。
③ (晋)常璩撰,任乃强校注:《华阳国志校补图注》,第420页。
④ 《资治通鉴》卷76魏高贵乡公正元二年八月胡三省注:"故关,谓汉时故边关也,在洮水西。"第2426页。任乃强曰:"'故关'疑即河关县之积石关。杨守敬《三国疆域图》定在狄道北洮水之东,当非。"(晋)常璩撰,任乃强校注:《华阳国志校补图注》,第420页。
⑤ 《三国志》卷22《魏书·陈泰传》,第639页。

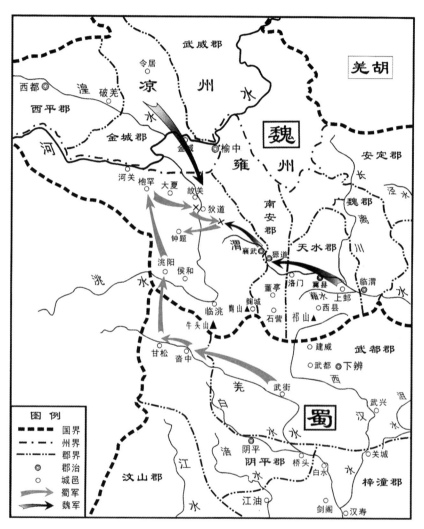

图二七　姜维洮西、狄道之役（公元 255 年）示意图

新渡过洮水,退到钟题[1]。由此看来,临洮及附近的魏山应驻有魏军,所以姜维宁可绕路洮西,也不肯走临洮的近路返回境内。正因为蜀军是由沓中、甘松穿越迭山、北渡洮水来到洮西,撤退时也是沿原路返回,再经钟题南下回到沓中,过武街返回阴平、白水关而进入蜀境。

5. **景耀五年侯和之役(262)。** 即曹魏景元三年。这是蜀汉灭亡前夕姜维的最后一次北伐。有关记载非常简略,姜维于当年十月进攻曹魏的洮阳,其军队人数不详,在侯和被邓艾挫败,被迫返回沓中。参见《三国志》卷4《魏书·三少帝纪》景元三年:"冬十月,蜀大将姜维寇洮阳,镇西将军邓艾拒之,破维于侯和,维遁走。"蜀汉方面记述景耀五年:"是岁,姜维复率众出侯和,为邓艾所破,还住沓中。"[2]文献记载侯和与洮阳位于临洮西北方向的洮水北岸,两城东西相邻。如《水经注》卷2《河水》曰:"洮水又东北流,迳洮阳曾城北。《沙州记》曰:强城东北三百里有曾城,城临洮水者也。建初二年,羌攻南部都尉于临洮,上遣行车骑将军马防与长水校尉耿恭救之,诸羌退聚洮阳,即此城也。洮水又东迳洪和山南,城在四山中。"[3]胡三省曰:"洮阳,洮水之阳也。洮水之阴,魏不置郡县,维渡洮而攻之也。"[4]杨守敬指出《水经注·河水》所言的洪和即侯和,在洮水北岸,"洪、侯音相转,侯和当即洪和。"[5]刘琳亦曰:"[侯和]在今甘肃临潭县西南,《旧唐志》:'临潭

---

① 见《三国志》卷28《魏书·邓艾传》:"解雍州刺史王经围于狄道,姜维退驻钟提(题)。"第777页。又见《华阳国志校注》卷7《刘后主志》:"魏征西将军陈泰救狄道。维退驻钟题。"刘琳注:"[钟题]县名,在今甘肃临洮县西。"第584页。

② 《三国志》卷33《蜀书·后主传》,第899页。

③ (北魏)郦道元注,(民国)杨守敬、熊会贞疏:《水经注疏》卷2《河水》,第150—151页。

④ 《资治通鉴》卷78魏元帝景元三年十月胡三省注,第2461页。

⑤ (北魏)郦道元注,(民国)杨守敬、熊会贞疏:《水经注疏》卷2《河水》,第151页。

县,秦汉时羌地,本吐谷浑之镇,谓之洪和城。后周攻得之,改为美相县。贞观四年洮州理于此。'洪和即侯和,亦即唐之临潭县,在今县西南。姜维由此渡洮水攻洮阳城(今临潭县西南七十里),邓艾拒之,维退走,败于侯和。参《陈志·陈留王奂纪》。"[1]

姜维此番进兵的路线,从他在侯和受到邓艾阻击后败退回沓中一事来看,姜维应是从沓中出发朝北方或西北方向进军,穿越迭山,在洮水河曲以西地带北渡洮河去进攻洮阳(今甘肃临潭县西南)。由此看来,姜维此番出征仍是沿续前几次进军洮西的旧路,避开魏军戍守的临洮,企图北上枹罕、河关,并去攻击狄道(参阅图二八)。值得关注的是,洮水西岸的羌族居住区域原来没有魏军的常驻要戍,所以姜维此前多次进兵来去自如,都很顺利。但是到延熙十九年(256)魏军在段谷之役胜利后,邓艾因功升任陇右都督,他对蜀军的下一次进攻方向进行了准确的预判,因而扩大了陇西郡的防御范围,在洮西地区的南部建立了临河的洮阳、侯和两座城池驻军戍守,借以阻止蜀军再次由这一地带渡过洮水后北上。从后来的战况看,邓艾的部署相当成功。姜维渡洮北上受阻于洮阳,邓艾随后从狄道率主力迅速赶来,并在侯和挫败了蜀军的进攻。姜维的军队背依洮水,形势不利,因而不敢在当地久驻,只得返回沓中。

综上所述,阴平郡,尤其是其沓中地区,在蜀汉后期的北伐活动中充当了出击通道和前线补给基地的重要角色。诸葛亮死后蜀汉国势渐弱,因此被迫改变进攻战略,从"平取陇右"改为"衔持河右",其用兵

[1](晋)常璩撰,刘琳校注:《华阳国志校注》,第590页。

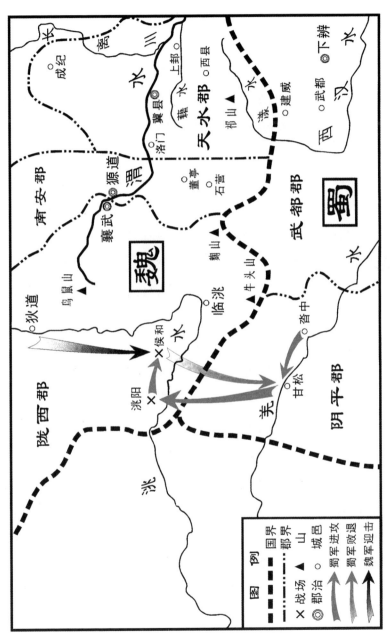

图二八 姜维侯和之役（公元 262 年）示意图

方向向西边的凉州方向移动,位置偏西的阴平郡也就成为对魏作战的前沿阵地。兵进洮水流域的路线,蜀军原来的首选还是传统"兵出祁山"的行军道路,即利用嘉陵江转西汉水或青泥河的水道,把军队和物资穿过武都郡运输到建威(今甘肃西和县北)一带的蜀魏边境[1],再由陆路向西北经石营、为翅(麴山)抵达临洮。但是在延熙十二年(249)初的麴山战斗中蜀军失利,句安、李韶投降后,所筑二城反被魏军夺走,用作防御工事,成功地封锁了这条道路,此后姜维出兵洮西再也没有使用这条线路。由于洮水西岸是羌族活动区域,魏军未曾设防,所以蜀汉经过阴平、沓中北渡洮水的道路虽然纡远,却非常安全,沿途不会受到敌人的阻击,这是蜀军频繁经此条道路北上的主要原因。直到邓艾在洮阳、侯和驻城戍守,彻底封死了这条路线,姜维的北伐也就无路可走,被迫宣告结束了。

五、曹魏灭蜀前夕的形势与阴平战备情况

魏元帝景元三年(262),执政权臣司马昭认为伐蜀时机业已成熟,与部下进行谋划,并对敌情做了分析。首先,吴强蜀弱,但征吴需要渡过长江,动用大规模的水军,必须建造战船,疏通水道,这是耗费人力的艰巨工程。"当用千余万功,此十万人百数十日事也。"南方气候炎热潮湿,"必生疾疫",也是一大障碍。相形之下,蜀国力量弱小,又没

---

[1] 参见《三国志》卷28《魏书·邓艾传》载邓艾语:"彼以船行,吾以陆军,劳逸不同。"第778页。胡三省曰:"言蜀船自涪戍白水,可以上沮水,由沮水入武都下辨,自此而西北,水路渐峻狭,小舟犹可入也,魏军度陇而西,皆陆行。"《资治通鉴》卷77魏高贵乡公甘露元年八月胡三省注,第2432页。

有江河大川的阻挡,应该先攻打它。待胜利之后再休整、准备数年,从三峡出征吴国,"因巴蜀顺流之势,水陆并进,此灭虞定虢,吞韩并魏之势也。"[1]

其次,司马昭对蜀汉的兵力和分布进行了判断,"计蜀战士九万,居守成都及备他郡不下四万,然则余众不过五万。"[2] 司马昭的上述预判略有失误,据王隐《蜀记》所述刘禅降魏时所送《士民簿》记载蜀国共有"男女口九十四万,带甲将士十万二千"[3],说明司马昭低估了蜀汉兵力总数,约有 10% 的误差。但是他判断蜀国用来对抗魏军的兵力"不过五万",还是相当准确的。后来姜维率众投降钟会时,大约就是这个数目。"维等所统步骑四五万人,摞甲厉兵,塞川填谷。"[4] 蜀汉北部边境在战前的防御部署具有以下特点:

(一)防务松弛,武都、阴平尤甚

景耀元年(258),姜维从骆谷撤兵回国后提出了边防战略的调整计划,并获得朝廷的批准。其主要内容为放弃前线阵地,退守若干城围。在东线的汉中地区,不再执行此前拒守秦岭峡谷诸围阻击敌军入侵的传统战法,收缩兵力以据守两座城戍。"蜀监军王含守乐城,护军蒋斌守汉城,兵各五千。"[5] 汉中都督胡济率领剩下的万余人"却住汉寿"[6],

---

①《晋书》卷 2《文帝纪》,第 38 页。
②《晋书》卷 2《文帝纪》,第 38 页。
③《三国志》卷 33《蜀书·后主传》注引王隐《蜀记》,第 901 页。
④《三国志》卷 28《魏书·钟会传》,第 790 页。
⑤《三国志》卷 28《魏书·钟会传》,第 787—788 页。
⑥《三国志》卷 44《魏书·姜维传》,第 1065 页。据《三国志》卷 43《蜀书·王平传》记载,"时汉中守兵不满三万",总数应为二万多人。

即退守今四川广元市昭化镇,为嘉陵江与白龙江汇合之处。撤守之目的是诱使敌人进入汉中盆地,蜀军在关城(今陕西宁强县阳平关镇)实施阻击,命令"游军",即游击部队骚扰,待敌兵粮尽退兵时予以追击。"敌攻关不克,野无散谷,千里县(悬)粮,自然疲乏。引退之日,然后诸城并出,与游军并力博之,此殄敌之术也。"[1]

蜀汉北部边防的西线,即武都、阴平地区,设置七处城围。"又于西安、建威、武卫、石门、武城、建昌、临远皆立围守。"[2]前述建威在今甘肃西和县境,属武都郡。任乃强考证曰:"'武卫'疑即武街,在武都郡;石门,在武都天水郡间。并见《晋书·张骏载记》。西安、建昌、临远虽无考,顾名思义,亦当在武都、阴平、西羌地界,不在汉中。"[3]"武城"或认为在今甘肃武山县武城山,但此地在渭水北岸的魏国境内,距离蜀魏边境较远,姜维曾在段谷之役中攻击该地失利,被迫撤兵,此后蜀国边防要戍都在西汉水以南,不会在那里设置城围,其具体地点待考。但是到了六年以后,魏军灭蜀之役时,武都、阴平的蜀汉防务又发生了明显的变化,上述西安七围在史籍记载中消失不见了。除了沓中的姜维所部和魏军发生过交战,邓艾和诸葛绪在阴平、武都的进军如入无人之境,尤其是诸葛绪自祁山南下建威,直抵武街和阴平桥头,没有遭受到任何抵抗,估计西安七围也已经撤守,所以魏军得以长驱直入。另外,原来在边境据守的廖化也不再担任阴平太守,他被任命为右车骑将军并调回内地,因此姜维听到曹魏即将伐蜀的消息后,上奏请求朝

①《三国志》卷44《蜀书·姜维传》,第1065页。
②《三国志》卷44《蜀书·姜维传》,第1065页。
③(晋)常璩撰,任乃强校注:《华阳国志校补图注》,第422页。

廷让廖化带领援兵赶快返回阴平,据守桥头。可见当地的防务非常薄弱,不足以阻挡魏军的进攻。姜维表奏:"闻钟会治兵关中,欲规进取,宜并遣张翼、廖化督诸军分护阳安关口、阴平桥头以防未然。"[1]说明蜀汉已经放弃了汉中盆地与武都郡以及阴平郡北部的防守,只是准备在关城和阴平桥头阻止敌兵入侵。汉中腹地还有王含、蒋斌把守的汉、乐二城,武都、阴平两郡连这样能在敌后坚持的据点也没有,由此可见其防御薄弱的程度了。

(二)阴平并非主战场和敌人的主攻方向

此番魏军伐蜀,司马昭派遣了十八万军队分为三路,"邓艾、诸葛绪各统诸军三万余人"[2],分别进攻沓中和武街、阴平桥头,合计有六七万人,属于偏师。"(钟)会统十余万众,分从斜谷、骆谷入。"[3]穿过汉中盆地去进攻关城。钟会是伐蜀的主将,统领的兵马最多,后来又兼并了诸葛绪的三万余众。他的主攻方向是从汉中到关城、关头(白水关),然后攻击剑阁,这是从关中入蜀的大道,属于主力部队行进的正途。蜀汉在这条路线上部署有汉、乐二城(一万守军),关城和关头(大概有数千人),汉寿(胡济的万余守军),是防御力量比较集中的一条战线,因此曹魏对这个方向投入的兵力最多,关城和剑阁也是后来魏蜀交锋的主要战场。而武都、阴平的蜀军较少,只有姜维在沓中屯田的部队(人数不详,估计只有数千人到万人)和桥头的少量驻军,所以只是曹魏进兵的次要方向。

---

①《三国志》卷44《蜀书·姜维传》,第1065—1066页。
②《三国志》卷28《魏书·钟会传》,第787页。
③《三国志》卷28《魏书·钟会传》,第787页。

(三)阴平的沓中为蜀军主将驻地

阴平虽然不是主战场,也不是魏军进攻的主要方向,但是它有一点值得重视,就是蜀军的主将姜维驻扎在阴平郡的沓中。姜维是蜀国惟一具有大将之才的将领,对魏作战需要由他来统率全军、做出决断。对手于此也很清楚,所以魏元帝在诏书中说:"蜀所恃赖,唯维而已。"[①] 姜维在景耀五年(262)侯和之役失利后,没有返回内地,而是留在了偏僻的沓中。由于他连年出征,功绩不立,引起朝野臣民的不满,"众庶由是怨讟。"[②] 执政大臣诸葛瞻、董厥等人"以维好战无功,国内疲弊,宜表后主,召还为益州刺史,夺其兵权"[③]。弄权的宦官黄皓也想用自己的亲信阎宇取代姜维的职位。"而皓阴欲废维树宇。维亦疑之,故自危惧,不复还成都。"[④] 姜维为了避祸而在沓中屯田,虽属无奈之举,却造成了蜀汉全军统帅及其幕府机构驻地荒僻遥远,既与朝廷和后方联系不便,又偏离了主要作战方向,一旦汉中和武都遭到入侵,就难以及时赶赴前线进行指挥和调度。例如他在战前上奏、请求派遣兵将到阳安关口和阴平桥头加强防守的建议,被黄皓等扣押下来,未能施行。如果姜维人在内地,就有可能及时与朝廷沟通,说服后主委派可靠的将领带兵戍守,恐不至于耽误军机。

蜀汉上述防御部署的各种失误,都被司马昭敏锐地了解到,并且做出了极有针对性的进攻计划,即以偏师牵制与围歼姜维,主力进入

---

①《三国志》卷4《魏书·三少帝纪·陈留王奂》景元四年五月诏,第149页。
②《三国志》卷44《蜀书·姜维传》,第1065页。
③《三国志》卷35《蜀书·诸葛亮传》注引孙盛《异同记》,第933页。
④《三国志》卷44《蜀书·姜维传》,第1065页。

汉中攻取关城。司马昭对群臣说："今绊姜维于沓中,使不得东顾,直指骆谷,出其空虚之地,以袭汉中。"[1]邓艾与诸葛绪的六七万部队对姜维构成了压倒性的兵力优势,司马昭因此认为胜券在握,便假借魏帝的名义颁布诏书曰:"夫兼弱攻昧,武之善经,致人而不致于人,兵家之上略。蜀所恃赖,唯(姜)维而已,因其远离巢窟,用力为易。今使征西将军邓艾督帅诸军,趣甘松、沓中以罗取维,雍州刺史诸葛绪督诸军趣武都、高楼,首尾蹴讨。若擒维,便当东西并进,扫灭巴蜀也。"[2]

六、钟会、邓艾伐蜀之役中的阴平

(一)魏蜀双方在阴平郡北部的作战

景元四年(263)秋,曹魏发动了灭蜀之役,钟会的主力部队开往关中。"秋八月,军发洛阳,大赉将士,陈师誓众。将军邓敦谓蜀未可讨,帝(司马昭)斩以徇。"[3]然后分别从骆谷、斜谷穿越秦岭,进入汉中盆地。九月,西线的魏军也如期出动,陇右都督邓艾所部由狄道出发,进攻沓中的姜维;雍州刺史诸葛绪率兵从祁山南下,阻击姜维撤退回到蜀地。"大将军司马文王皆指授节度,使(邓)艾与(姜)维相缀连,雍州刺史诸葛绪要维,令不得归。"[4]邓艾将自己的三万余众分为三路开赴沓中,"艾遣天水太守王颀等直攻维营,陇西太守牵弘等邀

①《晋书》卷2《文帝纪》,第38页。
②《三国志》卷4《魏书·三少帝纪·陈留王奂》景元四年五月诏,第149页。
③《晋书》卷2《文帝纪》,第38页。
④《三国志》卷28《魏书·邓艾传》,第778页。

其前,金城太守杨欣等诣甘松。"①由此可见,从陇西到达沓中的主要道路有三条,严耕望《唐代交通图考》考证出六朝以后联接二地的两条道路:

第一条道路,即前述姜维屡次从沓中、甘松出征洮西的路线,是由洮阳西南渡洮水,向南穿越迭山,再沿白龙江东南行,抵达甘松即唐代芳州(治今甘肃迭部县以东达拉沟口卡坝),继续顺白龙江东南行即进入沓中(今甘肃舟曲县西)②,这应是邓艾派遣杨欣"趣甘松"而攻沓中的途径。

第二条道路,是由临洮(今甘肃岷县)翻越岷山,再顺岷江东南行,即到达两河口镇(白龙江与其支流岷江汇合处),向西溯白龙江前进,即进入沓中③。附近为今舟曲县武坪乡,考古发掘表明此地为蜀军屯田沓中的重要据点之一④。由于两河口是联接陇蜀道路的交通枢要,笔者推测姜维的营寨可能在这一带,上述路线很可能是"天水太守王颀直攻维营"的途径,也是魏军主将邓艾随王颀南下的道路,至今沿途还有古栈道和邓艾、邓忠父子建造的"邓邓桥"遗迹。

前引《沓中考》指出舟曲县大峪乡是蜀军沓中屯田的核心地点,在这里还应该有一条道路能够北入临洮(今甘肃岷县),即邓艾派遣"陇西太守牵弘邀其前"的途径。根据后世当地的交通情况推测,这第三条路线很有可能是甘南地区的另一古道,即由今岷县沿今岷代公路所经地段南下,穿越迭山,再经过著名的腊子口,到达迭部县洛大镇代古

---

①《三国志》卷28《魏书·邓艾传》,第778页。

②参阅严耕望《唐代交通图考》第4卷《山剑滇黔区》,第956页。

③参阅严耕望《唐代交通图考》第3卷《秦岭仇池区》,第823页。

④参见裴卷举、王俊英《沓中考》,《西北史地》1997年第2期。

寺,再沿白龙江南下进入舟曲县境,即可抵达大峪乡。

　　钟会与邓艾发起攻势后,蜀汉朝廷得到确切的消息,这才颁布命令,"乃遣右车骑廖化诣沓中为维援,左车骑张翼、辅国大将军董厥等诣阳安关口以为诸围外助。"[1]廖化行动相当迅速,他领兵到达阴平(县)后,听说诸葛绪从祁山南下进攻武都郡,就没有继续前进,而是留在当地准备迎战。"比至阴平,闻魏将诸葛绪向建威,故住待之。"[2]姜维在沓中的人马不多,闻悉钟会大军已经进入汉中,连忙率领军队撤退。"(杨)欣等追蹑于强川口,大战,(姜)维败走。"[3]强川口很可能是今两河口镇,所谓"败走",其实应是姜维无心恋战,摆脱了魏军的纠缠而主动撤走,这在战术上是成功的。自廖化所部进驻阴平后,"月余,(姜)维为邓艾所摧,还住阴平。"[4]蜀汉的两支军队才得以会合。

　　姜维在阴平,"合集士众,欲赴关城。未到,闻其已破,退趣白水。"[5]这时诸葛绪的魏军已经攻占了阴平东南的要镇桥头,堵住了蜀军回归的道路。姜维略施小计,假装从孔函谷向北进军,做出要截断桥头魏军与后方联系的态势。诸葛绪得知后,果然害怕自己的后路被抄,急忙领兵离开桥头后撤。姜维向北行进三十里后派人打探,获悉诸葛绪中计,便调头返回,经过桥头开赴白水关。诸葛绪耽误了一天时间,因此没有完成阻击姜维的任务。"维入北道三十余里,闻绪军却,寻还,从桥头过,绪趣截维,较一日不及。"[6]

①《三国志》卷44《蜀书·姜维传》,第1066页。
②《三国志》卷44《蜀书·姜维传》,第1066页。
③《三国志》卷28《魏书·邓艾传》,第778页。
④《三国志》卷44《蜀书·姜维传》,第1066页。
⑤《三国志》卷28《魏书·钟会传》,第788页。
⑥《三国志》卷28《魏书·邓艾传》,第778页。

由于白水关位于白龙江畔的丘陵岗地之上,地势不够险要,蜀兵据此难以抵抗汉中、阴平方向而来的两股曹魏大军,而张翼、董厥的部队又迟迟不到,面对如此险恶的形势,姜维决定继续撤退,与后方的援兵在汉寿会合,然后再退至天险剑阁来阻挡强敌(参阅图二九)。"(张)翼、(董)厥甫至汉寿,(姜)维、(廖)化亦舍阴平而退,适与翼、厥合,皆退保剑阁以拒(钟)会。"[1]双方的战斗告一段落,西线的魏军未能聚歼姜维所部,但是占领了武都郡以及阴平郡在摩天岭以北的辖境。东线魏军由于蜀汉关城守将蒋舒投降,轻易地占领了这座要塞,并且"得库藏积谷"[2],补充了给养,得以长驱直入,抵达剑阁,战局对曹魏相当有利。

(二)邓艾偷渡阴平,直取成都

邓艾和诸葛绪的部队在阴平会师后,对下一步如何作战产生了分歧。邓艾不愿赴白水关与钟会的主力部队会合,他提出了一个出奇制胜的建议,"简选精锐,欲从汉德阳入江由、左儋道诣绵竹,趣成都"[3],就是走前文已述的"阴平偏道"深入蜀国腹地,绕开剑阁的蜀汉重兵,从江油、涪县经绵竹开赴成都。邓艾希望能和诸葛绪一起出发,但是诸葛绪认为原来接到的命令只是截击姜维的部队,走阴平偏道西行不是朝廷的旨意,因此拒绝了邓艾的建议,并带领本部人马赶到白水关,加入钟会的大军,共同赶往剑阁。"(诸葛)绪以本受节度邀姜维,西行

①《三国志》卷44《蜀书·姜维传》,第1066页。
②《三国志》卷28《魏书·钟会传》,第788页。
③《三国志》卷28《魏书·钟会传》,第789页。

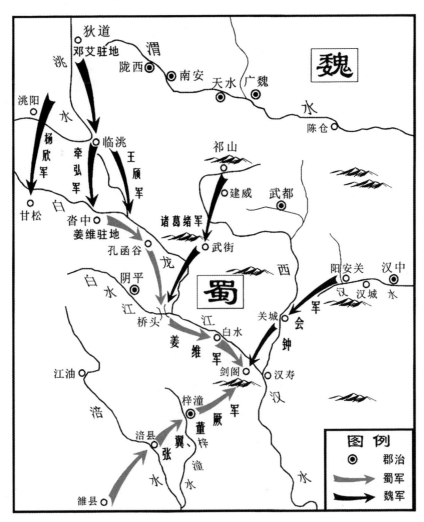

图二九　姜维退守剑阁（公元 263 年）示意图

非本诏,遂进军前向白水,与(钟)会合。"① 不料钟会想要夺走诸葛绪
部队的指挥权,暗地里上奏司马昭,说诸葛绪怯敌惧战,不敢进兵,结
果朝廷下令逮捕诸葛绪问罪,押回京城,他的人马也划归钟会调度。
"(钟)会欲专军势,密白(诸葛)绪畏懦不进,槛车征还。军悉属会。"②
但是姜维在剑阁集中兵力防守,钟会虽然在人数上具有很大优势,却
因为山势险峻,难以攻打,双方战斗陷入僵持状态。魏军有十几万人,
粮饷消耗巨大,后方供应不上,已经有了撤兵的打算。"(姜维)列营守
险。(钟)会不能克,粮运县(悬)远,将议还归。"③

　　邓艾在阴平给朝廷上奏,请求执行他的偷渡计划。"今贼摧折,宜
遂乘之,从阴平由邪径经汉德阳亭趣涪,出剑阁西百里,去成都三百余
里,奇兵冲其腹心。剑阁之守必还赴涪,则会方轨而进;剑阁之军不
还,则应涪之兵寡矣。"④邓艾的计划是不走入蜀的正途,绕开剑阁的天
险与姜维的重兵,占领"水陆四通,惟急是应"⑤的交通枢纽涪县(今四
川绵阳市),然后直趋成都。刘琳指出,汉德阳亭为东汉德阳县旧治,
"当即今江油东北宝成路边的雁门坝。"⑥任乃强曰:"蜀汉时自阴平入
蜀者,一般自阴平桥头循白龙江下白水、葭萌,转陆从剑阁至涪城,道
平易而甚迂远。其捷径为由桥头南逾摩天岭大山口,入景谷,至涪江岸
之旧州,循江岸出江油,至涪城。"⑦这样既能断绝剑阁蜀军粮饷补给的

①《三国志》卷28《魏书·钟会传》,第789页。
②《三国志》卷28《魏书·钟会传》,第790页。
③《三国志》卷44《蜀书·姜维传》,第1066页。
④《三国志》卷28《魏书·邓艾传》,第778—779页。
⑤《三国志》卷44《蜀书·蒋琬传》,第1059页。
⑥(晋)常璩撰,刘琳校注:《华阳国志校注》,第172页。
⑦(晋)常璩撰,任乃强校注:《华阳国志校补图注》,第106页。

后路，又可以打开进军蜀国都城成都的大门。如果姜维的守军由剑阁后撤救援涪县，钟会的主力部队就能乘虚而进；若是剑阁的蜀军继续坚守，那么涪县就得不到多少救兵，易被攻陷。这是出奇制胜的策略，有很大的获胜可能。"军志有之曰：'攻其无备，出其不意。'今掩其空虚，破之必矣。"[1]

司马昭很快同意了邓艾的请求。当年十月，邓艾开始从阴平偏道进军，沿途荒无人迹，道路多年失修而埋塞，致使魏军的行程非常艰难。"艾自阴平道行无人之地七百余里，凿山通道，造作桥阁。山高谷深，至为艰险，又粮运将匮，频于危殆。艾以毡自裹，推转而下。将士皆攀木缘崖，鱼贯而进。先登至江由（油），蜀守将马邈降。"[2] 这里有几个问题需要说明。

首先，邓艾所走的通道并非是他首创开辟，而是旧已有之，只不过由于年久失修而荒废。"刘先主时，曾于险崖绝壁阁架桥阁，通道取捷，即所谓左儋道。谓行者惟许用左肩，乃不至触犯危崖也。其后桥阁败坏不修，路断。蜀未设备，故邓艾从之入蜀。"[3]

其次，邓艾这次行军的路程分为两段，第一段是由景谷到江油，第二段是从江油到涪县（参阅图三〇）。《华阳国志》卷2《汉中志》载阴平郡平武县"有关尉，自景谷有步道径江油左儋出涪，邓艾伐蜀道也。刘主时，置义守，号关尉"[4]。平武县即蜀汉时广武县，廖化曾任广武督

①《三国志》卷28《魏书·邓艾传》，第779页。
②《三国志》卷28《魏书·邓艾传》，第779页。
③（晋）常璩撰，任乃强校注：《华阳国志校补图注》，第106页。
④（晋）常璩撰，刘琳校注：《华阳国志校注》，第169页。

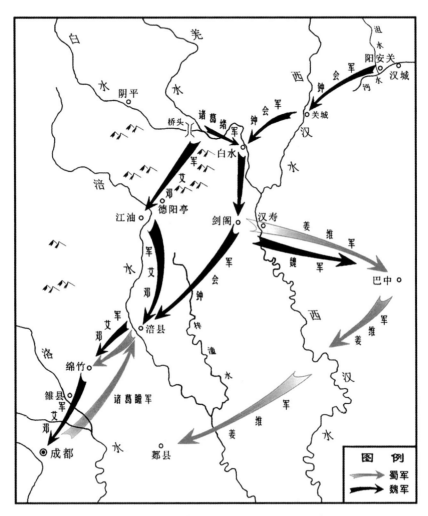

图三○　邓艾偷渡阴平（公元 263 年）示意图

将。刘琳注：“[关尉]即江油戍之守将”①，其地址在今四川平武县东南一百二十里涪江边上的南坝老街，旧名旧州坝，江油关。“此地控扼涪江上游。涪江自平武县西北来，至石头坝折而向南，至县南境平驿坝始出峡，中经百余里，两岸悬崖峭壁。而旧州坝为中间一个较开阔的坝子，万山环绕，地势险要，为涪县（今绵阳）北方之屏障，故蜀汉于此设关尉以戍守。”②江油关自东汉以来至刘备时都设有关尉，任乃强曰《华阳国志》中称“刘主”者皆指后主，又说：“云‘刘主时置义守’者，谓自建兴以来，魏人只求保有雍凉，无力图蜀，故后主裁去此关尉领军，但以广武民兵守之，称为义守。因其非正规军，故易被魏军摧破。”③

再次，邓艾在行军途中“攀木缘崖，鱼贯而进”，抛弃了辎重车辆和马匹，采取轻装前进。胡三省曰：“今隆庆府阴平县北六十里有马阁山，峻峭崚嶒，极为艰险。邓艾军行至此，路不得通，乃悬车束马，造作栈阁，始通江油，因名马阁。”④这支军队为轻装步兵，没有辎重、骑兵和攻城器械，战斗力会显著下降。邓艾之所以敢于冒险行进，是因为还有一支装备齐全的魏军从剑阁西边绕行而来，和他会合，并且充当了先锋，这就是钟会派遣的田章所部。“会遣将军田章等从剑阁西，径出江由（油）。未至百里，章先破蜀伏兵三校，艾使章先登。遂长驱而前。”⑤由此可见，姜维曾安排部队在剑阁之西阻击，但是只有三营，人数较少，所以被田章打败。邓艾所部经过艰苦的偷渡已经疲惫不堪，又

① （晋）常璩撰，刘琳校注：《华阳国志校注》，第170页。
② （晋）常璩撰，刘琳校注：《华阳国志校注》，第171页。
③ （晋）常璩撰，任乃强校注：《华阳国志补图注》，第108页。
④ 《资治通鉴》卷78魏元帝景元四年十月胡三省注，第2471页。
⑤ 《三国志》卷28《魏书·钟会传》，第789页。

是轻装,战斗力较弱,因此让田章在前边开路作战,进兵江油。任乃强云:"(邓)艾知田章军出,故敢冒险缒岩进军向江油。"① 任乃强还特别指出,由于田章部队为前锋,占领江油的功劳主要是田章的。"是江由关守将之降,为田章军自剑阁出马鸣阁,据有江由县,出左儋道关城之后。马邈遂不守而降(邓)艾。艾乃得与田章合力长驱直入也。世冤邓艾之死,矜其行险之劳,憎钟会之奸,遂以灭蜀全功归之一艾,掩田章之功,皆失之于歪曲。"②

　　邓艾偷渡阴平成功后占领江油,后主刘禅见形势危急,便把剩余的军队交给诸葛瞻前去迎击。但是诸葛瞻缺乏作战经验,又不懂兵法,他到了涪县后"盘桓未进"③,贻误战机。尚书郎黄崇劝诸葛瞻尽快进兵据守险要,不要让邓艾的军队进入平地,诸葛瞻"犹与未纳,(黄)崇至于流涕"④。最终诸葛瞻只派少数军队迎敌,被邓艾轻易击败。"前锋已破,(邓)艾径至涪。瞻退保绵竹。"⑤

　　当时的战局对蜀军非常不利,驻守剑阁的姜维部队粮草和后路被截断,无法再长期坚守。姜维又没有分出一部分兵马南下,与诸葛瞻夹击邓艾,这也是一个失误。如任乃强所言:"姜维与张翼、廖化合重兵以扼剑阁奇险之地,拒(钟)会有余,而不能分兵联(诸葛)瞻夹攻邓艾,实为全局败坏之主要原因。"⑥ 另外,邓艾所部在陇西征战多年,富

---

①（晋）常璩撰,任乃强校注:《华阳国志校补图注》,第 426 页。
②（晋）常璩撰,任乃强校注:《华阳国志校补图注》,第 107 页。
③《三国志》卷 43《蜀书·黄权附子崇传》,第 1045 页。
④《三国志》卷 43《蜀书·黄权附子崇传》,第 1045 页。
⑤（晋）常璩撰,刘琳校注:《华阳国志校注》卷 7《刘后主志》,第 592 页。
⑥（晋）常璩撰,任乃强校注:《华阳国志校补图注》,第 426 页。

有经验,其作战能力胜过诸葛瞻率领的蜀军。若是在山区作战,其优势还要打个折扣,粮饷也难以供给,而进了平川无后顾之忧则如虎添翼。而且魏军到了平原,消息传播迅速,导致了国内民心恐慌和基层统治的崩溃。"百姓闻艾入坪,惊迸山野。"[①] 不过,即使局势相当被动,诸葛瞻如果带领兵马死守绵竹城,也还可以拖延时日,但他却偏要出城与魏军野战,导致大败阵亡。诸葛瞻"临陈死,时年三十七。众皆离散,(邓)艾长驱至成都"[②]。后主见大势已去,手下又无兵将,只得向邓艾送表请降。

　　阴平在三国后期的军事斗争中地位价值陡然跃升,和蜀汉改行"断凉州之道"的北伐战略方针具有密切关系。由于魏军在麴山、为翅一带设防严密,姜维只得绕行沓中、甘松,来出击洮水流域,阴平由此成了大军出征往返的前线基地。魏军为了阻止姜维的北伐,在陇西设置重兵,邓艾和诸葛绪麾下竟有六七万人(蜀汉全国也只有十万二千兵众),与武都、阴平两郡的蜀军相比占有明显优势,这使他们在伐蜀之役的进军势不可挡。邓艾与姜维交锋多年,因而非常熟悉敌境阴平的地理交通状况,知道有景谷的阴平偏道可以通往江油、涪城,这是他提出偷渡计划的重要条件。蜀汉方面的防御安排的失误,一是在广武、江油撤防,只让当地民兵负责戍守,面临强敌就无力对抗,致使马邈被迫投降。二是姜维在剑阁以西设下的伏兵数量太少,仅有"三校",约二千多人[③],抵挡不住田章所部的进攻,以致田章和邓艾成功会师。否

① (晋)常璩撰,刘琳校注:《华阳国志校注》卷7《刘后主志》,第593页。
②《三国志》卷35《蜀书·诸葛亮传》,第932页。
③ 参见《后汉书·百官志四》北军中候条注引《汉官》,校尉属下有员吏七十余人至百余人,士兵七百人。第3612页。

则邓艾的军队缺乏粮饷、战马和攻城器械，要想攻下江油和涪县也没有那么容易。这次作战胜利，得益于邓艾对敌情的透彻了解，以及颇有胆识的孤军深入，最终给予濒临灭亡的蜀汉政权致命一击。邓艾偷渡阴平还成为中原势力进攻蜀地用兵方略的一个范例，为后世兵家借鉴与效仿。明朝初年，大将傅友德奉命攻取四川，他"阳言出金牛，而使人觇青川呆阳皆空虚，阶、文虽有兵垒，而守备单寡"，从而隐蔽自己的意图，"间行而进，克阶州，进拔文州，遂引兵出青川呆阳直趋绵州。此即邓艾阴平故道也。"[①]

---

①（清）顾祖禹撰：《读史方舆纪要》卷59《陕西八·阶州》，第2849页。

汉末三国的军师

　　汉末三国是个战乱纷扰的动荡年代,与此前不同,各路诸侯与割据政权军事制度的特点之一,就是普遍设立了"军师"官职。它的渊源和职能、演变如何,曹魏与蜀、吴两国的"军师"又有什么差异? 这是个值得探讨的问题,笔者对此试作如下论述:

一、"军师"的起源与流变

　　传统意义上的"军师",是为君主或统帅、将领对作战事务出谋划策的官员,由于身受倚重、地位较高,所以被尊称为"师"。"军师"之祖,当首推兴周灭商的太公姜尚,因为他年事已高,又满腹经纶,周文王寻访找到他后以师礼相待,"载与俱归,立为师。"① 也有记载说他担任了"太师"职务②。姜尚对周朝的贡献主要是在军事方面,"阴谋修德

---

①《史记》卷 32《齐太公世家》,第 1478 页。
②《诗经·大雅·大明》:"维师尚父,时维鹰扬……"毛亨注:"师,大师也。"郑玄笺:"大音泰。"(清)阮元校刻:《十三经注疏》,中华书局,1980 年,第 508 页。

以倾商政,其事多兵权与奇计。"① 文王去世后,姜尚的职位并没有改变,"武王即位,太公望为师,周公旦为辅,召公、毕公之徒左右王,师修文王绪业。"② 姜太公被尊称为"师尚父",如周武王九年东征至孟津,"师行,师尚父左杖黄钺,右把白旄"③,带领将士宣誓。刘向《别录》曰:"师之,尚之,父之,故曰师尚父。"④ 后来牧野之战,姜尚为周军主将,打败并消灭了纣王,"迁九鼎,修周政,与天下更始。师尚父谋居多。"⑤

后代具有出色的军事才能,被国君和主帅尊称为"师"者,还有战国时期的孙膑,号称"齐孙子"。《史记》曰:"于是(田)忌进孙子于威王。威王问兵法,遂以为师。"⑥ 后来齐国发兵围魏救赵,"齐威王欲将孙膑,膑辞谢曰:'刑余之人不可。'于是乃以田忌为将,而孙子为师,居辎车中,坐为计谋。"⑦ 姜尚和孙膑都擅长调度兵马与策划计谋,但是姜尚身体健全,可以担任将领,直接指挥作战;孙膑因为身体残疾,只能在幕后运筹帷幄,帮助主帅制订和实施作战计划,因此孙膑更为贴近传统"军师"的含义。

先秦时代对这种高级军事参谋只是称"师",据史籍所载,明确的"军师"职务与名称最早出现在新莽末年到东汉初年的战乱时期。当时担任"军师"的有以下三人,其事迹简述如下:

---

①《史记》卷 32《齐太公世家》,第 1478 页。
②《史记》卷 4《周本纪》,第 120 页。
③《史记》卷 32《齐太公世家》,第 1479 页。
④《史记》卷 32《齐太公世家》裴骃《集解》,第 1479 页。
⑤《史记》卷 32《齐太公世家》,第 1480 页。
⑥《史记》卷 65《孙子吴起列传》,第 2163 页。
⑦《史记》卷 65《孙子吴起列传》,第 2163 页。

（一）陇右隗嚣以方望为军师

更始元年（23），天水豪强起兵反对王莽的统治，"咸谓（隗）嚣素有名，好经书，遂共推为上将军。"[1] 隗嚣举事之后，"遣使聘请平陵人方望，以为军师。"[2] 方望来到后，建议隗嚣"急立高庙，称臣奉祠"[3]，祭祀汉高祖刘邦、太宗刘恒和世宗刘彻，表示自己辅佐汉朝，接受神明的旨意，以此来稳定众心，提高自己的威信，这一计策得到隗嚣的赞同与施行，收到很好的效果。此后隗嚣兼并附近郡县，声势壮大，"乃勒兵十万，击杀雍州牧陈庆。"[4] 又攻占安定郡，乘王莽政权垮台之际，"遂分遣诸将徇陇西、武都、金城、武威、张掖、酒泉、敦煌，皆下之。"[5] 次年更始帝刘玄派遣使者征召隗嚣等赴长安，方望认为刘玄的统治尚未稳定，不宜前去朝见。隗嚣不听，坚持要去，方望因此留书辞谢而去。后来隗嚣到长安后果然和刘玄反目，"更始使执金吾邓晔将兵围嚣，嚣闭门拒守；至昏时，遂溃围，与数十骑夜斩平城门关，亡归天水。复招聚其众，据故地，自称西州上将军。"[6] 更始政权后来被赤眉军推翻，可见方望很有远见。

更始三年（25）正月，方望与安陵人弓林商议，在临泾（治今甘肃镇原县东南）拥立前西汉废帝孺子婴为天子，"聚党数千人，望为丞相，林

①《后汉书》卷 13《隗嚣传》，第 513 页。
②《后汉书》卷 13《隗嚣传》，第 514 页。
③《后汉书》卷 13《隗嚣传》，第 514 页。
④《后汉书》卷 13《隗嚣传》，第 519 页。
⑤《后汉书》卷 13《隗嚣传》，第 519—520 页。
⑥《后汉书》卷 13《隗嚣传》，第 521 页。

为大司马。"① 结果被刘玄派遣李松、苏茂领军镇压,方望、弓林与孺子婴兵败身死。

(二)刘秀以韩歆为邓禹军师

韩歆原是南阳著名豪强,曾出任更始政权的河内太守,光武帝刘秀大军入境后,韩歆被迫归降。刘秀得知韩歆本来想据城固守后勃然大怒,把他捆起来准备杀掉,后来刘秀接受了岑彭的建议,将韩歆释放,并利用其声望,让他到邓禹的部队去做军师。建武元年(25)六月,邓禹领兵在河东受到更始帝将领王匡、成丹的阻击,作战失败。"军师韩歆及诸将见兵势已摧,皆劝(邓)禹夜去,禹不听。"② 邓禹休兵整顿,终于获胜,大破敌军。韩歆后来官至大司徒,因得罪光武帝而辞职自杀。值得注意的是,除韩歆外,刘秀还给邓禹配置了几位参谋,官职为"祭酒"。"于是以韩歆为军师,李文、李春、程虑为祭酒。"③ "祭酒"这一官职后来在汉末曹操军队的幕僚中再次出现,详见下文。另外,邓禹的部队还有"左于为军师将军"④,左于不同于韩歆,他手下统领兵马,同时又有与主帅邓禹商议军机的职责。

(三)隗嚣部将高峻的军师皇甫文

高峻是隗嚣部下的将领,拥兵万人据守陇山通道的要塞高平关(今宁夏固原市),东汉建威大将军耿弇领兵围攻,一年也没有打下来。

---

①《后汉书》卷 11《刘玄传》,第 473 页。
②《后汉书》卷 16《邓禹传》,第 601 页。
③《后汉书》卷 16《邓禹传》,第 601 页。
④《后汉书》卷 16《邓禹传》,第 601 页。

光武帝刘秀派遣寇恂带兵前去招降,声称要是高峻还不投降,就再调耿弇等五营兵马来进攻。寇恂携带招降诏书来到高平关前,高峻让自己的军师皇甫文前来见面,皇甫文在言辞和礼节方面毫不示弱。寇恂发怒要把他杀掉,诸将劝谏道:"高峻精兵万人,率多强弩,西遮陇道,连年不下。今欲降之而反戮其使,无乃不可乎?"① 寇恂并不理会,坚持杀掉了皇甫文,让他的副手回去转告高峻:"军师无礼,已戮之矣。欲降,急降;不欲,固守。"② 高峻听说后很是惶恐,当天就打开城门投降了。诸将都来向寇恂祝贺,问他这是什么缘故,寇恂回答说:"皇甫文,峻之腹心,其所取计者也。今来,辞意不屈,必无降心。全之则文得其计,杀之则峻亡其胆,是以降耳。"③ 诸将听后,都说这是他们料想不到的。

上述这三位军师都有参赞军政要务的职责,本身并不掌握兵权,方望和皇甫文都是谋主,而韩歆却不被刘秀所信任,被安排去做邓禹的军师,这实际上是个闲职。邓禹"沉深有大度,故授以西讨之略"④,是个极有主见而又足智多谋的人,而韩歆镇守河内时表现得犹豫不定,对刘秀前倨后恭,可见没有什么本事和胆略,也贡献不出奇妙的计策,所以不受邓禹重视。方望处事比较沉稳,但是后来扶保孺子婴为皇帝绝对是个败笔,以致于最终寡不敌众,兵败身死。皇甫文赴汉营表现得相当莽撞,他既然是高峻的心腹主谋,本不应轻易投身于危险境地,如汉末虞翻即拒绝担任使者去许都,他对孙策说:"翻是明府家宝,而

①《后汉书》卷16《寇恂传》,第625页。
②《后汉书》卷16《寇恂传》,第626页。
③《后汉书》卷16《寇恂传》,第626页。
④《后汉书》卷16《邓禹传》,第601页。

以示人,人倘留之,则去明府良佐,故前不行耳。"①退一步讲,皇甫文即便是冒险去探听虚实,也不应激怒敌将,导致身首分离。总的来说,这几位军师在审时度势方面都有明显的不足,不能说是很称职的,比起太公和孙膑那就有天壤之别了。东汉王朝统一天下之后,军队和政府里就再见不到有"军师"一职了,说明这项职务只是在战乱时期临时设立,太平年代少有紧急频繁的军务,因而将帅不需要身边常有专职"军师"。部队的日常事务有幕僚长史、司马等属吏处理也就够了。

二、曹操的首位"军师"周喁

东汉初平元年(190),关东诸侯兴兵勤王,董卓挟持献帝西迁长安之后,中原大地陷入军阀豪强割据兼并的混战状态,"大者连郡国,中者婴城邑,小者聚阡陌,以还相吞灭。"②当时袁绍、袁术、曹操等几支武装力量纷纷设立"军师",如涿郡卢植以治经学著称,被人誉为"海内大儒,人之望也"③。卢植曾在朝廷担任尚书,初平二年(191)逃避董卓之乱,"遂隐于上谷,不交人事。冀州牧袁绍请为军师。初平三年卒。"④不过,袁绍手下的著名谋士逢纪、田丰、审配、郭图等都没有担任"军师"一职,袁绍礼请卢植做军师主要是想借助他的声望,企图以此扩大自己的政治影响,并不是真的指望卢植在军事上出谋划策,这个军师实际上不过是个名誉性的虚职而已。

---

①《三国志》卷 57《吴书・虞翻传》注引《江表传》,第 1319 页。
②《三国志》卷 2《魏书・文帝纪》注引《典论》帝《自序》,第 89 页。
③《后汉书》卷 64《卢植传》,第 2119 页。
④《后汉书》卷 64《卢植传》,第 2119 页。

另一位经学大师马融的族孙马日磾"以才学进,历位九卿。遂登台辅"[1],在朝中做过太尉、太傅等要职。初平三年(192)奉诏出使淮南,被袁术扣留,"遂夺取其节,求去又不听,因欲逼为军帅。日磾深自恨,遂呕血而毙。"[2]王先谦注曰"官本'帅'作'师',"[3]这是袁术逼着马日磾作他的军师,和袁绍聘请卢植的情况相同,都是想利用其在国内的名望,并非让他真正充当谋主。

枭雄曹操设立军师要比袁绍、袁术都早,他的首位军师是会稽郡人周喁。《会稽典录》曰:"初曹公兴义兵,遣人要(邀)喁,喁即收合兵众,得二千人,从公征伐,以为军师。"[4]初平元年(190),曹操在荥阳汴水被董卓部将徐荣击败,士卒死伤惨重。"太祖兵少,乃与夏侯惇等诣扬州募兵,刺史陈温、丹杨太守周昕与兵四千余人。"[5]曹洪本传也有这方面的记载,"扬州刺史陈温素与洪善,洪将家兵千余人,就温募兵,得庐江上甲二千人,东到丹杨复得数千人,与太祖会龙亢。"[6]其中丹阳(杨)太守周昕帮了曹操很大的忙,因为"丹阳号为天下精兵处"[7],当地兵丁战斗力很强,"俗好武习战,高尚气力,其升山赴险,抵突丛棘,若鱼之走渊,猿狖之腾木也。"[8]周喁"字仁明,周昕之弟也"[9],就是在曹操这次扬州之行中率领部下加入其队伍的,不过曹操的新兵在途中

---

①《后汉书》卷74上《袁绍传》注引《三辅决录注》,第2389页。
②《后汉书》卷70《孔融传》,第2264—2265页。
③(清)王先谦撰:《后汉书集解》,中华书局,1984年,第796页。
④《三国志》卷46《吴书·孙坚传》注引《会稽典录》,第1100页。
⑤《三国志》卷1《魏书·武帝纪》,第8页。
⑥《三国志》卷9《魏书·曹洪传》,第277页。
⑦《资治通鉴》卷61汉献帝兴平元年胡三省注,第1958页。
⑧《三国志》卷64《吴书·诸葛恪传》,第1431页。
⑨《三国志》卷46《吴书·孙坚传》注引《吴录》,第1100页。

发生哗变，"还到龙亢，士卒多叛。至铚、建平，复收兵得千余人。"[1] 据曹操自己说，他不愿意多招军队。"后还到扬州更募，亦复不过三千人，此其本志有限也。"[2] 曹操部队总共不过数千人，这样一来，周喁带来合作的二千人马就显得相当重要了。周喁队伍属于结盟的客军，并不是曹操的部下，拟定作战行动计划时曹操需要与周喁协商，因此他的意见也是举足轻重的，正因为这一点，周喁被曹操尊称为"军师"。这位军师有职有权，带领自己的部队，并不是普通谋士，和袁绍、袁术素有名望的"军师"卢植、马日磾也不相同。

曹操在扬州募兵之后回到中原，有几个问题值得注意。首先，会稽周氏兄弟对曹操帮助很大，他的部队里有周昕协助招募的丹阳劲卒和周喁的二千人马，此后周昕仍在陆续为其补充兵员。《会稽典录》曰周昕，"辟太尉府，举高第，稍迁丹杨太守。曹公起义兵，昕前后遣兵万余人助公征伐。"[3]

其次，曹操重返中原后和周喁一起投靠了原来关东诸侯的盟主袁绍。"（曹）操乃与司马沛国夏侯惇等诣扬州，募兵，得千余人，还屯河内。"胡三省注："从袁绍也。"[4] 袁绍是把曹操作为依附自己的友军和党羽，如他在后来的《檄州郡文》中所言："续遇董卓侵官暴国，于是提剑挥鼓，发命东夏。方收罗英雄，弃瑕录用，故遂与（曹）操参咨策略，

---

[1]《三国志》卷1《魏书·武帝纪》，第8页。
[2]《三国志》卷1《魏书·武帝纪》建安十五年冬注引《魏武故事》载公十二月《己亥令》，第33页。
[3]《三国志》卷51《吴书·宗室传·孙静》注引《会稽典录》，第1206页。
[4]《资治通鉴》卷59汉献帝初平元年，第1915页。

谓其鹰犬之才,爪牙可任。"① 周喁的次兄周昂也听命于袁绍,"(袁)术从兄绍用会稽周昂为九江太守,绍与术不协,术遣(孙)贲攻破昂于阴陵。"② 周昕在丹阳也是与袁术作对,"袁术之在淮南也,昕恶其淫虐,绝不与通。"③ 后来,"袁术上(吴)景领丹杨太守,讨故太守周昕,遂据其郡。"④ 周昕兵败后返回乡里,投靠会稽太守王朗。孙策进兵江东时,周昕"帅兵前战,策破昕等,斩之,遂定会稽"⑤。

再次,周喁后来被袁绍派去进攻孙坚。孙坚当时为袁术部将,领豫州刺史,驻守阳城(今河南登封市东南告城镇)以防御董卓部队南下。袁绍则任命周昂为豫州刺史,去攻打孙坚。"是时,(袁)术遣孙坚屯阳城拒(董)卓,(袁)绍使周昂夺其处。术遣(公孙)越与坚攻昂,不胜,越为流矢所中死。"⑥ 又见公孙瓒表袁绍罪状:"……又长沙太守孙坚,前领豫州刺史,驱走董卓,扫除陵庙,其功莫大;绍令周昂盗居其位,断绝坚粮,令不得入,使卓不被诛,绍罪十也。"⑦ 后来双方战事激烈,袁绍命令周喁去支援周昂作战,兵败后返回江南,被吴郡太守许贡杀害。周喁"后与(孙)坚争豫州,屡战失利。会次兄九江太守昂为袁术所攻,喁往助之。军败,还乡里,为许贡所害"⑧。曹操的这支友军和首位军师周喁,就这样在袁绍的调度下失败灭亡了。

---

① 《三国志》卷6《魏书·袁绍传》注引《檄州郡文》,第197页。
② 《三国志》卷51《吴书·宗室传·孙贲》,第1209页。
③ 《三国志》卷51《吴书·宗室传·孙静》注引《会稽典录》,第1206页。
④ 《三国志》卷50《吴书·妃嫔传·孙破房吴夫人》,第1195页。
⑤ 《三国志》卷51《吴书·宗室传·孙静》,第1205页。
⑥ 《三国志》卷8《魏书·公孙瓒传》,第242页。
⑦ 《三国志》卷8《魏书·公孙瓒传》注引《典略》,第243页。
⑧ 《三国志》卷46《吴书·孙坚传》注引《会稽典录》,第1100页。

三、为曹操谋划多年的"军师"荀攸

　　初平二年(191),黑山军于毒、白绕、眭固等十余万众抄略魏郡、东郡,东郡太守王肱不能抵御。曹操乘机领兵入境,"击白绕于濮阳,破之。袁绍因表太祖为东郡太守,治东武阳。"[1]曹操有了立足之地以后,武装力量开始扩大,智能之士也纷纷来投。其中的头号谋士荀彧,被曹操比喻为张良。荀彧起初依附袁绍,后来判断袁绍不能成就大事。"时太祖为奋武将军,在东郡。初平二年,彧去绍从太祖。太祖大悦曰:'吾之子房也。'"[2]荀彧屡为曹操作战略规划,如建立兖州根据地、迎献帝到许都等,但是曹操并未任命他做军师,而是"以为司马,时年二十九"[3]。东汉将军幕府设有"长史、司马皆一人,千石。本注曰:司马主兵"[4],说的是司马主持军队的日常管理事务。如刘备入川时,委任赵云在荆州"领留营司马"[5],就是让赵云管理后方军务。"此时先主孙夫人以(孙)权妹骄豪,多将吴吏兵,纵横不法。先主以云严重,必能整齐,特任掌内事。"[6]

　　后来曹操奉迎汉献帝迁都许县,作为后方基地。曹操经常外出征伐,让荀彧留守许都。"进彧为汉侍中,守尚书令,常居中持重。"[7]由

①《三国志》卷1《魏书·武帝纪》,第9页。
②《三国志》卷10《魏书·荀彧传》,第308页。
③《三国志》卷10《魏书·荀彧传》,第308页。
④《后汉书·百官志一》,第3564页。
⑤《三国志》卷36《蜀书·赵云传》注引《(赵)云别传》,第949页。
⑥《三国志》卷36《蜀书·赵云传》注引《(赵)云别传》,第947页。
⑦《三国志》卷10《魏书·荀彧传》,第310页。

于曹操长期在外作战,荀彧不在身边,军机要务无法及时沟通、商议,因此曹操让荀彧给自己推荐一些谋士。"太祖问彧:'谁能代卿为我谋者?'彧言:'荀攸、钟繇。'先是,彧言策谋士,进戏志才。志才卒,又进郭嘉。太祖以彧为知人,诸所进达皆称职。"[1] 其中荀攸足智多谋,担任曹操军师多年,屡立奇功。像曹操这样精明狡诈的人,居然挑不出他的一点儿错误和毛病。《魏书》载太祖令曰:"孤与荀公达周游二十余年,无毫毛可非者。"[2] 又《傅子》曰:"或问近世大贤君子,答曰:'荀令君之仁,荀军师之智,斯可谓近世大贤君子矣。'"[3]

荀攸是在建安元年(196)被曹操礼聘征用的,"太祖素闻攸名,与语大悦,谓荀彧、钟繇曰:'公达,非常人也,吾得与之计事,天下当何忧哉!'以为军师。"[4] 其本传中列举了荀攸为曹操谋划的事例,如建安三年(198),曹操出征南阳张绣,荀攸进言说:张绣与刘表互相援助而势力强大,但张绣是流动部队,粮饷供给完全依赖刘表。刘表负担太重,不能长期供养,双方势必分离。现在不如暂停进军,等待他们发生内讧,就可以诱使张绣军队前来。如果急着进攻,他们必定会相互救援。曹操没有听从荀攸的意见,"遂进军之穰,与战。(张)绣急,(刘)表果救之。军不利。太祖谓(荀)攸曰:'不用君言至是。'"[5] 于是又出奇兵与敌人战斗,大破张绣、刘表。

随后曹操从南阳撤兵,准备到徐州征讨吕布。有人反对,说刘表、

<hr />

[1]《三国志》卷10《魏书·荀彧传》,第311页。
[2]《三国志》卷10《魏书·荀攸传》注引《魏书》,第325页。
[3]《三国志》卷10《魏书·荀攸传》注引《傅子》,第325页。
[4]《三国志》卷10《魏书·荀攸传》,第322页。
[5]《三国志》卷10《魏书·荀攸传》,第323页。

张绣在后方为敌,却要远征吕布,这样形势会很危险。荀攸反驳说:刘表、张绣刚被打败,不敢前来进攻。吕布用兵骁猛,又有袁术支持,若是在淮河、泗水之间纵横,当地的豪杰必然要响应,就会很难对付。现在乘他刚刚反叛朝廷,"众心未一,往可破也。"[1]曹操称赞了他的看法,随即出征。双方交战后,吕布兵败退守下邳(今江苏睢宁县古邳镇),曹操攻城不利,士兵们连续作战相当疲劳,曹操因此想要撤退。荀攸和郭嘉劝说道:"吕布勇而无谋,今三战皆北,其锐气衰矣。三军以将为主,主衰则军无奋意。夫陈宫有智而迟,今及布气之未复,宫谋之未定,进急攻之,布可拔也。"[2]于是曹操动员士卒掘渠引来沂水与泗水,淹灌下邳城,致使城墙溃坍,曹军乘势攻进城内,生擒吕布。

　　建安五年(200)二月,袁绍派遣大将颜良进攻白马(今河南滑县东),自己带兵到黎阳(今河南浚县东南),准备渡河。四月,曹操领兵前来救援。荀攸建议说:现在兵力较少,不能打败敌人,如果能够分散敌人的力量就可以获胜。您到延津后,摆出要渡河袭击敌人后方的阵势,袁绍必定会把主力开赴西方来回应,这时再让部队轻装前进,攻其不备,就可以消灭颜良。曹操依照荀攸的计策,果然吸引了袁绍的主力向西回救,曹操于是带兵急赴白马。"未至十余里,(颜)良大惊,来逆战。使张辽、关羽前登,击破,斩良。遂解白马围。徙其民,循河而西。"[3]袁绍得知颜良兵败后,急忙渡河前来追赶,曹军辎重车辆布满道路,诸将见敌军迫近,心生恐慌,纷纷请求曹操赶快撤入营寨进行防守。荀攸

---

①《三国志》卷10《魏书·荀攸传》注引《魏书》,第323页。
②《三国志》卷10《魏书·荀攸传》,第323页。
③《三国志》卷1《魏书·武帝纪》,第19页。

说："此所以饵敌,如何去之!"①曹操明白了他的用意,与荀攸相视而笑。袁绍的军队果然赶上来竞相争夺辎重,阵势混乱,曹操马上命令步兵、骑兵进行冲击,大获胜利,斩杀了敌将文丑,随后与袁绍大军在官渡(今河南中牟县东北)相拒。曹操的军粮快要用完,形势危急,荀攸先是推荐徐晃等将前去劫烧袁绍的军粮车队,曹操"乃遣晃及史涣邀击破走之,烧其辎重"②。随后许攸前来归降,报告曹操,袁绍派遣淳于琼领万余人迎接运粮,"将骄卒惰,可要击也。"③当时曹操部下都表示怀疑,只有荀攸与贾诩坚决主张出击,偷袭袁绍军屯粮之所。曹操下定决心,"乃留(荀)攸及曹洪守。太祖自将攻破之,尽斩(淳于)琼等。(袁)绍将张郃、高览烧攻橹降,绍遂弃军走。"④曹操赢得了官渡决战的胜利。

据荀攸本传记载,建安八年(203),曹操领兵南征刘表,袁谭、袁尚兄弟发生内讧交战,袁谭失败后派遣辛毗前来表示归降并请求援救,曹操准备答应并回师河北,征求部下的意见,结果多数人认为刘表势力强劲,应该率先征服他,袁谭、袁尚不足担忧。荀攸发表意见说:"天下方有事,而刘表坐保江、汉之间,其无四方志可知矣。袁氏据四州之地,带甲十万,(袁)绍以宽厚得众,借使二子和睦以守其成业,则天下之难未息也。今兄弟遘恶,其势不两全。若有所并则力专,力专则难图也。及其乱而取之,天下定矣。此时不可失也。"⑤曹操夸奖他说得

①《三国志》卷1《魏书·武帝纪》,第19页。
②《三国志》卷10《魏书·荀攸传》,第323页。
③《三国志》卷10《魏书·荀攸传》,第323页。
④《三国志》卷10《魏书·荀攸传》,第324页。
⑤《三国志》卷10《魏书·荀攸传》,第324页。

好,于是答应与袁谭和亲,让自己的儿子曹整娶了袁谭的女儿,然后进兵打败袁尚。后来袁谭反叛,又被曹操消灭。冀州平定后,曹操对荀攸封赏说:"军师荀攸,自初佐臣,无征不从,前后克敌,皆攸之谋也。"册封荀攸为陵树亭侯。建安十二年(207),曹操统一了中原,下令对群臣大举封赏,荀彧、荀攸都名列前茅。"太祖曰:'忠正密谋,抚宁内外,文若是也。公达其次也。'"对荀攸"增邑四百,并前七百户,转为中军师"①。

荀攸作为"军师",除了对作战事务出谋划策之外,还担负什么工作?对此《三国志》中没有直接记载。《通典》卷29《职官十一》注曰:"魏荀攸为军师,军国选举及刑狱法制皆使决焉。"②说明他平时还担负着军队与行政官员的选拔以及审判案件等各种业务。

荀攸在建安十九年(214)病逝,享年五十八岁。其本传称:"攸深密有智防,自从太祖征伐,常谋谟帷幄,时人及子弟莫知其所言。"③他对外界经常伪装成胆怯痴呆的样子,所以曹操说他:"外愚内智,外怯内勇,外弱内强,不伐善,无施劳,智可及,愚不可及,虽颜子、宁武不能过也。"④由于荀攸低调做人,不愿张扬,他的很多奇谋密计不为人知。据说,"(荀)公达前后凡画奇策十二,唯(钟)繇知之。繇撰集未就,会薨,故世不得尽闻也。"⑤

---

①《三国志》卷10《魏书·荀攸传》,第324页。
②(唐)杜佑撰,王文锦等点校:《通典》,中华书局,1988年,第804页。
③《三国志》卷10《魏书·荀攸传》,第324页。
④《三国志》卷10《魏书·荀攸传》,第325页。
⑤《三国志》卷10《魏书·荀攸传》,第325页。

四、曹操与魏国设立的各种"军师"

建安十八年(213)五月丙申,汉献帝对曹操颁布策命,"今以冀州之河东、河内、魏郡、赵国、中山、常山、钜鹿、安平、甘陵、平原凡十郡,封君为魏公。"①也就是史书上常说的"魏国初建""魏国初封"。注引《魏书》载曹公令中列举的劝进者有"中军师陵树亭侯荀攸、前军师东武亭侯钟繇、左军师凉茂、右军师毛玠"与"军师祭酒千秋亭侯董昭"②,反映出这时曹操属下的"军师"已经有了许多种。从有关记载来看,其设置的情况如下:

(一)军师祭酒

建安三年(198)正月,曹操出征南阳张绣后回到许都,"初置军师祭酒。"③"祭酒"之职源于战国,齐襄王时稷下学宫聚集了许多学者,"齐尚修列大夫之缺,而荀卿三为祭酒焉。"《史记索隐》曰:"礼食必祭先,饮酒亦然,必以席中之尊者一人当祭耳。后因以为官名,故吴王濞为刘氏祭酒是也。"④担任"祭酒"者通常德高望重,才能超群。前引《魏书》中提到"军师祭酒千秋亭侯董昭",而董昭本传则记载他是"转拜司空军祭酒"⑤。另外,郭嘉本传也提到自己在进见曹操

①《三国志》卷1《魏书·武帝纪》,第38—39页。
②《三国志》卷1《魏书·武帝纪》注引《魏书》载公《令》,第40页。
③《三国志》卷1《魏书·武帝纪》,第15页。
④《史记》卷74《孟子荀卿列传》,第2348—2349页。
⑤《三国志》卷14《魏书·董昭传》,第439页。

后，"表为司空军祭酒。"①《三国志集解》引赵一清曰："曹公以建安元
年拜司空，故于三年置军师祭酒。然考之诸臣《传》中，无全称军师祭
酒者。荀攸为军师在建安三年以前无论矣，后此郭嘉为司空军祭酒，
无'师'字。《劝进笺》董昭结衔为军师祭酒，而昭《传》云拜司空军祭
酒，则知（郭）嘉亦军师祭酒也。"②卢弼按："建安元年曹操为司空，建
安三年初置军师祭酒，盖司空之军师祭酒也。"又云："郭嘉、董昭为司
空军祭酒，《传》文无'师'字者，避晋讳也。"③是说《三国志》作者陈
寿为了避司马师的名讳，所以将列传中郭嘉、董昭的官职作"司空军祭
酒"，删去"师"字。郭嘉是在建安十三年（208）曹军自柳城获胜返回
后病逝的，据曹操说："军祭酒郭嘉，自从征伐，十有一年。"④是说他在
建安二年（197）开始为曹操效力，次年正月担任军师祭酒。董昭本传
中记载曹操出征乌桓蹋顿之前，担心军粮难以运输，董昭建议开凿平
虏、泉州二渠入海以通航运，保证了前线的军粮供给和作战胜利。"太
祖表封千秋亭侯，转拜司空军祭酒。"⑤此事应在建安十三年（208）初
曹操北征获胜之后。看来是在郭嘉死后，曹操才让董昭继任了司空军
师祭酒的职务。当年六月，曹操拜为丞相，董昭职务的全称即应改作
"丞相军师祭酒"，《劝进笺》中只说他是"军师祭酒"，是一种简要的称
法。与此相类似的用法，还可以参见《后汉书》卷9《献帝纪》："（建
安）二十二年夏六月，丞相军师华歆为御史大夫。"而《三国志》则记

---

①《三国志》卷14《魏书·郭嘉传》，第431页。
②卢弼：《三国志集解》，第20页。
③卢弼：《三国志集解》，第20页。
④《三国志》卷14《魏书·郭嘉传》，第435页。
⑤《三国志》卷14《魏书·董昭传》，第439页。

载建安二十二年"六月,以军师华歆为御史大夫"①。这里的"军师"也是"丞相军师"的简称。以此推论,荀攸在曹操担任司空期间的官职,其全称也应该是"司空军师",后来则是"丞相中军师",简称"中军师"。

《晋书·职官志》说曹操"及当涂得志,克平诸夏,初有军师祭酒,参掌戎律"②。反映军师祭酒的日常工作是掌管军法,惩治部队中的违纪将士。《通典》卷29《职官十一》记载军师祭酒部下后来又设立了"理曹掾属",注曰:"后汉建安十九年,魏武令曰'军中典狱者,或非其人,而任以三军死生,吾甚惧之。'遂置此,选明达法理者为之。"③表明随着曹操部队的扩大,其军内也相应增设了司法部门和官吏,来处理日益繁多的有关案件。

另外,《劝进笺》中除了列举中、前、左、右军师与军师祭酒之外,还有"祭酒王选、袁涣、王朗、张承、任藩、杜袭……"④笔者按,这与前文所言刘秀给邓禹军中配置"韩歆为军师,李文、李春、程虑为祭酒"⑤的情况类似,表明王选等人也是曹操军中有参赞军机职责的官员。《三国志》中记载袁涣"征为谏议大夫、丞相军祭酒"⑥,王朗"以军祭酒领魏郡太守"⑦,杜袭是"拜议郎参军事,荀彧又荐袭,太祖以为丞相军祭

①《三国志》卷1《魏书·武帝纪》,第49页。
②《晋书》卷24《职官志》,第724页。
③(唐)杜佑撰,王文锦等点校:《通典》,第805页。
④《三国志》卷1《魏书·武帝纪》注引《魏书》载公《令》,第40页。
⑤《后汉书》卷16《邓禹传》,第601页。
⑥《三国志》卷11《魏书·袁涣传》,第334页。
⑦《三国志》卷13《魏书·王朗传》,第407页。

酒"①。今人洪武雄结合蜀汉的有关记载认为,"祭酒"是"军祭酒"的
简称②。

（二）丞相军师的增加

　　曹操在担任司空时只有荀攸一位"军师",郭嘉为"军师祭酒",
但是在他统一北方、就任丞相以后,开始增设"军师"。如前引《劝进
笺》中有"中军师陵树亭侯荀攸、前军师东武亭侯钟繇、左军师凉茂、
右军师毛玠",其中钟繇、凉茂、毛玠获得"军师"职衔的时间大体上可
以从其各自本传的记载考证出来。例如钟繇在官渡之战前夕被任命
为侍中守司隶校尉,到长安持节督关中诸军。"（钟）繇徙关中民,又招
纳亡叛以充之,数年间民户稍实。太祖征关中,得以为资,表繇为前军
师。"③曹操西征关中是在建安十六年（211）,则钟繇任前军师是在此之
后。凉茂本传载:"文帝为五官将,茂以选为长史,迁左军师。"④笔者
按,文帝本纪曰:"建安十六年,为五官中郎将、副丞相。"⑤凉茂担任左
军师也在那一年。又毛玠本传载:"初,太祖平柳城,班所获器物,特以
素屏风、素冯几赐玠……玠居显位,常布衣蔬食,抚育孤兄子甚笃,赏赐
以振施贫族,家无所余。迁右军师。"⑥则毛玠任右军师是在建安十三
年（208）初曹操北征乌桓获胜之后。从此丞相属下的军师有了中、前、

---

① 《三国志》卷23《魏书·杜袭传》,第666页。
② 洪武雄:《蜀汉政治制度史考论》:"蜀制应作军祭酒,简称祭酒。"台北:文津出版社,2008
　年,第222页。
③ 《三国志》卷13《魏书·钟繇传》,第393页。
④ 《三国志》卷11《魏书·凉茂传》,第338页。
⑤ 《三国志》卷2《魏书·文帝纪》,第57页。
⑥ 《三国志》卷12《魏书·毛玠传》,第375页。

左、右之分，后军师不见于史书记载。不过，建安十八年（213）曹操封魏公后，荀攸为尚书令，钟繇任大理（廷尉），凉茂任尚书仆射，毛玠为尚书①，他们都在政府的某个部门有实际职务，"军师"于是转变为附加的官衔。

史籍中提到曹操还任命过两个人做"军师"，其一为华歆，他"代荀彧为尚书令。太祖征孙权，表歆为军师"②。荀彧去世是在建安十七年（212）冬，华歆接替了他的尚书令职务，当时曹操第二次兵越巢湖，与孙权正在濡须交战。次年曹操封魏公，荀攸任尚书令。曹操再次南征是在建安十九年（214），"秋七月，公征孙权。"③是岁荀攸病逝，曹操遂委任华歆为丞相军师来补缺，看来可能是"中军师"，继续担任尚书令。曹操对华歆非常信任，当年十一月让他辅佐御史大夫郗虑到献帝宫中逮捕伏皇后和两位皇子，伏皇后"闭户藏壁中，（华）歆就牵后出"④。汉献帝看不下去，对郗虑说："郗公，天下宁有是邪？"⑤华歆由于表现突出，后来被曹操提拔，顶替郗虑做了御史大夫。

其二为成公英。建安二十年（215）五月，纵横关西多年的军阀韩遂被杀，"西平、金城诸将麴演、蒋石等共斩送韩遂首。"⑥韩遂的亲信成公英投降曹操，"会遂死，（成公）英降太祖。太祖见英甚喜，以为军师，

①《三国志》卷1《魏书·武帝纪》建安十八年："十一月，初置尚书、侍中、六卿。"注引《魏氏春秋》曰："以荀攸为尚书令，凉茂为仆射，毛玠、崔琰、常林、徐弈、何夔为尚书，王粲、杜袭、卫觊、和洽为侍中。"第42页。《三国志》卷13《魏书·钟繇传》："魏国初建，为大理……"第394页。
②《三国志》卷13《魏书·华歆传》，第403页。
③《三国志》卷1《魏书·武帝纪》，第43页。
④《后汉书》卷10下《皇后纪下》，第454页。
⑤《后汉书》卷10下《皇后纪下》，第454页。
⑥《三国志》卷1《魏书·武帝纪》，第45页。

封列侯。"①但不清楚封他做的哪种军师(中、前、左、右)。后来,成公英担任了雍州刺史张既部下的参军,其职位并不高。

(三)"三征"与中军将帅的"军师"

赤壁之战以后,曹操军队的一些制度逐渐发生变化,对"军师"的设置起到重要的影响。其兵制的变化是将主力军队划分为"中军"和"外军",原来在边境驻守防御的主要是地方州郡的部队,战斗能力较弱,若是遭到强敌入侵,形势相当被动,为此曹操开始把部分主力军队留在边境戍守。今人何兹全说:"留屯在外的将军及都督所领的兵,就称为外军;中央直辖的军队,就称为中军。"又说曹操统一中原之后,"这时局面大了,再不能象过去一样,带领一支军队(虽不是全部也是大部),到处征战,因之便产生了留屯的办法。平定一个地方,即留一部分军队在那里驻防,并由一人任统帅,统摄辖区内诸军。这种留屯制,实即魏晋以下盛行的军事上分区的都督诸军制的滥觞。"②

随着外军的留驻,曹操开始建立以"三征"即征东、征南、征西将军统率的防区。"三征"之名,见《三国志》卷21《魏书·傅嘏传》:"时论者议欲自伐吴,三征献策各不同。"洪饴孙注曰:"魏时征北(将军)不常置,故曰三征也。"③洪饴孙考证曹魏设征东、征南、征西将军各一人,"二千石,第二品,武帝置。"④分别负责扬州、荆州和雍、凉等州的军务。曹丕称帝以后,正式在沿边各州设置都督为防区最高长官,随其资

---

① 《三国志》卷15《魏书·张既传》注引《典略》,第475页。
② 何兹全:《魏晋的中军》,《读史集》,上海人民出版社,1982年,第258—259页。
③ (清)洪饴孙:《三国职官表》,《后汉书三国志补表三十种》,第1504页。
④ (清)洪饴孙:《三国职官表》,《后汉书三国志补表三十种》,第1503页。

望轻重加以征东(南、西)将军,或镇东(南、西)将军与安东(南、西)将军称号,亦泛称为"三征"。如魏嘉平四年(252)孙权病逝,"征南大将军王昶、征东将军胡遵、镇南将军毌丘俭等表请征吴。朝廷以三征计异,诏访尚书傅嘏。"[1]洪饴孙曰:"三征盖指王昶、胡遵、毌丘俭,俭以镇南列三征中,盖征镇同。"[2]有时候,这些都督由于功高望重会被朝廷授予高于"三征"的军衔,如大将军、大司马等等。

　　值得注意的是,从赤壁之战结束到曹丕即位以后,"军师"逐渐成为地方"三征"(荆州、扬州、雍凉、青徐都督)及"中军"将帅配置的官职,特别是曹魏代汉之后,国家的最高统帅——皇帝不设立自己直辖的"军师"。"三征"当中,最早设置的是征南将军。曹仁本传记载,赤壁之战失利后,曹操北还中原,"以(曹)仁行征南将军,留屯江陵,拒吴将周瑜。"时间在建安十三年(208)末。至建安十六年(211)曹操西征关中,又调走曹仁去讨伐马超、韩遂,任行安西将军,在战役结束后又恢复原职。"复以仁行征南将军,假节,屯樊,镇荆州。"征南将军称号前加"行"字,表示由曹仁临时摄理。直到建安二十三年(218)冬,曹仁在南阳平定了侯音的叛乱,"还屯樊,即拜征南将军。"[3]由此获得正式的任命。在曹仁手下担任军师的是杨俊,其本传曰:"迁南阳太守。宣德教,立学校,吏民称之。徙为征南军师。魏国既建,迁中尉。"[4]说明杨俊是在建安十八年(213)以前得到此项职务。

　　征东将军的军师出现较晚,曹丕称帝后,赵俨"领河东太守,典农

---

①《三国志》卷21《魏书·傅嘏传》注引司马彪《战略》,第625—626页。

②(清)洪饴孙:《三国职官表》,《后汉书三国志补表三十种》,第1504页。

③《三国志》卷9《魏书·曹仁传》,第275页。

④《三国志》卷23《魏书·杨俊传》,第663页。

中郎将。黄初三年,赐爵关内侯。孙权寇边,征东大将军曹休统五州军御之,征俨为军师。权众退,军还,封宜土亭侯,转为度支中郎将,迁尚书。从征吴,到广陵,复留为征东军师”①。魏明帝即位后,曹休以宗室身份与战功的缘故,“迁大司马,都督扬州如故。”②赵俨第三次担任他的军师,“复为尚书,出监豫州诸军事,转大司马军师,入为大司农。”③

曹芳统治时期,胡质“迁征东将军,假节都督青、徐诸军事。广农积谷,有兼年之储,置东征台,且佃且守”④。胡质为官清廉,“嘉平二年薨,家无余财,惟有赐衣书箧而已。军师以闻,追进封阳陵亭侯,邑百户,谥曰贞侯。”⑤可见胡质的军师还担负着监督作用,把主将的操行汇报给朝廷。

征西将军或雍凉都督的军师在史籍中出现得更晚,如杜袭在明帝时为尚书,“诸葛亮出秦川,大将军曹真督诸军拒亮,徙袭为大将军军师,分邑百户赐兄基爵关内侯。真薨,司马宣王代之,袭复为军师。”⑥其参赞军务之事可见诸葛亮二出祁山后,“时军师杜袭、督军薛悌皆言明年麦熟,亮必为寇,陇右无谷,宜及冬豫运。”⑦司马懿却不以为然,说:“亮再出祁山,一攻陈仓,挫衄而反。纵其后出,不复攻城,当求野战,必在陇东,不在西也。亮每以粮少为恨,归必积谷,以吾料之,非三

---

① 《三国志》卷 23《魏书·赵俨传》,第 671 页。
② 《三国志》卷 9《魏书·曹休传》,第 279 页。
③ 《三国志》卷 23《魏书·赵俨传》,第 671 页。
④ 《三国志》卷 27《魏书·胡质传》,第 742—743 页。
⑤ 《三国志》卷 27《魏书·胡质传》,第 743 页。
⑥ 《三国志》卷 23《魏书·杜袭传》,第 667 页。
⑦ 《晋书》卷 1《宣帝纪》,第 7 页。

稔不能动矣。"① 后来杜袭因病还朝,魏明帝又派遣老臣辛毗为司马懿的军师,匆忙赶赴前线。"青龙二年,诸葛亮率众出渭南。先是大将军司马宣王数请与亮战,明帝终不听。是岁恐不能禁,乃以毗为大将军军师,使持节;六军皆肃,准毗节度,莫敢犯违。"② 可见辛毗实际上是代表皇帝的监军,有节制司马懿的权力。"后(诸葛)亮复来挑战,帝将出兵以应之,毗杖节立军门,帝乃止。"③ 不过,辛毗的任职是临时的,诸葛亮病死后蜀军撤退,他也就返回朝廷交差了。"亮卒,复还为卫尉。"④

曹丕称帝以后,中央军队的军师,史籍记载的有辛毗。黄初三年(222),"上军大将军曹真征朱然于江陵,(辛)毗行军师。还,封广平亭侯。"⑤ 也是临时代理,战役结束后便不复担任。还有裴潜,"明帝即位,入为尚书。出为河南尹,转太尉军师、大司农。"⑥ 洪饴孙《三国职官表》曰:"魏太尉公一人,第一品。鱼豢曰:太尉掌武事,古者兵狱官皆以尉为称。尉,罻也,言兵狱罗罻也,以兵狱罗罻奸非。延康元年初置,与司徒、司空为三公。"⑦ 裴潜在明帝太和年间任太尉军师,当时华歆任太尉,太和五年(231)薨。另外,魏文帝东征广陵时,曾任命司马懿为抚军大将军,让他留守许昌,处理尚书台的日常事务⑧。委任徐邈,"迁抚

①《晋书》卷 1《宣帝纪》,第 7 页。
②《三国志》卷 25《魏书·辛毗传》,第 699 页。
③《晋书》卷 1《宣帝纪》,第 8 页。
④《三国志》卷 25《魏书·辛毗传》,第 699 页。
⑤《三国志》卷 25《魏书·辛毗传》,第 697 页。
⑥《三国志》卷 23《魏书·裴潜传》,第 673 页。
⑦(清)洪饴孙:《三国职官表》,《后汉书三国志补表三十种》,第 1302 页。
⑧参见《三国志》卷 2《魏书·文帝纪》注引《魏略》载诏曰:"其以尚书令颍乡侯陈群为镇军大将军,尚书仆射西乡侯司马懿为抚军大将军。若吾临江授诸将方略,则抚军当留许昌,督后诸军,录后台文书;镇军随车驾,当董督众军,录行尚书事;皆假节鼓吹,给中军兵骑六百人。"第 85 页。

军大将军军师"①,也是留在后方,协助并监督司马懿处理政务。

曹魏"军师"的职责与数量,前后发生明显的变化。曹操逐鹿中原时,只设立"(司空)军师"与"(司空)军师祭酒"各一人,遇事为其出谋划策,平时则处理军营内的选举、司法等事务。待曹操统一中原、担任丞相之后,军师设置的数量增多,有中、前(后)、左、右军师,逐渐成为中央行政官员的附加职衔。赤壁之战以后到曹丕称帝建国,"军师"更多的是设立于中军大将或边防各州都督麾下,虽亦参赞军务,但更多的是代表皇帝监督主将,或带有临时性质,遇到战事才设立,战后即撤销职务,回朝复命。

五、蜀汉的"军师"

蜀汉亦设有"军师",可以刘备去世、诸葛亮执政划分为前后两个阶段,其职责大不相同。刘备协同周瑜逐走曹仁、占据南郡以后,征服了荆州江南的长沙、桂阳、零陵、武陵四郡,在公安建立起他的左将军府。江南四郡幅员广阔,刘备由于军务缠身,于是"以(诸葛)亮为军师中郎将,使督零陵、桂阳、长沙三郡,调整其赋税,以充军实"②。当时诸葛亮是刘备非常信任的谋臣,刘备曾说:"孤之有孔明,犹鱼之有水也。"③因而把后方的民政庶务交给诸葛亮去处理,解决军队的粮饷供给问题,这是发挥了诸葛亮善于治国的长处,并封他为"军师中郎将"。

①《三国志》卷27《魏书·徐邈传》,第739页。
②《三国志》卷35《蜀书·诸葛亮传》,第915—916页。
③《三国志》卷35《蜀书·诸葛亮传》,第913页。

其名称中的"军师",表示诸葛亮有参赞谋划的职责;"中郎将"原是武职,意味着他在后方不仅是行政官员,而且有权处置当地的军务。如胡三省所言:"曹操初置军师祭酒,而(刘)备置军师中郎将,皆以一时军事创置官名也。然军师祭酒止决军谋,中郎将则有兵柄。"[1]

笔者按:"中郎将"在汉代本是统率皇宫禁军郎官的将领,如东汉光禄勋属下有虎贲中郎将、左右中郎将、羽林中郎将等。东汉前期,中郎将领兵外出作战的事例不多,或为监军及将军的副职。据今人廖伯源研究,"安(帝)、顺(帝)以后,中郎将渐成为主要的领兵征伐将领。"[2]至灵帝中平元年(184),黄巾起义爆发,"领兵讨伐黄巾之主将皆挂中郎将衔,并持节。"[3]如卢植拜北中郎将以征张角,后来朝廷又"拜(董卓)东中郎将,持节,代卢植击张角于下曲阳"[4]。另外,"公卿多荐(朱)儁有才略,拜为右中郎将,持节,与左中郎将皇甫嵩讨颍川、汝南、陈国诸贼。"[5]董卓之乱爆发后,"拥兵自雄一方者任意以中郎将官职授人,中郎将之名号滥用。"[6]廖伯源考证有42种新设置之中郎将。其中有些似乎与军事无关,如负责屯田之典农中郎将、管理财务之司金中郎将、发掘陵墓之发丘中郎将等。刘备所设"军师中郎将"也是新置,共有二人。除了诸葛亮主管地方民政之外,还有不善于处理郡县政务的

①《资治通鉴》卷65汉献帝建安十三年胡三省注,第2094页。

②廖伯源:《从汉代郎将职掌之发展论官职演变》,氏著:《秦汉史论丛》,台北:五南图书出版有限公司,2003年,第74页。

③廖伯源:《从汉代郎将职掌之发展论官职演变》,氏著:《秦汉史论丛》,第76页。

④《后汉书》卷72《董卓传》,第2320页。

⑤《后汉书》卷71《朱儁传》,第2309页。

⑥廖伯源:《从汉代郎将职掌之发展论官职演变》,氏著:《秦汉史论丛》,第81页。

庞统,"以从事守耒阳令,在县不治,免官。"① 后来经过鲁肃与诸葛亮的
特别推荐,"先主见与善谭,大器之,以为治中从事。亲待亚于诸葛亮,
遂与亮并为军师中郎将。"② 庞统擅长策划奇谋诡计,故跟随刘备身边
参赞军务,是名副其实的"军师"。如刘备入蜀后在葭萌(今四川广元
市昭化镇)准备攻打刘璋,庞统献上、中、下三计。"先主然其中计,即
斩(杨)怀、(高)沛,还向成都,所过辄克。"③ 而这方面不是诸葛亮的长
处,所以诸葛亮留守荆州,继续主持后方的政务。何兹全曾敏锐地指
出:"当时,调荆州江南三郡赋税,是很重要的。但诸葛亮不留在刘备
身边,而去调三郡税赋,恰说明刘备决定军国大事时,诸葛亮还不是不
离左右的人物。"又云:"刘备入益州,带了庞统、黄忠,诸葛亮、关羽、张
飞、赵云都留在荆州,这可说荆州重要,离不开诸葛亮;也可以说,刘备
在军事决策方面不需要诸葛亮。"④

　　建安十九年(214)刘备占领成都,全据巴蜀,此时庞统已在雒城
(今四川广汉市)战斗里中箭身亡,诸葛亮则与张飞、赵云入蜀。刘备
"以(诸葛)亮为军师将军,署左将军府事。先主外出,亮常镇守成都,
足食足兵"⑤。"军师将军"初见于东汉初年,前文已述。可知刘备对诸
葛亮仍很信任,把根据地的军政要务统统交给他去处理,以保障后方
的安全与前线的人员粮饷补给。但是关于作战的谋划,诸葛亮还是很
少参与。接替庞统在刘备身边出谋划策的是蜀郡太守法正,法正虽然

①《三国志》卷37《蜀书·庞统传》,第954页。
②《三国志》卷37《蜀书·庞统传》,第954页。
③《三国志》卷37《蜀书·庞统传》,第955页。
④何兹全:《三国史》,人民出版社,2011年,第159页。
⑤《三国志》卷35《蜀书·诸葛亮传》,第916页。

没有"军师"职衔，却是刘备的头号军事顾问与高参。何兹全评论说：
"争汉中，是刘备和曹操之间的一次大战，刘备没有带诸葛亮，去的是法
正。关羽死后，刘备倾全力去和孙权争荆州，这是刘备生死存亡的大
关，也是刘备独往，没有带诸葛亮。"① 夷陵之战惨败后，诸葛亮感叹地
说："法孝直若在，则能制主上，令不东行；就复东行，必不倾危矣。"②
何兹全指出："这都说明，诸葛亮还没有不使刘备东行的力量和地位，
也还没有随之东行使不倾危的能力和作用。"何兹全最后总结道："在
刘备生前，诸葛亮只是受命而行的行政能臣，并不是协助刘备决策的
人，特别是在军事方面，还不是赞助刘备决策的人。"③ 后来刘备称帝，
诸葛亮晋升为丞相，也就没有"军师将军"的头衔了。

　　笔者补充：诸葛亮虽然很少参与刘备的军事决策，但对于国家的
政务以及官选，经常有重要的建议被刘备采纳。例如刘备入川后宠信
彭羕，"数令羕宣传军事，指授诸将，奉使称意，识遇日加。"④ 并提拔其
为别驾从事。诸葛亮却认为此人不可重用，"屡密言先主，羕心大志
广，难可保安。"⑤ 结果刘备将他降职为江阳太守。刘备领兵出征汉中，
"时蜀郡太守法正从先主北行，（诸葛）亮于是表（杨）洪领蜀郡太守，众
事皆办，遂使即真。"⑥ 刘封为刘备义子，后来丢失东三郡（房陵、西城、
上庸）回归成都。"诸葛亮虑（刘）封刚猛，易世之后终难制御，劝先主

①何兹全：《三国史》，第 159 页。
②《三国志》卷 37《蜀书·法正传》，第 962 页。
③何兹全：《三国史》，第 159 页。
④《三国志》卷 40《蜀书·彭羕传》，第 995 页。
⑤《三国志》卷 40《蜀书·彭羕传》，第 995 页。
⑥《三国志》卷 41《蜀书·杨洪传》，第 1013 页。

因此除之。于是赐封死,使自裁。"① 这表明在国家政务方面,诸葛亮的意见很受刘备重视。

公元 223 年,刘备在永安(今重庆市奉节县)病逝,托孤于诸葛亮。后主继位后,"建兴元年,封亮武乡侯,开府治事。顷之,又领益州牧。政事无巨细,咸决于亮。"② 诸葛亮也设立了"军师"一职,史籍所载有自中原跟随先主入蜀的老臣刘琰,"为卫尉中军师后将军,迁车骑将军。"③ 建兴八年(230)魏延领兵西征,大破魏国雍州刺史郭淮的军队,"迁为前军师征西大将军,假节,进封南郑侯。"④ 这两个人的"军师"官衔都排在他们的将军官职之前,见诸葛亮弹劾李严的奏表:"辄与行中军师车骑将军都乡侯臣刘琰,使持节前军师征西大将军领凉州刺史南郑侯臣魏延……"⑤ 不过,他们的"军师"只是一种荣誉性的附加职衔,像刘琰并没有什么实质性的工作,"然不豫国政,但领兵千余,随丞相亮讽议而已。"⑥ 魏延虽然为"前军师",平时却不在诸葛亮身边,他的"征西大将军"才是领兵的实职,部下有属于自己统领的军队,另立兵营。所以诸葛亮死后,处在大营的杨仪让费祎到魏延的营中来窥测虚实。洪武雄曾指出:"丞相诸葛亮卒前,前军师征西大将军魏延为前线诸将领中班列最高者,未能参与大军后撤之重要决策。"⑦

这一时期蜀国"军师"虽然有"讽议"的职责,但是作用并不明显,

----

① 《三国志》卷 40《蜀书·刘封传》,第 994 页。
② 《三国志》卷 35《蜀书·诸葛亮传》,第 918 页。
③ 《三国志》卷 40《蜀书·刘琰传》,第 1001 页。
④ 《三国志》卷 40《蜀书·魏延传》,第 1002 页。
⑤ 《三国志》卷 40《蜀书·李严传》注引诸葛亮公文上尚书曰,第 1000 页。
⑥ 《三国志》卷 40《蜀书·刘琰传》,第 1001 页。
⑦ 洪武雄:《蜀汉政治制度史考论》,第 73 页。

因为诸葛亮很有主见,在军国大事上通常是自己拿主意,不大听取别人的意见。像魏延提出兵出子午谷奇袭之策,诸葛亮并不愿意冒险。街亭战役之前,"时有宿将魏延、吴壹等,论者皆言以为宜令为先锋,而亮违众拔(马)谡,统大众在前。"[①]结果遭到惨败。此后朝内颇有大臣不赞成继续北伐,"而议者谓为非计"[②],但是诸葛亮却仍然坚持出征。诸葛亮逝世后,蜀国任命杨仪为中军师,费祎为后军师,留守成都的中监军邓芝,"亮卒,迁前军师前将军,领兖州刺史,封阳武亭侯。"[③]洪武雄对此评论道:"建兴十二年(234)丞相诸葛亮方卒时,二长史争权,留府长史蒋琬迁尚书令,威望犹不足以当国。对于由汉中领大军回成都的军政要员不得不加礼重,故杨仪、邓芝、费祎分拜中、前、后军师。然军师一职,位高而无权。"[④]杨、费二人未见到有什么必须担负的日常政务。像杨仪,"拜为中军师,无所统领,从容而已。"[⑤]和刘琰的情况相同。后来杨仪削职为民,费祎晋升为尚书令,邓芝则调任江州都督,此后蜀汉再也没有设立"军师"职位。

六、孙吴的"军师"

孙吴的"军师"与魏、蜀的情况又不相同,在很长时间内没有设立"军师"这一职务。孙策起兵时倚重张昭与张纮两位谋士,《吴书》

①《三国志》卷39《蜀书·马良附弟谡传》,第984页。
②《三国志》卷35《蜀书·诸葛亮传》注引《汉晋春秋》,第923页。
③《三国志》卷45《蜀书·邓芝传》,第1072页。
④洪武雄:《蜀汉政治制度史考论》,第73页。
⑤《三国志》卷40《蜀书·杨仪传》,第1005页。

曰："纮与张昭并与参谋,常令一人居守,一人从征讨。"[1] 特别是担任长史的张昭,日常的军政庶务往往都是由他来处理。"文武之事,一以委昭。"[2] 孙策临终前又将孙权托付给张昭,"昭率群僚立而辅之。上表汉室,下移属城,中外将校,各令奉职……昭复为权长史,授任如前。"[3]《吴书》亦言张昭:"常在左右,为谋谟臣。权以昭旧臣,待遇尤重。"[4] 但是在作战方面,张昭的意见历来比较保守,因此孙权不愿意听从。例如鲁肃聘用后,建议:"剿除黄祖,进伐刘表,竟长江所极,据而有之。"[5] 却遭到了张昭的反对,"张昭非肃谦下不足,颇訾毁之,云肃年少粗疏,未可用。(孙)权不以介意,益贵重之。"[6] 后来甘宁归顺,也劝孙权出征江夏,消灭黄祖。"张昭时在坐,难曰:'吴下业业,若军果行,恐必致乱。'"[7] 结果受到了甘宁的讥讽,孙权也表示赞同甘宁的意见。"权举酒属宁曰:'兴霸,今年行讨,如此酒矣,决以付卿。卿但当勉建方略,令必克祖,则卿之功,何嫌张长史之言乎。'"[8]

　　特别是经历了赤壁之战,张昭所受的信任大不如前,由于他在战前率领文臣力主迎降曹操,与周瑜、鲁肃等主战派的意见相反,使孙权非常失望。此后便对张昭敬而远之,像"借荆州"与后来偷袭荆州的计谋,孙权只和鲁肃、吕蒙等将领商议,张昭逐渐被排挤出决策核心。直

① 《三国志》卷53《吴书·张纮传》注引《吴书》,第1243页。
② 《三国志》卷52《吴书·张昭传》,第1219页。
③ 《三国志》卷52《吴书·张昭传》,第1220页。
④ 《三国志》卷52《吴书·张昭传》注引《吴书》,第1221页。
⑤ 《三国志》卷54《吴书·鲁肃传》,第1268页。
⑥ 《三国志》卷54《吴书·鲁肃传》,第1269页。
⑦ 《三国志》卷55《吴书·甘宁传》,第1293页。
⑧ 《三国志》卷55《吴书·甘宁传》,第1293页。

到孙吴建国,设立丞相,孙权力排众议,坚决不让张昭担任。《江表传》曰:"(孙)权既即尊位,请会百官,归功周瑜。(张)昭举笏欲褒赞功德,未及言,权曰:'如张公之计,今已乞食矣。'昭大惭,伏地流汗。昭忠謇亮直,有大臣节,权敬重之,然所以不相昭者,盖以昔驳周瑜、鲁肃等议为非也。"[1] 建安十四年(209),"刘备表(孙)权行车骑将军,(张)昭为军师。"[2] 这个"军师"只不过是个虚衔,孙权在军事上仍然倚重周瑜、鲁肃等人的意见。张昭未受重用的情况就连曹操也知道,他很希望这位主和派领袖能够担负重任,因而在建安十六年(211)给孙权的书信中说:"若能内取子布,外击刘备,以效赤心,用复前好,则江表之任,长以相付,高位重爵,坦然可观。"[3]

张昭担任"军师"的时间不长,从某些记载来看,孙权在很长时间内没有设立"军师"职位。孙权宠信术士吴范,经常在出征前让其占卜吉凶,以致吴范自认为是他的"军师"。据说吴范推算出自己的寿终日期,"谓(孙)权曰:'陛下某日当丧军师。'权曰:'吾无军师,焉得丧之?'范曰:'陛下出军临敌,须臣言而后行,臣乃陛下之军师也。'"[4] 这是说孙权并没有通常意义上的"军师",在战前经常听信术士算卦的预测。汉代江南经济文化较为落后,在宗教迷信方面依然。班固说:"江南地广,或火耕水耨……信巫鬼,重淫祀。"[5] 不仅孙权的主力"中

①《三国志》卷 52《吴书·张昭传》注引《江表传》,第 1222 页。
②《三国志》卷 52《吴书·张昭传》注引《吴书》,第 1220 页。
③(梁)萧统编,(唐)李善等注:《文选》卷 42《书中·(阮元瑜)为曹公作书与孙权》,第590 页。
④《三国志》卷 63《吴书·吴范传》注引《吴录》,第 1423 页。
⑤《汉书》卷 28 下《地理志下》,第 1666 页。

军"出征前要请术士进行占卜,其他部将也有此类活动。例如孙权从兄孙辅,"为庐陵太守,抚定属城,分置长吏。"[1] 孙辅的部下有术士刘惇,"以明天官达占数显于南土。每有水旱寇贼,皆先时处期,无不中者。辅异焉,以为军师,军中咸敬事之,号曰神明。"[2]

孙权晚年开始授予部将"军师"的职衔。赤乌九年(246),朱然领兵出征柤中(今湖北南漳县蛮河流域),他知道孙权痛恨叛将马茂,就在出师前上疏,保证要为孙权擒获这个仇人。孙权担心他做不到,就没有公布这份奏表。后来朱然果然献捷,"(孙)权乃举酒作乐,而出然表曰:'此家前初有表,孤以为难必。今果如其言,可谓明于见事也。'遣使拜(朱)然为左大司马、右军师。"[3] 不过这位"军师"远在荆州,孙权若有问题难以及时咨询,因而是个荣誉性的虚衔。永安七年(264),吴国皇帝孙休病逝,大将军丁奉"与丞相濮阳兴等从万彧之言,共迎立孙皓,迁右大司马左军师"[4]。这个"左军师"与朱然的"右军师"相类,应该也是加设在"大司马"官职上的虚衔。

吴主孙皓末年任命襄阳张悌为军师,魏国降将诸葛靓为副军师。吴国灭亡前夕,天纪三年(279)"八月,以军师张悌为丞相"[5]。张悌虽然很受孙皓信任,但在士大夫当中名声不大好。"少知名,及处大任,希合时趣,将护左右,清论讥之。"[6] 张悌也不善于用兵作战,据干宝《晋

---

① 《三国志》卷 51《吴书·宗室传·孙辅》,第 1211 页。

② 《三国志》卷 63《吴书·刘惇传》,第 1423 页。

③ 《三国志》卷 56《吴书·朱然传》,第 1307 页。

④ 《三国志》卷 55《吴书·丁奉传》,第 1302 页。

⑤ 《三国志》卷 48《吴书·三嗣主传·孙皓》,第 1172 页。

⑥ 《三国志》卷 48《吴书·三嗣主传·孙皓》注引《吴录》,第 1175 页。

纪》所载,次年晋军伐吴,扬州都督王浑率众到江畔历阳(今安徽和县历阳镇),孙皓命令"吴丞相军师张悌、护军孙震、丹杨太守沈莹帅众三万济江",晋军前锋都尉张乔见寡不敌众,便伪装投降。"吴副军师诸葛靓欲屠之。(张)悌曰:'强敌在前,不宜先事其小。且杀降不祥。'"诸葛靓指出对方是诈降,"以缓我,非来伏也。因其无战心而尽坑之,可以成三军之气。若舍之而前,必为后患。"但张悌固执己见,安抚了张乔的部队后继续前进,结果被晋军主力打败。"吴军以次土崩,将帅不能止,张乔又出其后,大败吴军于坂桥。"[1] 张悌等人战死,可见这位"丞相军师"缺乏智谋,既看不出敌人的诈降,又不擅长指挥战斗,枉有"军师"之名。

汉末三国的"军师",与小说演义中的传统"军师"形象颇有区别。像曹操早年为其赞画计策的谋士虽然众多,但多数都身兼各种军政职务,有自己的日常工作,只有荀攸和郭嘉二人专任"军师"和"军师祭酒",在曹操身边,以出谋划策为主要任务。曹操成功统一北方、担任魏公与魏王之后,逐渐建立起庞大的国家行政机构,并由曹丕继承,"军师"也随之增多。"公府之属,增至百余,军师之名,遍列诸署。"[2] "军师"的设置,由中央而推广到边境各州的军府。如洪武雄所言:"军师掌军国选举及刑狱、执行军法、参谋军计、监视主帅,职权甚大。"[3] 可以说,"军师"为曹魏国家政权的建立、巩固作出了贡献。蜀汉前期刘备

---

① 《三国志》卷48《吴书·三嗣主传·孙皓》注引干宝《晋纪》,第1174页。
② (清)洪饴孙:《三国职官表·序》,《后汉书三国志补表三十种》,第1263页。
③ 洪武雄:《蜀汉政治制度史考论》,第6页。

任命诸葛亮、庞统为军师中郎将,有职有权。后来诸葛亮又任军师将军,代刘备署理左将军府事,为其股肱。但刘禅继位后诸葛亮大权独揽,政由己出,虽仍设有"军师",但多为虚衔,并无实权,其讽议也起不到重要作用,蜀国后期干脆将"军师"撤销了。孙吴对"军师"一职最不重视,长期未予设立,颁给张昭、朱然、丁奉的"军师"也只是荣誉职衔,起不到为君主参赞军机的作用。吴、蜀两国"军师"的虚设与消亡,和这两个国家缺少具有军事才干的士人有密切关系。蜀国晚期,像杨仪、费祎、邓芝这样担任过"军师"的人才连一个也找不出来。陆机《辨亡论》也说吴国末年能干的良臣全死光了,"爰及末叶,群公既丧。然后黔首有瓦解之志,皇家有土崩之衅。"[①] 这时任命的丞相军师张悌又不懂军事,挽救不了孙吴灭亡的命运。而曹魏雄踞中原,"地悉戎马之乡,士林之薮。"[②] 胜任"军师"者不胜枚举,这是人才匮乏的吴、蜀难以望其项背的。

---

①《三国志》卷48《吴书·三嗣主传·孙皓》注引陆机《辨亡论》,第1180页。
②《三国志》卷64《吴书·诸葛恪传》,第1436页。

"天时"与三国的战争

　　《孟子·公孙丑下》曾指出影响战争胜负的三个因素——天时、地利与人和。所谓"天时",在这里可以理解为天气和时令。《孙子兵法·计篇》也强调要根据"五事",即"道""天""地""将""法"来衡量敌我的优劣,探索彼此的胜负关系。"五事"当中的天、地,张预注释为"上顺天时","下知地利"①。孙武又说:"天者,阴阳、寒暑、时制也。"②是讲它包括昼夜阴晴、严寒酷暑与四时节令。梅尧臣注曰:"兵必参天道,顺气候,以时制之,所谓制也。《司马法》曰:'冬夏不兴师,所以兼爱民也。'"③是说用兵作战必须参照自然界的运行规律,顺应气候变化,以季节时令来控制。《司马法》说,在冬季和夏天不出征,以此体现出对百姓的爱护。《吴子·料敌篇》则论述了军队处于劣势的八种情况,其中有三种和天时有关,即"疾风大寒","盛夏炎热"及"天多阴雨"④,这些气候现象会给部队的行军和休息、给养的供应带来严

---

① (春秋)孙武撰,(三国)曹操等注,杨丙安校理:《十一家注孙子》,第4页。
② (春秋)孙武撰,(三国)曹操等注,杨丙安校理:《十一家注孙子》,第6页。
③ (春秋)孙武撰,(三国)曹操等注,杨丙安校理:《十一家注孙子》,第7页。
④ 中国人民解放军江苏省军区司令部理论小组:《吴子注译》,江苏人民出版社,1976年,第33—34页。

重损害。作战中被动迎战的一方,是没有办法躲避上述不利因素的,但是主动进攻的一方则有条件从容地进行考虑,选择那些适于作战的季节出兵,而尽量避开气候恶劣的时令。虽然俗话说天时不如地利,地利不如人和,但就三国的很多大规模战役来看,天时,也就是季节和气候的影响还是非常重要的,有时候能够左右战斗的胜负。下文予以详述:

一、曹魏西晋与孙吴作战的季节性

三国战争的地理表现形式基本上是曹魏与吴、蜀的南北对抗,其中主要是魏、吴两国的抗衡,即使后来蜀国灭亡,西晋与吴国沿江对峙的形势也没有发生根本的变化,仍然延续了二十多年。纵观曹魏、西晋对孙吴的大举南征,有着鲜明的季节性。下面依据《三国志》和《晋书》,并参考《资治通鉴》,将它们大规模对吴作战的时间综述如下:

(一)曹操与孙权、刘备的赤壁之战。汉献帝建安十三年(208),"十二月,孙权为(刘)备攻合肥。公自江陵征备,至巴丘,遣张憙救合肥。权闻憙至,乃走。公至赤壁,与备战,不利。"[1] 于是撤兵回到北方。

(二)曹操的"四越巢湖"。其中建安十四年(209)、十九年(214)两次,曹军只是到了合肥以后就撤退了,并没有临江与孙权交战,属于演习性质的军事行动,故不予列举。与孙权交战的两次分别为:建安十七年(212),"冬十月,公征孙权。十八年春正月,进军濡须口,攻破

---

[1]《三国志》卷1《魏书·武帝纪》,第30—31页。

权江西营,获权都督公孙阳,乃引军还。"① 建安二十一年(216),"冬十月,治兵,遂征孙权。十一月,至谯。二十二年春正月,王军居巢。二月,进军屯江西郝溪。权在濡须口筑城拒守,遂逼攻之,权退走。三月,王引军还,留夏侯惇、曹仁、张辽等屯居巢。"②

（三）曹丕三道征吴。始于黄初三年(222),"秋九月,魏乃命曹休、张辽、臧霸出洞口,曹仁出濡须,曹真、夏侯尚、张郃、徐晃围南郡。"③ 十月,"(魏文)帝自许昌南征,诸军兵并进,(孙)权临江拒守。"④ 黄初四年(223)三月丙午曹丕下诏撤兵,"且休力役,罢省徭戍,畜养士民,咸使安息。"⑤

（四）曹丕的两次广陵之役。第一次是在黄初五年(224),"八月,为水军,亲御龙舟,循蔡、颍,浮淮,幸寿春……九月,遂至广陵,赦青、徐二州,改易诸将守。"⑥ 十月撤回许昌。第二次是在黄初六年(225),"八月,帝遂以舟师自谯循涡入淮,从陆道幸徐……冬十月,行幸广陵故城,临江观兵,戎卒十余万,旌旗数百里。"⑦ 因天寒河道结冰,舟师不得入江,当月撤退。

（五）曹休入皖之役。太和二年(228),魏扬州都督曹休率军队、民夫十万余人经合肥征吴。"秋九月,曹休率诸军至皖,与吴将陆议（即陆

① 《三国志》卷1《魏书·武帝纪》,第37页。
② 《三国志》卷1《魏书·武帝纪》,第49页。
③ 《三国志》卷47《吴书·吴主传》,第1125页。
④ 《三国志》卷2《魏书·文帝纪》,第82页。
⑤ 《三国志》卷2《魏书·文帝纪》注引《魏书》载丙午诏,第83页。
⑥ 《三国志》卷2《魏书·文帝纪》,第84页。
⑦ 《三国志》卷2《魏书·文帝纪》,第85页。

逊）战于石亭,败绩。"①皖城在今安徽潜山县,石亭在其北。

（六）司马懿赴皖之役。正始四年(243),"秋九月,帝(司马懿)督诸军击诸葛恪,车驾送出津阳门。"②司马懿领兵离开洛阳开赴皖城,大约十月到达舒城(今安徽庐江县西南),得知吴将诸葛恪焚烧粮草撤退便停止前进,休整了十天后撤军。

（七）荆州魏军三路伐吴。嘉平二年(250)十二月,"乙未,征南将军王昶渡江,掩攻吴,破之。三年春正月,荆州刺史王基、新城太守州泰攻吴,破之,降者数千口。"③其中魏荆州都督王昶率军进攻江陵(今湖北荆州市),王基攻夷陵(今湖北宜昌市),州泰攻巫、秭归等地,获胜后即撤兵。

（八）魏军三道征吴。嘉平四年(252)十一月,魏国诏令王昶等三路伐吴。"十二月朔丙申,大风雷电,魏使将军诸葛诞、胡遵等,步骑七万围东兴,将军王昶攻南郡,毌丘俭向武昌。"④诸葛诞、胡遵等被吴军击败后,三路魏军相继撤兵。东兴在今安徽巢湖市东关镇。

（九）西晋灭吴之役。晋武帝咸宁五年(279),"十一月,大举伐吴,遣镇军将军、琅邪王(司马)伷出涂中,安东将军王浑出江西,建威将军王戎出武昌,平西将军胡奋出夏口,镇南大将军杜预出江陵,龙骧将军王濬、广武将军唐彬率巴蜀之卒浮江而下,东西凡二十余万。"⑤太康元年(280)正月,"杜预向江陵,王浑出横江,攻吴镇、戍,所向

---

①《三国志》卷3《魏书·明帝纪》,第94页。
②《晋书》卷1《宣帝纪》,第15页。
③《三国志》卷4《魏书·三少帝纪·齐王芳》,第124页。
④《三国志》卷48《吴书·三嗣主传·孙亮》,第1151页。
⑤《晋书》卷3《武帝纪》,第70页。

皆克。"① 二月,王濬、唐彬率舟师陆续攻克丹阳、西陵、荆门、夷道、乐乡、巴邱。"三月壬寅,王濬以舟师至于建邺之石头,孙皓大惧,面缚舆榇,降于军门。"②

以上数据表明,曹魏、西晋对吴国的大规模出征基本上都在秋季或冬季发兵,尽量在秋末或冬季与吴国交战,时间较长的战役会延续到第二年的二月、三月,明显地避免在春夏两季出兵作战。这样安排有以下几点好处:

第一,天气凉爽,古代长江流域夏季酷热难当,对于北方士兵来说,秋冬季节出征气候要舒适得多,特别是长江流域的冬季也没有中原那样寒冷,在秋冬作战可以减轻因为水土不服和饮食不卫生所造成的疾病减员。即便如此,北方军队在当地长期作战仍然会感染和爆发大规模瘟疫。例如赤壁战前,周瑜曾分析说曹操"驱中国士众远涉江湖之间,不习水土,必生疾病"③。后来情况果然如此,曹操"与(刘)备战,不利。于是大疫,吏士多死者,乃引军还"④。战后曹操写信给孙权说:"赤壁之役,值有疾病,孤烧船自退,横使周瑜虚获此名。"⑤ 黄初三至四年(222—223)江陵之役,曹丕诏书说撤兵原因是"而贼中疠气疾病,夹江涂地,恐相染污"⑥。实际上是攻城部队中已经多有患病者,加上伤亡很大,这仗打不下去了才命令撤退的。如果是夏季,疾病问题会

①《资治通鉴》卷81晋武帝太康元年,第2561页。
②《晋书》卷3《武帝纪》,第71页。
③《三国志》卷54《吴书·周瑜传》,第1262页。
④《三国志》卷1《魏书·武帝纪》,第31页。
⑤《三国志》卷54《吴书·周瑜传》注引《江表传》,第1265页。
⑥《三国志》卷2《魏书·文帝纪》注引《魏书》载丙午诏,第83页。

更为严重。

　　第二,秋冬季节,是长江的枯水期,水面相对狭窄,波涛也不那么汹涌,对于舰船驾驶及战斗能力较弱的北方军队来说,在这个时期渡江或是水战要容易许多。这种情况包括长江中下游的多数地区,但是在广陵至丹徒(今江苏镇江市)一带,由于濒临喇叭状的长江出海口,仍然是水面较宽,风浪很大。如黄初六年(225)魏文帝至广陵,"时天寒,冰,舟不得入江。帝见波涛汹涌,叹曰:'嗟乎,固天所以限南北也!'遂归。"[①]后来曹魏、西晋征吴都不再由中渎水道南下,有意识地避开这个区域。

　　第三,秋冬季节出兵,后方已经过谷物的收割,军粮的供应比较充裕。崔寔《四民月令》曰八月:"粜种麦,籴黍。"石声汉注:"八月,大家都有新黍可粜,便当籴入了。"[②]崔寔又云:"九月,治场圃,涂囷仓,修窦窖。"[③]以储藏收获的粮食。如果是春夏出征,正是青黄不接的季节,粮草接济相当困难,不利于军队的后勤补给。此外,秋冬时期敌国的粮草也已经收获,进兵交战时还可以劫掠对方的粮食和饲料来补充己用,起到一举两得之效果。孙武曰:"取用于国,因粮于敌,故军食可足也。"又云:"故智将务食于敌,食敌一钟,当吾二十钟;萁秆一石,当吾二十石。"[④]

　　第四,秋冬季节多刮西北风,对于北方军队的船只南渡非常有利。冬天虽然也会有东南风出现,但那毕竟只是个别的暂时现象。

①《资治通鉴》卷70魏文帝黄初六年十月,第2225页。

②(汉)崔寔著,石声汉校注:《四民月令校注》,中华书局,1965年,第64页。

③(汉)崔寔著,石声汉校注:《四民月令校注》,第65页。

④(春秋)孙武撰,(三国)曹操等注,杨丙安校理:《十一家注孙子》,第32页,34页。

　　与魏晋军队情况不同的是,孙吴经常在夏季出兵,发动较大规模的攻势。例如建安十九年(214),"五月,(孙)权征皖城。闰月,克之,获庐江太守朱光及参军董和,男女数万口。"① 建安二十年(215)夏,孙权"乃遣吕蒙督鲜于丹、徐忠、孙规等兵二万取长沙、零陵、桂阳三郡,使鲁肃以万人屯巴丘以御关羽。权住陆口,为诸军节度"②。《资治通鉴》卷67载其事在五月。嘉禾三年(234),吴国响应诸葛亮的北伐,"夏五月,(孙)权遣陆逊、诸葛瑾等屯江夏、沔口,孙韶、张承等向广陵、淮阳,权率大众围合肥新城。"③ 赤乌四年(241),"夏四月,(孙权)遣卫将军全琮略淮南,决芍陂,烧安城邸阁,收其人民。威北将军诸葛恪攻六安。"④ 同时命令"朱然、孙伦五万人围樊城,诸葛瑾、步骘寇柤中"⑤。分析其原因,主要是孙吴多利用水军舟船运送兵力,北伐要凭借汉水、濡须水、中渎水、皖水等沟通南北的河道,这些水道冬季水少,河道淤塞,航船容易搁浅;而夏季是汛期,水深容易航行,所以孙吴往往在夏天出兵。另外,吴国军队士兵是南方人,适应暑热天气,不易生病,相比北方军队要好得多。

　　为了扬长避短,曹魏方面也曾抓住冬季河道水浅、不宜行船的气候特点,来打击孙吴的沿江据点。例如前述正始四年(243)司马懿赴皖之役,诸葛恪在皖城积聚粮秫,伺机骚扰边境,魏国守军深受其苦。司马懿准备在冬季领兵进攻皖城,消除敌人的这个前线基地。朝内很

①《三国志》卷47《吴书·吴主传》,第1119页。
②《三国志》卷47《吴书·吴主传》,第1119页。
③《三国志》卷47《吴书·吴主传》,第1140页。
④《三国志》卷47《吴书·吴主传》,第1144页。
⑤《三国志》卷4《魏书·三少帝纪·齐王芳》注引干宝《晋纪》,第119页。

多人认为，"贼据坚城，积谷，欲引致官兵。今悬军远攻，其救必至，进退不易，未见其便。"① 司马懿回答说：敌人擅长的是水战，现在我们进攻皖城，看看他们如何应付。若还是依托水军的长处，丢弃皖城逃走，这正是朝廷预先计划的取胜谋略。"若敢固守，湖水冬浅，船不得行，势必弃水相救，由其所短，亦吾利也。"② 司马懿大军到达舒城后，诸葛恪果然不敢应战，按照孙权的指示，"焚烧积聚，弃城而遁。"③ 魏军不战而胜，拔除了这个威胁边境的据点。

二、盛夏出征，兵家所忌

对于普通的步兵、骑兵来说，盛夏出师通常为将帅所忌惮，其原因在于暑热难当，能够直接影响军队的战斗力，还会因为饮水不卫生而导致疾病，夜晚由于蚊虫叮咬和高温难以入睡等等。如果是短期作战，这些不利因素还影响不大，但要是夏季长期持续交锋，军队可能会出现大量非战斗减员，致使战役无法进行下去。比如孙吴建兴二年（253）诸葛恪征淮南失利，就是一个典型的战例。孙权病逝后，太傅诸葛恪主持朝政，在东兴之役中打败魏兵，歼敌数万。"（诸葛）恪遂有轻敌之心，以十二月战克，明年春，复欲出军。"④ 企图攻占淮南，作为进军中原的跳板。他不顾群臣的反对，"违众出军，大发州郡二十万众"⑤，

---

① 《晋书》卷1《宣帝纪》，第14—15页。
② 《晋书》卷1《宣帝纪》，第15页。
③ 《晋书》卷1《宣帝纪》，第15页。
④ 《三国志》卷64《吴书·诸葛恪传》，第1435页。
⑤ 《三国志》卷64《吴书·诸葛恪传》，第1437页。

发动了孙吴历史上规模最大的一次进攻战役。大臣聂友指出此番发兵的时令不对,到达前线后正逢夏天。"今乘此势,欲复大出,天时未可。而苟任盛意,私心以为不安。"①诸葛恪仍然不予理会。"三月,恪率军伐魏。夏四月,围新城。"②开始攻击重镇合肥新城。曹魏权臣司马师听从了虞松的建议,将主力屯驻在寿春,"敕毌丘俭等案兵自守,以新城委吴。"③只留下合肥三千多人守城来消耗敌兵,听任敌人围攻而不予救援。吴军九十多天苦攻合肥新城不下,正值酷暑时节,卫生条件又差,"士卒疲劳,因暑饮水,泄下流肿,病者大半,死伤涂地。诸营吏日白病者多,(诸葛)恪以为诈,欲斩之,自是莫敢言。"④最后僵持到八月,魏国得知吴军多有疾病,又非常疲惫,开始出兵反击,而诸葛恪已经无力再战,只得下令撤退。"恪引军而去。士卒伤病,流曳道路,或顿仆坑壑,或见略获,存亡忿痛,大小呼嗟。"⑤据孙亮本传记载:"夏四月,围新城,大疫,兵卒死者大半。"⑥是说吴军还没有和魏军主力交战,二十万人马就因为疾病而损失了一多半,最后惨败而归,政敌孙峻利用吴国臣民对诸葛恪的不满发动了政变,将他杀害并诛灭全家。后来孙休即位后为诸葛恪平反,有些大臣请求为诸葛恪立碑铭刻功绩,博士盛冲表示反对,双方争论不休。孙休表态说:"盛夏出军,士卒伤损,无尺寸之功,不可谓能;受托孤之任,死于竖子之手,不可谓智。(盛)

①《三国志》卷64《吴书·诸葛恪传》,第1437页。
②《三国志》卷48《吴书·三嗣主传·孙亮》,第1152页。
③《三国志》卷4《魏书·三少帝纪·齐王芳》注引《汉晋春秋》,第126页。
④《三国志》卷64《吴书·诸葛恪传》,第1438页。
⑤《三国志》卷64《吴书·诸葛恪传》,第1438页。
⑥《三国志》卷48《吴书·三嗣主传·孙亮》,第1152页。

冲议为是。"① 表示诸葛恪在夏天出征又打了败仗,是犯下了很低级的错误,不值得歌颂功绩,于是结束了这场争论。后来华覈批评诸葛恪:"强臣专政,上诡天时,下违众议,忘安存之本,邀一时之利,数兴军旅,倾竭府藏,兵劳民困,无时获安。"②

　　盛夏出师的另一个失败的例子是正始五年(244)的曹爽伐蜀之役。朝廷在当年二月下诏命令曹爽征蜀,曹爽在三月到达长安,"大发卒六七万人,从骆谷入。"③ 王平本传则云:"魏大将军曹爽率步骑十余万向汉川,前锋已在骆谷。"④ 这应该是加上运输辎重给养的大量民夫,共有十余万人。魏军进入骆谷后恰逢暑热,行路艰难,又遭到对方顽强的阻击。"大将军曹爽盛夏兴军伐蜀,蜀拒守,军不得进。"⑤ 曹爽还要继续增兵,但此时不要说作战的将士,就是后勤部队也被恶劣的自然环境折磨得面临崩溃。"是时,关中及氐、羌转输不能供,牛马骡驴多死,民夷号泣道路。入谷行数百里,贼因山为固,兵不得进。"⑥ 最后司马懿警告雍凉都督夏侯玄:"昔武皇帝再入汉中,几至大败,君所知也。今兴平路势至险,蜀已先据;若进不获战,退见邀绝,覆军必矣。将何以任其责!"⑦ 夏侯玄听了心生畏惧,急忙转告曹爽,曹爽才被迫下令撤退,结果又遭到蜀军的截击,因而部队损失惨重,引起民怨沸腾。"费祎进兵据三岭以截(曹)爽,爽争崄苦战,仅乃得过。所发牛马运转者,

①《三国志》卷 64《吴书·诸葛恪传》注引《江表传》,第 1442 页。

②《三国志》卷 65《吴书·华覈传》,第 1465 页。

③《三国志》卷 9《魏书·曹爽传》,第 283 页。

④《三国志》卷 43《蜀书·王平传》,第 1050 页。

⑤《三国志》卷 13《魏书·钟毓传》,第 400 页。

⑥《三国志》卷 9《魏书·曹爽传》,第 283 页。

⑦《三国志》卷 9《魏书·曹爽传》注引《汉晋春秋》,第 284 页。

死失略尽,羌、胡怨叹,而关右悉虚耗矣。"① 此后曹魏接受了教训,钟会、邓艾伐蜀,就是在秋季发兵,冬季入蜀作战,避开炎热的夏季。

三、飓风对火攻和水战的影响

对战争影响较大的气候因素还有飓风。杜牧诗云:"东风不与周郎便,铜雀春深锁二乔。"赤壁之战时,周瑜的孙吴水师停泊在长江南岸的赤壁山,曹操大军屯驻在对岸西北的乌林。吴军使用黄盖的诈降计火攻曹营,"去北军二里余,同时发火,火烈风猛,往船如箭,飞埃绝烂,烧尽北船,延及岸边营柴。"② 如果不是借助于猛烈的风势,这一计策恐怕很难如此完美地实现。裴松之认为曹操在赤壁之战中失败,有着很大的偶然性,如果不是遇到疾疫流行和冬季里反常出现的东南风,他的兵力不会遭到那么严重的损失。"至于赤壁之败,盖有运数。实由疾疫大兴,以损凌厉之锋,凯风自南,用成焚如之势。天实为之,岂人事哉?"③ 此外,三国时期另有一场著名的火攻战斗,即夷陵之战中陆逊的火烧连营。蜀军的营寨"乘高守险,难可卒攻"④,吴军曾经做了进攻的尝试,结果以失败告终。"乃先攻一营,不利。诸将皆曰:'空杀兵耳。'"⑤ 陆逊却说他已经找到破敌之术,那就是蜀军的营地为了躲避暑热,多修筑在丛林茂盛之处,因此容易遭受火攻。《六韬》称火攻的

---

① 《三国志》卷9《魏书·曹爽传》注引《汉晋春秋》,第284页。
② 《三国志》卷54《吴书·周瑜传》注引《江表传》,第1263页。
③ 《三国志》卷10《魏书·贾诩传》注引裴松之语,第330页。
④ 《三国志》卷58《吴书·陆逊传》注引《吴书》,第1347页。
⑤ 《三国志》卷58《吴书·陆逊传》,第1346页。

条件是"敌人因天燥疾风之利,燔吾上风"①。而此时的蜀军恰好符合这些条件,于是陆逊暗令全军,"乃敕各持一把茅,以火攻拔之。一尔势成,通率诸军同时俱攻,斩张南、冯习及胡王沙摩柯等首,破其四十余营。"②吴蜀两军是东西对峙,陆逊此番的火攻,也是借助于东风劲吹,直向敌营,这才得以获取成功。

另一方面,飓风对于水战舟船的运行、停泊也有重要的影响。它会使船只难以驾驭操纵和改变航向,甚至摧毁篷帆和桅杆,导致船只倾覆和兵员伤亡。据董袭本传记载,建安十八年(213)初,曹操大军再越巢湖,兵临长江。孙权率师迎战,"使(董)袭督五楼船住濡须口。"楼船是樯橹高大的战船,望之如楼,是大江中战斗力很强的重型战舰。不料天气骤变,"夜卒暴风,五楼船倾覆。"部下劝董袭乘小船逃走,但是他坚守岗位,严词拒绝。"(董)袭怒曰:'受将军任,在此备贼,何等委去也,敢复言此者斩!'于是莫敢干。其夜船败,袭死。"③这支强劲的舰队没有毁于敌手,却在风暴的打击下破败殆尽。

黄初三年(222)九月,魏文帝下令三道征吴,"命征东大将军曹休、前将军张辽、镇东将军臧霸出洞口,大将军曹仁出濡须,上军大将军曹真、征南大将军夏侯尚、左将军张郃、右将军徐晃围南郡。"④其中扬州都督曹休率领东路水军,从寿春经淮河入中渎水(今京杭大运河江北段),至江都(今江苏扬州市江都区)进入长江,溯流而上至洞口(亦称洞浦,今安徽和县西),准备伺机渡江。孙权派遣吕范率领"五军",即

---

①孔德骐:《六韬浅说》卷4《虎韬·火战》,解放军出版社,1987年,第150页。

②《三国志》卷58《吴书·陆逊传》,第1347页。

③《三国志》卷55《吴书·董袭传》,第1291页。

④《资治通鉴》卷69魏文帝黄初三年九月,第2207—2208页。

五支部队应敌,"督徐盛、全琮、孙韶等,以舟师拒(曹)休等于洞口。"①
双方军队隔江对峙。在十一月的某日,突然东南风大起,吴军战船固定
在岸边的缆绳被纷纷刮断,漂向江中。"值天大风,诸船绠绁断绝,漂没
着岸,为魏军所获,或覆没沉溺,其大船尚存者,水中生人皆攀缘号呼,
他吏士恐船倾没,皆以戈矛撞击不受。"②结果损失惨重,"船人覆溺,
死者数千。"③据史书记载,"会洞口诸军遭风流溺,所亡中分,将士失
色。"④还未经历战斗,吴国的水军就折损了一半的兵力。当时魏文帝
接到战报非常兴奋,马上命令曹休等将领乘胜渡江,但是魏军动作迟
缓,以致上游贺齐率领的援兵赶到,稳住了吴军的阵势。"诏敕诸军促
渡。军未时进,贼救船遂至。"⑤贺齐所部的吴国水军装备精良,尤其是
巨舰的声势震慑住了魏军,使他们撤销了渡江的计划。"(贺)齐性奢
绮,尤好军事,兵甲器械极为精好。所乘船雕刻丹镂,青盖绛襜,干橹戈
矛,葩瓜文画,弓弩矢箭,咸取上材,蒙冲斗舰之属,望之若山。(曹)休
等惮之,遂引军还。"⑥

　　黄初五年(224),魏文帝兴兵十余万至广陵(今江苏扬州市区),本
来打算渡江作战,却遇到恶劣的天气。"帝御龙舟,会暴风漂荡,几至覆
没。"⑦据大臣鲍勋追述,当时的劲风把曹丕乘坐的大船吹向了吴军据
守的南岸,魏国文臣武将都害怕船只覆没或搁浅被敌人俘获,从而心

①《三国志》卷 56《吴书·吕范传》,第 1310 页。
②《三国志》卷 57《吴书·吾粲传》,第 1339 页。
③《三国志》卷 56《吴书·吕范传》,第 1311 页。
④《三国志》卷 60《吴书·贺齐传》,第 1380 页。
⑤《三国志》卷 14《魏书·董昭传》,第 441 页。
⑥《三国志》卷 60《吴书·贺齐传》,第 1380 页。
⑦《资治通鉴》卷 70 魏文帝黄初五年九月,第 2220 页。

惊不已。"往年龙舟飘荡,隔在南岸,圣躬蹈危,臣下破胆。此时宗庙
几至倾覆,为百世之戒。"①幸亏后来风势渐缓,曹丕的船只得以返回北
岸,避免了不测之祸。

四、霖雨及干旱对战役的作用

影响作战还有连绵不断的霖雨,在这种情况下部队的行军作战和
给养运输都会受到严重的妨碍,以致被迫取消战役行动。其例可见曹
魏太和四年(230)伐蜀的"子午之役"。当年七月,魏明帝下诏令大司
马曹真、大将军司马懿征蜀。"(曹)真以八月发长安,从子午道南入。
司马宣王溯汉水,当会南郑。诸军或从斜谷道,或从武威入。"②胡三省
注:"'武威'恐当作'武都',否则'建威'也。"③当时蜀国的形势危急,
诸葛亮统兵数万在汉中严阵以待,为了保险起见,他从后方又调来了
援兵,"以曹真欲三道向汉川,(诸葛)亮命(李)严将二万人赴汉中。"④
恰巧遇到了持续降雨,"会大霖雨三十余日,或栈道断绝"⑤,使曹真和
司马懿的部队在中途停住了脚步。魏国的几路大军进退两难,朝内大
臣华歆、杨阜、王肃等纷纷上奏,请求撤兵。其中王肃提到魏军的窘境,
"今又加之以霖雨,山坂峻滑,众逼而不展,粮县(悬)而难继,实行军者
之大忌也。闻曹真发已逾月而行裁半谷,治道功夫,战士悉作。是贼偏

①《三国志》卷12《魏书·鲍勋传》,第385—386页。
②《三国志》卷9《魏书·曹真传》,第282页。
③《资治通鉴》卷71 魏明帝太和四年七月胡三省注,第2261页。
④《三国志》卷40《蜀书·李严传》,第999页。
⑤《三国志》卷9《魏书·曹真传》,第282页。

得以逸而待劳,乃兵家之所惮也。"①魏明帝考虑再三,决定退兵,蜀国也因此避免了一场恶战。

连日降雨固然对作战不利,但是久旱无雨,也曾对战争的胜负产生过决定性的作用。甘露二年(257)五月乙亥,诸葛诞在寿春反叛,"敛淮南及淮北郡县屯田口十余万官兵,扬州新附胜兵者四五万人,聚谷足一年食,闭城自守。"②吴国又派遣全怿、全端等率三万兵入城支援,城内将近有二十万人之众。司马昭率领魏国全部的机动兵力前来平叛,"大将军司马文王督中外诸军二十六万众,临淮讨之。"③司马昭见敌人兵员众多,城池坚固,如果强攻必然会造成大量伤亡,所以决定在城外修建深沟高垒的工事,准备困死诸葛诞的叛军。"使(王)基及安东将军陈骞等四面合围,表里再重,堑垒甚峻。"④淮南地区春夏多雨,加上淮河的泛滥,当地的城围经常会因此而坍塌,诸葛诞看了魏军的修建工程后嘲笑不已。见干宝《晋纪》:"初,寿春每岁雨潦,淮水溢,常淹城邑。故文王之筑围也,(诸葛)诞笑之曰:'是固不攻而自败也。'"⑤可是谁也没有想到,这一年淮南偏偏是持久的大旱,从五月到第二年的二月连一滴雨也没有下。城里的叛军粮饷告尽,无奈之下,只好冲出城来进攻魏军的工事,希望打开一条通道好逃往吴国。不过魏军的围墙修筑得十分坚固,"围上诸军,临高以发石车火箭逆烧破其攻具,弩矢及石雨下,死伤者蔽地,血流盈堑。复还入城,城内食转竭,降

①《三国志》卷13《魏书·王肃传》,第414页。
②《三国志》卷28《魏书·诸葛诞传》,第770页。
③《三国志》卷28《魏书·诸葛诞传》,第771页。
④《三国志》卷28《魏书·诸葛诞传》,第772页。
⑤《三国志》卷28《魏书·诸葛诞传》注引干宝《晋纪》,第774页。

出者数万口。"①最后司马昭只付出了很小的伤亡代价,就攻陷了寿春城,杀死了诸葛诞。最为吊诡的是,城池陷落的当天,突然降下暴雨,把魏军此前修造的围墙壁垒统统冲毁②。看来连老天爷都在帮助司马昭打胜仗,诸葛诞要是活着见到这幅情景,估计不被气死也得气昏了。

五、顺应天时,趋利避害

如上所述,"天时",即天气与时令是制约战争的众多条件之一,从古至今一直对战斗行动施加着重要的影响。将帅在运用谋略的时候,"天时"是制订作战方案必要的参考依据。他们要想打败敌人,就得深刻地了解自然界的变化规律、战场地理环境的特点以及敌我双方的实力对比。如孙武所言:"知彼知己,胜乃不殆;知天知地,胜乃不穷。"③《六韬》亦曰:"将必上知天道,下知地理,中知人事。"④由于时令和气候属于不可控制的因素,国君和统帅遇到天气恶劣的情况,必须要趋利避害,及时停止并撤出战斗。如黄初四年(223)三月,魏文帝曹丕下诏罢江陵之役时,列举了古代类似的战例,作为撤兵的理论依据。"昔周武伐殷,旋师孟津,汉祖征隗嚣,还军高平,皆知天时而度贼情也。且成汤解三面之网,天下归仁。今开江陵之围,以缓成死之禽。"⑤前述曹

---

① 《三国志》卷28《魏书·诸葛诞传》,第772页。
② 《三国志》卷28《魏书·诸葛诞传》注引干宝《晋纪》:"及大军之攻,亢旱逾年。城既陷,是日大雨,围垒皆毁。"第774页。
③ (春秋)孙武撰,(三国)曹操等注,杨丙安校理:《十一家注孙子》,第205页。
④ 孔德骐:《六韬浅说》卷4《虎韬·垒虚》,第151页。
⑤ 《三国志》卷2《魏书·文帝纪》注引《魏书》载丙午诏,第83页。

真的"子午之役"遇到霖雨,大臣华歆上疏请求朝廷撤兵,魏明帝曹睿报曰:"诸将以为不一探取,无由自弊,是以观兵以窥其衅。若天时未至,周武还师,乃前事之鉴,朕敬不忘所戒。"① 随即下令曹真退兵。

若是遇到天时不利,而君主执拗非要出兵,臣下往往要冒死进谏来劝阻。例如《魏略》记载:"太祖(曹操)欲征吴而大霖雨,三军多不愿行。"曹操得知后很生气,"恐外有谏者,教曰:'今孤戒严,未知所之,有谏者死。'"丞相主簿贾逵对三位同僚说:"今实不可出,而教如此,不可不谏也。"② 于是联名上奏,请求罢兵。曹操大怒,将为首的贾逵关进监狱,后来气消了才下令将其释放,并恢复了他的职务。同样的情况也发生在蜀国,夷陵之战前夕,秦宓上奏刘备不要出兵,也被逮捕入狱,后来罚没财物放他出来。"先主既称尊号,将东征吴,(秦)宓陈天时必无其利,坐下狱幽闭,然后贷出。"③

不过,面对恶劣的气候条件,也有将领克服困难、坚持作战并最终取得胜利的战例。

首先是建安二十四年(219)关羽攻打曹仁镇守的襄樊,曹操派遣于禁带领精锐的"七军"前来救援。敌将庞德作战勇猛,曾"射(关)羽中额。时(庞)德常乘白马,羽军谓之白马将军,皆惮之。"双方相持到秋季,"会天霖雨十余日,汉水暴溢,樊下平地五六丈"④,曹军兵营被淹,被迫躲上长堤。关羽却早有准备,率水军乘船来攻,擒于禁,斩庞德,俘虏三万敌兵,从而威震华夏。

---

① 《三国志》卷 13《魏书·华歆传》,第 405 页。
② 《三国志》卷 15《魏书·贾逵传》注引《魏略》,第 481 页。
③ 《三国志》卷 38《蜀书·秦宓传》,第 976 页。
④ 《三国志》卷 18《魏书·庞德传》,第 546 页。

其次这就是曹魏景初二年（238）司马懿征辽东之役。据《晋书·宣帝纪》所载，司马懿在打败叛军、围攻公孙渊据守的襄平城（今辽宁辽阳市）时，遇到了连日阴雨和洪水，"会霖潦，大水平地数尺"，引起了军队的恐慌，部下纷纷要求移营到高处以避水。司马懿却下令坚守原地不动，"令军中敢有言徙者斩。都督令史张静犯令，斩之，军中乃定。"城中的叛军乘雨出来砍柴放牧，魏军将领们想要出兵抢掠，也被司马懿阻止。部下陈珪很不理解，问他为什么不愿出战，司马懿回答说：城中的叛军和民众人数很多，粮食却很少，而我军恰恰相反。"今贼众我寡，贼饥我饱。"自从离开京师洛阳，我不担心和叛军交战，只是害怕他们逃走。现在敌人的粮食快吃完了，而我军的包围尚未形成。如果出兵抢夺他们放牧的牛马，抄掠砍伐的柴草，会促使他们逃跑而难以聚歼。"夫兵者诡道，善因事变。"叛军凭借人数众多和连日下雨无法攻城，所以虽然饥困，却不肯投降，应当表现出我们的无能来让他们安心。"取小利以惊之，非计也。"① 这才说服了部下。

朝廷得到魏军进攻遇雨受阻的消息，大臣们都向皇帝奏请撤兵。魏明帝不同意，对他们说："司马公临危制变，计日擒之矣。"② 过了几天雨停了，司马懿立即指挥部队合围襄平城，"起土山地道，楯橹钩橦，发矢石雨下，昼夜攻之。"③ 公孙渊抵挡不住，用计诈降又被司马懿识破，只得在夜间突围而走，结果被魏军追击消灭。司马懿胜利入城，圆满地结束了这次远征。

---

① 《晋书》卷1《宣帝纪》，第11页。
② 《晋书》卷1《宣帝纪》，第11页。
③ 《晋书》卷1《宣帝纪》，第11—12页。